中国财政科学研究院智库丛书

企业成本：2021年的调查与分析

中国财政科学研究院“企业成本”课题组　编

中国财经出版传媒集团
中国财政经济出版社

图书在版编目（CIP）数据

企业成本：2021年的调查与分析／中国财政科学研究院“企业成本”课题组编．—北京：中国财政经济出版社，2022.6

（中国财政科学研究院智库丛书）

ISBN 978－7－5223－1356－6

Ⅰ.①企…　Ⅱ.①中…　Ⅲ.①企业管理－成本管理－研究－中国　Ⅳ.①F279.23

中国版本图书馆CIP数据核字（2022）第065728号

责任编辑：闫　娟　　责任印制：刘春年
封面设计：陈宇琰　　责任校对：胡永立

企业成本：2021年的调查与分析
QIYE CHENGBEN：2021 NIAN DE DIAOCHA YU FENXI

中国财政经济出版社 出版

URL：http：//www.cfeph.cn
E－mail：cfeph@cfeph.cn

社址：北京市海淀区阜成路甲28号　邮政编码：100142
营销中心电话：010－88191522
天猫网店：中国财政经济出版社旗舰店
网址：https：//zgczjjcbs.tmall.com
北京财经印刷厂印刷　各地新华书店经销
成品尺寸：175mm×250mm　16开　27印张　458 000字
2022年7月第1版　2022年7月北京第1次印刷
定价：108.00元
ISBN 978－7－5223－1356－6
（图书出现印装问题，本社负责调换，电话：010－88190548）
本社质量投诉电话：010－88190744

总　序

党的十八届三中全会在明确“完善和发展中国特色社会主义制度，推进国家治理体系和治理能力现代化”这一全面深化改革总目标的同时，提出了“财政是国家治理的基础和重要的支柱”的重要判断，充分彰显出财政在国家治理现代化之中的地位与作用。

强调发挥财政在国家治理中的基础和重要支柱作用，是与我国经济社会发展阶段相联系的。在改革开放初期，政府的作用是促进改革和开放，财政改革主要是推动政府职能转换、改进政府与市场关系，让市场在资源配置中发挥更大的作用。随着我国经济社会转型进入新的阶段、国家实力逐渐增强以及大国财政使命的提出，财政在改革和发展中的作用日趋多样化、全方位，涉及经济、政治、社会、文化、生态文明建设各个领域。

在市场经济不断发展的基础上，社会结构及其整个上层建筑都发生了极大变化，社会成员利益关系变得复杂起来。在经济进入新常态的背景下，这种复杂的利益关系对于财政在国家治理中作用的发挥是一个新的考验。改革开放初期，财政政策着眼于关注国内，对于国际环境关注不多，现在财政政策的一举一动都对世界经济产生重要影响；改革开放初期，财政主要解决温饱问题，经济建设成为财政工作的突出任务，现在财政既要解决发展问题，又要解决改革问题，经济、社会、政治、文化和生态文明要协同发展；改革开放初期，中央和地方财政实力虽然都较弱，但地方政府债务也少，现在国家财政实力快速扩张过程中也面临着地方政府债务特别是或有债务快速扩张的问题，财政自身可持续性发展面临挑战。

财政作为国家治理的基础正在发生多维变化。改革开放初期，财政主要从经济维度发挥国家治理基础性作用，主要是处理好政府与市场的关系；在经济社会转型、利益关系多元化背景下，财政要从多维度支撑国家治理：既有国家与市场的维度，也有国家与社会（个人）的维度，以及公共部门内部（包括中央与地方、政府部门之间）的维度。

随着财政发挥作用的多维变化，财政理念也随之发生变化。改革开放初期，政府在市场失灵的领域提供公共服务；随着时代的进步，政府承担的各种责任（城镇化、养老、医疗、教育、环境保护等）在不断增加，在政府能力有限的情况下，政府与社会资本合作呼之欲出。政府和社会资本合作打破了传统主流经济学、财政学的基本看法：政府与市场是水火不相容的，二者是对立的；公共服务领域是市场失灵的领域，只能由政府来干。过去注重政府与市场之间的分工，现阶段则注重在分工基础上的合作。政府与市场关系需要进行再改革，一些新的问题又随之产生：在多元主体提供公共服务的同时如何保障社会公共利益，如何理顺政府与社会的关系，如何理顺政府内部如中央和地方之间、政府各部门之间的关系等。财政全方位、深层次嵌入国家治理体系和治理能力现代化之中，带来了许多需要用全新理论诠释的问题，也考验着各方面的智慧。

面对新阶段、新形势和新任务，财政如何有效支撑和推动国家治理现代化更需要新思路、新思想，财政智库或财政思想库也应运而生。可以说，财政智库是财政有效支撑和推动国家治理现代化的思想源泉，也是点亮财政作用于国家治理的“智慧之灯”。发达国家在财政现代化和国家治理体系与治理能力现代化过程中，财政智库的作用功不可没。要发挥好财政作为国家治理基础与重要支柱的职能作用，财政智库的基础性作用更是不可替代。

第一，财政智库是推进国家治理决策的科学化、民主化和法制化的重要支撑。当前，全面建成小康社会进入决定性阶段，破解财政改革发展稳定难题和应对全球性问题的复杂性艰巨性前所未有，迫切需要健全中国特色的财政决策支撑体系，大力加强财政智库建设，以财政科学咨询支撑财政治理的科学决策、民主决策和依法决策，以财政科学决策引领科学发展。

第二，财政智库是国家治理体系和治理能力现代化的重要内容。纵观当今世界各国现代化发展历程，智库在国家治理中发挥着越来越重要的作用，日益成为国家治理体系中不可或缺的组成部分，是国家治理能力的重要体现。全面深化改革，推进国家治理体系和治理能力现代化，推动协商民主广泛多层制度化发展，建立更加成熟更加定型的制度体系，必须切实加强中国特色新型财政智库建设，充分发挥智库在治国理政中的重要作用。

第三，中国特色新型财政智库是国家软实力的重要组成部分。一个大国的发展进程，既是经济等硬实力提高的进程，也是思想文化等软实力提高的进程。智库是国家软实力的重要载体，越来越成为国际竞争力的重要因素，在对外交往中发挥着不可替代的作用。树立社会主义中国的良好形象，推动中华文化和当代中国价值观念走向世界，在国际舞台上发出中国声音，迫切需要发挥中国特色财政新型智库在公共外交中的重要作用，不断增强我国在国际财经和公共事务的国际影响力和国际话语权。

正是考虑到智力资源是一个国家、一个民族最宝贵的资源，考虑到我国智库发展面临的各种瓶颈，2015 年 1 月，中共中央办公厅、国务院办公厅印发了《关于加强中国特色新型智库建设的意见》，提出加强智库建设整体规划和科学布局，统筹整合现有智库优质资源，重点建设 50 ~ 100 个国家急需、特色鲜明、制度创新、引领发展的专业化高端智库。

中国财政科学研究院的前身财政部财政科学研究所（财科所），于 1956 年根据毛泽东主席的指示而成立，2016 年 2 月正式更名。60 年前财科所成立之初，就定位为政府部门的政策咨询机构，以探索我国财政经济问题和培养财政、会计专门人才为己任，为党中央和国务院中心工作服务，为财政经济发展的现实服务。为此，一代又一代财政科研人员为我国财政科研事业做出重要贡献。60 年后的今天，中国财政科学研究院正致力于转型、创新，努力创建一流新型智库。

根据智库建设与发展的规划，本院推出“中国财政科学研究院智库丛书”。该丛书内容既包括本院各年度重要《研究报告》的文集，也包括本院承担完成的一些重大科研项目成果，以及本院研究人员研究、撰写的各类专著。目的在于集中展示财科院的科研成就，扩大科研成果的宣传和社会效果，全面提升财科院的智库影响力。

不忘初心，砥砺前行。我们将明确智库建设的宗旨，在传承既有科研优势和办院特色的基础上，探寻新型高端智库建设的途径，潜心探索财政与国家治理的新理论、新观点、新思路、新对策，与各界同仁一道，共同致力于现代财政制度建设，开创国家治理现代化之美好未来。

“中国财政科学研究院智库丛书”编委会

2016 年 7 月

目　录

2021 年企业成本调研总报告：以风险视角透视新发展阶段的企业成本特征及我们的建议

中国财政科学研究院 2021 年“企业成本”调研综合组
组　长：刘尚希
成　员：程　瑜　李成威　闫晓茗　施文波　张　琦　武　威

企业微观成本是观察宏观经济运行的窗口。企业成本现状如何？有什么新情况和新变化？为什么政府连续多年出台减负政策，企业仍然感觉成本压力大？新发展阶段哪些成本是趋势性上升，哪些成本是趋势性下降？面临哪些风险挑战？风险是如何转化为成本的？风险社会背景下，企业发展压力有多大？为回答上述问题，中国财政科学研究院在过去五年连续开展“企业成本”调研的基础上，于 2021 年 9—12 月进行了第六次“企业成本”大型调研活动。调研采用线下实地考察和线上问卷采集相结合的方式，以风险视角透视新发展阶段的企业成本特征，对企业成本状况及其变化进行全面调查评估，基于“风险—成本”分析框架，提出新发展阶段提升治理效能、降低风险成本的总体思路和对策建议。

一、企业成本现状如何？有什么新情况和新变化？

自 2015 年底中央提出深化供给侧结构性改革以来，围绕“三去一降一补”，贯彻“巩固、增强、提升、畅通”方针，中央和地方出台了一系列政策措施降低实体经济企业成本。尤其是 2020 年新冠肺炎疫情暴发以来，降成本为市场主体纾困，助力企业渡过难关，成为政策实施重要发力点。通过阶段性政策与制度性安排相结合，优化减税降费政策持续合理降低企业税费负担，纵深推进“放管服”改革着力优化营商环境，促进数字化转型赋能企业降本增效，对减轻企业负担、激发企业活力发挥了积极作用。

同时，全球经济复苏推动和宽松货币政策，产业链供应链紊乱、国际大宗商品价格大幅上涨，叠加国内双碳、双控、有序用电等政策，供应链各相关环节的企业成本提升，供应链不稳定、不确定性增强。尽管国家有关部门多措并举做好重要商品保供稳价工作，但深入推进降低实体经济企业成本，经济行稳致远仍面临风险挑战。

（一）降低企业成本阶段性成效显著

1. 减税降费成效明显，企业税费负担整体下降

近年来，我国持续实行大规模减税降费政策，尤其是 2020 年以来，为应对疫情带来的巨大冲击，国家出台了一系列减税降费“大礼包”。“十三五”时期，减税降费规模超 7. 6 万亿元，仅 2020 年就超 2. 6 万亿元，2021 年也达到了 1. 1

万亿元的规模，取得明显成效。

一是宏观税负明显降低。从税收收入占 GDP 的比重来看，从 2016 年的 17.5%降至 2020 年的 15.2%，下降了 2.3 个百分点。以一般公共预算收入占 GDP 的比重来看，从 21.4%降至 18.0%，下降了 3.4 个百分点。可见，持续出台的大规模减税降费政策有效呼应了 2016 年 7 月中央政治局会议提出的“降成本重点是增加劳动力市场灵活性、抑制资产泡沫和降低宏观税负”这一要求。

二是大规模地减税降费切实达到了减轻企业成本负担、激活微观主体活力的目标。规模以上工业企业的成本费用控制可以在一定程度上反映减税降费等降成本政策的成效。2020 年，规模以上工业企业营业成本率为 83.4%，较 2015 年最高值 85.13%下降了 1.73 个百分点（见图 1）。

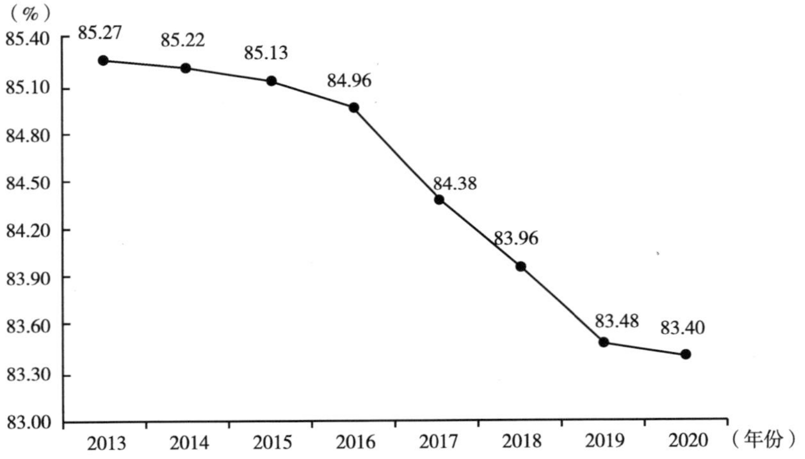

图 1　国有及规模以上非国有工业企业营业成本率（2015—2020 年）

数据来源：Wind 数据库。

财科院 2021 年“企业成本”在线问卷调查①显示，2018—2020 年，“企业纳税总额占营业收入的比重”逐年下降，年均下降 0.87 个百分点。超过 66%的样本企业“企业纳税总额占营业收入的比重”小于 5%。

① 2021 年中国财政科学研究院连续第六年开展关于企业成本的大型调研活动，问卷组负责线上调查问卷的设计与分析。经过筛选清理，本次问卷调查共获得企业有效样本 17482 份。

"企业纳税总额占企业综合成本费用①的比重"三年分别为 7.41%、5.29% 和 5.46%，整体下降 1.95 个百分点。

"增值税与营业收入的比值"持续稳步下降，年均降幅为 0.25 个百分点，三年均值为 2.69%，九成企业"增值税与营业收入的比值"低于 6%，且该群体占比呈逐年上升趋势。

"企业所得税占利润总额的比重"也呈现出明显下降趋势，三年年均下降 1.08 个百分点。超五成样本企业"企业所得税占本年度利润总额的比重"小于 10%，约 75% 的企业低于 20%（见图 2）。这表明，尽管企业所得税法定税率为 25%，但因各种优惠税率及税收优惠政策，多数企业的所得税实际有效税率远低于 25%。

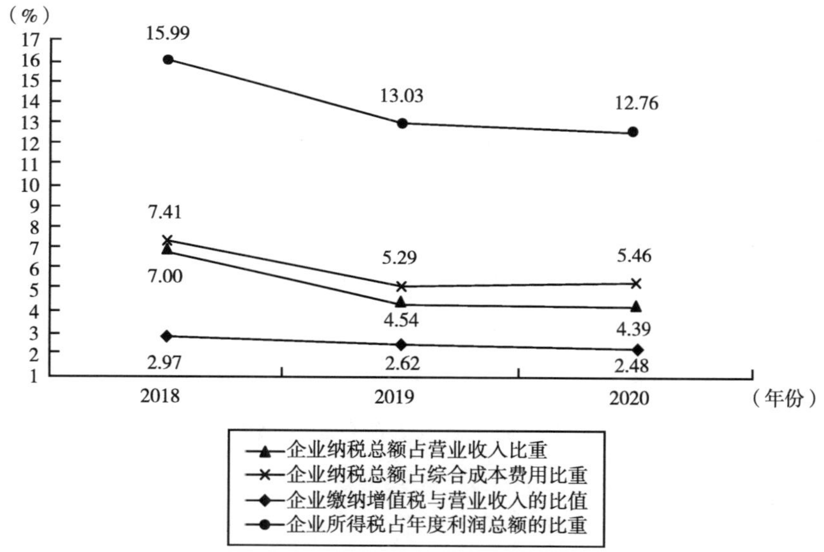

图 2　2018—2020 年企业税费负担整体下降

数据来源：2021 年财科院"企业成本"在线问卷调查。

① 企业综合成本费用 = 营业成本 + 销售费用 + 管理费用 + 财务费用 + 企业纳税总额。需要所说明的是，上述企业综合成本费用中重复计算了部分小税种。因为上述公式中企业缴纳税款总额中包含了企业缴纳的所有税种（除代扣代缴的个人所得税外）的税款，而有部分税款规模较小的税种，如车船税、车辆购置税等税款计入了前三项成本（主营业务成本、销售费用和管理费用）中，相应出现小税种的重复计算。但因税款规模小，其重复计算带来的影响较小，可以忽略不计。

2. 企业资产负债率稳步下降，经营效益有所改善

企业“去杠杆”成效显著，资产负债率逐年下降。虽有疫情影响，总体看，2018—2020 年，样本企业的资产负债率持续下降，三年分别为 66.73%、66.40% 和 66.12%，年均下降 0.31 个百分点，企业利息成本下降。东北和东部地区企业资产负债率降幅更大，年均降幅分别为 1.29 个和 0.45 个百分点。

企业资产运营效益持续向好。2018—2020 年，样本企业总资产报酬率不断提高，分别为 3.03%、3.57%、3.91%，年均增长 0.44 个百分点。

企业盈利能力提升。2020 年，样本企业每百元营业收入中的成本、费用为 83.64 元、13.42 元，较 2018 年分别下降 0.51 元、0.04 元。企业成本费用水平总体降低，扩大了盈利空间。其中，制造业每百元营业收入中的成本连续两年不断下降，年均降幅为 0.45 元。企业期间费用占综合成本费用的比重逐步下降，年均下降 0.13 个百分点。

3. 营商环境持续向好，“办事”成本下降

近年来，降本减负优化营商环境，为让企业轻装上阵，政府推出一揽子举措，持续推进“放管服”改革。推行涉企事项“一网通办”“一照通办”，实行惠企政策“免申即享”、快速兑现；持续优化企业办税服务，深化“多税合一”申报改革；实现企业所有缴费业务都能“网上办”；推进电子证照、电子签章在银行开户、贷款、货物报关、项目申报、招投标等领域全面应用和互通互认，等等。政务服务效能显著提升，企业办事更加便利。财科院 2021 年“企业成本”在线问卷调查显示，市场主体对营商环境改善的获得感较高。样本企业对营商环境整体满意度得分为 4.61 分（满分为 5 分），其中政务服务满意度得分为 4.60 分。

营商环境持续优化，有效降低了企业“办事”成本，但与企业新兴需求相比，仍有较大优化空间。“办事”方便仅是营商环境多维目标中最基础的要求，此外涉及企业准入、准营、准建、准退等全生命周期的市场环境、政策环境、创新环境、法治环境等多种因素。为更好打造市场化、法治化、国际化营商环境，充分激发企业活力，还需进一步加强政策统筹和系统集成，从“办事”方便的基础层面向更高层次跃升。

4. 数字化转型赋能企业降本增效

数字经济的快速发展以及新冠肺炎疫情全球大流行，使得数字技术和平台模式加快向研发、生产制造、社会治理等广泛渗透，各个领域、各类主体加速数字化转型。对于企业而言，加快实现数字化转型是顺应时代变化之举，更是降低成

本、提高质效、重塑市场竞争力的重要保障。

企业数字化转型，运用云计算、大数据、物联网、人工智能、区块链等新一代信息技术，赋能经营生产高质量发展，促进质量提升，降低成本，提高效率。一方面，企业信息采集、处理、传递、应用等的成本降低；另一方面，信息成为企业重要的生产要素，有助于降低生产、管理和运营成本，提高企业运行效率。此外，有助于促进解决企业间信息不对称等问题，促进供需精准匹配，并激发新模式、新业态。

根据财科院 2021 年“企业成本”问卷调查显示，数字化转型在提高生产管理效率、降低生产成本方面起到了积极作用。分别有 69%、64. 15%、61. 31%、48. 62%（见图 3）的受访企业认为数字化转型有效提高了其生产效率、节省人工成本、提高管理效率、节省生产成本。

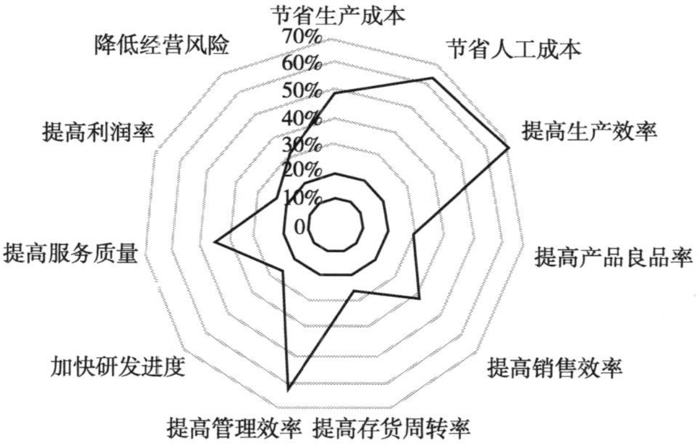

图 3　数字化转型对企业生产经营的作用

（二）需重点关注降成本政策面临的挑战

当前，学界和实际工作部门，研究降低企业成本的思路、措施都是从“税费负担、融资成本、制度性交易成本、人工成本、用能用地成本、物流成本”等实体成本分类出发的。对企业来说，分类管控成本也许短期有效，但从整个供应链观察，上中下游的企业成本与利润是息息相关的，对一个经济主体是成本，对另一个经济主体来说可能就是收益。鉴于此，研究下一步降成本的政策措施，实体思维逻辑显然是不够的。探寻企业成本的源头，实际是虚拟的风险成本在推动。实体要素成本和虚拟风险成本相互影响。

1. 大宗商品价格上涨，推升企业原材料成本

2021 年以来国际大宗商品需求恢复快于供给，加之流动性宽裕等因素影响，国际市场原油、有色金属、天然气等价格走高，推升国内大宗商品价格大幅上涨。截至 2021 年 12 月底，反映国际市场大宗商品价格的 CRB 现货综合指数报 578.31，较去年同期上行 30.3%[①]（见图 4），CRB 现货工业原料指数较去年同期上行 26.8%。同期，国内能源类、有色类、钢铁类和油料油脂类大宗商品价格指数涨幅均在 24%—35%（见图 5）。上游煤炭、铁矿石、石油、有色金属等相关企业原材料成本大幅上涨。

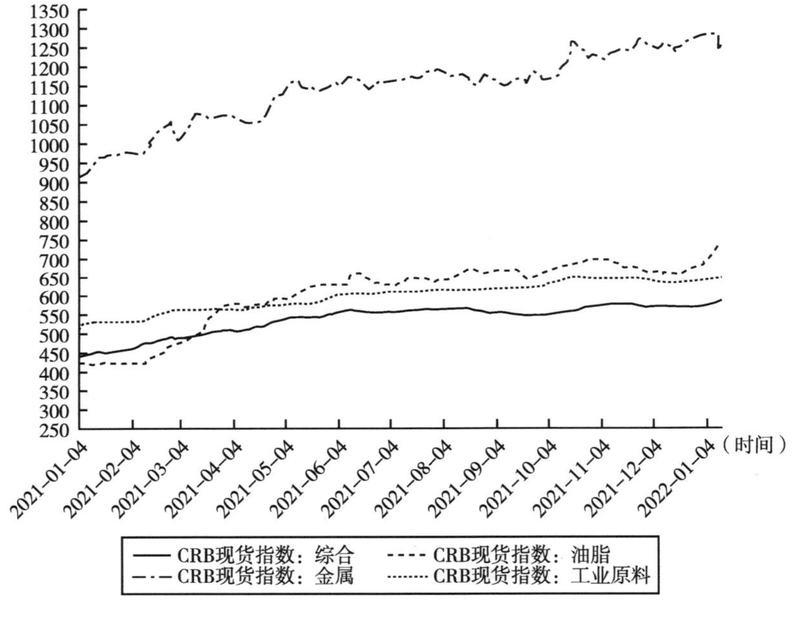

图 4　2021 年部分大宗商品 CRB 现货指数

数据来源：Wind 数据库。

受煤矿安监、环保督察常态化、能耗双控指标压力以及去产能政策下煤炭产能释放缓慢等因素影响，煤炭市场供需总体偏紧。上游企业价格推升的同时，煤炭产能在一定程度上受到制约，给中、下游企业的生产经营带来更多不确定性。

2. 中游企业成本高企，传导受制“两端”

2021 年三季度煤炭价格大涨，10 月末，秦皇岛港（5500 大卡）动力煤综合

---

① 数据来源：Wind 数据库。

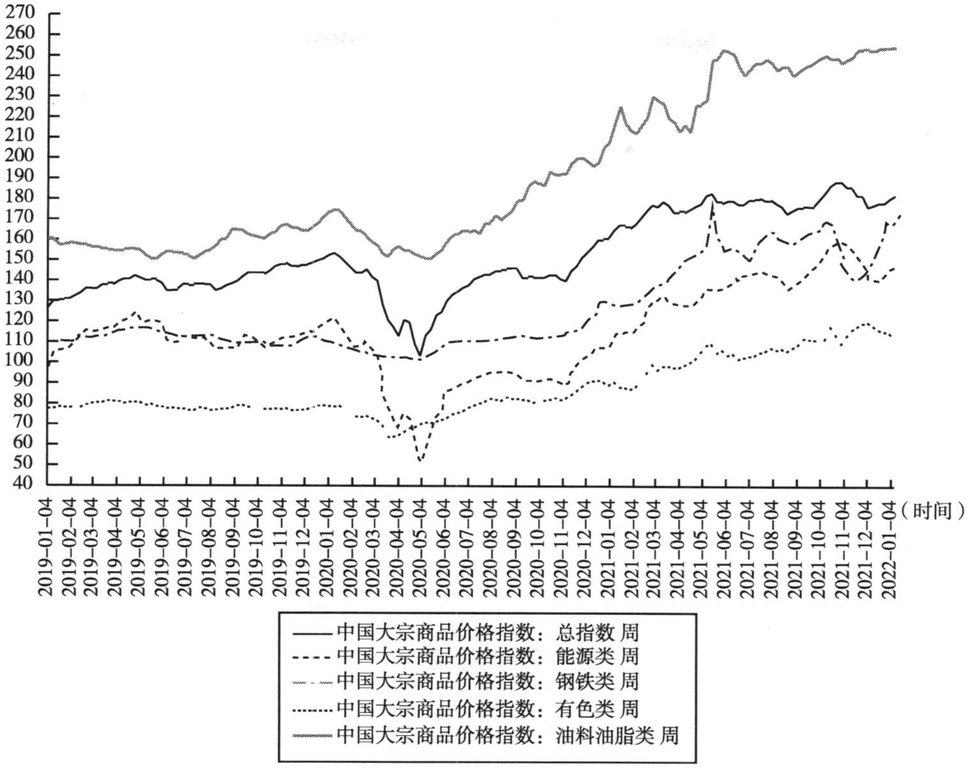

图 5　部分国内大宗商品价格指数（2019—2021 年）

数据来源：Wind 数据库。

交易价格为每吨 1202 元，较 1 月上涨 96%。尽管增产保供政策持续推进，煤炭产能加快释放，但是迅速上涨的煤价直接推高了中游电力企业，尤其是火力发电企业的成本。2021 年第三季度，全国超 20 省采取“有序用电”措施。“有序用电”的主因是火电企业成本高企、传导不畅，“市场煤、计划电”的体制矛盾，造成发电成本上升，火电供应全面下降。2021 年 12 月，电力生产同比下降 2.1%，火电生产同比下降 4.9%。

2021 年上半年铁矿石价格持续冲高，尽管下半年震荡回落，但全年铁矿石进口价格同比上涨 55.3%[①]。受铁矿石、焦炭等原燃料价格大幅上涨影响，钢材价格震荡走高。叠加“双碳、双控”等政策实施力度持续加强，相关行业产能置换措施逐步落实，多因素引发的煤炭、电力供应偏紧叠加需求相对旺盛，5 月

① 数据来源：工信部。

中旬、10 月中旬钢材价格两创新高（见图 6、图 7）。2021 年末钢材综合价格指数较 2020 年同比上涨 36. 46 点①，钢铁企业成本费用大幅增加。钢铁企业是实现绿色低碳发展的重要领域。长期看，还面临“双碳”目标下的绿色转型成本。如，某钢厂因受能耗指标约束，新建成高炉被迫停工（为保证设备不损坏，还需要对停工高炉加热保温），为此带来巨额的沉没成本。

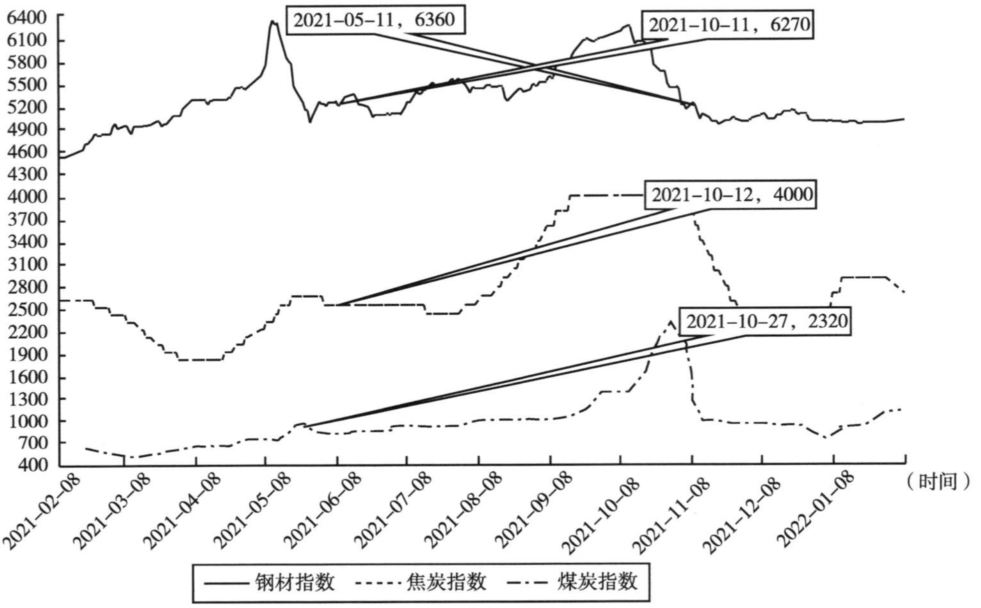

图 6　煤炭、焦炭、钢材指数（2021 年 2 月—2022 年 2 月）

数据来源：西本资讯（钢铁）。

尽管国家及有关部门及时采取相关保供稳价措施，但国际、国内环境依然复杂，煤炭、钢材等原材料价格从高点回落后再次反弹。中游企业不得不被动接受上游原材料供应商的涨价，但中游企业将上涨的成本传导到下游企业存在时滞，且成本传导也会和预期存在一定差距。中游高能耗企业成本上升压力短期难以改变。

3. 多因素叠加，推高下游企业运营成本

下游企业一方面面临大宗商品原材料涨价增加的采购成本，同时面临中上游企业成本提高的产品价格传导部分。大宗商品价格高位运行，供应链、产业链不

① 数据来源：工信部。

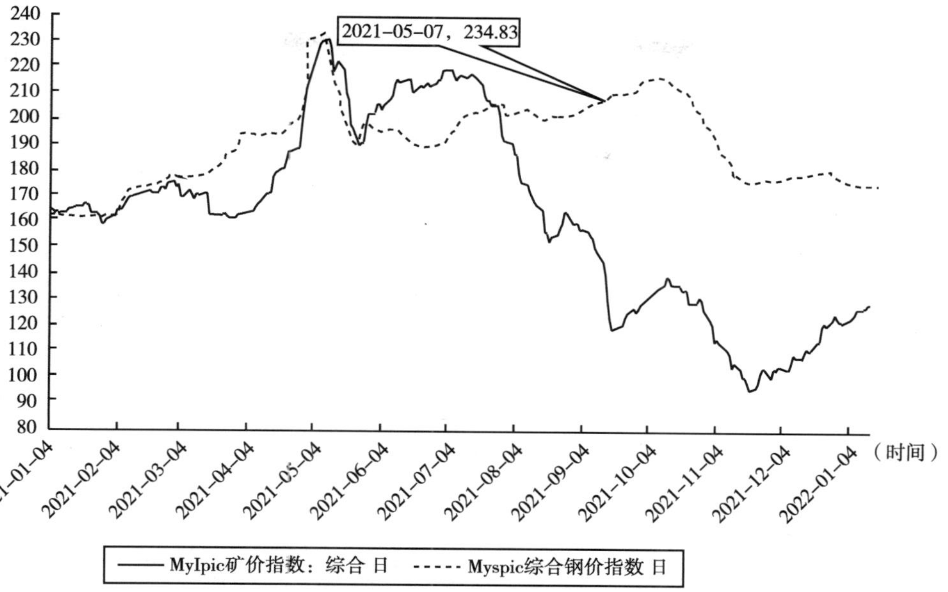

图 7　2021 年 MyIpic 矿价指数、Myspic 综合钢价指数

数据来源：Wind 数据库。

够畅通，上下游行业的不平衡等因素全面增加了下游企业的运营成本，压缩了企业的盈利空间。下游的一些小微企业因生产规模小，对原材料价格上涨的承受能力有限，当面临人工、物流、用能等多重成本上涨，生产经营压力持续加大，企业成本面临诸多挑战。

4. 物流成本急剧上升，全方位抬升企业生产经营成本

物流成本高企，存在持续加码风险。2021 年我国社会物流总费用与 GDP 的比率为 14.6%①，相比美国等发达国家 8% 左右的该比率，我国企业的物流成本仍维持在高位。新冠肺炎疫情持续导致全球供应链受阻，多重因素叠加显著推高了国际物流成本，航运行业最为明显。

疫情发生以来，国际油价持续上升（见图 8）等多重因素综合作用下，国际国内物流成本不断攀升。受苏伊士运河堵航事件、部分国家和地区疫情肆虐等影响，全球各主要航线运力持续紧张，国际航线运价出现普遍性上涨。自 2020 年中开始，集装箱运价一路飙升，集装箱“一舱难求”“一箱难求”“运价比肩货值”已成为国际航运新常态。上海航运交易所数据显示，2022 年 1 月较 2020 年

① 数据来源：中国物流与采购联合会。

6 月，中国出口集装箱运价指数（CCFI）上涨 4.17 倍。2022 年 1 月 28 日，中国出口集装箱运价指数（CCFI）3565.33 点。反映即期市场的上海出口集装箱综合指数，2022 年 1 月较 2020 年 6 月已上涨 5.21 倍（见图 9）。全球供应链紧张问题依然严重，短期内难以缓解，国际物流运价存在高水平上波动式上升的风险。

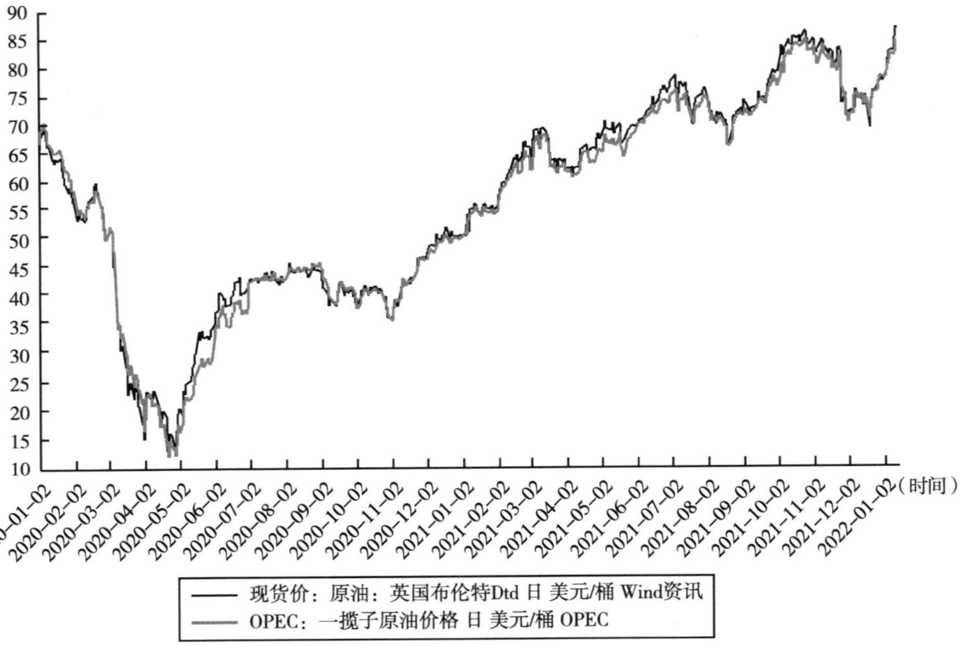

图 8　2021 年 MyIpic 矿价指数、Myspic 综合钢价指数

数据来源：Wind 数据库。

国际物流成本急剧上涨推高了能源类和工业类大宗商品价格，增加了企业原材料和中间品生产成本。上游原材料成本向下游传导不畅，造成中游制造业企业成本承压。运输成本显著提升，增加了存货积压成本，提高了延期出货成本、仓储费用，全方位增加了企业生产经营总成本，挤出了企业利润空间。

5. 人工成本持续上涨

全行业平均工资持续增长。2018—2020 年，全国城镇非私营单位就业人员年平均工资为 90113 元，实际平均增长 6%；城镇私营单位就业人员年平均工资为 53635 元，实际平均增长 5.48%。财科院“企业成本”在线问卷数据，2018—2021 年上半年，样本企业月平均工资平均增幅为 9.44%，其中 2021 年上半年平均月工资较 2020 年的平均月工资增长了 12.63%。此外，2020 年疫情初

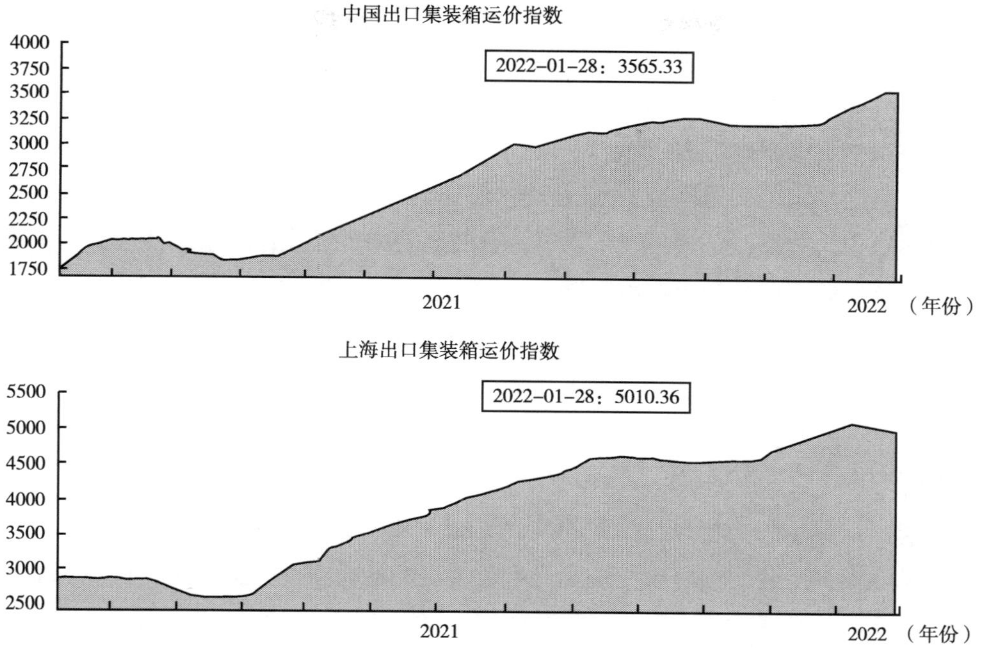

图 9 2021 年中国出口集装箱运价指数、上海出口集装箱运价指数

数据来源：上海航运交易所。

期社保降费政策逐渐退出，2021 年国内大部分省市已经逐渐将社保收缴转移至税务机关，征缴管理更加规范和严格。企业劳动保障类成本随着我国社会保险政策不断完善而动态上调，成为除货币工资外最大的成本。

短期和长期因素推升人工成本上升。短期来看，企业用于员工防疫、隔离政策等支出增加，提高了用工成本；长期来看，人口增速放缓、劳动年龄的人口比重下降，劳动力红利减少，劳动力供需错配的结构性矛盾，也推升了用工成本。

（三）小结

前述，主要分析的是在供应链视角下，降成本政策面临的微观实体要素成本，是基于历史的、确定性的实体交易形成的成本。透过现象看本质，企业成本的源头实际是不直观的虚拟“风险成本”。虚拟风险成本由已经转化为实体要素的成本和还没有转化为实体要素的成本构成，实体要素成本和虚拟风险成本相互影响，呈叠加态。

在新发展阶段，既要关注微观实体要素成本，更需分析各种不确定性以风险形态转化而来的成本。如，技术进步导致设备提前被淘汰、资产贬值、原材料涨价备货增加、产品滞销而导致库存增加、企业应收账款回收的不确定性、资金周转慢融资成本上升、货款拖欠、违约诉讼、政府合规性要求的变化、政策调整等转化的成本，也可称之为“风险成本”，其尚未完全反映在实体要素中、产品价格及供应链变化上。风险成本作为一个概念，是通过“风险—成本”这个转化过程而导致的结果；作为一个结果，企业的风险成本是往往是市场风险和公共风险共同导致的，各自的影响可通过一定方法计量、排序。

在不确定性上升的宏观环境中，公共风险水平上升，企业“风险成本”就会越大，其在企业成本的占比也是不断上升的。风险成本是“不可预期成本”，进一步可导致企业盈亏的不可预期性扩大，企业经营预期、投资预期和研发预期都会转弱。

微观是具体的，宏观是抽象的。观察企业成本是观察宏观经济运行的窗口。企业风险成本上升，往往会使企业资产负债表变得脆弱，甚至引发资产负债表式的经济衰退，经济断崖式下行，甚至产生危机。所以，企业风险成本的变化是观察宏观经济形势的一个重要先行指标。市场模式的变迁、技术的进步、产业的升级，对现代企业来说，无论是管理者自身的决策，还是外部投资者对企业价值尤其是对现阶段和未来价值的判断，都是在复杂的、不确定的、充满风险的条件下进行的，且各种不同的风险相互叠加、相互转化，会使得整个经济社会的运行成本上升，这都会通过生产过程、交易过程传导到成本上。因此，成本是风险的函数、是风险的转化，风险越大，成本就越高。当前尤其需要从“风险—成本”认识框架来对企业成本、发展成本问题进行全面分析。

二、为何政府连续多年出台减负政策，企业仍然感觉成本压力大？

自 2016 年 8 月《国务院关于印发降低实体经济企业成本工作方案的通知》（国发〔2016〕48 号）出台以来，各类降成本减负担政策实施力度持续增强，取得了阶段性成效。但我们每年的调研都显示，多数市场主体感觉成本依然很高，发展压力依然很大。原因何在？

对此，需要结合新发展阶段的特点，从整体上把握成本问题。对企业来说，成本的控制既取决于企业自身，也取决于所处环境、体制机制，并不能完全由企业自主控制，与我们所处的发展阶段、经济社会形势的变化都是联系在一起的。现在，国家发展已经进入高风险阶段，高风险阶段也就是高成本阶段。各种不确定性和公共风险都会内部化为企业的成本，从而导致企业成本压力不断上升。而部分企业的风险也会外部化，导致公共风险水平上升，从而转化为所有企业的风险压力。若是政府治理转型不到位，构建新规则的速度与旧规则解构的速度不匹配，公共风险就会扩大，导致整个社会各领域的成本全方位上升。而这种公共风险扩大和社会成本上升，不是哪一个企业行业可以自行解决的，需要全面深化改革，加快推进制度创新，使制度和风险之间形成一种良好的匹配。当宏观不确定性减弱，公共风险水平下降的时候，生产经营成本才能够下降。

（一）各种不确定性和公共风险会内部化为企业成本

我们已进入风险经济、风险社会的时代，成本越来越多地来自不确定性、来自风险，各种不确定性和公共风险都会内部化为企业的成本。成本的本质是风险的转化。

1. 风险已成为现代社会的特征，也成为企业成本的属性

普遍存在的、影响企业盈亏的各种不确定性事件就是风险。在社会分工和国际分工不断深化背景下，每个企业都会受到不确定性和风险事件的影响。这意味着，成本不是决定于已经发生了什么，而是取决于未来将会发生什么，未来可能的损失都会转化为当前的成本。而各种风险是会相互叠加、相互放大的，这样，成本也就表现为不同风险的变化和转化。

2. 风险预期决定了成本预期

从资源配置角度来看，在某一确定用途上追求未来的收益总是会伴随着风险。无论是生产经营货物，还是投资购买资产，皆是如此。可以说，风险预期决定了成本预期。企业任何选择都会有风险，只是风险或大或小，事先无法预测，但最终都会通过会计期间的成本反映出来。这往往需要企业做好“风险准备”。而当选择变得越来越不确定时，风险准备就会增大，成本就会增加。

3. 公共风险会转化为交易成本，内部化为企业的成本

从社会角度来看，风险社会意味着有很多风险要内部化，比如企业要承担养老、进行社保缴费，导致企业的成本上升。环保这一社会成本要内部化，也导致企业成本上升。再如不讲诚信的风险，这些社会风险会转化为交易成本，内部化

为企业的成本。再如政策不完善或政策不协同所带来的风险，也会转化为企业的成本，导致企业成本上升。

整个社会面临的风险，是一种不可转移、不可分散风险，即公共风险，也可称之为“系统性风险”，它本质上是虚拟的，代表一种可能性，但在一定条件下会转化为实际成本。2020 年的新冠肺炎疫情就是一个最现实、最直观、最鲜活的案例。为应对疫情这一公共风险，企业必须采取各种防控措施，比如，保障复工复产的投入、采购疫情防控物资、执行隔离政策等，这些都会转化为企业的经营成本、管理成本。这充分说明，当外部环境存在较大不确定性或公共风险水平上升时，企业成本会出现普遍上升态势，企业、投资者、消费者等微观主体还会因看不清未来趋势而改变其行为模式，具体表现为对研发、投资等活动保持更加谨慎的态度，更倾向于等待、观望，这些都将导致宏观经济的整体收缩。当经济、社会各种各样的风险扩大，不确定性增加时，会使整个经济的运行成本上升，我们就进入了一个高成本的时代。高成本时代实际上和高风险时代是同一个意思的不同表达，现在的成本不再是会计学意义上的成本，更多地来自于对风险的判断和“风险准备”。

因此，要激发市场主体内生动力、构建现代市场经济体系，仅仅着眼于当前的减负目标是远远不够的，而是要切实增强外部环境的确定性、努力降低公共风险水平，从而改变微观主体预期，从根本上对冲企业成本上升趋势。

（二）企业的个体风险会外部化导致所有企业承压

在风险社会，不仅经济社会各领域的不确定性及公共风险会内部化为企业的成本，企业层面的个体风险同样也会外部化，通过各种传导、转化，导致公共风险扩大，带来全方位的成本上涨，从而造成所有企业承压。

1. 个体风险会外部化为公共风险

“风起于青萍之末”，公共风险可以起于个体风险的非线性外部化。比如，在市场中企业破产有可能引发一串的企业破产；股市中一个坏消息就可能引发股市的震荡；一个企业违约，可能导致一系列企业融资成本上升。这些都会导致个体风险的非线性外部化。人们常说的蝴蝶效应、多米诺骨牌效应，这些都是指的某一个个体的风险可以转化成公共风险，变成一个整体的风险。它们是相互关联的。比如，当企业所处的融资环境资产环境不确定时，企业的资产减值准备就会扩大，不仅会使企业成本快速扩大导致亏损，甚至出现资产负债表危机。而企业资产负债表相互之间又会通过股权和债权关联，一个企业的危机可以传递到其他企业，微观的资产负债表危机就可能演变为宏观的金融危机或经济危机。是否变为现实，就看倒下的多米诺骨牌能传递多远。

2. 头部企业可引发行业系统性风险

行业头部企业一旦产生风险外溢，可导致行业系统性风险，引起全行业的企业风险成本普遍上升。以房地产行业为例，头部企业所引发的债务风险，就产生了链条式传导，不仅使得关联的地产商受损，也带来房地产业投资预期的改变，致使房地产业出现断崖式下行。同时，引发金融机构风险敞口加大，地方财政也受到牵连，土地出让金和相关税收减少。

3. 重要性企业风险可波及产业链上下游

产业链供应链安全稳定是构建新发展格局的基础，在本质上涉及企业风险外溢扩散、产业链供应链的公共风险传递问题。当前要素价格上涨、国际物流运价变动、汇率波动、人工成本上涨、能耗双控、限电限产等风险因素，都可通过重要性企业进一步沿着产业链供应链关联，形成风险在上下游传递，并可能演化形成为公共风险，使得处于供应链上的企业成本都呈现上涨趋势。如大宗商品价格上涨，可影响钢材、铝材、铜、沥青等材料价格，进而影响建材生产企业成本，并进一步向建筑工程企业传导，使得采掘、材料、制造、建筑等各个行业的风险成本上升。

（三）治理转型与发展转型不适配导致整体成本上升

这些年来，治理转型取得积极进展。但从整体来看，治理转型与发展转型仍有不适配的地方。

1. 体制机制梗阻导致发展成本全面高企

当前，我国宏观经济运行的一个突出特征是发展成本上升。上游原材料、中游关键零部件、下游产成品、物流配送均供应紧张，技术标准、合规要求不断提高，较大程度对冲了降本减负政策带来的红利，令市场主体普遍感到生产经营成本居高不下。

而成本全面上升，既与经济循环不畅相关，更重要的是，也和治理转型与发展转型不适配，体制机制的梗阻相关。社会供需失衡、内需不足，与收入分配差距存在较大关联，从根本来看，这与我国二元分治的经济、社会结构所导致的群体性能力差距直接相关。社会改革滞后于经济改革，科技体制机制和金融市场机制不完善，在不同程度上影响着经济与社会、经济与科技、金融与实体之间的循环畅通。因此，降低发展的成本，关键在于公共风险管理，全面深化改革，推动体制机制创新，让治理转型适配于发展转型，避免出现“100 - 1 = 0”现象，即一项关键改革不到位可能导致所有改革措施难以落地。改革的难度、复杂性和成本明显上升。

2. 政策难以预期，导致企业成本上升

政府的职能应是防范和化解公共风险，构建确定性。政府转型的过程就是构建新的发展确定性的过程，通过权衡风险、转化风险、对冲风险、降低风险，对风险进行全面治理。然而，从现实来看，决策产生风险是常见现象，从而导致成本上升。

一是政策的“合成谬误”“分解谬误”会扩大企业宏观环境不确定性，导致风险成本提高。政策的“合成谬误”，即政府出台的不同政策从各个部门来看是没有问题的，但是合到一起出现问题了。再如“分解谬误”，即一个整体性的任务，是不能分解的，一分解就会出问题。如果“踩油门”和“踩刹车”并行，则会导致企业无所适从，引发“处置风险的风险”。面对多重政策目标冲突引发的预期不稳，企业为避免自身生产运营受到较大外部政策冲击影响，普遍加大了预防性支出，额外增加了自身运营成本。

二是宏观政策微观化。从微观角度制定政策的时候，可能会和市场机制的作用出现冲突，这本身也是一种风险。所以，防范公共风险，首先要预防政策风险，避免决策中的风险盲区，避免政府自身制造风险。政府更应注重从宏观、从总体、从公共的角度去制定和调整政策。

三是政策预期不稳会导致企业预期不明朗。给企业减负、贷款延期，可对冲部分宏观不确定性带来的风险冲击，有助于企业经营的延续。从短期来看，其纾困效应是存在的，甚至很显著。但企业不一定就有了长期打算，内生动力由此增强。这更多取决于纾困政策的具体操作。如果纾困政策的着眼点是减负、保住企业资金链不断，则可保住企业当下的经营不停摆，但企业不一定有稳定的预期。如临时性政策、阶段性政策都有短期纾困效应，而稳定预期的效应则不明显。只有政策变成了制度性的安排，政策本身可预期，企业才可能甩开膀子干。因此，从长期发展来看，政府应当更加关注战略风险和长期风险，各项政策都应基于治理的要求来制定和实施，多元主体共同参与，并转化为制度性安排。只有按照治理的要求来制定政策，才可能是最为确定性的，才能避免这些政策各行其是，进而带来更大的不确定性。

3. 降低发展成本的关键在于公共风险管理

从整体来观察，国家的发展成本取决于公共风险。公共风险越大，国家发展的成本越高；公共风险越小，国家发展的成本越低。公共风险扩大可能导致发展路径偏移，成为可持续发展的最大约束。公共风险之所以会转化为发展的成本，是因为它改变了人们的预期和行为方式，资源配置偏向于预防可能的损害和损失。例如，企业面对风险，必须计提减值准备；面对感染风险，必须保持距离和环境消毒，诸如此类都是成本。公共风险水平越高，微观主体的成本就会越高，国家发展的成本就越大。这就需要公共风险管理机制来发挥作用，对冲公共风险，以降低国家发展成本。

公共风险管理机制应内嵌于国家战略、规划和制度之中。适时调整国家战略、完善规划、创新制度，是公共风险管理的根本和基础，也是降低发展成本的关键所在。构建公共风险管理机制，并非要另起炉灶，而是要把风险思维、预防理念作为战略规划制定、各项制度设计的核心思维和理念，并以公共风险为导向，对战略的实施、规划的实行和体制的运行实时监测，防范风险溢出增加发展成本。

三、新发展阶段哪些成本是趋势性上升，哪些成本是趋势性下降？

在新发展阶段，我国面临复杂严峻的内外部形势，叠加新冠肺炎疫情的持续冲击，令我们所处的环境更加充满高风险和不确定性。在风险社会中，企业成本是风险的函数，当公共风险上升时，会导致企业的风险成本上升，且具有普遍性、持续性特征，就像持续普降大雨，江河湖泊的水位都会同步上升。与此同时，各类技术进步、组织创新以及数字化发展，极大改变了商业逻辑和竞争格局，也明显提高了企业的风险对冲能力，降低了风险成本和发展不确定性。因此，研究新发展阶段下企业成本结构的新变化，首先必须深刻认识高风险和高度不确定性条件下“风险—成本”的转化机理，增强企业对新发展阶段的适配性，并为政府制定相关政策提供现实依据。

（一）趋势性上升的成本

从长期来看，企业趋势性上升的成本因素主要源于相关公共风险的演变蔓延。近年来，在疫情风险没有完全对冲的条件下，针对中小微企业制定了一系列纾困解难政策，较好实现了“六稳”“六保”目标。但政策对冲的公共风险仍是有限的，企业仍面临各类公共风险带来的成本压力，甚至成为部分行业企业难以承受之重。调研发现，企业成本压力上升，并非都是源于企业微观个体的经营能力或技术水平，也不完全来自市场因素或产业链供应链变化，而是起源于社会、生态、人口等非市场领域公共风险的传导，最终转化为企业成本。显然，这无法通过企业个体的努力来克服，也难以通过短期政策实现完全对冲，而是需要政府着眼于成本因素背后的长期风险变化，采取制度性、系统性措施加以应对。

1. 多种因素推高的人工成本

在风险社会背景下，企业用工成本不仅取决于劳动力供需关系的变化，还与各类不确定性对劳动力市场形成的“风险溢价”密切相关。前者属于显性用工成本，主要表现为薪酬水平的变化趋势；后者属于隐性用工成本，更多表现为企业在招人、用人、留人过程中为寻求人力资本价值的最大化或减少人力资本损失而承担的额外成本，具体包括产业结构变化、就业形态变化、就业习惯改变以及其他不确定性因素对企业用工成本带来的冲击。

从劳动力供需来看，我国适龄劳动力人口的数量和比重自 2012 年起，连续 8 年出现“双降”，尤其是低端制造业企业的用工，面临日益突出的结构性短缺。随着劳动力人口的持续减少，我国长期依赖的人口红利正在逐渐消退，必将带来劳动力供需缺口的趋势性扩大，从而推动社会平均工资水平的上涨，这是导致企业显性用工成本上升的最直接原因。根据《中国统计年鉴 2021》显示，2016—2020 年，城镇非私营单位就业人员年平均工资同比分别增长 8.9%、10.0%、11.0%、9.8%、7.6%；城镇私营单位就业人员年平均工资同比增长 8.2%、6.8%、8.3%、8.1%、7.7%。从 2021 年企业人工成本的构成来看，工资总额、社会保险费用、住房公积金、招聘成本等项目上涨趋势相对明显。财科院“企业成本”调查问卷对工资成本的调查结果也与《中国统计年鉴 2021》公布数据保持基本一致，17482 家样本企业的人工成本整体较 2020 年增长达 12.63%；从所占比重看，人工成本在企业总成本中的占比近三年呈现缓慢上升态势，2018—2020 年分别为 24.15%、24.67% 和 24.86%。需引起关注的是，大部分行业平均工资的增速 2020 年因受新冠肺炎疫情冲击变缓，但在 2021 年上半年又强势反弹，有近八成样本企业表示 2021 年薪酬总额出现增加（见图 10），给企业带来了较大成本压力。特别是以传统制造业为代表的实体企业，平均工资水平在 2021 年出现明显上涨。第 25 分位数的

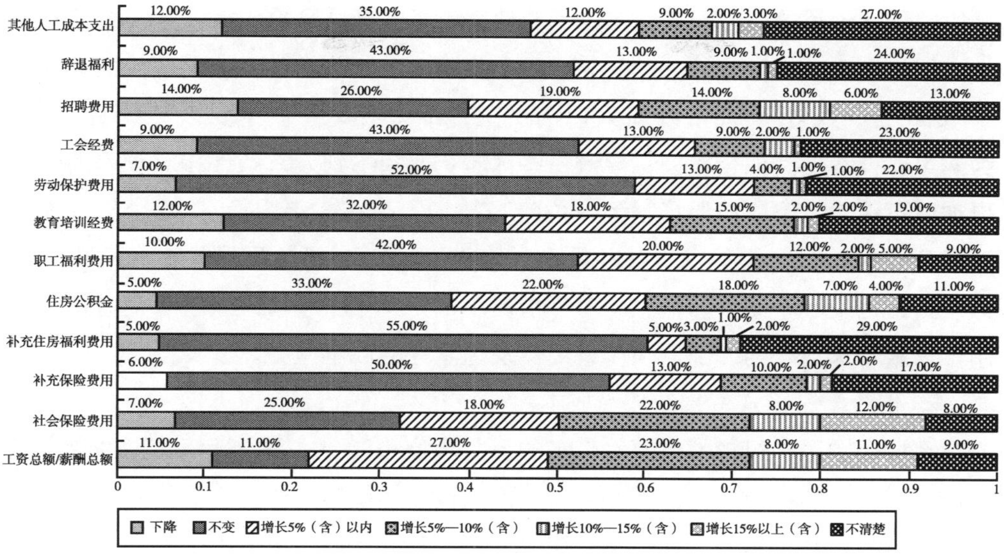

图 10　2021 年企业人工成本细分项增长情况

月工资水平从 2018 年的 2657 元增至 2021 年的 3401 元，年均增幅为 7%，2021 年上半年同比增幅 8.8%；第 75 分位数的月工资水平从 2018 年的 5125 元增至 2021 年的 6458 元，年均增幅为 6.5%，2021 年上半年同比增幅达 12.9%。

从劳动力市场风险溢价来看，由于产业结构、社会结构以及人口结构之间可能出现的错配，导致劳动力就业和企业用工均面临较多不可预测风险，这些风险超出了单一企业可以管控的范畴，但又会演变成风险成本，最终落到企业的身上。比如，受灵活就业的冲击，劳动力市场出现雇用短期化、劳动关系弱化等特点，加剧了职工流失风险，无形之中增大了企业的用工成本。特别是离职率上升、劳动纠纷及争议增多以及专业技术的迭代速度加快，给企业的正常用工带来了更大风险，明显推动了企业人工成本的趋势性上升。调研发现，越来越多从业者在考虑薪酬水平的同时，更加注重工作条件、工作自由度、时间灵活性以及社交的便利性等因素。由于这些诉求具有个性化、多元化特点，叠加聚合在一起，会给企业人力资源管理带来更大的工作难度和不确定性，也会间接增加企业用工成本。更有甚者，一些用工波动较大的低端产业还存在雇工“返费”现象①，严

① 劳务中介采取虚假宣传、横向联合、高额奖励等方式，介绍务工人员入职一些劳动力短缺的企业，并向企业收取“人头费”，一段时间后再怂恿职工离职，向其他企业推介用工，再次收取“人头费”，这既加剧了劳动力市场的供需错配和不合理流动，又加重了企业的招工成本。

重扭曲了劳动力的合理配置，形成了劳动力市场的公共风险。据江苏一企业负责人介绍，在 2021 年用工高峰期，企业通过中介机构每招聘一位职工，就必须给予 2000 元“返费”，而这些新入职的员工，不久后又会被中介以“返费分成”为诱饵，推荐到其他企业去，导致一些优质企业招不到人，条件相对较差的企业更加留不住人。调研访谈接触到一位年轻技工，其在 3 年内换了 20 个厂，光是返费分成就让他乐此不疲。可以看出，这些“返费”现象虽然是中介机构利用劳动力市场发展不完善、信息不对称情况下的“寻租行为”，但已对企业正常的用工需求带来显著的外部风险，最终体现为隐性的成本压力。

2. 传统增长方式带来的环境成本

环境问题源于经济的外部性带来的公共风险和社会成本。环境污染的存量已经造成了巨大的社会成本，需要一点点去消化。环境污染行为则会给整个社会造成公共风险，并对每一个社会主体构成危害，其后果短期可能不会显现。这需要政府去规制污染行为，让环境成本企业内部化。

过去较长时间内，由于环境容量大、环境规制滞后，许多企业对污染废弃物通常采取直接排放方式。随着工业化进程的加快，企业数量急剧扩大，污染物排放量也不断增加，造成了严重的生态破坏，促使控制排放、治理污染被提上政府的议事日程。目前来看，让环境成本内部化是一项具有广泛共识的政策主张，即从之前由自然、社会承担的污染成本，转为让企业自己承担，实现“谁污染、谁治理”。从本质上看，这也是一个公共风险内部化的过程，必将带来企业成本的明显上升。

随着“3060 双碳”目标的提出，政府在推动污染治理、绿色转型、低碳发展等方面出台了更严政策措施。对企业而言，随着排污治理以及环保要求的不断提高，环保成本也随之上升。加之环保督察力度的持续加码，给“三高”行业带来了较大的环境规则成本。部分高能耗、高污染企业反映，环保标准不断在提高，企业开展技术改造的速度，甚至赶不上环保标准的调整速度，导致“技改一直在路上”，形成了大量的沉没成本，也导致企业的预期不稳。如果环保政策调整过频或在实施过程中出现“一刀切”“运动式”等问题，将导致企业短期内承担过多本应由政府或社会承担的公共风险，造成企业成本的激增。

为分析“双碳”目标对企业成本的影响，财科院“企业成本”问卷调查针对“双碳”问题设计问卷，从能源消耗、碳排放、碳交易、“双碳”目标的影响，应对“双碳”目标的措施和政府政策支持等方面展开调查，发现企业普遍感受到环境规制从严带来了日益增长的成本压力。以碳排放配额（CEA）交易和国家核证自愿减排量（CCER）为例，在被调研的农、林、牧、渔业四个行业中有77.78%的企业认为，CEA交易提高了企业运营成本；虽然在其他多数行业内，企业受CEA和CCER交易的影响尚未显现出来，但持有“会不同程度上提高成本”观点的企业明显多于持有会降低成本观点的企业（见表1）。

表1　2020年碳交易对企业运营成本的影响

交易	行业名称	提高成本	降低成本	没有影响	不清楚或不了解
碳排放配额（CEA）	农、林、牧、渔业	77.78%	11.11%		11.11%
	采矿业	50.00%	50.00%		
	制造业	5.69%	25.00%	17.24%	12.07%
	电力、热力、燃气及水生产和供应业	33.33%		11.11%	55.56%
	建筑业	41.18%	23.53%	11.76%	23.53%
国家核证自愿减排量（CCER）	农、林、牧、渔业	32.14%	21.43%	17.86%	28.57%
	采矿业	40.00%	20.00%	20.00%	20.00%
	制造业	38.28%	21.07%	13.35%	27.30%
	电力、热力、燃气及水生产和供应业	40.00%	15.00%	20.00%	25.00%
	建筑业	30.30%	15.15%	21.21%	33.33%

另外，我们还关注到政府推动经济绿色转型以及“能耗双控”要求的提高，对企业原材料采购成本产生了一定影响。据财科院“企业成本”调研组问卷调查显示，虽然绝大多数企业对“双碳”目标提出所产生的影响暂未形成全面认识，但明确表示会“提高成本”的企业占比显著高于“会降低成本”的企业占比（见表2）。随着全球碳减排压力的持续传导，以及我国主动参与全球环境治理的不断深入，传统增长模式下环境治理带来的风险成本，最终将转化企业的技术改造成本和制度遵循成本。

表2　“双碳”目标对企业原材料采购成本的影响

行业名称	提高成本	降低成本	没有影响	不清楚或不了解
农、林、牧、渔业	14.02%	3.01%	30.93%	52.03%
采矿业	18.64%	1.69%	25.99%	53.67%
制造业	28.02%	2.74%	20.47%	48.77%
电力、热力、燃气及水生产和供应业	17.54%	1.69%	31.53%	49.24%
建筑业	11.29%	2.31%	23.08%	63.31%

3. 老龄化带来的社会保障成本

人口老龄化不只是年轻劳动力的减少，还会带来社会养老成本的增加，是我国社会保障体系面临最大的“灰犀牛”，这也将成为我国未来一段时期必须直面的重大公共风险。据《第七次全国人口普查公报》显示，全国 2020 年末 65 岁及以上人口占比 13.5%，共 1.9 亿人，预计 2050 年达到峰值 27.9%，超过 3.8 亿人。老龄人口增加，意味着社会养老压力不断增大、基本养老金支出持续攀升。据《中国养老金精算报告 2019—2050》估算，在考虑财政补助情况下，我国基本养老保险将于 2028 年首次出现“赤字”，到 2050 年当期缺口将达 11.28 万亿元。在财政紧平衡状态下，我国社会保障体系未来的运行风险将进一步凸显。从理论上说，人口老龄化带来的社会养老负担需要个人、家庭、企业、政府分别承担相应责任。但事实上，无论是个人养老、家庭养老，还是通过社会保障体系承担养老责任，主要的养老负担最终仍会向企业等市场主体传导。这也是人口老龄化的公共风险在企业等微观市场主体上的具体体现，将给企业带来明显的成本压力。

近年来，为支持企业应对经济下行和多重外部挑战，国家实施了包括降低社会保险费率在内的一揽子减税降费措施，以减轻企业负担、激发微观市场主体活力，其中一项重要举措就是将基本养老保险的单位缴费比例由 20% 降至 16%。特别是新冠肺炎疫情暴发以来，一系列社保缴费“减免缓退”政策，进一步降低了企业的社会保障压力。以 2020 年为例，全国为市场主体减负超 2.6 万亿元，其中社保费减免规模高达 1.7 万亿元。客观来说，各类短期的减负政策能有效缓解企业压力，但对社保基金的收支平衡造成了巨大压力，从长期来看是难以持续的。

另外，随着社会保险制度的不断完善，还会对企业产生更大的合规性风险，最终也将成为企业的合规成本。财科院“企业成本”课题组调研发现，我国社会保险缴费目前存在缴费比例不一致、缴费基数不统一、征缴体制不顺畅、劳动者缴费意愿不强等合规性困境，不仅侵害了劳动者合理权益、加剧市场竞争的不公平，而且极大侵蚀了社保基金的根基，造成了大量费源流失。随着国家关于规范社保基金缴费相关政策的落地实施，会给企业带来社会保障成本的趋势性上升。

财科院“企业成本”调研组选择江苏苏州、浙江杭州、福建厦门、广东广州、广东深圳（以上五个城市的基本养老保险企业缴费率低于 16%），以及北京、黑龙江哈尔滨、江西南昌、四川成都、甘肃兰州共 10 个城市作为研究样本。假设企业按照当地规定的费率和当地最低缴费基数给 10 名员工缴纳社保，员工均为当地社会平均工资水平。那么，在做实费基的情况下，即由当地最低缴费基数一律调整为职工真实月平均工资后，个人平均每月需增加缴费 249 元，企业平均每月需增加缴费 4625 元。若同时考虑费基做实和单位缴费比例调整至国家规定的 16% 标准，企业平均每月将增加缴费 5302 元。

作为人工成本中法定由企业负担的养老保险缴费部分，随着劳动力市场供求关系变化以及社会保险制度的不断完善，长期来看必然是水涨船高的，由此导致的企业成本趋势性增长也应给予关注。

（二）趋势性下降的成本

在“风险—成本”的分析框架下，企业趋势性成本变化主要源于公共风险的演变。当公共风险增大时，会通过要素传导，逐步内部化为企业成本；当公共风险趋于收敛时，同样会带来企业成本的趋势性下降。近年来，持续的技术进步、组织创新以及数字化发展，有效提高了整个社会的治理能力，促进了资源配置效率和全要素生产率的提高，同时也进一步增强企业的风险对冲能力，在一定程度上克服了原材料价格、物流成本等短期因素以及人工成本、环境成本、社会保障成本等长期因素带来的明显压力，确保综合成本始终保持在相对合理区间。可以说，治理能力和风险对冲能力提升所带来的趋势性成本下降，为企业应对外部冲击、推动转型升级争取了更大空间。

1. 技术进步带来的成本下降

当不确定性或公共风险水平上升时，会增加社会组织和运行成本，而技术进步有利于提高全要素生产率，增强识别风险，防范风险和应对风险的能力。对企业而言，通过获取新技术和运用新的生产手段，同样有助于应对公共风险，提升风险对冲能力。由于技术研发风险以及技术路线的不同选择，导致企业通过自主技术创新实现成本下降的路径存在一定的不确定性。因此，不少企业通过先进技术的引进，吸收、消化、再创新来进行设备升级和流程再造，以降低创新行为的风险和不确定性。最典型的是，我国光伏发电行业在引入国外先进技术的基础上，积极推动技术进步，促进发电成本在过去 10 年时间内下降 80% 以上，许多地方的度电成本已经接近或低于当地燃煤标杆电价。

技术进步带动成本下降的另一重要抓手是企业自动化水平的提升。近年来，一些企业在地方财政政策的引导以及金融机构的信贷支持下，纷纷实施“机器换人”计划，取得了明显的就业替代效应。根据中国机器人联盟数据计算，2019 年我国工业机器人平均售价为 27.78 万元。而 2019 年我国工业机器人“时薪”为 43.3 元①。2020 年，北京、上海、天津等地的制造业工人时薪已分别达 76.6 元、73.9 元、49.3 元，均已超过当年工业机器人时薪。据统计数据显示，2013 年我国工业机器人密度只有 30 台/万人，到 2020 年已经攀升至 187 台/万人，七年间翻了 6.2 倍。美国相关研究显示，生产线上每增加 1 台机器人，就会有 3—5.6 名工人失去工作。即便取区间的低值计算，由于我国制造业就业人数 2013 年为 10036.8 万人，2020 年为 9712.9 万人②。可测算得出，2013—2020 年期间，我国新增工业机器人累计替换了 454.56 万名工人。调研过程中，浙江某纺织类企业负责人介绍，在当地政府贷款贴息政策的支持下，企业首付 300 万元，一次性购入 50 台、总价值 1500 万元的织纺机器，将日出货量提高了 3.5 倍，单位产品成本下降 8% 以上。

在看到技术进步带给企业明显成本优势的同时，我们也关注到企业技术创新过程中面临的诸多困境。调研中有多家企业反映，企业贷款购入自动化设备后，虽然提高了生产效率、降低了用工成本，但一次性大额投入和激增的还本付息压力，短期内令企业流动性趋紧，抗风险能力反而下降。这一困境较大程度地妨碍了企业实施“机器换人”计划的积极性。为更好实现技术进步在促进企业成本下降中的积极作用，必须为技术进步提供更好的金融支持和法治环境，降低企业技术创新过程中面临的风险和不确定性。

2. 组织创新带来的成本下降

在工业化背景下形成科层化社会组织具有控制力强、执行效率高等特征，但难以适应瞬息万变的市场环境，更无法满足风险社会对组织韧性和机动性的要

---

① 针对工业机器人“时薪”的计算方法，可按照“$\text{工业机器人时薪}=\frac{\text{销售均价}+\text{系统集成费用}+\text{三年维护费用}}{3\text{年}\times 250\text{个工作日}\times\text{产能利用率}\times 24\text{小时}}$”得出。其中，将工业机器人最低使用年限设为三年，在每年 250 个工作日中不间断运转。产能利用率则可引用国家统计局公布的 2020 年数据，即 74.5%。另据相关研究，机器人投入生产制造中的系统集成费用约等于机器人价格，每年维护费用为机器人售价的 15%。

② 计算公式：制造业就业人数 = 制造业城镇非私营单位就业人数 + 制造业私营企业和个体就业人数。资料来源：中国统计年鉴（2014、2020）。说明：制造业就业人数存在一定程度的低估问题，中国统计年鉴缺少制造业农村非私营单位就业人数，但此部分规模不大。

求。随着管理手段的不断创新，带来了业务流程和管理方法的改变，以松散型、扁平化、协作型为主要特征的敏捷组织形式越来越受到了现代企业的青睐，并成为其对冲公共风险、降低企业成本的重要法宝。具体来说，一是新型生产、管理、营销模式加速变革。在工业化背景下，规模经济和技术进步导致组织科层化和一体化，而信息化革命促进了柔性生产组织方式的完善，从而优化了资源配置方式，极大提升了运行效率和全要素生产率，带来了运营成本的明显下降。二是新型组织形态不断产生和快速发展。虚拟经济与实体经济不断融合，不仅促进了组织的扁平化、分散化，还推动了平台化、生态化、线上化发展，各类企业间网络、平台生态体系不断建立健全；分享经济、智能制造等一批新兴产业迅速崛起，有效降低了市场交易成本，促进了企业单位产出成本的下降。三是新型技术创新联盟不断涌现。针对一些行业共性技术和重大科研攻关，一些企业通过与高校、科研院所以及上下游企业之间形成战略合作，共建技术创新联盟，形成了一批新型科研协同机构，有效解决了单一企业缺乏创新能力不足和创新风险过大的问题，也明显降低了企业的科研费用。可以预见，随着一系列创新型组织方式及形态的普及，将促使企业相关成本费用的趋势性下降。

3. 数字化发展带来的成本下降

在市场经济条件下，各类信息资源纷繁复杂，各种市场和非市场因素、国际和国内因素、风险和效率因素交织重叠，给企业生产经营带来了诸多不确定性，也推动了企业成本呈全方位上涨态势。数字技术的广泛运用，深刻改变了经济社会的组织方式和运行模式，并能显著降低信息搜寻、复制、传输、追踪、验证等工作的难度，是企业在复杂市场环境下优化成本管理、提升经营绩效的重要抓手。相应地，数字资产逐渐成为企业一种新的生产要素，与其他要素之间产生协同效应，带动企业综合成本的明显下降。

财科院“企业成本”问卷调研结果显示，高达 69% 的受访企业认为，数字化转型有效提高了企业的生产效率，其次是有效节省人工成本、提高管理效率、节省生产成本（对应比例分别为 64.15%、61.31%、48.62%）。可以看出，提高生产与管理效率、节省生产成本特别是人工成本是数字化发展带给企业最为显著的影响。对样本企业的比较分析得知，未进行数字化转型的样本企业的营业成本率和管理费用率均值分别比已开展数字化转型样本高出 2.28 个和 2.19 个百分点。这也充分说明，数字化转型有助于提升企业的资源利用率，降低边际成本。具体来说，一是大幅降低信息获取成本。数字化改变了传统获取信息的手段和方式，大大降低市场主体获取相关信息的费用。二是大幅降低资源匹配成本。数字经济打通线上线下两个空间，大幅降低资源发现、契约签订、监督实施等费用，并能有效解决主体间信息不对称问题。三是大幅降低资本专用性成本。数字化有效解决企业固定资产或人力资本用于特定用途后，不能经济性用于其他用途的问题。在工业互联网时代，企业之间可以依托互联网，提供产品租赁、个性化定制、设施共享等新型服务模式，客户无需进行一次性大规模设备投资，只需支付部分定金，就可以接单生产，最大程度摊薄专用性资本购买和使用成本。

除企业自身的数字化转型带来效率提升和综合成本改善以外，以数字金融为代表的现代金融体系的建立健全，也进一步提升了企业的融资效率、推动融资成本的持续下降。在看到数字产业化和产业数字化背景下企业发展成果的同时，我们也注意到，较多企业对数字化转型缺乏足够认识，仍存在意愿不强、动力不足、资金不够、模式不清、专业人才缺失等问题，在一定程度上遏制了数字化对降低企业边际成本的积极作用。

四、新发展阶段面临哪些风险挑战？风险是如何转化为成本的？

（一）新发展阶段面临多层次的风险挑战

进入新发展阶段，我国发展内外环境发生了深刻变化，企业在宏观、中观、微观各个层面面临多重风险挑战。这些不同层面的风险挑战并不是相互孤立的，而是相互影响、相互催化，并最终转化为全社会共同面临的成本。如不能降低全社会整体的风险水平，将会阻碍宏观经济和微观市场主体的可持续发展。

1. 宏观风险

（1）全球化逆转。

与 20 世纪贸易自由化、经济全球化成为全球经济发展主旋律的事实相反，近十余年来发达国家内部民粹主义日益盛行，出现了“逆全球化”现象。2020 年初暴发的新冠肺炎疫情，对国际贸易往来、人员流动、政治文化交流造成了严重冲击，刺激贸易保护主义快速抬头。2021 年以来，全球疫情几度反复，新型冠状病毒不断变异，多国在“封锁”和“解封”中摇摆，导致本国供应链出现中断的风险大幅增加，进一步助推了逆全球化思潮的泛滥。

在强力有效的防控措施下，我国率先走出疫情阴影，产业链供应链迅速恢复，经济持续复苏，成为世界经济发展的主引擎。然而，当前的国际环境更加复杂多变，逆全球化思潮仍在不断强化，且对我国的针对性更强，未来一段时期内我国在外交、舆论和国际贸易投资上仍将面临更大的压力，国内企业复苏动力被严重削弱。

（2）内外循环不协同。

在新冠肺炎疫情暴发后，面对保护主义上升、世界经济低迷、全球市场萎缩的不利外部环境，中央提出了要加快构建以国内大循环为主体、国内国际双循环相互促进的新发展格局，培育新形势下我国经济发展内生动力，塑造我国参与国际合作和竞争新优势。这就要求我国发挥内需潜力，更好利用国际国内两个市场、两种资源。然而，我国经济发展仍在很大程度上依赖于外循环，特别是近两年外贸出口的超预期增长。随着国外对疫情防控的逐步放开，国外产能的恢复将给我国外贸的持续稳定增长带来压力。从内循环来看，当前我国面临着多方面因素的制约，消费乏力，供给受阻，全要素生产率不足，要素市场、科技创新等体制机制改革推进缓慢，内循环仍面临着诸多难点堵点。

（3）治理转型滞后。

进入新时代，实现高质量发展需要政府、市场和社会的协同治理转型。但是，现阶段治理转型仍然滞后，体制机制还不尽完善、运行尚不通畅，政府转型、社会转型与经济转型之间不适配，大幅增加了经济社会持续健康发展面临的困难。从政府转型与发展转型之间的适配性来看，目前政府转型发展的步伐仍较迟缓，未能充分贯彻新发展理念。一方面，政府的职能定位和作用边界模糊，市场的资源配置决定性作用尚未得到充分发挥，计划式管理、行政性干预还广泛存在于诸多经济领域。另一方面，政府部门及各级政府间协调机制尚不完善，由此导致了一些政府行为扰乱市场正常运行的后果，不仅未能有效形成合力，甚至还产生了“合成谬误”和“分解谬误”。从社会转型与经济转型之间的适配性来看，社会转型严重滞后于经济转型。市民化推进缓慢，制约了市场化进程的推进，导致资源错配的风险上升。这种资源错配不仅仅体现在物质资源上，还体现在人力资源的错配风险急剧上升上，最终导致了整个社会的成本上升，效率下降。

2. 中观风险

（1）需求收缩。

需求收缩同时反映在外部需求和内部需求的收缩上。从外需来看，国际宏观经济企稳时间尚不明确。尽管全球经济正在逐步复苏，但 2021 年以来增长势头持续减弱，受许多新兴市场和发展中经济体疫情加重以及供应中断的拖累，2022 年全球经济增长预计会进一步放缓，经济增速放缓意味着人们消费需求的下滑。与此同时，边境管制等防控政策短期内不会放开，航运能力难以恢复，贸易与跨境投资仍被抑制，旅游等服务业出现复苏态势的可能性也不大。这些因素都可能对我国商品和服务出口造成较大的冲击。从内需来看，投资和消费都面临下行压力当前我国国内疫情得到稳定控制，但海外疫情的蔓延导致制造业投资反弹稍显不足。疫情发展反复无常，居民收入预期下降，短期预防性储蓄倾向上升，导致消费恢复相对较慢。

（2）供给冲击。

2021 年以来，受疫情反复、全球经济复苏、碳中和步伐加快等多重因素的影响，全球大宗商品结构性供给短缺和价格急剧上涨造成了供给冲击，而这一冲击在一段时期内仍将持续。我国作为世界制造业的中心和世界工厂，大宗商品价格持续上扬给国内工业和制造业带来了较大冲击，特别是在我国大规模制造、大规模出口与大规模原材料进口同时展开的情况下，上游价格高涨，下游价格却持续疲软，两端挤压，导致很多生产企业的利润空间大幅度收窄，进一步导致企业生产积极性下降，开工率不足，贸易条件持续恶化。在贸易摩擦可能进一步加剧的背景下，“缺料、缺电、缺柜、缺芯”问题若无法得到解决，将导致相关制造业生产效率和产值受到极大影响。总体来看，在当前低利率、高通胀、高杠杆并存的国际经济形势下，我国的供给端仍将遭受多重冲击，并对潜在产出造成挑战。

（3）预期转弱。

尽管我国宏观经济指标当前仍处于增长态势，但在疫情反复、多点和持续冲击下，尤其在大宗商品价格持续上涨、国际航运费大幅上涨、拉闸限电、需求不振等多种因素影响下，中下游的企业原材料成本大幅上升，市场订单下滑，资金回收困难，经营效益大幅恶化，这些都严重影响了企业预期。特别是小微企业抗风险能力较弱，对未来发展的预期更为悲观。

3. 微观风险

（1）自救愿望减弱，对政策依赖性上升。

近年来，我国持续推进的减税降费等惠企政策，在降低企业成本负担上发挥了重要作用，特别是疫情期间的减税降费政策有效地对冲了疫情给企业带来的冲击，减轻了企业生产经营负担，推动了实体经济的企稳脱困。但是，税费并不是企业成本的决定因素，而且在长期大规模的减税降费之后政策的空间在逐步缩小，政策边际效用也在减弱。更重要的是，持续性的大规模、高强度的减税降费政策，往往也使部分企业形成较强的政策依赖性，养成了经营惰性，反而不利于企业养成依靠自身努力增强生存发展能力的积极性。

（2）创新能力不足。

企业市场竞争力较差，重要原因是企业创新能力不足、创新成本高。我国企业，特别是中小微企业往往缺乏提高自身核心竞争力的能力与动力，加剧了企业生产经营“难存活”的风险。比如，我们的调研发现，中小微电商企业在参与市场化竞争方面，普遍存在“浮躁”心态。企业往往选择通过生产低质量产品、廉价服务的“价格战”方式应对市场竞争，结果是企业仅能维持薄利。鲜有企业通过“做精做强”，形成自己的核心产品与技术，提升自我竞争力的方式应对市场竞争。而现有的“随波逐流”式的低质产品应对“价格战”的行为，不仅损害了企业的形象，也使顾客黏性相对较低，造成企业难以长久发展，最终的结局往往是“杀敌一千，自伤八百”。

（3）风险偏好转弱。

企业家的风险偏好与企业预期和行为选择息息相关。在当前国际国内形势不确定性增强，经济发展面临需求收缩、供给冲击、预期转弱“三重压力”的情况下，企业的风险偏好也在转弱。这意味着，企业对未来的经济预期不容乐观，企业家愿意承担的风险意愿在下降，越不愿意进行高风险性的创新投资，而宁愿采取更加保守的经营投资策略。这虽然能在短期内增强企业的生存能力，但也损伤了企业长远的竞争能力。企业的微观行为反映到宏观经济上，就表现为市场风险偏好的整体转弱，进而造成经济的整体收缩，进一步恶化市场发展环境和预期。

（二）“风险—成本”视角下的发展压力有多大？

1. “风险—成本”框架是观察未来经济形势的基本视角

如前所述，风险成本分析法是观察经济形势最基本的方法，即通过“风险—成本”转化过程而导致的结果来观察经济。现实中，往往是市场风险和公共风险共同导致了企业的风险成本。当风险上升的时候，各方面的成本都会上升，最终构成企业和宏观经济发展压力。

在风险社会和风险经济中，经济社会形态已经由过去传统观点认为是确定性的、有规律的运行形态转化为一种不确定性的运行形态。当不确定性风险成为基本特征，我们思考经济社会问题的逻辑起点也要发生改变，即从确定性思维中抽离出来，将不确定性和风险作为思考的起点。

不确定性带来风险，风险进一步转化为成本，包括企业成本、居民生活成本以及政府成本。从企业成本的源头来观察，在不确定性上升的宏观环境中，公共风险水平上升，企业“风险成本”越来越大，其在企业成本的占比是不断上升的。管理费用上升、资产贬值准备扩大、财务费用上升，都是风险成本上升的反映。风险成本是“不可预期成本”，导致盈亏的不可预期性扩大，企业经营预期、投资预期和研发预期都会转弱。

企业微观成本是观察宏观经济运行的窗口。企业风险成本上升，往往会使企业资产负债表变得脆弱，可能进一步引发资产负债表式的经济衰退，经济断崖式下行，甚至产生危机。

总的来看，在风险经济、风险社会的时代，成本越来越多来自于不确定性、来自于风险，即成本的本质是风险的转化。当每个企业所处的环境不确定性增大，风险水平整体上升的时候，当制度变迁、制度创新滞后于风险产生速度的时候，整个经济社会面临的不确定性就会放大，发展成本就会急剧上升。

2. 风险成本将进一步转化为可持续发展的压力

如前所述，当前我国发展面临着多重风险挑战。从宏观层面来看，当前全球呈现出高度不确定性和不稳定性的基本特征，全球化逆转趋势仍在进行，导致我国发展的外部风险急剧上升，为此我国提出了构建以国内大循环为主体、国内国际双循环相互促进的新发展格局，但目前内外循环仍不协调，双循环格局的推进面临多方面的难点堵点，政府、市场与社会的治理转型步伐不一致、不匹配，制约了经济社会的高质量发展。从中观层面来看，在国际环境更趋复杂严峻的背景下，国内经济恢复仍困难重重，面临着“需求收缩、供给冲击、预期转弱”三重压力。受国际经济增长放缓和国内疫情反复等因素的影响，外部需求和内部需求同时收缩。受宏观经济、疫情、低碳转型等因素影响，大宗商品供给出现结构性短缺，形成了供给冲击。国内经济在供需两侧同时承压，进而对居民和企业预期造成了严重影响。从微观层面来看，企业创新能力不足，内生发展动力弱，对政策依赖性上升，同时在外部环境不乐观的情况下，企业对未来的预期恶化，风险偏好转弱，进一步造成了市场经济活力不足。

当前面临的多重风险挑战，深刻地表明了我国已经进入了风险社会，风险成本将进一步转化为可持续发展的压力，这种压力同时反映在短期和长期两个方面。

从短期来看，从 2021 年第三季度以来，我国经济出现了较为明显的收缩迹象。在微观层面，表现为企业风险偏好下降、投资意愿不足，消费者收入预期不足、消费意愿下降。在宏观层面，则表现为宏观经济指标的断崖式下滑。2021 年第三季度 GDP 增速仅为 4.9%，第四季度进一步下降到 4.0%。投资增速迅速下滑，基础设施投资累计同比增速由前两个月的 36.6% 降至全年的 0.4%，而房地产投资累计同比增速则由前两个月的 38.3% 降至全年的 4.4%。在疫情的影响下，消费需求也受到明显的抑制，增速有所放缓。

从长期来看，我国面临的不可预期的风险成本在持续上升，在这种情况下，微观主体对经济增长的预期转弱，对未来发展的信心变得悲观，那么微观主体的行为收缩就不是一种短期现象，而可能变成长期性的“躺平”行为。如果没有采取重大的改革措施，防范化解公共风险，扭转人们对未来发展的预期，重塑市场主体的信心，那么经济断崖式下降的趋势可能进一步强化，最终转化为长期可持续发展的压力。

总结而言，从我国当前整个经济社会所处的阶段来看，我国已经进入到风险社会的状态。从现实层面来看，则显示为高成本时代。不管是微观市场主体，还是宏观经济，在可持续发展上都面临着巨大的挑战。从这个角度来说，要减少发展压力，提升经济的发展韧性，需要进一步降低成本。降低成本就要降低公共风险，降低公共风险就要构建新的确定性。

五、提升治理效能，降低风险成本

人类已经迈入了风险社会的新阶段。面对日趋严峻复杂的环境，没有任何所谓先验的或现成的路径可以依赖，必须努力摆脱思维惯性与经验主义，善于从一个更宏观、更富创新性的视角去探寻和应对不确定性带给我们的各类风险挑战。企业成本的背后是不确定性因素和公共风险。这些不确定性因素相互交织，容易造成“不确定性叠加”从而“合成”新的公共风险和公共危机，导致企业成本“降了又升，越降越升”。降低成本的根本之策是通过提升治理效能以降低风险成本。

（一）降成本要从防风险出发

降成本从微观看是企业的事情，只有在公共风险水平上升的情况下才变成政府的事情，比如疫情冲击，所有企业的成本可能都会上升。降成本企业和政府都有责任，但思维方式有着本质的不同。企业降成本着重关注成本要素，通过要素控制和要素组合来降成本。而政府降成本则要聚焦公共风险，通过防范化解公共风险从整体上降成本。

1. 要低头看“水位”，更要抬头看“乌云”

习近平总书记多次强调，凡事预则立。这个“预”体现的是预见风险的虚拟思维。防风险、降成本犹如在抗洪抢险中，有了虚拟思维，不仅能关注到当下的“水位”，还能预见头顶“乌云”对未来“水位”的影响。

在不确定性的环境下，机遇和挑战可以相互转化，也可能是单向转化，是有利因素变得更多，还是不利因素变得更多，关键要看我们如何认识和应对。对我国发展带来损害的可能性或风险进行预判，提前采取措施进行预防，避免发展的危机。这样才能构建起发展的确定性。如今世界经济复苏缓慢、疫情反复蔓延的背景下，必须密切关注国际形势、国内经济、社会发展以及环境保护等领域内的各种不确定性因素对中国下阶段改革发展带来的冲击，必须继续加强和深化不确定性问题的研究，并将其纳入未来的风险管理序列之中。只有认识了不确定性，才能更好地应对不确定性。只有构建起发展的确定性，才能够稳定社会的预期，企业等市场主体才能充满活力，创新性活动能够充分实现，社会整体成本才能有效降低。

2. 从关注成本要素到聚焦防风险

防风险、降成本如果仅聚焦要素，容易导致资源错配，难以奏效。只有通过改革聚焦防风险，才能从整体上降低发展成本，从而降低企业成本。

企业成本管理主要针对要素，比如控制人工成本、财务成本等。政府降成本要着眼于降低整体性风险。如果以政府成本管理替代企业成本管理，企业就会过度依赖于政府的“大礼包”，企业自救的愿望下降。政府不能从实体要素出发降成本，比如，用特惠贷款的办法试图降低某类企业融资成本，从局部来看，有一定效果，但从整体来看，会导致金融资源的错配，反而加大发展的成本。再如，用降低社保缴费的方式降低人工成本，短期人工成本降下去了，但长期成本还会上升，按下葫芦浮起瓢。只有通过不断的体制机制改革，才能减少资源错配，防范整体风险，实现发展成本的整体降低。比如，通过金融改革，提升资本市场效率，使上市融资更于便捷，这样才能从整体上降低企业的融资成本。此外，“防风险，降成本”要通过推动政府治理改革，实现风险管理在更高层次上统筹，避免风险管理“合成谬误”。

3. 从物到人，降低人力资本错配的风险

过去我们把“国家发展”等同于“经济增长”，其实质是把物质的发展作为出发点和落脚点。在这种路径下，资本、消费以及劳动力等作为促进经济增长的要素、手段或途径，人的作用更多地被看作是生产要素，是被动的和既定的。在这种思维模式下，为了追求经济增速不惜代价，包括资源的代价和环境的代价，更重要的是导致人力资本错配，这些都转化为公共风险，提升“国家发展”的整体成本，进而导致内化为企业的成本上升。

如果转变理念，以人的发展作为出发点和落脚点，强调通过国民素质（包括健康素质、文化素质、技能素质等方面）的普遍提升，为“发展”奠定更加广泛而坚实的社会基础。在推动发展的具体实践中，更加注重发挥人的主体性、创造性和内在潜力，创新就会充分涌流，而不仅仅是依靠资源消耗。以人为本的发展模式，不仅大大降低人力资本错配的风险，还能使每个人都成为防范公共风险的第一道防线，公共风险大大降低，企业面临的整体成本也就会大大降低。

（二）防风险、降成本的相关建议

1. 加大制度创新的步伐，社会化改革和市场化改革协同推进

企业是降成本的主体，政府可通过更好发挥自身作用，为市场机制的有效运行创造良好的环境和条件，根本路径就是通过全面深化改革，增强企业内生动力，提高盈利能力，达到消化成本的目的。逐步建立健全实体经济企业成本降低的长效机制，要加大制度创新力度，协同推进社会化改革和市场化改革。在现阶段，尤其要强调进一步推进社会化改革，营造平等的制度环境，以增加人力资本为导向优化收入分配格局、完善公共消费、促进公平与效率的融合，形成经济政策与非经济政策的良性循环。

一方面，通过社会诚信建设降低全社会的交易成本。社会主体包括社会组织、行业协会、个人等，广义上企业既是经济主体，又是社会主体。通过社会化改革提升社会诚信水平，提升社会主体自我管理、自我约束的能力，整个经济的交易成本就会下降。

另一方面，通过推动科研院所体制改革打造驱动创新的社会主体。科研院所不是市场主体，不是经济组织，也非企业，科研院所就是社会组织，改革的关键就是让科研院所真正成为一个微观的社会主体，推进社会化改革，打造社会的微观基础，让社会的微观基础和经济的微观基础实现自动对接，创新驱动就有了动力。

此外，围绕人的发展增加公共消费，重点加大教育、医疗、培训、社会保障等领域投入力度，促进人力资本加速积累，也是社会化改革降成本的重要举措。

2. 完善两级治理体制，调动“防风险”的两个积极性

提升治理效能，一个很重要的方面是完善两级治理体制，调动“防风险”中央与地方两个积极性。从历史经验来看，地方政府的积极性对提升政府治理效能非常重要，因为地方政府不仅在经济方面发挥作用，而且在社会治理、生态保护等“防风险”方面承担重要责任。

财政是国家治理的基础和重要支柱，财政体制是两级治理体制的重要基础。持续推动中央与地方关系的改革，特别是中央与地方财政关系的改革，就是要给地方政府以更加明确的预期和更加有力的财力保障，让其更有主动性、积极性去谋划区域发展的战略性、长期性问题，从维护国家长远发展的角度承担好地方的“防风险”责任，而不是整天陷入债务处理和各类应急事务之中。要强调“以人为核心”。推进以人为核心的城镇化，核心是人的流动。随着人的流动，资金、转移支付、公共服务需要与之相匹配。这是一个新的命题，涉及中央与地方的财政事权和支出责任划分问题，需要财政体制改革加快推进。一些地方反映增值税留抵退税等政策对部分地区财政收入带来一定影响。这是值得重视的一个问题，需要通过改革来调整中央与地方财政关系，而不能以政策来替代改革。

3. 推动金融市场化改革，提高金融效率，降低融资成本

金融体系准入门槛高、行政垄断色彩浓厚是中国金融体系不完善、金融效率不高的重要原因。尽管金融系统出台了一系列的结构性金融政策措施，但民营企业对融资难融资贵问题反映还是最为集中，也最为关切，这都与金融市场化改革滞后有关。

一方面，要通过加快金融市场化改革步伐，尽快提高金融体系效率与竞争力，增强金融服务国家发展的能力。运用金融手段实施结构性政策有违市场化原则，应通过财政支出去解决的事情，就不应通过银行去定向解决。要求商业银行给小微企业提供低成本贷款，解决融资难融资贵问题，不但效果不佳，而且破坏

了市场规则。试图通过窗口指导、行政指令等方式，实质是用非市场的方式去解决市场的问题。在此过程中，金融机构的行为将会因此而扭曲，如为了完成给小微企业贷款的任务而虚报数据。

另一方面，要运用市场化方式将利率降至合理水平，降低国家发展成本。利率定价市场化程度不高，是中国利率水平高于发达国家的根本原因。据测算，实体经济每年背负7万亿元的利息成本，过高的利率水平大大提高了中国经济的发展成本。从当前和未来看，降低利率比减税降费的政策空间更大。因此，不应用窗口指导、行政命令等非市场化的方式让商业银行降低利率水平，而要加快利率市场化改革步伐，运用市场化的方式推动利率水平降至合理水平，在降低发展成本的同时，为我国经济社会未来高质量发展、提高国际竞争力奠定基础。

4. 做好政策预期管理，对相关公共政策进行强制性的风险评估与审查

企业成本是相对于获取附加值（增加值）这个目的而付出的以货币计价的投入，包括直接的购买和非直接的购买，后者包括政府合规性要求的变化、政策调整等。公共政策影响市场预期，对企业成本的影响是巨大的。市场预期难以确定就会导致企业对未来风险难以判断，也即对成本无法进行估算。因此，各项政策做好预期管理，在降低风险整体水平的情况下，对企业的行为或对企业成本的影响就会使得风险转化的成本大大降低，从而增加社会资本投入政策预期的确定性，降成本自然就水到渠成。

政策预期管理的重要措施是对相关公共政策进行强制性的风险评估与审查，从宏观的、不确定性的、公共风险的角度来制定和评估公共政策的出台和调整。公共政策的目标是应对不确定性、构建发展的确定性。因此，判断公共政策终极标准就是：公共政策的实施是降低了公共风险还是扩大了公共风险。凡是有助于降低公共风险的公共政策，就可以判定为“好”的公共政策；凡有可能引致新的公共风险或进一步扩大公共风险的公共政策，很可能就是“坏”的公共政策。

通过公共政策评估，倒逼出台和调整公共政策先做“思想实验”。公共风险不能“证伪”，一旦“证伪”，其后果将无法挽回，或者是灾难性的。有的公共政策是着眼于短期的，有的是着眼于长远的。评判公共政策，要更着眼于其长远效果，即便是短期公共政策，也要看在帮助企业等渡过困境后能否实现长远可持续发展，且不放大社会整体公共风险。宏观管理防范风险不是各部门“把守一摊”，而是分工协同行动，对每个部门出台的改革和政策事项进行公共风险评估，避免无意动作引爆风险，或者遮盖风险导致风险隐性聚集扩大。

5. 数字赋能，打造数字化防风险政策工具

过去我们谈“以经济建设为中心”和国家竞争，通常强调的是有形的物质经济的发展和有形的竞争、利益的竞争，这些都是从低维度观察经济建设、国家发展和战略竞争。如果对经济建设、国家发展和战略竞争的认识只停留在这个维度，我们就无法意识到我们面临的风险挑战。高维度经济建设、国家发展和战略竞争以经济金融化、经济数字化、国家虚拟化为基础，突出特征是虚拟化。在此背景下，重点应打造政府大数据的应用场景，将数据转化为产品，让数据为政府治理赋能。打造数字化防风险政策工具要全方位推进政府数字化转型，政策的制定和政策的实施都需要数字化，根据防风险要求打破政府内部数据孤岛、重塑业务流程、革新组织架构，打造出权责明确而又精简、高效、统一的数字政府，同时反哺更广阔的经济和社会数字化转型，既为市场增效，又为社会赋权。

2021 年企业成本问卷调查分析报告：
疫情背景下的企业成本及其运行状况

中国财政科学研究院 2021 年“企业成本”问卷设计与分析组

组　　　　　长： 傅志华

执行组长兼联络人： 王志刚

成　　　　　员： 王志刚　闫晓茗　周　孝　谢　恺　陈　旭
王胜华　侯海波　刘　昶　张　帅　杜雨晴

一、问卷调查结果概况

本年度调查问卷分为A卷（基础问卷）和B卷（专题问卷）两个部分，其中A卷包括六个板块、16道大题（部分包含子问题），主要关注企业基本情况，企业主要财务指标，原材料、人工及物流成本，融资成本，税费成本，营商环境情况等内容；B卷包括三个板块、36道大题（部分包含子问题），主要关注疫情对企业的中长期影响，数字化转型对企业的影响，“碳达峰”“碳中和”对企业的影响等内容。问卷问题既有企业客观数据，也兼顾填报者或企业的主观评价。调查问卷于2021年9月1日正式上线，10月27日到期关闭。为最大可能地利用问卷信息，在前期清洗的基础上，我们对数据进行了详细的人工比对和再清洗，最终得到包括17482份有效样本的总样本，但各子样本①的有效样本数存在较大差异。其中，总样本的基本情况如下：

从企业所在地区②来看，按东中西部、东北划分：东部地区样本企业最多，共计7481家、占比42.79%，中部地区次之，共有6556家、占比37.50%，西部地区较少，共有2694家、占比15.41%，东北地区最少，共有715家、占比4.09%；按南方和北方划分：北方地区样本企业较多，共计11115家、占比63.58%，南方地区样本企业较少，共计6331家、占比36.21%③。

从企业规模④来看，样本企业以小型企业最多，共计7480家、占比

① 子样本主要包括企业主要财务指标，原材料、人工及物流成本，融资成本，税费成本，营商环境情况等若干部分。

② 按照常用方法，全国31个省、直辖市、自治区按东中西部和东北分为四大地区：东部包括北京、天津、河北、上海、江苏、浙江、福建、山东、广东、海南10个省市，中部包括山西、安徽、江西、河南、湖北、湖南6个省市，西部包括四川、重庆、贵州、云南、西藏、陕西、甘肃、青海、宁夏、新疆、广西、内蒙古12个省市，东北包括黑龙江、辽宁、吉林3个省市；按南方和北方分为：南方地区包括上海、江苏、浙江、安徽、福建、江西、湖北、湖南、广东、广西、海南、重庆、四川、贵州、云南、西藏共16省（市、区），北方地区包括北京、天津、河北、山西、内蒙古、辽宁、吉林、黑龙江、山东、河南、陕西、甘肃、青海、宁夏、新疆共15个省（市、区）。

③ 注：另有36家企业（占比0.21%）省份归属不明，无法划归东中西、东北或南北方。

④ 参照国家统计局《统计上大中小微型企业划分办法（2017）》，将各行业企业划分为大型、中型、小型、微型四类企业。

42.79%；其次是微型企业和中型企业，分别有 4012 家（22.95%）和 3274 家（18.73%）；大型企业最少，共计 674 家、占比 3.86%①。

从企业所有制②来看，民营企业是有效样本的主体部分，共计 11441 家，占比达到 65.44%。其次是国有企业，数量为 4874 家、占比 27.88%。除此之外，样本中集体企业、外资企业和混合所有制企业的数量相差不大，分别为 238 家（1.36%）、483 家（2.76%）、446 家（2.55%）。

从企业成立时间来看，超过 85% 的样本企业成立于 2000 年之后。其中包括 2020 年及 2021 年新成立的企业 1395 家（7.98%），从不同年代视角来看，成立于 2010—2019 年和 2000—2009 年两个时期内的样本企业较多，分别有 8233 家（47.09%）和 5651 家（32.32%），其次是在 20 世纪 90 年代，共有样本企业 1727 家、占比 9.88%。成立于 20 世纪 80 年代的样本企业共有 393 家，占比为 2.25%。同时，有 52 家样本企业（0.30%）成立于新中国成立至改革开放这一时期（即 1949—1979 年）及 1 家企业成立于新中国成立前（1947 年）。另有 30 家样本企业（0.17%）成立时间不详（见图 1）。

从所属行业③来看，数量最多的样本企业属于制造业，其数量和占比分别为 7396 家、42.31%。其次是批发和零售业、建筑业、其他，三个行业样本量均达到千家以上，分别为 1704 家（9.75%）、1213 家（6.94%）、1161 家（6.64%）。再次，属于交通运输、仓储和邮政业，农、林、牧、渔业，租赁和商务服务业，电力、热力、燃气及水生产和供应业，信息传输、软件和信息技术服务业，房地产业，居民服务、修理和其他服务业的样本企业相对较多，分别有 785 家（4.49%）、763 家（4.36%）、712 家（4.07%）、593 家（3.39%）、549 家（3.14%）、514 家（2.94%）、438 家（2.51%）。此外，属于金融业，文化、体育和娱乐业，住宿和餐饮业，科学研究和技术服务业，卫生和社会工作业，采矿业的样本企业相对较少，分别占比 1.63%、1.62%、1.49%、1.38%、1.03%、1.01%。最后，属于水

---

① 注：另有 2042 家企业（占比 11.68%）由于没有具体的分类标准或数据报录不全无法划分企业规模分类。

② 考虑到企业日益多元化，我们对传统分类进行了修订，即按照登记注册类型和控股结构类型来判断企业的所有制类型。例如，除注册类型为国有企业以外，由国有企业或国有资本控股的企业也属于国有企业。如此，将企业分为国有企业、集体企业、民营企业、外资企业和混合所有制企业等五种类型。其中，混合所有制企业是指没有明显的控股股东，且股东类型多于一种的企业。

③ 参照《国民经济行业分类》（GB/T 4754 - 2017）将企业分为 19 个行业门类。

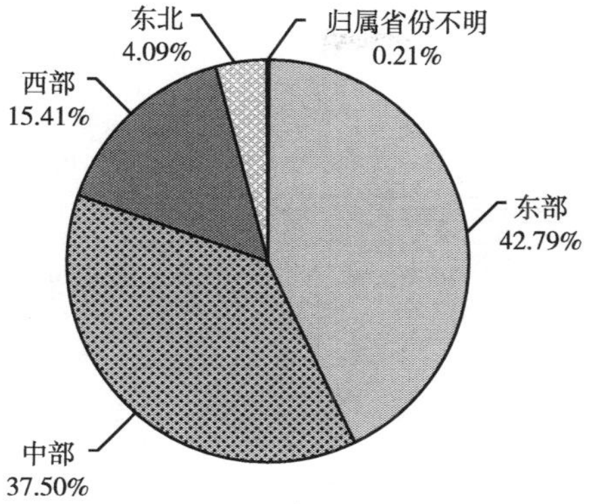

图1A　地区分布：按东中西和东北划分

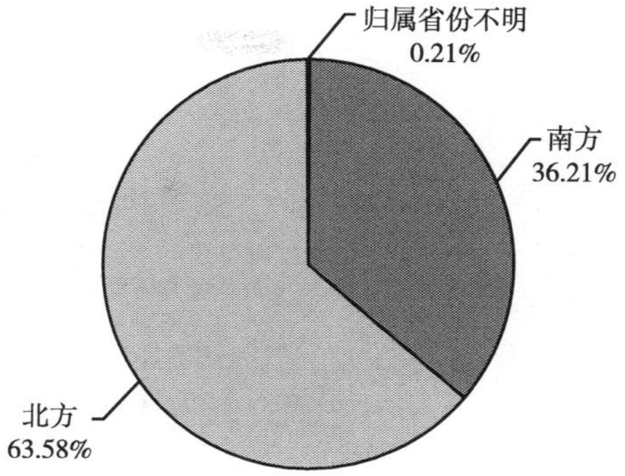

图1B　地区分布：按南北方划分

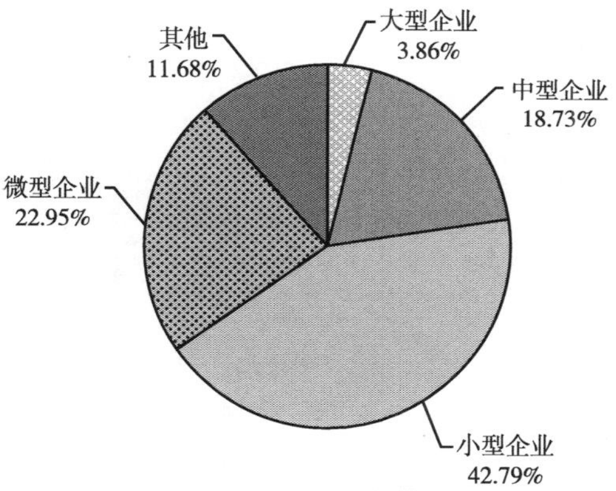

图1C　企业规模分布

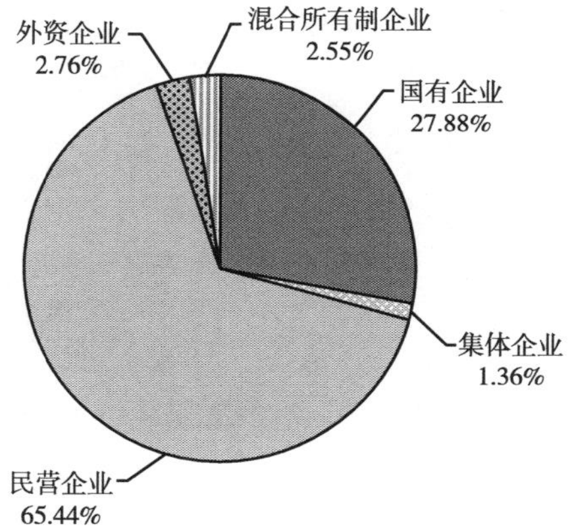

图1D　所有制分布

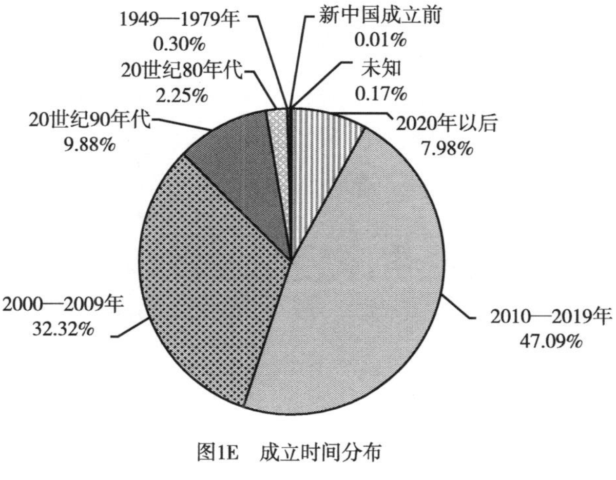

图1E　成立时间分布

图 1　总样本结构与分布

利，环境和公共设施管理业和教育业的样本企业数量最少，占比均不足 1%，仅有 173 家和 54 家（见图 2）。

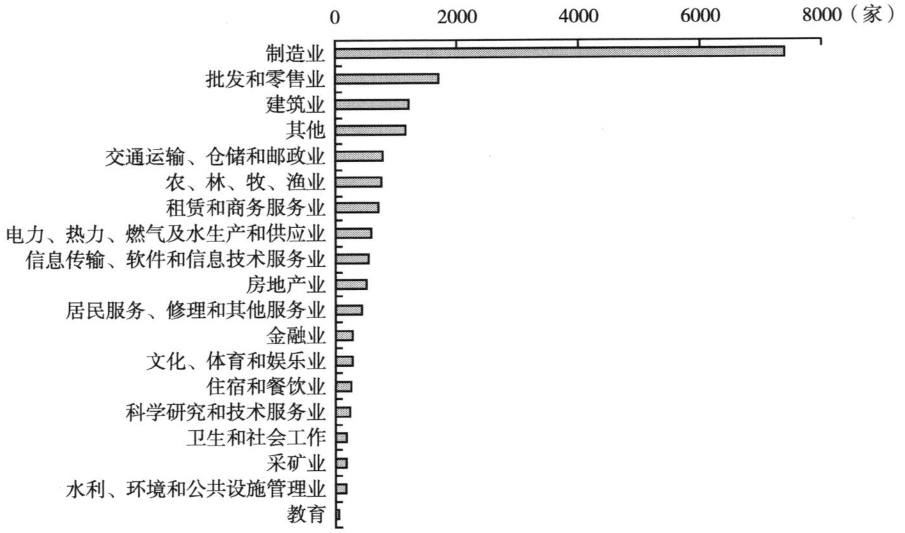

图 2　总样本行业分布

如上所述，本年度线上问卷调查获得的总样本分布较为均衡，与现实情况相符，因而具有较好的代表性，为进行后续深度分析奠定了坚实基础。对此，需要郑重感谢所有参与此次线上问卷调查的企业，以及协助我们组织实施线上问卷调查的各省（直辖市、自治区）相关财政、税务、工商、统计等部门。同时，也要感谢众言网络科技有限公司，是他们专业的技术支持确保此次问卷调查高效、顺利进行。另外，财科院数据中心等财科院内设机构为线上问卷调查的顺利实施提供了很多帮助与支持，在此一并致以谢意。

二、企业生产经营及成本情况分析

（一）企业财务状况分析

1. 资产负债率情况

从全国总样本来看（见图 3），近三年，企业资产负债率持续下降。2018—

2020 年，企业资产负债率分别为 66.73%、66.40% 和 66.12%，年均下降 0.31 个百分点。

分区域来看，东部和东北地区企业资产负债率相对较高，中部地区企业资产负债率相对较低。2018—2020 年，东北和东部地区企业资产负债率连续两年逐年下降，年均降幅分别为 1.29 个和 0.45 个百分点；中部地区企业 2019 年资产负债率比 2018 年上升 0.48 个百分点，2020 年下降 0.55 个百分点，整体表现为下降态势；西部地区企业资产负债率先下降后上升，整体上升了 0.12 个百分点。

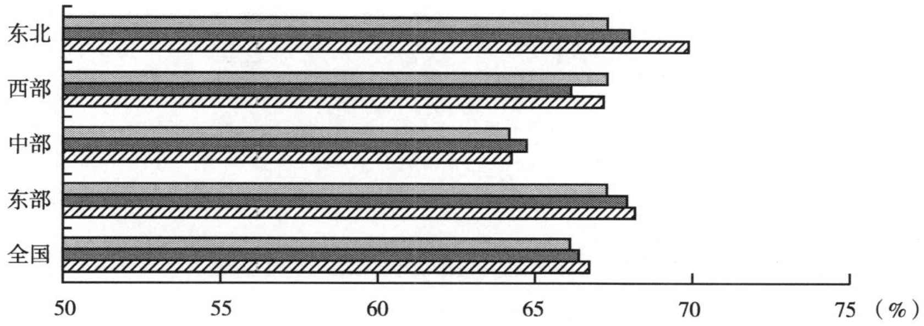

	全国	东部	中部	西部	东北
2020年	66.12	67.29	64.18	67.30	67.30
2019年	66.40	67.93	64.73	66.15	68.00
2018年	66.73	68.18	64.25	67.18	69.87

2020年 2019年 2018年

图 3　不同区域企业资产负债率

分所有制看（见图 4），三年来，集体企业资产负债率最高，国有、民营和混合所有制企业次之，外资企业资产负债率最低。从时间变化上看，民营、外资和混合所有制企业资产负债率逐年下降，年均降幅分别为 0.51 个、0.78 个和 1.77 个百分点；国有和集体企业资产负债率逐年上升，国有和集体企业资产负债率年均分别上涨 0.24 个和 1.17 个百分点。

从规模上看（见图 5），微型企业资产负债率最高，小型、中型企业次之，大型企业资产负债率最低。从时间变化来看，中型、小型企业资产负债率逐年下降，其中，中型企业资产负债率年均下降 0.33 个百分点；小型企业资产负债率年均下降 0.62 个百分点；大型和微型企业资产负债率先下降后上升，其中，大型企业资产负债率整体有所下降，2020 年大型企业资产负债率比 2018 年低 1.08 个百分点；微型企业资产负债率整体略微上升，2020 年微型企业资产负债率比 2018 年高 0.47 个百分点。

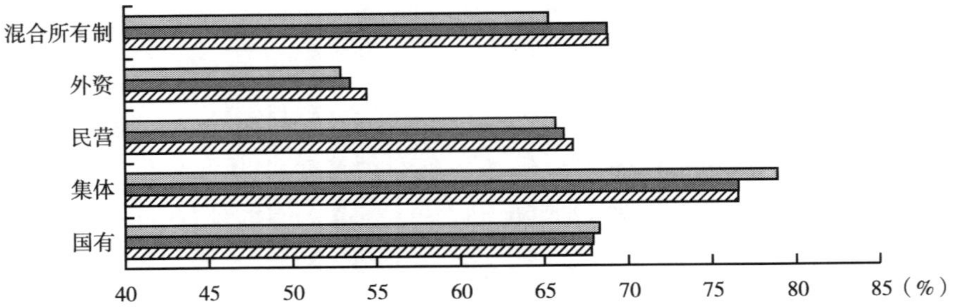

	国有	集体	民营	外资	混合所有制
2020年	68.27	78.87	65.68	52.88	65.29
2019年	67.89	76.56	66.17	53.45	68.79
2018年	67.80	76.54	66.70	54.44	68.83

2020年 2019年 2018年

图 4　不同所有制企业资产负债率

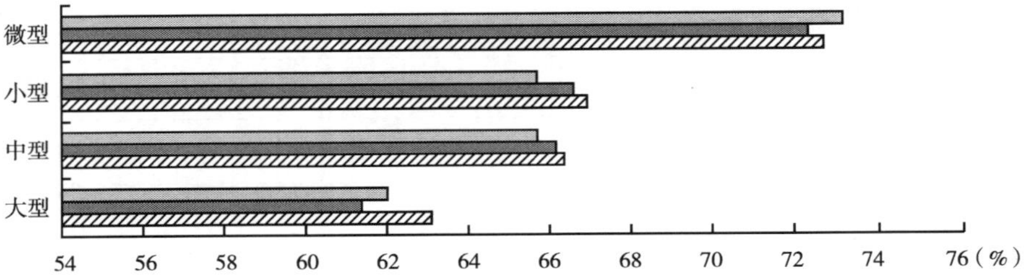

	大型	中型	小型	微型
2020年	62.01	65.70	65.69	73.19
2019年	61.37	66.16	66.59	72.34
2018年	63.09	66.36	66.92	72.72

2020年 2019年 2018年

图 5　不同规模企业资产负债率

分行业来看（见表 1），近三年，制造业，批发业，仓储业，邮政业，餐饮业，软件和信息技术服务业，房地产开发经营和物业管理行业企业资产负债率整体呈下降趋势。其中，制造业，仓储业，餐饮业，软件和信息技术服务业和物业管理行业企业资产负债率连续两年逐年下降，降幅较大的是邮政业和物业管理，降幅较小的是批发业；农、林、牧、渔业，采矿业，电力、热力、燃气及水生产和供应业，建筑业，零售业，交通运输业，住宿业，信息传输业，租赁和商务服务业和其他行业企业资产负债率整体呈上升趋势，其中，建筑业，零售业，信息传输业，租赁和商务服务业和其他行业企业资产负债率不断提高；农、林、牧、渔业，采矿业，电力、热力、燃气及水生产和供应业，交通运输业企业资产负债率先下降后上升。

表 1　不同行业企业资产负债率

单位：%

行业名称	2018 年	2019 年	2020 年
农、林、牧、渔业	54.25	53.49	56.73
采矿业	72.49	71.74	73.01
制造业	64.51	64.01	62.67
电力、热力、燃气及水生产和供应业	65.48	64.02	67.31
建筑业	74.03	74.57	76.55
批发业	81.11	81.70	81.02
零售业	74.97	75.91	77.39
交通运输业	78.84	76.55	81.44
仓储业	74.31	72.18	71.05
邮政业	69.73	55.89	60.21
住宿业	54.77	57.62	57.50
餐饮业	83.01	78.78	78.65
信息传输业	58.13	61.55	65.16
软件和信息技术服务业	61.97	58.52	57.52
房地产开发经营	87.23	86.94	87.18
物业管理	92.72	92.17	82.35
租赁和商务服务业	56.08	57.84	59.05
其他	57.81	59.98	60.77

2. 总资产报酬率情况

从全国总样本来看（见图 6），近三年，企业总资产报酬率逐年递增。2018—2020 年，企业总资产报酬率分别为 3.03%、3.57%、3.91%，年均增长 0.44 个百分点。

分区域来看，东部、中部地区企业总资产报酬率高于东北地区企业，西部地区企业总资产报酬率相对偏低。不同地区企业总资产报酬率连续两年不断提高，其中，东部地区企业总资产报酬率年均上涨 0.48 个百分点；中部地区企业总资产报酬率年均上涨 0.38 个百分点；西部及东北地区企业总资产报酬率年均涨幅分别为 0.46 个和 0.61 个百分点。

分所有制看（见图 7），外资、民营企业总资产报酬率相对较高，集体、混合所有制企业次之，国有企业总资产报酬率最低。从时间变化来看，2018—2020 年，不同所有制企业总资产报酬率整体呈上升趋势。其中，国有、民营、外资和混合所有制企业总资产报酬率不断上涨，年均涨幅分别为 0.25 个、0.55 个、

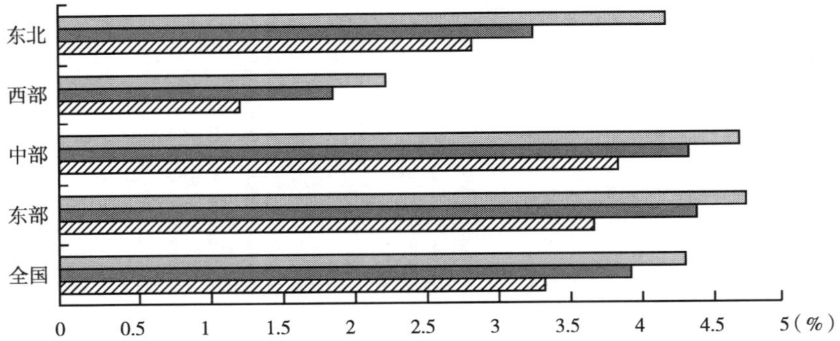

	全国	东部	中部	西部	东北
2020年	3.91	4.29	4.25	2.04	3.79
2019年	3.57	3.98	3.93	1.71	2.96
2018年	3.03	3.34	3.49	1.13	2.58

2020年 2019年 2018年

图 6　不同区域企业总资产报酬率

0. 61 个和 0. 09 个百分点；集体企业总资产报酬率先上升后下降，2020 年集体企业总资产报酬率较 2018 年上涨 0. 22 个百分点。

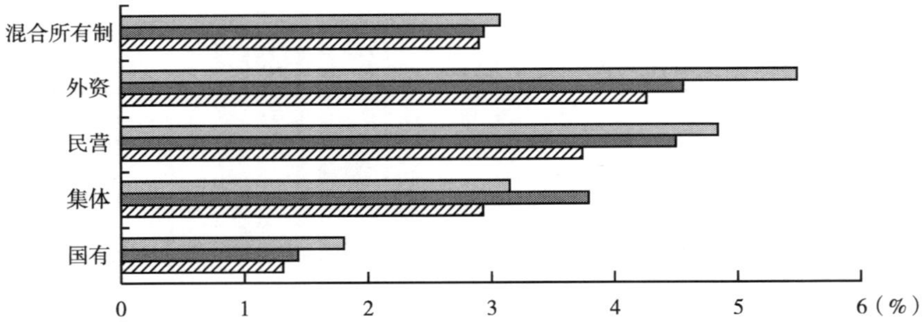

	国有	集体	民营	外资	混合所有制
2020年	1.80	3.15	4.84	5.48	3.07
2019年	1.43	3.79	4.50	4.56	2.94
2018年	1.31	2.93	3.74	4.26	2.90

2020年 2019年 2018年

图 7　不同所有制企业总资产报酬率

从规模上看（见图 8），大型、中型企业总资产报酬率高于小型、微型企业。三年来，除大型企业外，中、小及微型企业总资产报酬率持续提高，其中，中型企业总资产报酬率年均上涨 0. 11 个百分点，小型和微型企业总资产报酬率年均分别上涨 0. 52 个和 1. 15 个百分点；大型企业 2019 年总资产报酬率比上年下降 0. 68 个百分点，次年上升 0. 56 个百分点，总体呈下降趋势。

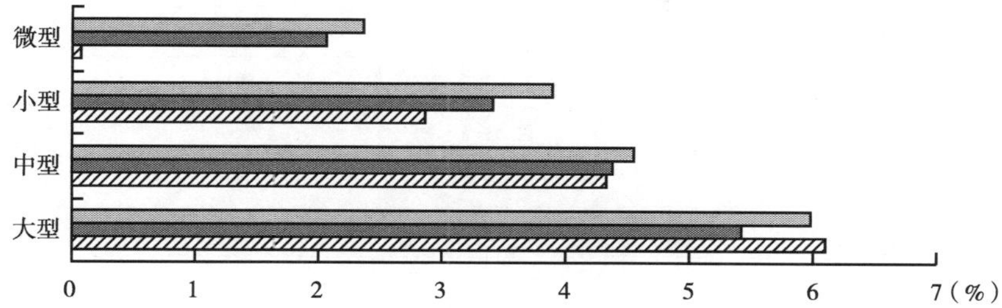

	大型	中型	小型	微型
2020年	5.98	4.55	3.89	2.36
2019年	5.42	4.38	3.41	2.06
2018年	6.10	4.33	2.86	0.07

2020年 2019年 2018年

图 8　不同规模企业总资产报酬率

分行业来看（见表 2），2018—2020 年，农、林、牧、渔业，采矿业，制造业，电力、热力、燃气及水生产和供应业，建筑业，批发业，零售业，交通运输业，软件和信息技术服务业，物业管理，租赁和商务服务业及其他行业企业总资产报酬率总体呈上升趋势，其中，农、林、牧、渔业，采矿业，制造业，批发业，零售业，交通运输业，软件和信息技术服务业，物业管理和其他行业企业总资产报酬率两年间持续上升，涨幅较大的是软件和信息技术服务业和物业管理行业；仓储业，邮政业，住宿业，餐饮业，信息传输业和房地产开发经营行业企业总资产报酬率整体呈下降态势，其中，邮政业，住宿业和房地产开发经营行业企业总资产报酬率连续两年持续下降，年均下降幅度分别为 2. 52 个、2. 19 个和 0. 51 个百分点；信息传输业和餐饮业企业总资产报酬率先上升后下降，2020 年较 2019 年总资产报酬率分别下降 3. 38 个和 2. 02 个百分点。

表 2　　不同行业企业总资产报酬率　　单位：%

行业名称	2018 年	2019 年	2020 年
农、林、牧、渔业	3. 21	3. 61	3. 74
采矿业	4. 7	5. 71	6. 24
制造业	4. 08	4. 42	4. 98
电力、热力、燃气及水生产和供应业	1. 64	2. 16	2. 14
建筑业	2. 18	2. 67	2. 57

续表

行业名称	2018 年	2019 年	2020 年
批发业	2.02	2.15	3.47
零售业	1.92	2.74	3.38
交通运输业	-1.12	0.29	0.43
仓储业	2.23	1.63	1.96
邮政业	8.51	8.11	3.48
住宿业	2.53	-0.75	-1.85
餐饮业	-0.87	1.08	-0.94
信息传输业	3.44	5.94	2.56
软件和信息技术服务业	3.60	6.34	8.25
房地产开发经营	3.02	2.71	2.01
物业管理	-1.39	2.64	4.48
租赁和商务服务业	1.50	2.58	1.68
其他	1.88	3.71	4.01

（二）企业成本费用分析

1. 每百元营业收入中的成本、费用

从全国总样本来看（见图 9），近三年，企业每百元营业收入中的成本先下降后上升，分别为 84.15 元、83.38 元和 83.64 元，整体下降 0.51 元。

分区域看，三年来，中部地区企业每百元营业收入中的成本不断下降，年均

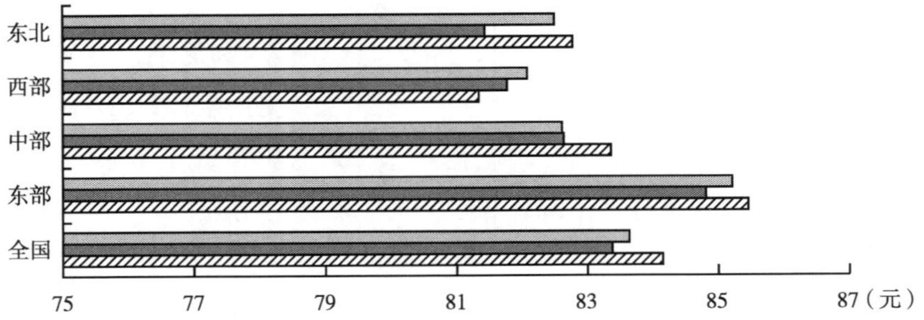

	全国	东部	中部	西部	东北
2020年	83.64	85.21	82.61	82.08	82.49
2019年	83.38	84.81	82.64	81.77	81.43
2018年	84.15	85.45	83.36	81.34	82.77

2020年 2019年 2018年

图 9　不同区域企业每百元营业收入中的成本

下降 0. 38 元；西部地区企业每百元营业收入中的成本不断上涨，年均涨幅为 0. 37 元；东部和东北地区企业每百元营业收入中的成本先下降后上升，总体呈下降态势，其中，2020 年东部地区企业每百元营业收入中的成本较两年前下降 0. 24 元；东北地区企业下降 0. 28 元。

营业收入中的费用方面（见图 10），企业每百元营业收入中的费用先上升后下降，分别为 13. 46 元、13. 53 元和 13. 42 元，整体下降 0. 04 元。

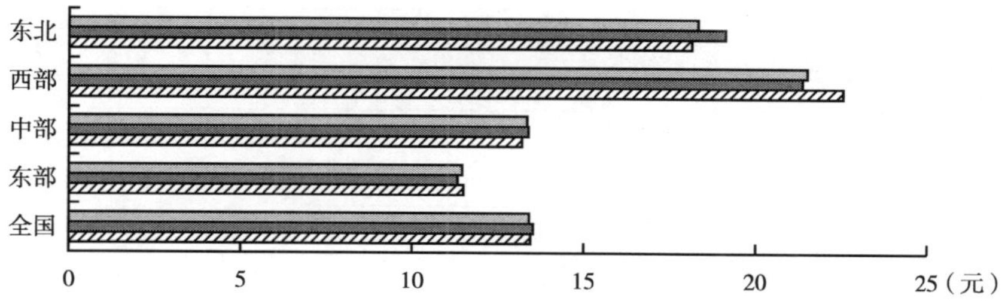

	全国	东部	中部	西部	东北
2020年	13.42	11.47	13.35	21.50	18.32
2019年	13.53	11.34	13.39	21.36	19.11
2018年	13.46	11.50	13.20	22.54	18.14

2020年 2019年 2018年

图 10　不同区域企业每百元营业收入中的费用

分区域看，2018—2020 年，东部和西部地区企业每百元营业收入中的费用先下降后上升，总体有所下降。其中，2020 年东部地区企业每百元营业收入中的费用较两年前下降 0. 03 元；西部地区企业下降 1. 04 元；中部和东北地区企业每百元营业收入中的费用先上升后下降，总体有所上升，其中，2020 年中部地区企业每百元营业收入中的费用较两年前上升 0. 15 元；东北地区企业上升 0. 18 元。对比不同地区企业每百元营业收入中的费用可以看出，西部与东北地区企业每百元营业收入中的费用高于东部与中部企业。

分所有制看（见图 11），近三年，民营、外资与混合所有制企业每百元营业收入中的成本逐年下降，其中，民营企业每百元营业收入中的成本年均下降 0. 47 元，外资与混合所有制企业年均降幅分别为 0. 55 元和 0. 46 元；集体企业与国有企业每百元营业收入中的成本先下降后上升，2020 年集体企业每百元营业收入中的成本较两年前减少 0. 35 元，国有企业每百元营业收入较两年前增加 1. 99 元。横向比较发现，集体企业每百元营业收入中的成本最高，民营、外资和混合所有制企业次之，国有企业每百元营业收入中的成本相对较低。

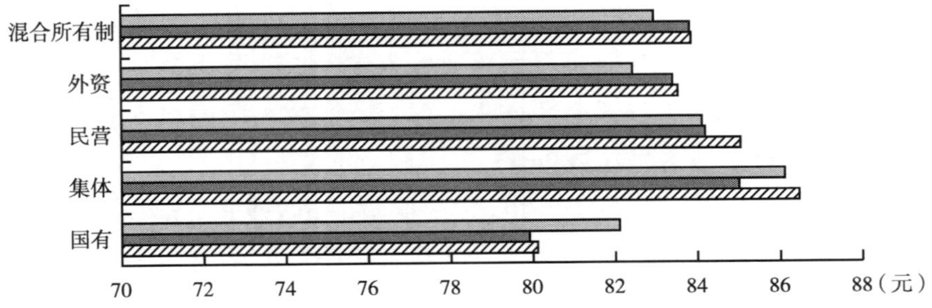

	国有	集体	民营	外资	混合所有制
2020年	82.10	86.10	84.10	82.42	82.93
2019年	79.91	85.00	84.18	83.40	83.81
2018年	80.11	86.45	85.03	83.52	83.85

2020年　2019年　2018年

图 11　不同所有制企业每百元营业收入中的成本

营业收入中的费用方面（见图 12），国有企业每百元营业收入中的费用连续两年下降，年均下降 0. 56 元；集体与民营企业每百元营业收入中的费用连续两年略微上升，其中，集体企业年均上升 0. 06 元，民营企业上升 0. 09 元；外资企业每百元营业收入中的费用先上升后下降，总体略微上升，2020 年外资企业每百元营业收入中的费用较 2018 年上升 0. 13 元；混合所有制企业每百元营业收入中的费用先下降后上升，总体略微下降，2020 年混合所有制企业每百元营业收入中的费用较 2018 年下降 0. 58 元。横向来看，国有企业每百元营业收入中的费用最高，集体企业次之，民营、外资和混合所有制企业相对较低。

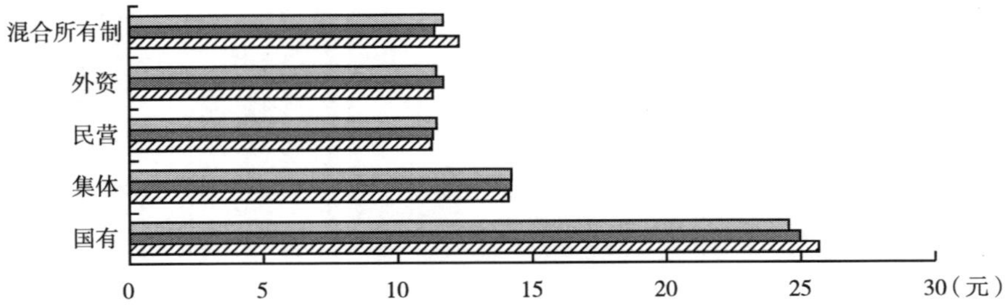

	国有	集体	民营	外资	混合所有制
2020年	24.55	14.21	11.44	11.43	11.69
2019年	24.96	14.20	11.30	11.69	11.37
2018年	25.66	14.10	11.26	11.30	12.27

2020年　2019年　2018年

图 12　不同所有制企业每百元营业收入中的费用

从规模上看（见图 13），2018—2020 年，大型企业每百元营业收入中的成本逐年上涨，年均涨幅为 0. 36 元；小型企业每百元营业收入中的成本逐年下降，年均降幅为 0. 49 元；微型与中型企业每百元营业收入中的成本先下降后上升，其中，微型企业 2020 年每百元营业收入中的成本较两年前略微下降，降幅为 0. 23 元；中型企业较两年前略微上升，涨幅为 0. 24 元。横向来看，每百元营业收入中的成本随着企业的规模的增大依次上升。

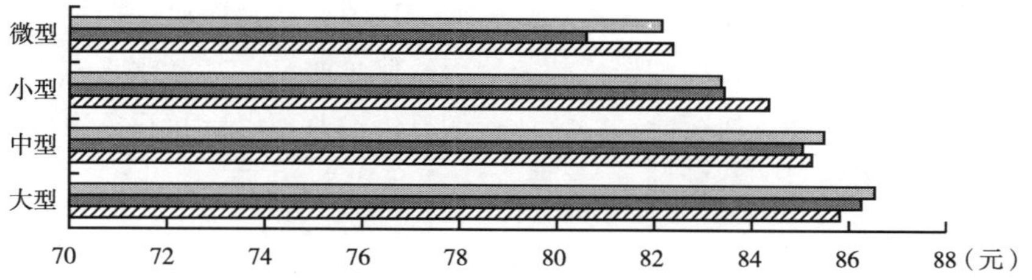

	大型	中型	小型	微型
2020年	86.53	85.48	83.36	82.14
2019年	86.25	85.05	83.43	80.59
2018年	85.81	85.24	84.34	82.37

图 13　不同规模企业每百元营业收入中的成本

营业收入中的费用方面（见图 14），近三年，大型和小型企业每百元营业收入中的费用先上涨，后下降，整体呈下降趋势，2020 年大型企业每百元营业收入中的费用较 2018 年下降 0. 13 元，小型企业下降 0. 11 元；中型企业每百元营业收入中的费用先下降，后略微上升，整体有所下降；微型企业每百元营业收入

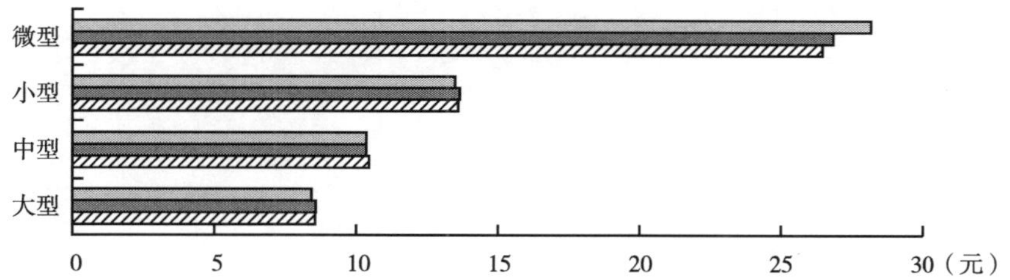

	大型	中型	小型	微型
2020年	8.43	10.36	13.49	28.16
2019年	8.58	10.35	13.65	26.83
2018年	8.56	10.45	13.60	26.45

图 14　不同规模企业每百元营业收入中的费用

中的费用连续两年不断上涨，年均涨幅为 0.86 元。

分行业来看（见表 3），三年来，制造业，电力、热力、燃气及水生产和供应业，建筑业，批发业，软件和信息技术服务业和其他行业企业每百元营业收入中的成本整体呈下降态势，其中，制造业连续两年不断下降，年均降幅为 0.45 元；电力、热力、燃气及水生产和供应业，建筑业，批发业，软件和信息技术服务业和其他行业先下降后上升，总体变化幅度不大；农、林、牧、渔业，采矿业，零售业，交通运输业，仓储业，邮政业，住宿业，餐饮业，信息传输业，房地产开发经营业，物业管理和租赁和商务服务业企业每百元营业收入中的成本整体呈上升趋势，其中，住宿业，餐饮业，信息传输业和租赁和商务服务业企业成本年均涨幅较为明显，分别为 3.22 元、3.09 元和 5.89 元。

表 3　不同行业企业每百元营业收入中的成本　　单位：元

行业名称	2018 年	2019 年	2020 年
农、林、牧、渔业	87.54	87.31	87.75
采矿业	75.61	76.26	76.08
制造业	85.17	84.48	84.28
电力、热力、燃气及水生产和供应业	84.88	82.57	83.15
建筑业	91.38	90.45	90.64
批发业	91.16	90.40	90.65
零售业	85.95	85.39	86.21
交通运输业	90.06	90.30	91.61
仓储业	93.55	94.64	95.45
邮政业	93.06	96.32	96.15
住宿业	37.27	37.45	43.71
餐饮业	48.58	50.45	54.75
信息传输业	68.22	66.44	79.96
软件和信息技术服务业	67.46	58.50	62.40
房地产开发经营	75.08	73.39	76.39
物业管理	75.32	84.27	76.32
租赁和商务服务业	50.15	55.11	61.92
其他	71.62	69.95	70.13

营业收入中的费用方面（见表 4），2018—2020 年，农、林、牧、渔业，采矿业，制造业，建筑业，批发业，零售业，交通运输业，邮政业，住宿业，餐饮

业，软件和信息技术服务业，房地产开发经营，物业管理和其他行业企业每百元营业收入中的费用整体呈上升趋势，其中，建筑业和交通运输业企业每百元营业收入中的费用逐年增加，其年均涨幅分别为 0. 52 元和 4. 00 元；电力、热力、燃气及水生产和供应业，仓储业，信息传输业和租赁和商务服务业企业每百元营业收入中的费用整体呈下降态势，其中，电力、热力、燃气及水生产和供应业和仓储业企业每百元营业收入中的费用连续两年不断降低，年均下降 0. 62 元和 6. 13 元。

表 4　　不同行业企业每百元营业收入中的费用　　单位：元

行业名称	2018 年	2019 年	2020 年
农、林、牧、渔业	13. 05	13. 73	13. 66
采矿业	16. 23	15. 15	16. 35
制造业	10. 75	10. 74	10. 76
电力、热力、燃气及水生产和供应业	16. 54	15. 60	15. 31
建筑业	6. 28	6. 76	7. 32
批发业	10. 20	11. 23	10. 57
零售业	14. 78	16. 08	15. 78
交通运输业	24. 17	26. 66	32. 15
仓储业	54. 91	44. 37	42. 65
邮政业	9. 12	10. 02	9. 20
住宿业	69. 76	72. 93	70. 96
餐饮业	56. 28	53. 76	57. 28
信息传输业	17. 39	18. 18	15. 06
软件和信息技术服务业	31. 03	30. 88	31. 22
房地产开发经营	14. 02	14. 21	18. 96
物业管理	21. 15	20. 03	22. 95
租赁和商务服务业	63. 38	62. 83	62. 85
其他	32. 35	30. 63	33. 11

2. 综合成本费用分析

（1）营业成本分析。

从全国样本来看（见图 15），近三年，企业营业成本占综合成本费用的比重持续增加。2018—2020 年，企业营业成本占综合成本费用的比重分别为 80. 04%、80. 52% 和 81. 13%，年均涨幅为 0. 55 个百分点。

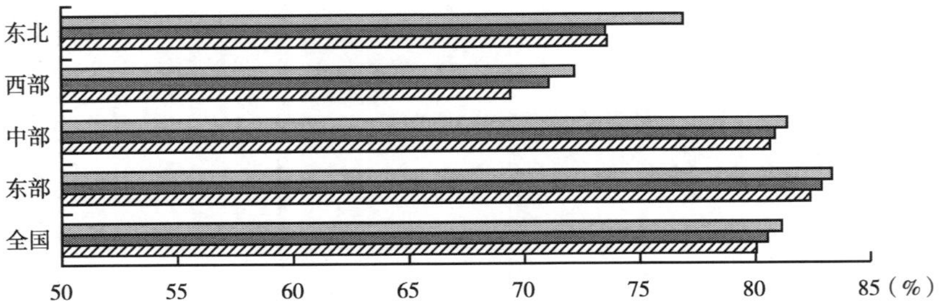

	全国	东部	中部	西部	东北
2020年	81.13	83.32	81.37	72.17	76.89
2019年	80.52	82.87	80.84	71.06	73.51
2018年	80.04	82.38	80.63	69.40	73.59

2020年 2019年 2018年

图 15　不同区域企业营业成本占综合成本费用的比重

分区域来看，东部、中部地区企业营业成本占综合成本费用的比重相对较高，西部地区企业营业成本占综合成本费用的比重相对较低。从变化趋势上看，东部、中部和西部地区企业营业成本占综合成本费用的比重逐年上升，年均涨幅分别为 0. 47 个、0. 37 个和 1. 39 个百分点；东北地区企业营业成本占综合成本费用的比重先下降后上升，整体呈下降态势，2020 年，东北地区企业营业成本占综合成本费用的比重较 2018 年下降 3. 30 个百分点。

分所有制看（见图 16），外资、民营和混合所有制企业营业成本占综合成本费用的比重相对较高，国有企业营业成本占综合成本费用的比重相对较低。纵向

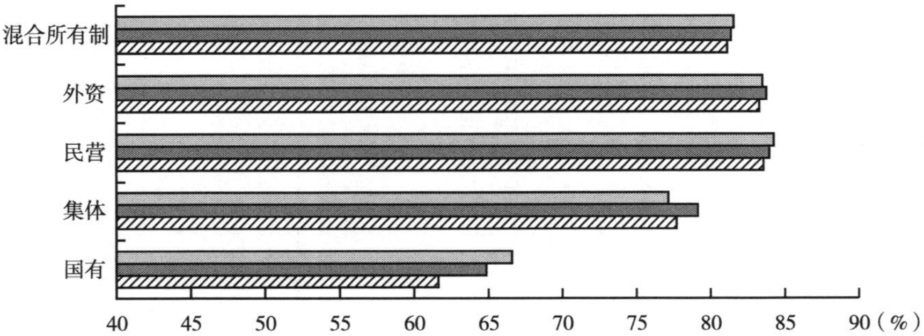

	国有	集体	民营	外资	混合所有制
2020年	66.59	77.15	84.23	83.47	81.55
2019年	64.84	79.13	83.93	83.73	81.37
2018年	61.63	77.71	83.54	83.26	81.11

2020年 2019年 2018年

图 16　不同所有制企业营业成本占综合成本费用的比重

来看，国有、民营和混合所有制企业营业成本占综合成本费用的比重逐年递增，年均分别上涨 2. 48 个、0. 35 个和 0. 22 个百分点；集体企业和外资企业营业成本占综合成本费用的比重先上升后下降，其中，2020 年集体企业营业成本占综合成本费用的比重较 2018 年有所下降，降幅为 0. 56 个百分点；2020 年外资企业营业成本占综合成本费用的比重较 2018 年略微上涨，涨幅为 0. 21 个百分点。

从规模上看（见图 17），近三年，大型、中型和小型企业营业成本占综合成本费用的比重相对较高，微型企业营业成本占综合成本费用的比重相对较低。从变化趋势上看，大型、中型、小型和微型企业营业成本占综合成本费用的比重整体均呈现上升趋势，年均涨幅分别为 0. 41 个、0. 62 个、0. 38 个和 2. 11 个百分点。

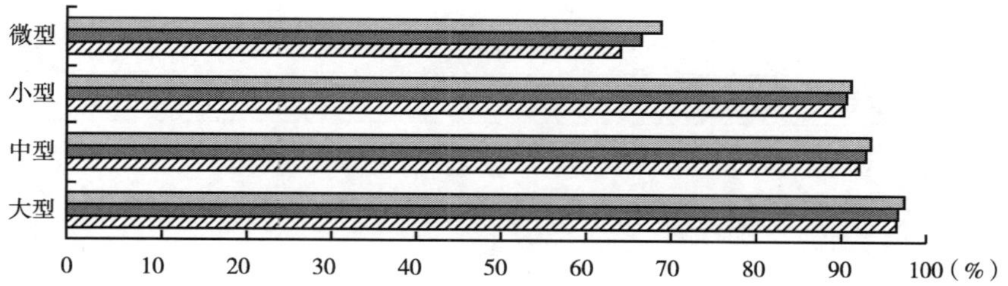

	大型	中型	小型	微型
2020年	87.68	84.18	82.11	62.25
2019年	87.02	83.68	81.62	60.19
2018年	86.87	82.95	81.35	58.03

□2020年 ■2019年 ▨2018年

图 17　不同规模企业营业成本占综合成本费用的比重

分行业来看（见表 5），不同行业企业营业成本占综合成本费用的比重差异明显。纵向上看，2018—2020 年，大多数行业企业营业成本占综合成本费用的比重呈上升态势。其中，农、林、牧、渔业，采矿业，制造业，电力、热力、燃气及水生产和供应业，建筑业，批发业，零售业，仓储业，邮政业，住宿业，餐饮业，信息传输业，软件和信息技术服务业，房地产开发经营，租赁和商务服务业及其他行业企业营业成本占综合成本费用的比重呈上升趋势，其中，制造业，电力、热力、燃气及水生产和供应业，零售业，仓储业，邮政业，住宿业，餐饮业，软件和信息技术服务业，房地产开发经营，租赁和商务服务业及其他行业企业营业成本占综合成本费用的比重逐年递增，其中，房地产开发经营业和租赁和商务服务业上涨幅度较大，分别为 11. 72 个和 8. 57 个百分点；交通运输业和物业管理行业企业营业成本占综合成本费用的比重先下降后上升，整体呈现下降趋势。

表 5　不同行业企业营业成本占综合成本费用的比重　单位：%

行业名称	2018 年	2019 年	2020 年
农、林、牧、渔业	82.03	82.86	82.79
采矿业	64.99	64.30	67.00
制造业	84.35	84.65	84.97
电力、热力、燃气及水生产和供应业	77.65	77.86	78.77
建筑业	86.48	87.55	87.39
批发业	85.32	86.02	85.91
零售业	80.90	81.01	81.28
交通运输业	75.89	75.07	75.81
仓储业	49.96	50.32	53.80
邮政业	85.59	86.59	90.54
住宿业	28.20	28.59	35.34
餐饮业	44.44	44.92	48.31
信息传输业	76.57	75.02	77.10
软件和信息技术服务业	57.28	57.58	58.52
房地产开发经营	25.78	37.26	49.21
物业管理	75.37	71.31	74.45
租赁和商务服务业	19.92	35.66	37.05
其他	59.46	62.73	63.90

（2）期间费用分析。

从全国样本来看（见图 18），近三年，企业期间费用占综合成本费用的比重分别为 14.25%、14.17% 和 14.00%，这表明，企业期间费用占综合成本费用的比重逐步下降，年均下降 0.13 个百分点。

分区域来看，西部和东北地区企业期间费用占综合成本费用的比重相对较高，东部地区企业期间费用占综合成本费用的比重相对较低。从变化趋势上看，东部和西部地区企业期间费用占综合成本费用的比重逐步下降，年均下降幅度分别为 0.24 个和 0.92 个百分点；中部和东北地区企业期间费用占综合成本费用的比重先上升后下降，整体有所下降，其中，中部地区企业 2020 年期间费用占综合成本费用的比重较 2018 年下降 0.01 个百分点，东北地区企业下降 1.98 个百分点。

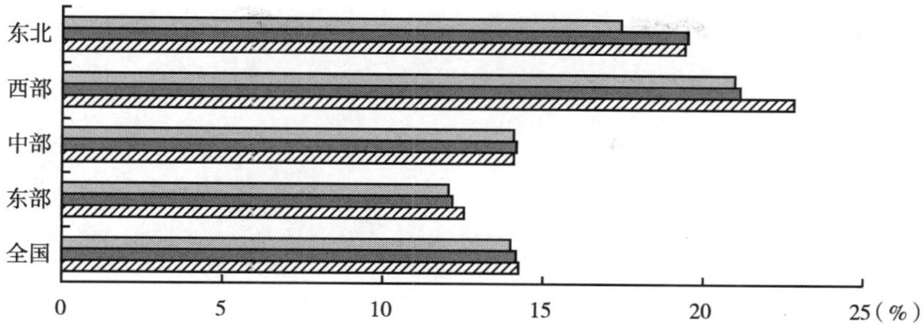

	全国	东部	中部	西部	东北
2020年	14.00	12.06	14.08	20.97	17.42
2019年	14.17	12.18	14.17	21.14	19.49
2018年	14.25	12.54	14.09	22.81	19.40

2020年 2019年 2018年

图 18　不同区域企业期间费用占综合成本费用的比重

分所有制看（见图 19），2018—2020 年，国有企业期间费用占综合成本费用的比重相对较高，外资、民营企业期间费用占综合成本费用的比重相对较低。从变化趋势上看，国有、集体、民营和外资企业期间费用占综合成本费用的比重均呈下降趋势，其中，国有、集体和外资企业期间费用占综合成本费用的比重连续两年下降，年均降幅分别为 1.42 个、0.37 个和 0.01 个百分点；民营企业期间费用占综合成本费用的比重先下降后上升，2020 年民营企业期间费用占综合成本费用的比重较 2018 年下降 0.07 个百分点；混合所有制企业期间费用占综合成本费用的比重连续两年持续上升，年均上升幅度为 0.09 个百分点。

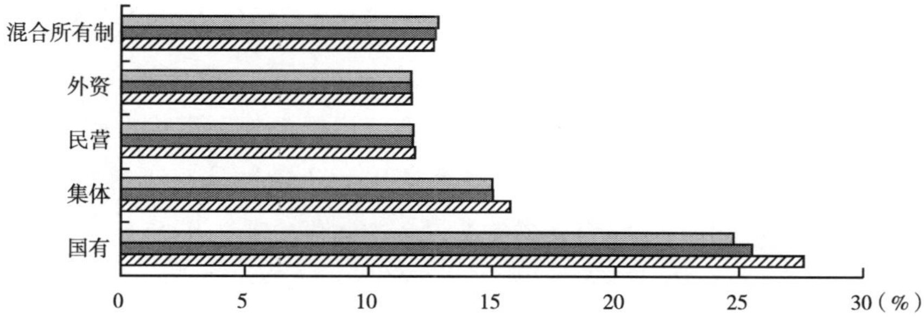

	国有	集体	民营	外资	混合所有制
2020年	24.77	15.00	11.79	11.70	12.79
2019年	25.52	15.03	11.77	11.71	12.69
2018年	27.60	15.73	11.86	11.72	12.62

2020年 2019年 2018年

图 19　不同所有制企业期间费用占综合成本费用的比重

从规模上看（见图 20），规模越大的企业，期间费用占综合成本费用的比重越低。从变化趋势上看，大型、中型和小型企业期间费用占综合成本费用的比重逐年降低，年均下降幅度分别为 0.29 个、0.47 个和 0.59 个百分点；微型企业期间费用占综合成本费用的比重先上升后下降，总体有所上升，2020 年微型企业期间费用占综合成本费用的比重较 2018 年上升 0.07 个百分点。

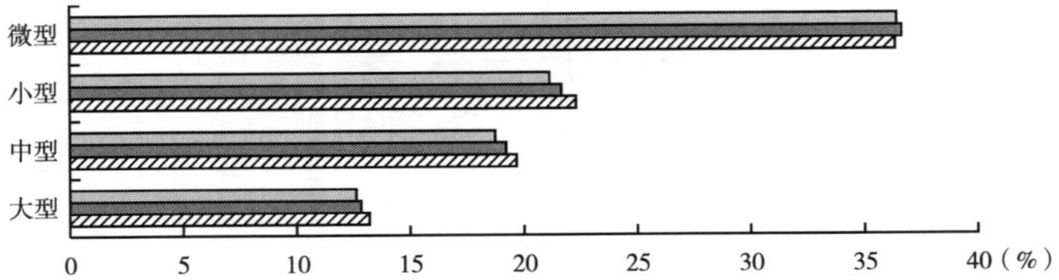

	大型	中型	小型	微型
2020年	12.61	18.73	21.13	36.41
2019年	12.82	19.21	21.66	36.64
2018年	13.19	19.67	22.3	36.34

图 20　不同规模企业期间费用占综合成本费用的比重

分行业来看（见表 6），不同行业间企业期间费用占综合成本费用的比重差异明显。其中，仓储业，住宿业，餐饮业，软件和信息技术服务业，租赁和商业服务业企业期间费用占综合成本费用的比重较高，上述五个行业企业期间费用占综合成本费用的比重均在 30% 以上；建筑业企业期间费用占综合成本费用的比重较低，约 7.5% 左右。从时间变化上来看，2018—2020 年，农、林、牧、渔业，电力、热力、燃气及水生产和供应业，批发业，仓储业，邮政业，住宿业，餐饮业，信息传输业，软件和信息技术服务业，房地产开发经营，物业管理和租赁和商务服务业企业期间费用占综合成本费用的比重整体呈下降趋势，其中，农、林、牧、渔业，电力、热力、燃气及水生产和供应业，批发业，仓储业，邮政业，餐饮业，信息传输业企业期间费用占综合成本费用的比重连续两年不断下降；仓储业企业期间费用占综合成本费用的比重降幅较大，年均下降 6.70 个百分点；采矿业，制造业，建筑业，零售业，交通运输业和其他行业企业期间费用占综合成本费用的比重呈上升趋势，其中，采矿业，制造业，建筑业，零售业比重逐年提高，年均增幅分别为 0.66 个、0.03 个、0.31 个和 0.48 个百分点。

表 6　　不同行业企业期间费用占综合成本费用的比重　　单位：%

行业名称	2018 年	2019 年	2020 年
农、林、牧、渔业	15.39	15.15	14.67
采矿业	16.80	16.92	18.12
制造业	11.00	11.02	11.05
电力、热力、燃气及水生产和供应业	14.95	14.76	14.38
建筑业	7.37	7.61	7.98
批发业	11.59	11.54	11.17
零售业	15.41	16.20	16.37
交通运输业	18.02	17.30	18.49
仓储业	49.19	40.51	35.79
邮政业	11.65	10.67	7.26
住宿业	63.84	65.46	60.67
餐饮业	52.66	51.96	50.45
信息传输业	22.13	21.18	20.52
软件和信息技术服务业	35.61	34.41	35.06
房地产开发经营	27.86	21.76	22.85
物业管理	20.51	16.86	19.19
租赁和商务服务业	56.52	49.17	50.00
其他	20.85	20.68	21.01

（三）主要结论

1. 企业“去杠杆”成效显著，资产负债率逐年下降

虽存在疫情影响，总体来看，我国企业的资产负债率依然呈现不断下降的态势。具体来看，除西部地区企业外，东部、中部和东北地区企业资产负债率整体呈下降趋势；民营、外资和混合所有制企业资产负债率逐年降低，国有和集体企业资产负债率有所上涨；大、中、小型企业资产负债率均有不同程度的下降，微型企业资产负债率先下降后上升，整体表现为上升态势；分行业来看，接近一半的行业企业资产负债率呈下降趋势，部分行业企业资产负债率在 2019 年下降后在 2020 年有所回升。

2. 企业资产运营效益持续向好，结构性差异较大，疫情对一些行业影响较为明显

总体来看，我国企业资产运营效益持续向好，总资产报酬率不断提高。具体来看，各地区企业总资产报酬率连续两年上涨；国有、民营、外资和混合所有制企业总资产报酬率不断上升，集体企业总资产报酬率先上升后下降，整体来看依然有所上升；大型企业资产获利能力小幅下降，中、小、微型企业资产获利能力逐年提升；分行业来看，仅少部分行业总资产报酬率略有下滑，多数行业企业资产运营效益不断向好，2020 年疫情期间，住宿和餐饮业，信息传输业和房地产开发经营行业总资产报酬率下降较为明显。

3. 企业每百元营业收入中的成本先下降后上升，每百元营业收入中的费用先上升后下降

总体来看，疫情以来，各地区企业每百元营业收入中的成本在经历了 2019 年的下降之后有所回升，但整体而言两年内依然有所下降；企业每百元营业收入中的费用在经历了 2019 年的上升之后有所下降，整体而言两年内略微下降。具体来看，除西部地区外，各地区企业每百元营业收入中的成本均有所下降，除中部和东北地区企业每百元营业收入中的费用上升外，东部和西部地区企业每百元营业收入中的费用呈现下降态势；除国有企业外，其余所有制企业每百元营业收入中的成本整体呈下降态势，国有企业和混合所有制企业每百元营业收入中的费用呈下降态势；大、中型企业每百元营业收入中的成本整体呈上升态势，小、微型企业每百元营业收入中的成本有所下降，除微型企业外，其余规模企业每百元营业收入中的费用均呈现下降态势；分行业来看，多数企业 2020 年每百元营业收入中的成本有所上升，其中，住宿业，餐饮业，信息传输业和租赁和商务服务业上升较为明显，多数企业每百元营业收入中的费用呈上升趋势。

4. 企业营业成本占综合成本费用的比重逐年上升，期间费用占比逐年下降

（1）企业营业成本占综合成本费用的比重逐年上升。

具体来看，各地区企业营业成本占综合成本费用的比重均逐年上升；除集体企业外，其他所有制企业营业成本占综合成本费用的比重均存在不同程度的提高；不同规模企业营业成本占综合成本费用的比重均呈现上升趋势；分行业来看，不同行业企业营业成本占综合成本费用的比重差异明显；大多数行业企业营业成本占综合成本费用的比重呈上升态势。

（2）企业期间费用占综合成本费用的比重逐年下降。

具体来看，2018—2020 年，各地区企业期间费用占综合成本费用的比重均有不同程度的下降；除混合所有制外，其余所有制企业期间费用占综合成本费用的比重有所下降；大、中、小型企业期间费用占综合成本费用的比重连续两年逐年下降；不同行业间，企业期间费用占综合成本费用的比重变化趋势显著不同，大多数行业期间费用占综合成本费用的比重呈现下降的趋势。

（四）政策建议

1. 提高效率，降低营业成本

疫情以来，各地区企业每百元营业收入中的成本在经历了 2019 年的下降之后有所回升，整体占比较高。企业应提高日常生产经营活动中的效率，严格把控生产经营活动的质量和合格率，同时增加与客户的沟通，尽可能一次性满足客户要求，避免因返工退货等原因造成的成本流失；加强对企业人员的管理，完善业绩考核、激励措施，争取花费同样的时间精力创造出更大的价值。

2. 优化管理，降低期间费用

总体来看，企业每百元营业收入中的费用在经历了 2019 年的上升之后有所下降，整体而言两年内变化幅度不大。为降低期间费用，企业应加强审核控制，建立健全公司各项费用管理制度，按照公司制度控制费用支出，合理配置资源，让资金的使用更加有效。

三、企业人工成本、物流成本及原材料成本分析

2020 年新冠肺炎疫情暴发以来，国家各级政府有关部门陆续出台惠企利民的政策，做好“六稳”“六保”等相关工作。“稳就业”和“保就业”不仅是民生大计，而且对于保障企业用工、降低企业成本具有重要意义，有效提升了劳动力市场的抗逆力和韧性，为经济复苏提供了保障。

2021 年“企业成本”数据分析结果显示，针对疫情期间劳动力市场和企业用工严峻形势，国家出台的一系列政策不仅落地生效，而且保证了劳动力市场在 2021 年的恢复性增长。数据分析显示，疫情期间社保降费幅度大、效果明显，各类行业、所有制和企业均不同程度上享受到了国家优惠政策；疫情期间相关应

急政策在我国进入疫情防控常态化以后，已经陆续退出，劳动力市场以及企业用工等各项指标均已恢复正常；市场主体总体上对劳动力市场环境满意度较高，尤其对于公共就业服务和劳动纠纷处置认可度接近满分。

同时，在疫情前以及 2021 年疫情防控常态化过程中，劳动力市场和企业用工还存在一些结构性、体制性和长期性的矛盾。大部分行业、所有制类型的企业中，平均工资水平越高的企业，工资上涨的幅度也更高；民营企业、制造业企业以及吸纳广大民众就业的消费性服务业①平均工资水平偏低、人工成本承受能力弱，整体呈现出“大而不强”的困境，这些类型的企业平均社保缴费率普遍偏低，反映出社保缴纳基数不实的问题十分突出；各行各业对企业用人与招工匹配度评价普遍较低，劳动力市场的结构性矛盾问题突出。

总体上来看，从市场主体类型来看，企业用工问题的焦点集中在民营企业、制造业企业以及吸纳广大民众就业的消费性服务业；从反映的问题来看，劳动力供求的结构性矛盾比较突出，不仅是困扰各行各业的普遍性问题，而且对制造业行业的困扰尤为突出。为此，解决上述问题的路径应当是系统性和长期性的，一是要从技术挖潜和提升的角度，改变制造业企业和民营企业规模大而整体实力不强的问题，以提升劳动力生产率为突破口，进而提高平均工资水平和对不同层次人才的吸引能力；二是要从技能劳动力培养和人才供求匹配体制机制入手，加力解决劳动力供需错配的结构性矛盾。

原材料成本和物流成本是企业成本的重要组成部分，科学分析二者的演变特征是准确认识企业成本的必要条件。2020 年，受新冠肺炎疫情影响，上游企业停工停产，原材料供应出现短缺。与此同时，物流与运输业遭受冲击，供应链受到破坏。2021 年上半年，全国各地逐步从疫情影响中恢复，制造业呈现出强势复苏态势，但原材料供需仍然呈现紧平衡，供应链仍未恢复到疫情前水平，所有这些因素都会对原材料成本和物流成本产生影响。本次企业成本调查专门针对原材料成本和物流成本设置问题，调查对象涵盖全国各地不同行业、不同规模以及不同所有制类型的企业。根据调查结果分析原材料成本和物流成本的基本特征，并结合新冠肺炎疫情、数字化和“双碳”等调查数据分析影响因素，对于更加

① 消费性服务业是直接接触顾客的行业，按消费性服务业的主体划分，可以分为两类：一类是有形产品服务类，即是以餐饮、超市为典型代表的“服务 + 产品”类；另一类是无形产品类，即是以旅游为典型代表的“服务 + 环境”类。这些行业具有劳动力密集的特征，因此，在国民经济中，成为吸纳就业的主要部门之一。

准确地认识原材料成本和物流成本具有重要意义。

（一）人工成本分析

1. 总量分析

（1）全行业平均工资增速偏高，企业工资水平越高增长越快。

2018—2021 年，企业月平均工资水平从 4182.27 元增加至 5366.85 元，增加 1184.58 元，平均增幅为 9.44%，其中 2019 年较 2018 年增长了 9.36%，2020 年较 2019 年增长了 4.19%，2021 年上半年平均月工资较 2020 年的平均月工资增长了 12.63%（见表 7）。结果说明，受疫情冲击影响，2020 年月平均工资的增幅大约下降了 5.17 个百分点，但 2021 年平均工资强势反弹上涨。2015 年和 2016 年，中国社会科学院和武汉大学牵头的“中国企业—劳动力匹配调查”项目随机调查了广东和湖北 1158 家企业和 9103 名员工，结果显示，60% 的企业管理者表示劳动力成本是阻碍企业发展的最主要因素。技能型员工工资年均增幅 9%—11%，而非技能型员工仅增长了 6%。因此，从“企业成本”数据分析结果来看，被调查企业的年工资增幅总体较高，叠加疫情后基础差的因素，全行业工资增速强势反弹。

表 7　平均工资及其增长情况

年份	月平均工资（元）	较上年增长率（%）	样本量
2018	4182.27	—	14074
2019	4573.57	9.36	15029
2020	4765.04	4.19	15863
2021 年上半年	5366.85	12.63	16234

从不同分位数来看，在所有企业中，第 25 分位数的月工资水平从 2018 年的 2500 元增加至 2021 年的 3172.04 元，增加了 672.04 元，年均增幅为 6.72%；中位数的月工资水平从 2018 年的 3750 元增加至 2021 年的 4719.15 元，增加了 751.86 元，年均增幅 5.01%；第 75 分位数的月工资水平从 2018 年的 5471.01 元增加至 2021 年的 6901.82 元，增加了 1430.81 元，年均增幅 6.54%（见图 21）。

（2）2020 年疫情初期社保降费政策效果明显，2021 年政策已平稳退出。

2020 年疫情期间，国家出台降低企业社保费率的优惠政策，政策成效显著，企业减负明显。2020 年 2 月，为应对新冠肺炎疫情对企业的冲击，人力资源社会保障部、财政部、税务总局印发了《关于阶段性减免企业社会保险费的通知》

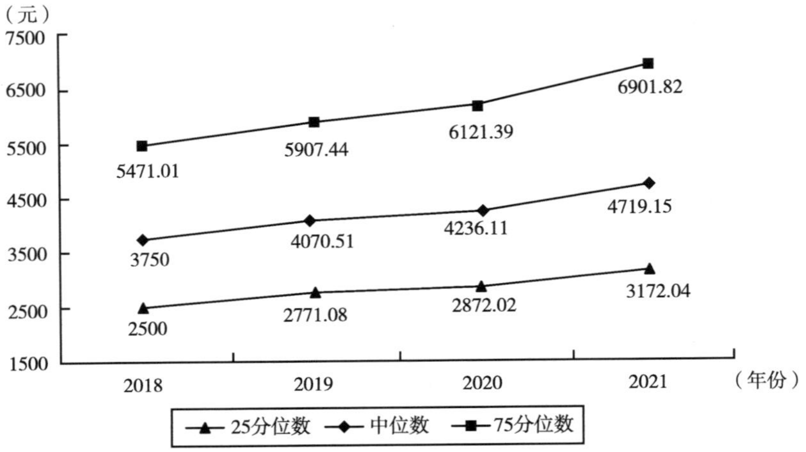

图 21　不同分位数收入的时间变化趋势

注：2021 年为上半年情况。

（人社部发〔2020〕11 号），国家医保局、财政部、税务总局印发了《关于阶段性减征职工基本医疗保险费的指导意见》（医保发〔2020〕6 号），自 2020 年 2 月起，各省可根据受疫情影响情况和基金承受能力，免征中小微企业三项社会保险（企业基本养老保险、失业保险、工伤保险）单位缴费部分，免征期限不超过 5 个月；对大型企业等其他参保单位（不含机关事业单位）三项社会保险单位缴费部分可减半征收，减征期限不超过 3 个月。2020 年 6 月，人力资源社会保障部、财政部、税务总局又印发了《关于延长阶段性减免企业社会保险费政策实施期限等问题的通知》（人社部发〔2020〕49 号），对中小微企业三项社会保险单位缴费部分免征的政策，延长执行到 2020 年 12 月底。各省对大型企业等其他参保单位（不含机关事业单位）三项社会保险单位缴费部分减半征收的政策，延长执行到 2020 年 6 月底。结果显示，社保费"减免缓"相关政策的减负效果明显，2020 年企业社保平均费率为 11.39%，比 2019 年下降了 5.09 个百分点。另外，由于国内大部分省市已经逐渐将社保收缴转移至税务机关，征缴管理更加规范和严格，2021 年社保费率提升至 17.81%。

但总体来看，社保缴费率平均水平越高的企业，社保缴费率提升的幅度也越大。社保缴费率位于第 25 分位数的企业，从 2020 年的 2.75% 增加至 2021 年 6.05%，增加了 3.3 个百分点；位于中位数的企业，从 2020 年的 8.2% 增加至 2021 年 14.61%，增幅为 6.41 个百分点；社保缴费率位于第 75 分位数的企业，从 2020 年的 16.46% 增加至 2021 年 26.29%，增幅为 9.83 个百分点（见图 22）。

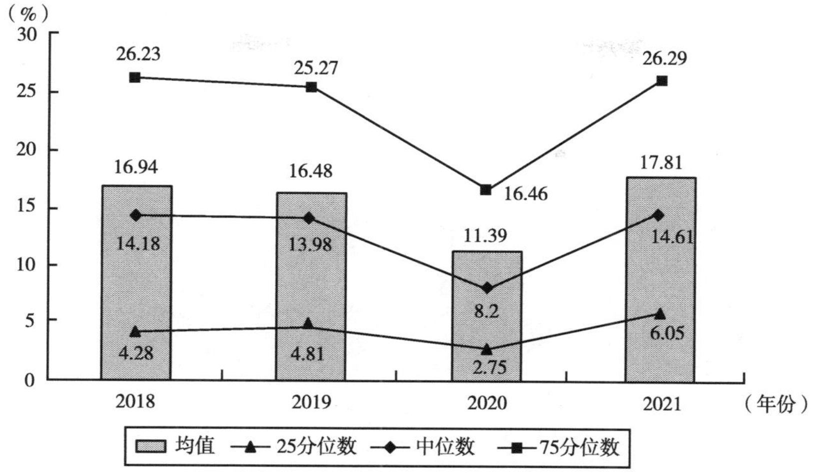

图 22　2018—2021 年企业社保缴费率及其分位数变化趋势

注：2021 年为上半年情况。

（3）人工成本在企业成本结构中占比持续走高，且占比越高涨幅越大。

数据结果显示，人工成本占企业总成本的比例持续走高。从 2018 年的 24.15%，增加至 2019 年的 24.67%，进一步增加至 2020 年的 24.86%。从不同分位数来看，人工成本占总成本的比值，位于第 25 分位数的企业在 2018 年为 4.78%，到 2020 年为 4.82%，增加了 0.04 个百分点；位于中位数的企业在 2018 年为 12.16%，到 2020 年为 12.57%，增加了 0.41 个百分点；位于 75 分位数的企业在 2018 年为 30.55%，到 2020 年为 31.13%，增加了 0.58 个百分点（见表 8）。人工成本占比越高的企业增幅也越高。

表 8　人工成本占总成本的比例　　单位：%

年份	均值	25 分位数	中位数	75 分位数	样本量
2018	24.15	4.78	12.16	30.55	12700
2019	24.67	4.73	12.28	31.38	13742
2020	24.86	4.82	12.57	31.13	14602

（4）企业对劳动力市场环境评价较高，但劳动力供求匹配度评价偏低。

数据结果显示，市场主体对劳动力市场满意程度普遍较高，均在 4 分以上。但同时，从内部结构来看，市场主体对政府公共就业服务保障程度的满意度最高，平均得分为 4.58 分；其次是对招工信息发布、就业信息获取便利度方面，得分为 4.56 分；劳动纠纷处置化解便利度为 4.55 分，紧跟其次；劳动力再就业培训力度为 4. 51 分；最后是企业用人与招工匹配度，得分为 4. 49 分，在所有维度中分数最低（见图 23）。

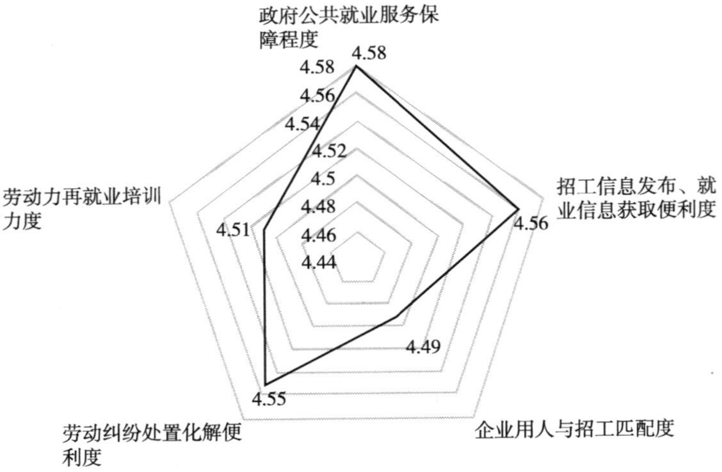

图 23　企业对劳动力市场环境的评价

2. 不同行业的结构分析比较

（1）行业平均工资差异明显，制造业与消费性服务业整体偏低。

在不同行业的企业中，金融业，房地产业以及技术密集型产业①平均工资较高；制造业与消费性服务业整体偏低。以 2021 年为例，金融业平均工资工资最高，为 8330. 34 元，住宿和餐饮业最低，为 3777. 81 元（见表 9 和图 24）。

表 9　不同行业的平均月工资水平　单位：元

行业名称		2018 年	2019 年	2020 年	2021 上半年
农、林、牧、渔业	均值	3374. 50	3582. 21	3928. 86	4366. 98
	样本量	622	663	697	706
采矿业	均值	5179. 15	5624. 61	5712. 35	5809. 91
	样本量	165	169	181	180

① 技术密集型产业又称知识密集型产业，介于劳动密集型和资金密集型产业之间的一种经济类型的产业部门，属于高技术产业部门。其特点是单位劳动力占用资金比劳动密集型产业多，比资金密集型产业少。在生产结构中，技术知识所占比重大，科研费用高，劳动者文化技术水平高，产品附加价值高，增长速度快。包括新兴的电子计算机工业、机器人工业、航天工业、生物技术工业、新材料工业，以及金融、技术服务、咨询等现代服务业。

续表

行业名称		2018年	2019年	2020年	2021上半年
制造业	均值	4045.24	4411.4	4606.99	5197.32
	样本量	6773	7083	7315	7379
电力、热力、燃气及水生产和供应业	均值	5272.51	5753.97	6066.71	6595.76
	样本量	519	546	586	591
建筑业	均值	3937.09	4399.14	4525.26	5211.54
	样本量	875	954	1054	1099
批发和零售业	均值	3738.65	4006.13	4163.93	4725.53
	样本量	1242	1373	1498	1569
交通运输、仓储和邮政业	均值	4023.31	4377.61	4504.63	5045
	样本量	641	689	728	751
住宿和餐饮业	均值	3387.29	3381.39	3237.22	3777.81
	样本量	202	212	222	231
信息传输、软件和信息技术服务业	均值	4797.17	5517.25	5712.91	6716.27
	样本量	419	453	477	505
金融业	均值	6782.51	7750.33	7799.35	8330.34
	样本量	249	263	277	282
房地产业	均值	5152.85	5746.07	6153.60	6870.12
	样本量	370	412	437	457
租赁和商务服务业	均值	4474.42	4866.35	5086.32	5694.28
	样本量	604	673	734	763
科学研究和技术服务业	均值	5410.84	5913.05	6075.68	6630.04
	样本量	293	313	330	338
水利、环境和公共设施管理业	均值	4369.95	4957.01	5248.41	6188.09
	样本量	331	369	400	418
居民服务、修理和其他服务业	均值	3651.21	4102.01	4120.48	4659.66
	样本量	376	401	432	449
教育	均值	3849.83	3669.9	3987.62	4997.82
	样本量	29	37	42	43
卫生和社会工作	均值	4210.78	4222.28	4523.87	5382.41
	样本量	132	151	165	173
文化、体育和娱乐业	均值	4488.60	4955.37	5063.66	5510.19
	样本量	231	264	285	300

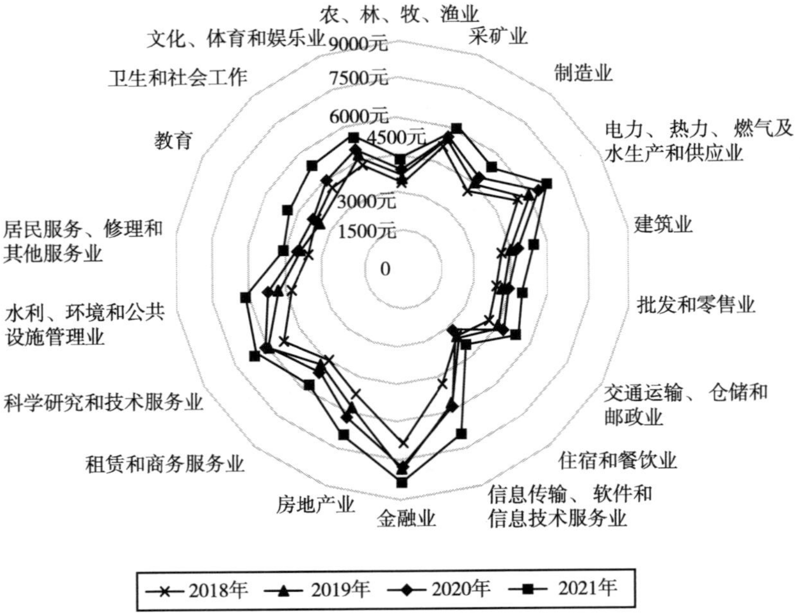

图 24　不同行业月工资水平比较

注：2021 年为上半年情况。

（2）疫情冲击下大部分行业平均工资增速放缓，但 2021 年上半年强势反弹。

农、林、牧、渔业企业整体工资水平偏低，平均工资水平越高，上涨幅度也更高。从不同分位数来看，第 25 分位数的月工资水平从 2018 年的 1912. 29 元增加至 2021 年的 2500 元，增加了 587. 71 元，年均增幅为 7. 68%；中位数的月工资水平从 2018 年的 3095. 15 元增加至 2021 年的 3898. 01 元，增加了 802. 86 元，年均增幅 6. 48%；第 75 分位数的月工资水平从 2018 年的 4270. 36 元增加至 2021 年的 5769. 72 元，增加了 1499. 36 元，年均增幅 8. 78%（见图 25）。

在采矿业企业中，平均工资水平偏低的企业工资涨幅更高，高工资企业的工资水平出现下降趋势。从不同分位数来看，第 25 分位数的月工资水平从 2018 年的 3171. 73 元增加至 2021 年的 3831. 85 元，增加了 660. 12 元，年均增幅为 5. 20%；中位数的月工资水平从 2018 年的 4833. 59 元增加至 2021 年的 5415. 77 元，增加了 582. 18 元，年均增幅 3. 01%；第 75 分位数的月工资水平从 2018 年的 7040. 23 元增加至 2021 年的 7228. 27 元，增加了 188. 04 元，年均增幅 0. 67%（见图 26）。

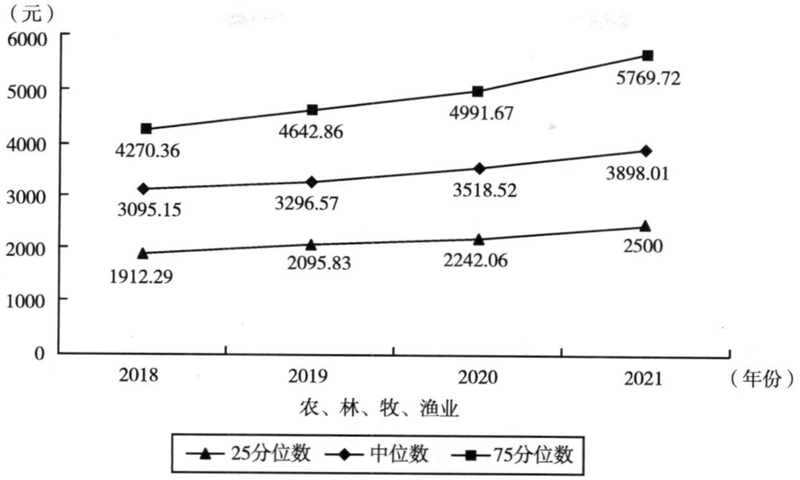

图 25　农、林、牧、渔业不同工资水平的变动趋势

注：2021 年为上半年情况。

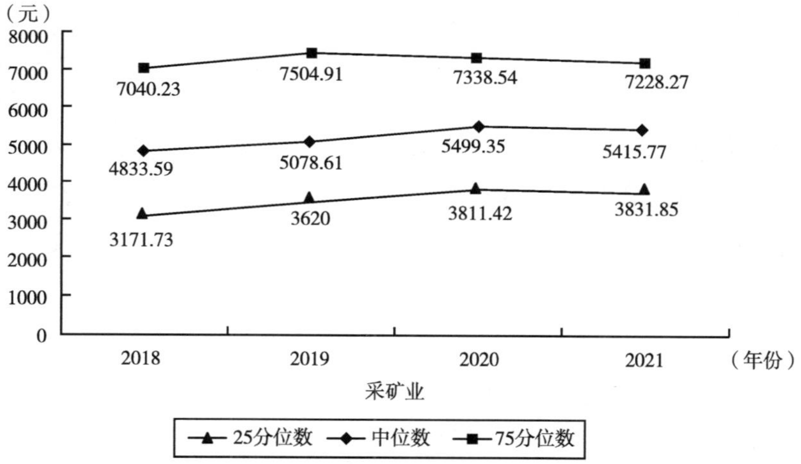

图 26　采矿业不同工资水平的变动趋势

注：2021 年为上半年情况。

在制造业企业中，平均工资水平较低的企业工资涨幅较高，2021 年涨幅尤其明显。从不同分位数来看，第 25 分位数的月工资水平从 2018 年的 2657.23 元增加至 2021 年的 3400.77 元，增加了 743.54 元，年均增幅为 7.00%；中位数的月工资水平从 2018 年的 3747.44 元增加至 2021 年的 4703.2 元，增加了 955.76 元，年均增幅 6.38%；第 75 分位数的月工资水平从 2018 年的 5125 元增加至 2021 年的 6458.33 元，增加了 1333.33 元，年均增幅 6.50%（见图 27）。

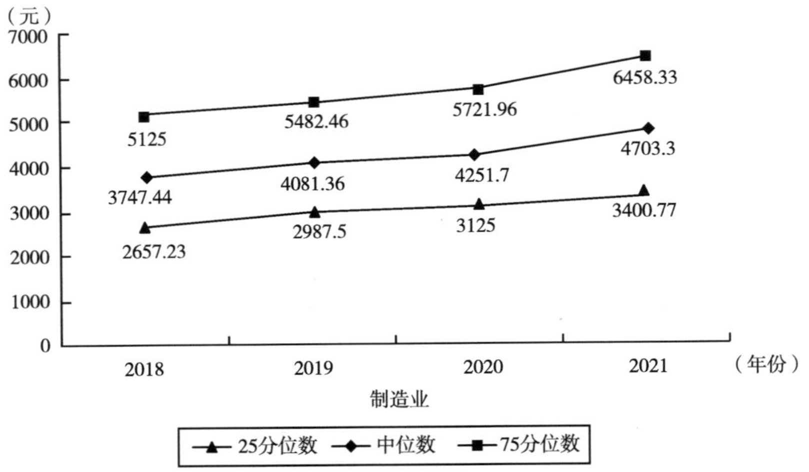

图 27　制造业不同工资水平的变动趋势

注：2021 年为上半年情况。

电力、热力、燃气及水生产和供应业整体工资水平高，工资低的企业涨幅也较高。从不同分位数来看，第 25 分位数的月工资水平从 2018 年的 3135. 2 元增加至 2021 年的 4037. 04 元，增加了 901. 84 元，年均增幅为 7. 19%；中位数的月工资水平从 2018 年的 4727. 01 元增加至 2021 年的 5858. 59 元，增加了 1131. 58 元，年均增幅 5. 98%；第 75 分位数的月工资水平从 2018 年的 7209. 74 元增加至 2021 年的 8792. 98 元，增加了 1583. 24 元，年均增幅 5. 49%（见图 28）。

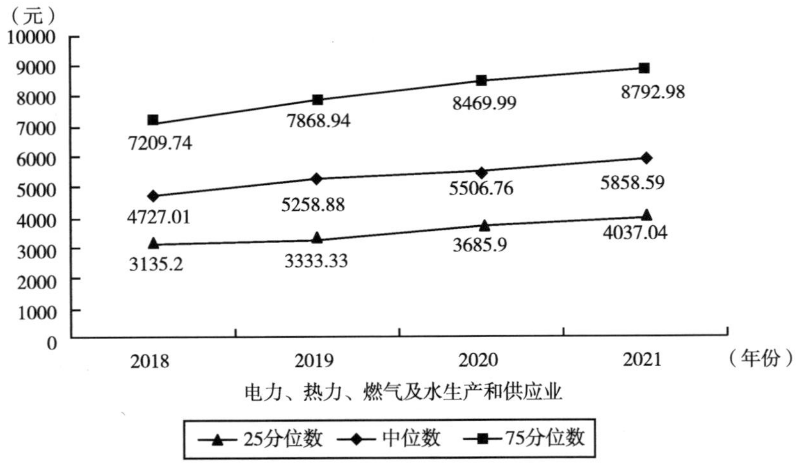

图 28　电力、热力、燃气及水生产和供应业不同工资水平的变动趋势

注：2021 年为上半年情况。

建筑业企业中，行业内部工资差异较大，平均工资低的企业涨幅更高。从不同分位数来看，第 25 分位数的月工资水平从 2018 年的 2047.62 元增加至 2021 年的 2812.5 元，增加了 764.88 元，年均增幅为 9.34%；中位数的月工资水平从 2018 年的 3500 元增加至 2021 年的 4568.35 元，增加了 1068.35 元，年均增幅 7.63%；第 75 分位数的月工资水平从 2018 年的 5365.85 元增加至 2021 年的 6904.17 元，增加了 1538.32 元，年均增幅 7.17%（见图 29）。

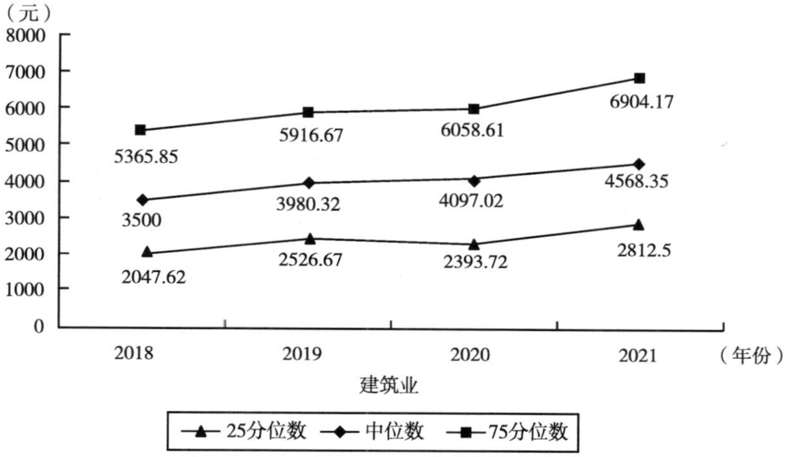

图 29　建筑业不同工资水平的变动趋势

注：2021 年为上半年情况。

在批发和零售业中，企业平均工资偏低，涨幅差异较小，其涨幅小于其他行业。从不同分位数来看，第 25 分位数的月工资水平从 2018 年的 1998.33 元增加至 2021 年的 2500 元，增加了 501.67 元，年均增幅为 6.28%；中位数的月工资水平从 2018 年的 3307.67 元增加至 2021 年的 3983.33 元，增加了 675.66 元，年均增幅 5.11%；第 75 分位数的月工资水平从 2018 年的 5000 元增加至 2021 年的 6089.74 元，增加了 1089.74 元，年均增幅 5.45%（见图 30）。

交通运输、仓储和邮政业企业中，平均工资较高的企业涨幅也更高。从不同分位数来看，第 25 分位数的月工资水平从 2018 年的 2125 元增加至 2021 年的 2685.19 元，增加了 560.19 元，年均增幅为 6.59%；中位数的月工资水平从 2018 年的 3585.71 元增加至 2021 年的 4394.57 元，增加了 808.86 元，年均增幅 5.64%；第 75 分位数的月工资水平从 2018 年的 5169.02 元增加至 2021 年的 6610.6 元，增加了 1441.58 元，年均增幅 6.97%（见图 31）。

在信息传输、软件和信息技术服务业企业平均工资水平较高，不同工资水平

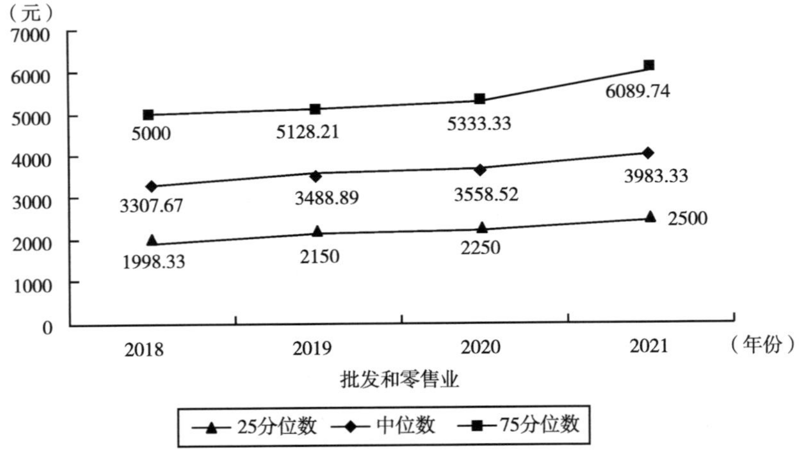

图 30　批发和零售业不同工资水平的变动趋势

注：2021 年为上半年情况。

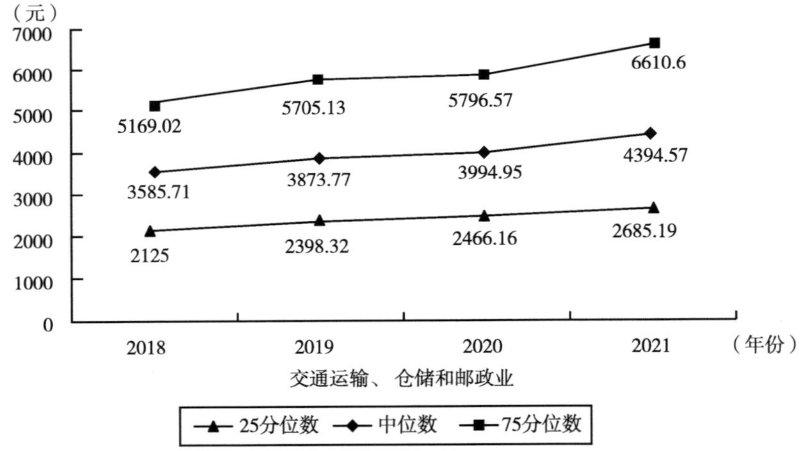

图 31　交通运输、仓储和邮政业不同工资水平的变动趋势

注：2021 年为上半年情况。

的企业工资涨幅较其他行业均较高，内部工资涨幅差异较大，平均工资较低企业涨幅较高。从不同分位数来看，第 25 分位数的月工资水平从 2018 年的 2631.45 元增加至 2021 年的 4166.67 元，增加了 1535.22 元，年均增幅为 14.59%；中位数的月工资水平从 2018 年的 4397.39 元增加至 2021 年的 6332.18 元，增加了 1934.79 元，年均增幅 11.00%；第 75 分位数的月工资水平从 2018 年的 6954.41 元增加至 2021 年的 9092.59 元，增加了 2138.18 元，年均增幅 7.69%（见图 32）。

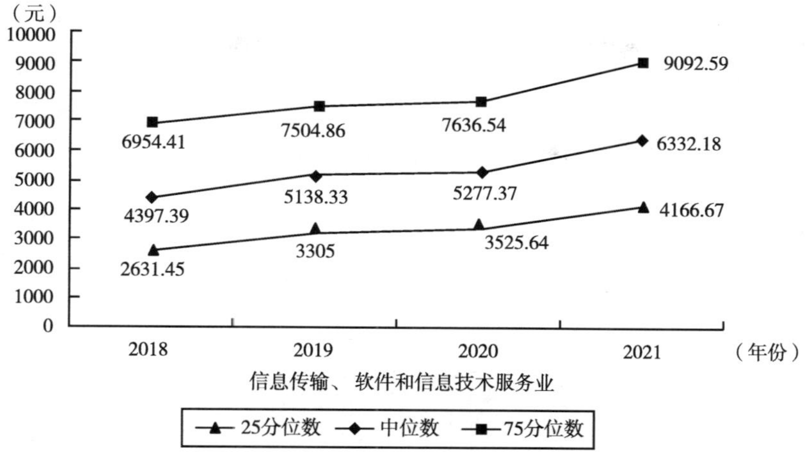

图 32　信息传输、软件和信息技术服务业不同工资水平的变动趋势

注：2021 年为上半年情况。

住宿和餐饮业受疫情冲击影响明显，平均工资水平越高的企业 2020 年降幅也更明显，但 2021 年增幅也更高。从不同分位数来看，第 25 分位数的月工资水平从 2018 年的 2083. 33 元增加至 2021 年的 2448. 56 元，增加了 365. 23 元，年均增幅为 4. 38%；中位数的月工资水平从 2018 年的 3112. 86 元增加至 2021 年的 3552. 85 元，增加了 439. 99 元，年均增幅 3. 53%；第 75 分位数的月工资水平从 2018 年的 4416. 01 元增加至 2021 年的 4772. 73 元，增加了 356. 72 元，年均增幅 2. 02%（见图 33）。

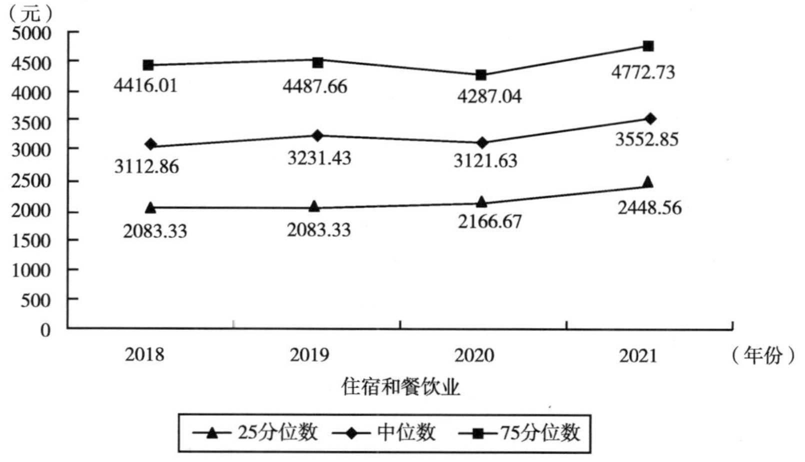

图 33　住宿和餐饮业不同工资水平的变动趋势

注：2021 年为上半年情况。

金融业企业平均工资水平较高，处于中位数水平的企业工资涨幅最高。从不同分位数来看，第 25 分位数的月工资水平从 2018 年的 3720. 24 元增加至 2021 年的 4408. 33 元，增加了 688. 09 元，年均增幅为 4. 62%；中位数的月工资水平从 2018 年的 7142. 86 元增加至 2021 年的 8921. 61 元，增加了 1778. 75 元，年均增幅 6. 23%；第 75 分位数的月工资水平从 2018 年的 10794. 04 元增加至 2021 年的 12920. 07 元，增加了 2126. 03 元，年均增幅 4. 92%（见图 34）。

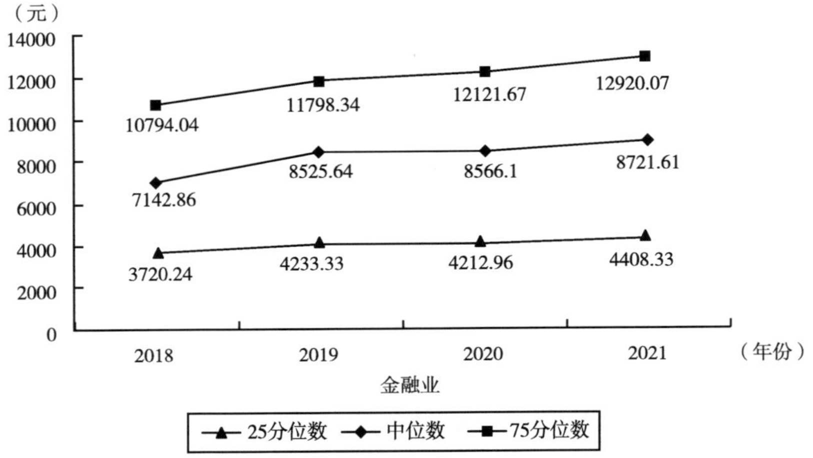

图 34　金融业不同工资水平的变动趋势

注：2021 年为上半年情况。

房地产业企业平均工资水平较高，平均工资较高的企业涨幅也更高，但内部涨幅差异较小。从不同分位数来看，第 25 分位数的月工资水平从 2018 年的 2812. 5 元增加至 2021 年的 3809. 52 元，增加了 997. 02 元，年均增幅为 8. 86%；中位数的月工资水平从 2018 年的 4833. 33 元增加至 2021 年的 6388. 89 元，增加了 1555. 56 元，年均增幅 8. 05%；第 75 分位数的月工资水平从 2018 年的 7367. 73 元增加至 2021 年的 10000 元，增加了 2632. 27 元，年均增幅 8. 93%（见图 35）。

租赁和商务服务业内部平均工资差异偏大，但平均工资涨幅内部差异较小。从不同分位数来看，第 25 分位数的月工资水平从 2018 年的 2017. 91 元增加至 2021 年的 2577. 6 元，增加了 559. 69 元，年均增幅为 6. 93%；中位数的月工资水平从 2018 年的 3834. 63 元增加至 2021 年的 4803. 92 元，增加了 969. 29 元，年均增幅 6. 32%；第 75 分位数的月工资水平从 2018 年的 6456. 89 元增加至 2021 年的 8026. 32 元，增加了 1569. 43 元，年均增幅 6. 08%（见图 36）。

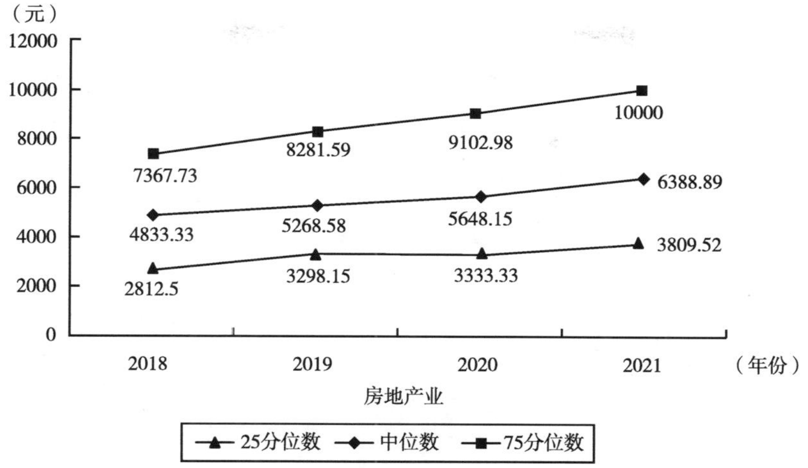

图 35　房地产业不同工资水平的变动趋势

注：2021 年为上半年情况。

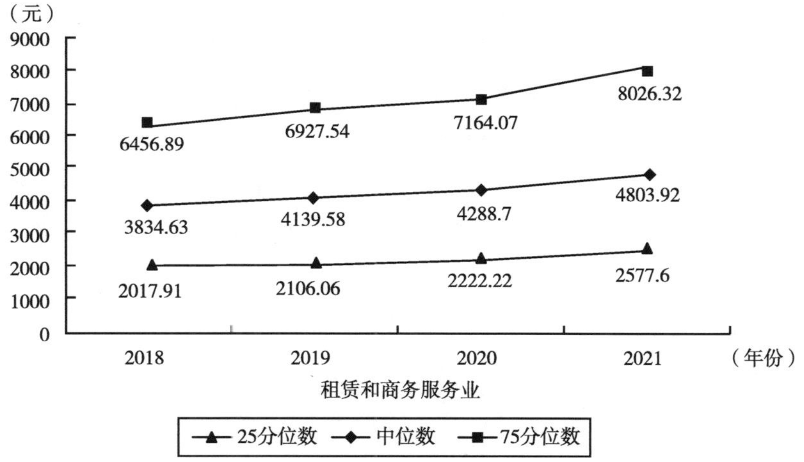

图 36　租赁和商务服务业不同工资水平的变动趋势

注：2021 年为上半年情况。

科学研究和技术服务业企业平均工资水平差异较小，平均工资水平较高的企业 2021 年出现小幅度下降。从不同分位数来看，第 25 分位数的月工资水平从 2018 年的 3007.41 元增加至 2021 年的 3984.03 元，增加了 976.62 元，年均增幅为 8.12%；中位数的月工资水平从 2018 年的 5045.14 元增加至 2021 年的 6104.46 元，增加了 1059.32 元，年均增幅 5.25%；第 75 分位数的月工资水平从 2018 年的 7630.21 元增加至 2021 年的 8651.11 元，增加了 1020.9 元，年均增幅 3.34%（见图 37）。

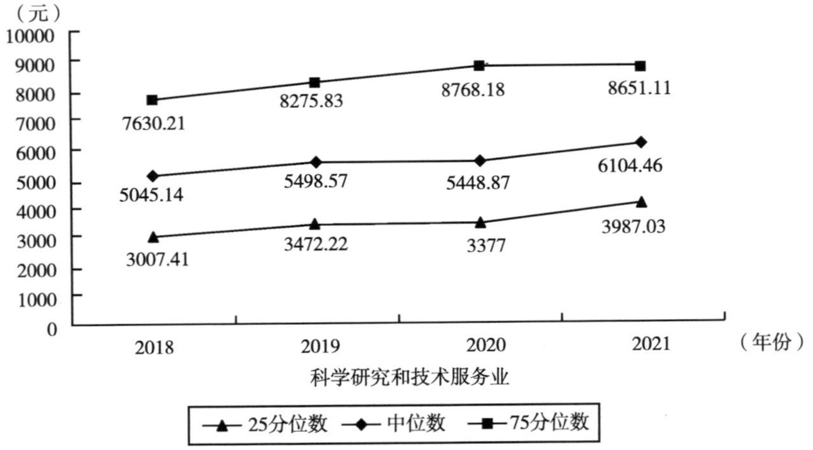

图 37　科学研究和技术服务业不同工资水平的变动趋势

注：2021 年为上半年情况。

水利、环境和公共设施管理业平均工资水平较高，平均工资水平较低涨幅较高。从不同分位数来看，第 25 分位数的月工资水平从 2018 年的 2222. 22 元增加至 2021 年的 3333. 33 元，增加了 1111. 11 元，年均增幅为 12. 50%；中位数的月工资水平从 2018 年的 3863. 82 元增加至 2021 年的 5415. 05 元，增加了 1551. 23 元，年均增幅 10. 04%；第 75 分位数的月工资水平从 2018 年的 6284. 69 元增加至 2021 年的 8809. 52 元，增加了 2524. 83 元，年均增幅 10. 04%（见图 38）。

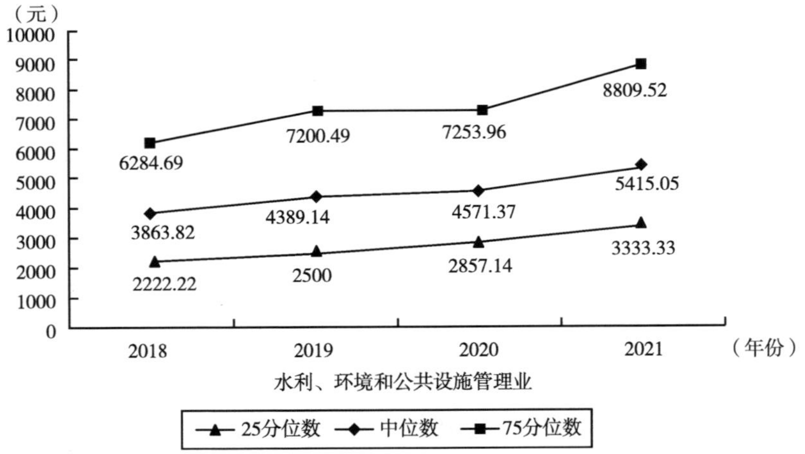

图 38　水利、环境和公共设施管理业不同工资水平的变动趋势

注：2021 年为上半年情况。

教育行业企业中，平均工资较高的企业在 2020 年出现显著下降，并在 2021 年强势反弹。从不同分位数来看，第 25 分位数的月工资水平从 2018 年的 1243.06 元增加至 2021 年的 1583.33 元，增加了 340.27 元，年均增幅为 6.84%；中位数的月工资水平从 2018 年的 3227.22 元增加至 2021 年的 3854.5 元，增加了 627.28 元，年均增幅 4.86%；第 75 分位数的月工资水平从 2018 年的 6114.06 元增加至 2021 年的 7301.59 元，增加了 1187.53 元，年均增幅 4.86%（见图 39）。

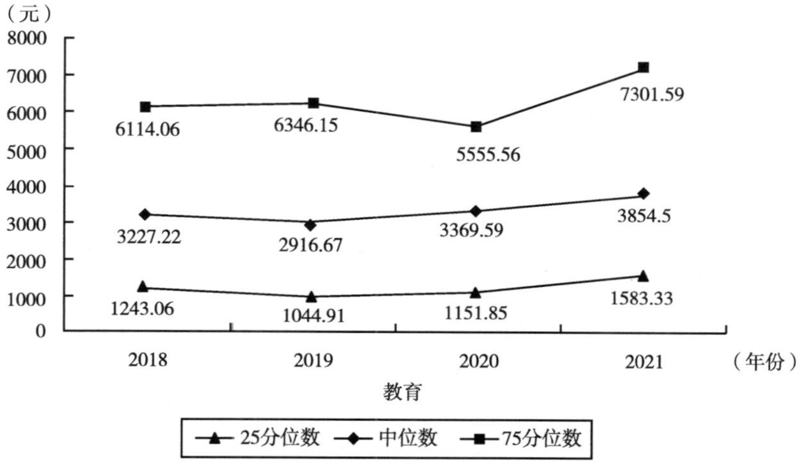

图 39　教育不同工资水平的变动趋势

注：2021 年为上半年情况。

居民服务、修理和其他服务业企业平均工资水平较低，不同工资水平的企业增幅差异不大。从不同分位数来看，第 25 分位数的月工资水平从 2018 年的 1712.53 元增加至 2021 年的 2481.67 元，增加了 769.14 元，年均增幅为 11.23%；中位数的月工资水平从 2018 年的 3079.44 元增加至 2021 年的 3919.54 元，增加了 840.1 元，年均增幅 6.82%；第 75 分位数的月工资水平从 2018 年的 4926.5 元增加至 2021 年的 5938.27 元，增加了 1011.77 元，年均增幅 5.13%（见图 40）。

卫生和社会工作行业有关企业平均工资差异偏大，2018—2020 年各工资水平企业均无明显上涨，2021 年出现明显增加，且平均工资越高增幅越大。从不同分位数来看，第 25 分位数的月工资水平从 2018 年的 2194.44 元增加至 2021 年的 2500 元，增加了 305.56 元，年均增幅为 3.48%；中位数的月工资水平从 2018

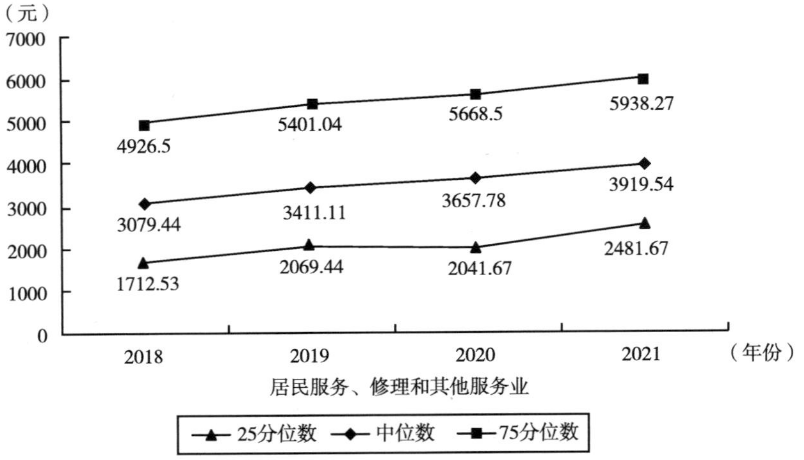

图 40　居民服务、修理和其他服务业不同工资水平的变动趋势

注：2021 年为上半年情况。

年的 3922. 5 元增加至 2021 年的 4500 元，增加了 577. 5 元，年均增幅 3. 68%；第 75 分位数的月工资水平从 2018 年的 5969. 58 元增加至 2021 年的 7209. 3 元，增加了 1239. 72 元，年均增幅 5. 19%（见图 41）。

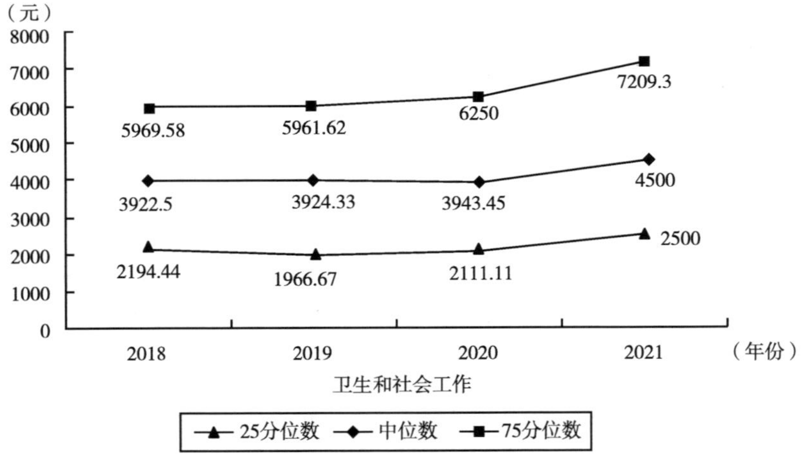

图 41　卫生和社会工作不同工资水平的变动趋势

注：2021 年为上半年情况。

文化、体育和娱乐业相关企业中，平均工资水平较低企业涨幅较小。从不同分位数来看，第 25 分位数的月工资水平从 2018 年的 1812. 5 元增加至 2021 年的

2374.55 元，增加了 562.05 元，年均增幅为 7.75%；中位数的月工资水平从 2018 年的 4102.56 元增加至 2021 年的 5000 元，增加了 897.44 元，年均增幅 5.47%；第 75 分位数的月工资水平从 2018 年的 6471.77 元增加至 2021 年的 7600.89 元，增加了 1129.12 元，年均增幅 4.36%（见图 42）。

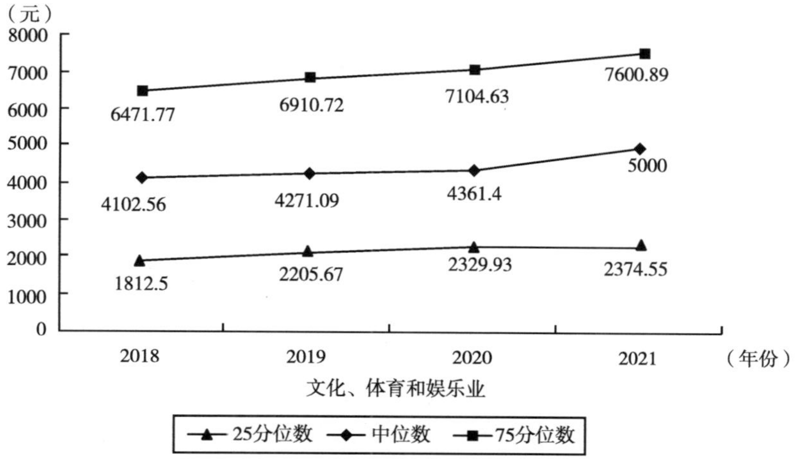

图 42　文化、体育和娱乐业不同工资水平的变动趋势

注：2021 年为上半年情况。

（3）疫情期间社保费率下降明显，2021 年优惠政策顺利退坡。

总体来看，社保费率与工资水平在不同行业的分布情况类似，制造业、消费性服务业费率普遍较低，2020 年企业社保费率出现普遍下降，2021 年已恢复至 2019 年水平，优惠政策实现了顺利退坡（见表 10）。

另外，值得注意的是，2020 年为应对疫情冲击，我国实施阶段性社保降费，但在此之前，我国就已经采取制度化、长期性的措施实质性降低社保费率。2019 年中央印发《降低社会保险费率综合方案》提到，确保企业特别是小微企业社会保险缴费负担有实质性下降。其中占社保单位缴费比例中大头的养老保险，费率降至 16%，降费幅度最大，相较之前普遍 20% 或 19% 的费率水平，一次性就降低高达 3—4 个百分点。但是，各个行业的实际社保费率会存在差异，有研究显示，制造业企业的社会保险缴费率变动与就业变动存在反向互动关系，即社会保险高缴费对就业存在挤出效应，因此，就业容量大的行业，通常社保费率也更低。

表 10　　企业分行业的社保缴费率　　单位：%

行业名称		2018 年	2019 年	2020 年	2021 上半年
农、林、牧、渔业	均值	16.83	16.51	11.51	17.66
	样本量	579	621	650	661
采矿业	均值	22.87	22.37	16.06	24.53
	样本量	155	162	170	173
制造业	均值	12.7	12.56	8.20	13.46
	样本量	6531	6865	7101	7172
电力、热力、燃气及水生产和供应业	均值	26.69	26.23	17.77	27.96
	样本量	493	527	561	572
建筑业	均值	20.81	19.69	13.86	20.60
	样本量	794	875	965	1009
批发和零售业	均值	18.63	17.67	12.57	19.30
	样本量	1136	1269	1395	1450
交通运输、仓储和邮政业	均值	24.59	23.18	16.57	24.69
	样本量	612	654	693	714
住宿和餐饮业	均值	17.47	17.56	12.73	18.93
	样本量	196	202	211	220
信息传输、软件和信息技术服务业	均值	17.66	16.74	11.14	17.52
	样本量	398	434	457	481
金融业	均值	25.14	23.65	16.07	26.59
	样本量	233	248	254	261
房地产业	均值	20.86	19.63	14.18	20.99
	样本量	338	383	410	425
租赁和商务服务业	均值	22.66	22.19	15.91	24.15
	样本量	534	601	661	684
科学研究和技术服务业	均值	19.92	19.09	12.94	21.05
	样本量	276	300	315	320
水利、环境和公共设施管理业	均值	24.84	23.92	17.57	25.60
	样本量	290	329	354	371

续表

行业名称		2018 年	2019 年	2020 年	2021 上半年
居民服务、修理和其他服务业	均值	20.41	19.35	13.67	20.31
	样本量	345	371	392	415
教育	均值	21.96	17.02	13.41	18.76
	样本量	23	30	37	39
卫生和社会工作	均值	16.38	16.61	14.12	18.31
	样本量	126	144	157	162
文化、体育和娱乐业	均值	23.12	20.95	15.50	22.57
	样本量	202	237	255	268

从不同行业的分布特征来看，金融业，电力、热力、燃气及水生产和供应业和水利、环境和公共设施管理业等相关企业社保缴费率普遍较高，均在 25% 以上，而农、林、牧、渔业，制造业以及卫生和社会工作等相关企业社保缴费率普遍偏低，其中，制造业企业缴费率总体表现最低，除 2020 年以外，其他年份仅有 12% 左右。

但值得注意的是，与 2019 年相比，2020 年各行业社保缴费率均出现普遍下降。当中，电力、热力、燃气及水生产和供应业下降了 8.46 个百分点；金融业下降了 7.58 个百分点；交通运输、仓储和邮政业下降了 6.61 个百分点；水利、环境和公共设施管理业下降了 6.35 个百分点；采矿业下降了 6.31 个百分点；租赁和商务服务业下降了 6.28 个百分点；科学研究和技术服务业下降了 6.15 个百分点；建筑业下降了 5.83 个百分点；居民服务、修理和其他服务业下降了 5.68 个百分点；信息传输、软件和信息技术服务业下降了 5.6 个百分点；房地产业下降了 5.45 个百分点；文化、体育和娱乐业下降了 5.45 个百分点；批发和零售业下降了 5.1 个百分点；农、林、牧、渔业下降了 5 个百分点；住宿和餐饮业下降了 4.83 个百分点；制造业下降了 4.36 个百分点，教育下降了 3.61 个百分点；卫生和社会工作下降了 2.49 个百分点（见图 43）。

（4）不同行业间企业用工成本占比差异较大，服务业占比普遍高于制造业等其他行业。

消费性服务业企业和技术型人才密集型企业用工成本占比高，以 2021 年为例，住宿餐饮业达到 60.84%，教育行业为 60.79%，卫生和社会工作业为 56.99%，居民服务、维修和其他服务业为 54.56%，科学研究和技术服务业为

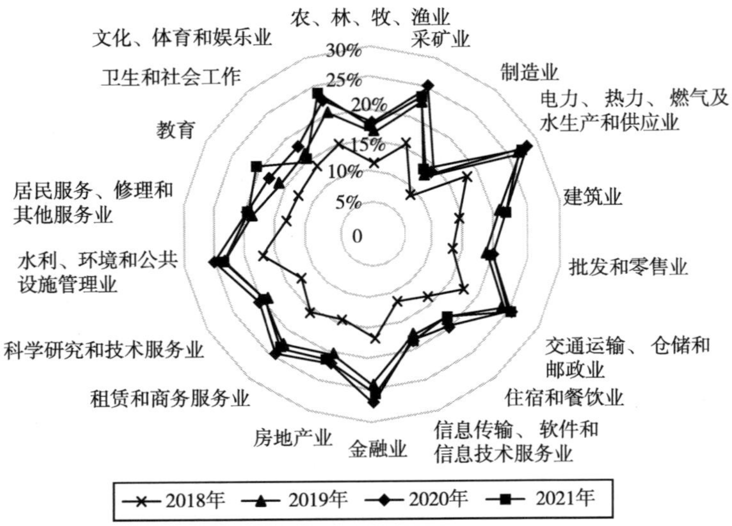

图 43　企业分行业社保缴费率

注：2021 年为上半年情况。

53.03%，文化、体育和娱乐业为 52.51%。而制造业等生产流通性企业用工成本占比较低，其中制造业占比最低，仅为 16.81%，其次是建筑业，占比为 18.14%（见表 11）。

表 11　企业分行业用工成本占比　单位：%

行业名称		2018 年	2019 年	2020 年
农、林、牧、渔业	均值	23.45	22.62	23.08
	样本量	566	616	658
采矿业	均值	26.56	26.90	25.41
	样本量	151	158	165
制造业	均值	16.46	16.63	16.81
	样本量	6569	6949	7204
电力、热力、燃气及水生产和供应业	均值	24.70	24.99	25.17
	样本量	480	518	554
建筑业	均值	17.56	17.64	18.14
	样本量	751	842	936
批发和零售业	均值	18.40	18.80	18.56
	样本量	1146	1273	1389

续表

行业名称		2018 年	2019 年	2020 年
交通运输、仓储和邮政业	均值	33. 20	32. 41	33. 09
	样本量	543	590	641
住宿和餐饮业	均值	64. 59	64. 41	60. 84
	样本量	187	195	205
信息传输、软件和信息技术服务业	均值	47. 26	50. 36	48. 90
	样本量	378	413	441
金融业	均值	34. 58	36. 46	34. 80
	样本量	158	164	171
房地产业	均值	28. 69	29. 91	31. 12
	样本量	239	273	315
租赁和商务服务业	均值	48. 79	47. 13	47. 27
	样本量	404	479	541
科学研究和技术服务业	均值	51. 90	56. 66	53. 03
	样本量	258	284	296
水利、环境和公共设施管理业	均值	35. 69	34. 78	34. 70
	样本量	222	257	290
居民服务、修理和其他服务业	均值	52. 25	55. 87	54. 56
	样本量	323	349	371
教育业	均值	59. 97	53. 55	60. 79
	样本量	25	31	36
卫生和社会工作业	均值	56. 30	54. 81	56. 99
	样本量	125	139	156
文化、体育和娱乐业	均值	47. 52	50. 09	52. 51
	样本量	174	208	230

从年度的变化来看，各行业用工成本变化幅度整体上不大，仅有个别行业变化相对明显。2020 年与 2018 年相比，住宿和餐饮业的用工成本下降了 3. 75 个百分点，租赁和商务服务业成本下降了 1. 52 个百分点，采矿业用工成本下降了 1. 15 个百分点。对于用工成本增加的企业，多数集中于技术密集型或资金密集

型的行业类型，其中文化、体育和娱乐业增加了 4.99 个百分点，房地产业增加了 2.43 个百分点，居民服务、修理和其他服务业增加了 2.31 个百分点，信息传输、软件和信息服务业增加了 1.64 个百分点，科学研究和技术服务业增加了 1.13 个百分点（见图 44）。

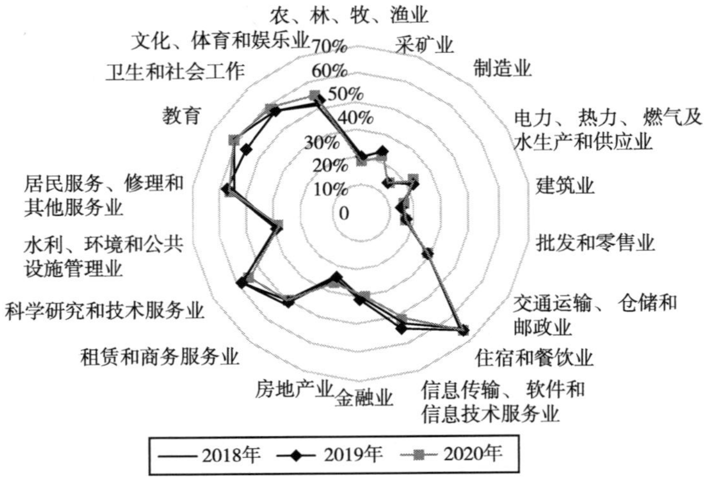

图 44　企业分行业用工成本占比情况

（5）制造业行业对劳动力市场环境的满意度较其他行业偏低，所有行业对劳动力市场供需匹配情况评价普遍偏低。

总体来看，各行业企业对劳动力市场环境要素各维度的评价得分平均高于 4.4 分，满意度较高。但同时，分行业来看，制造业企业的劳动力市场环境的满意度相对较低，政府公共就业服务保障程度得分为 4.55，招工信息发布、就业信息获取便利度得分为 4.53，企业用人与招工匹配度得分为 4.42，劳动纠纷处置化解便利度得分为 4.51，劳动力再就业培训力度得分为 4.46。在所有维度当中，企业对企业用人与招工匹配度评分最低，这也切中了当前劳动力供需错配的结构性矛盾（见图 45）。

3. 从所有制结构进行结构分析

（1）民营企业平均工资水平最低，外资企业平均工资水平最高且涨幅也大。

在不同所有制类型的企业中，外资企业的平均工资水平最高，而民营企业的工资水平最低。以 2021 年为例，国有企业平均工资为 6177.27 元，集体企业为 4698.61 元，民营企业为 4948.77 元，外资企业为 6676.78 元，混合所有制企业为 5981.58 元（见表 12）。

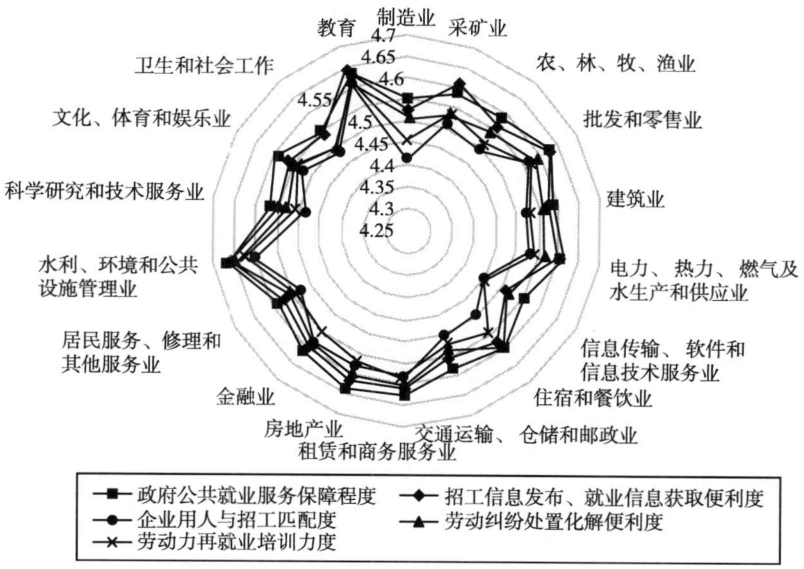

图 45　企业分行业劳动力市场满意度情况

表 12　不同所有制企业的月平均工资　单位：元

所有制类型		2018 年	2019 年	2020 年	2021 上半年
国有企业	均值	4881.30	5381.20	5622.92	6177.37
	样本量	3881	4180	4482	4567
集体企业	均值	3996.46	4152.29	4385.43	4698.61
	样本量	212	216	220	223
民营企业	均值	3810.61	4155.44	4329.92	4948.77
	样本量	9177	9795	10283	10558
外资企业	均值	5390.44	5851.44	5962.79	6676.78
	样本量	447	457	465	464
混合所有制企业	均值	4761.06	5230.45	5187.39	5981.58
	样本量	354	375	408	419

2018—2021 年，国有企业增加了 1296.07 元，增幅为 6.64%，集体企业增加了 702.15 元，增幅为 4.39%，民营企业增加了 1138.16 元，增幅为 7.47%，外资企业增加了 1286.34 元，增幅为 5.97%，混合所有制企业增加了 1220.52 元，增幅为 6.41%。其中，外资企业增加额度最大，而国有企业平均增幅最高（见图 46）。

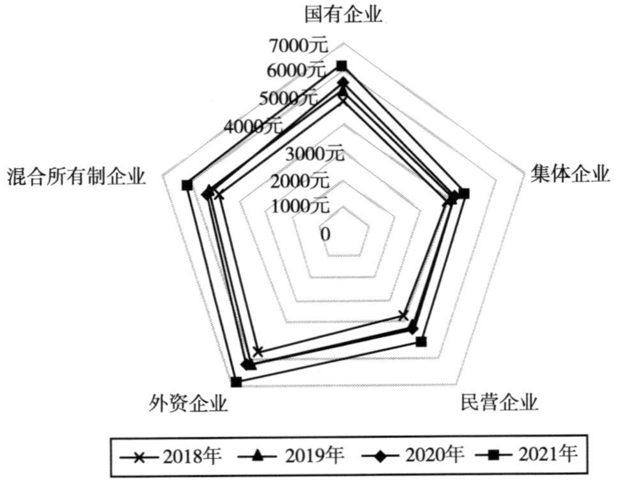

图 46　不同所有制企业的月平均工资水平

注：2021 年为上半年情况。

（2）不同类型企业的平均工资均上涨，且平均水平越高涨幅越大。

国有企业平均工资水平居中且涨幅均匀。2018—2021 年，所有国有企业中，第 25 分位数平均工资从 2564. 1 元增加至 2021 年 3384. 62 元，增加了 820. 52 元，平均增幅为 8%；中位数平均工资从 4416. 67 元增加至 5541. 67 元，增加了 1125 元，平均增幅为 6. 37%；第 75 分位数平均工资从 6916. 67 元增加至 8498. 92 元，增加了 1582. 25 元，平均增幅为 5. 72%（见图 47）。

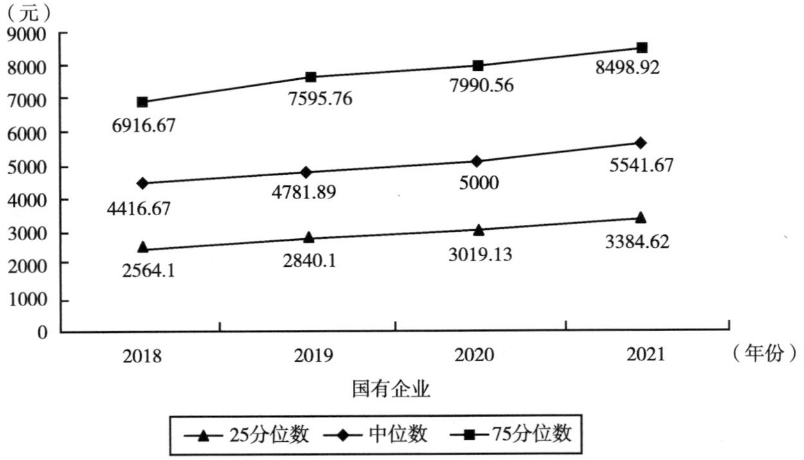

图 47　国有企业不同工资水平的变动趋势

注：2021 年为上半年情况。

集体企业平均工资水平整体偏低，平均工资水平较高和较低的两组涨幅较高。2018—2021 年，所有集体企业中，第 25 分位数平均工资从 1836. 74 元增加至 2021 年 2577. 6 元，增加了 740. 86 元，平均增幅为 10. 08%；中位数平均工资从 3499. 4 元增加至 3974. 36 元，增加了 474. 96 元，平均增幅为 3. 39%；第 75 分位数平均工资从 5355. 26 元增加至 6261. 26 元，增加了 906 元，平均增幅为 4. 23%（见图 48）。

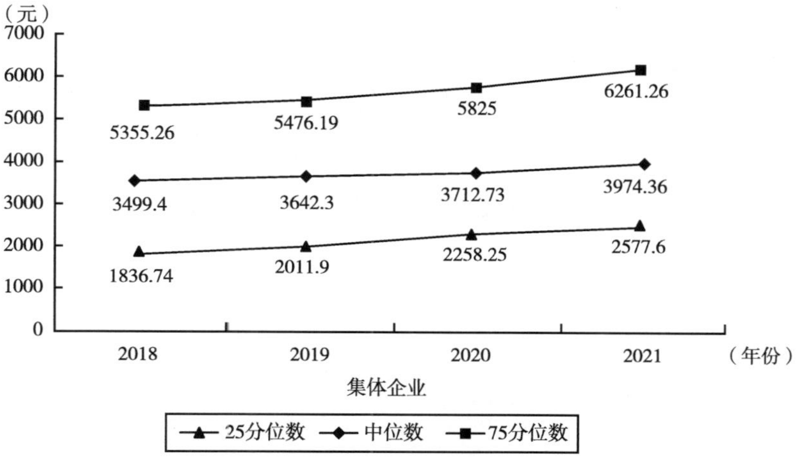

图 48　集体企业不同工资水平的变动趋势

注：2021 年为上半年情况。

民营企业整体工资水平偏低，但 2021 年平均工资涨幅较大，且平均工资水平越高涨幅越大。2018—2021 年，所有民营企业中，第 25 分位数平均工资从 2440. 48 元增加至 2021 年 3071. 09 元，增加了 630. 61 元，平均增幅为 6. 46%；中位数平均工资从 3506. 94 元增加至 4432. 81 元，增加了 925. 87 元，平均增幅为 6. 6%；第 75 分位数平均工资从 4879. 17 元增加至 6224. 49 元，增加了 1345. 32 元，平均增幅为 6. 89%（见图 49）。

外资企业平均工资水平较高，且平均工资水平越高涨幅也更大。2018—2021 年，所有外资企业中，第 25 分位数平均工资从 3534. 48 元增加至 2021 年 4255. 19 元，增加了 720. 71 元，平均增幅为 5. 1%；中位数平均工资从 5000 元增加至 5907. 03 元，增加了 907. 03 元，平均增幅为 4. 54%；第 75 分位数平均工资从 7057. 58 元增加至 8561. 33 元，增加了 1503. 75 元，平均增幅为 5. 33%（见图 50）。

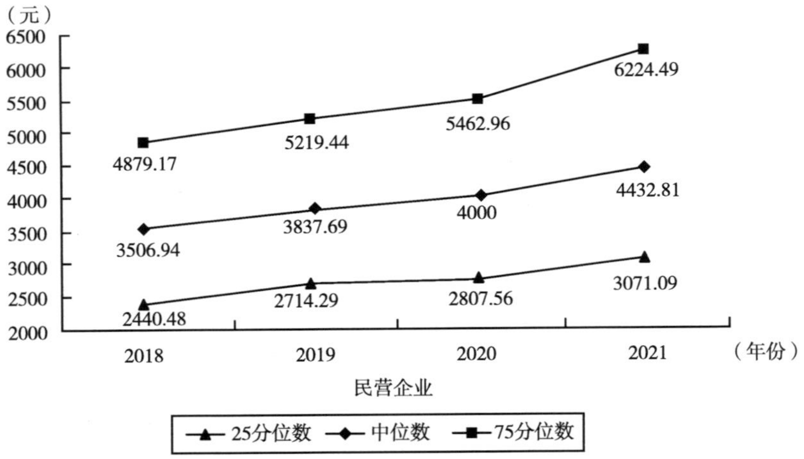

图 49　民营企业不同工资水平的变动趋势

注：2021 年为上半年情况。

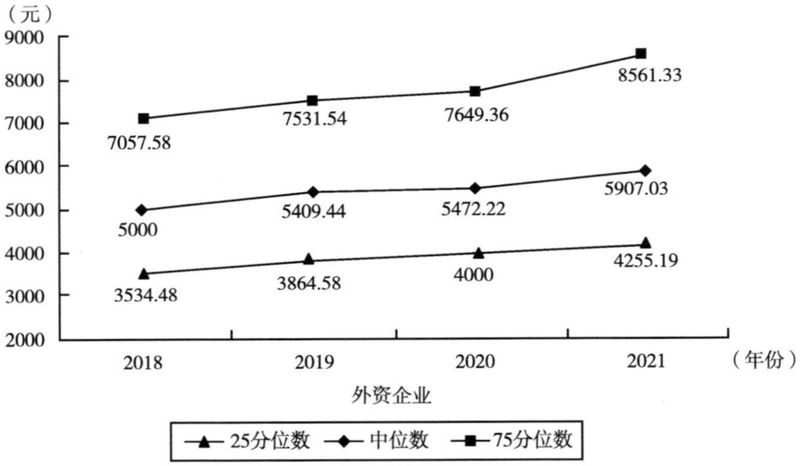

图 50　外资企业不同工资水平的变动趋势

注：2021 年为上半年情况。

混合所有制企业中，不同工资水平在 2020 年均出现下降，但 2021 年迅速反弹，且平均工资水平越高涨幅越大。2018—2021 年，所有混合所有制企业中，第 25 分位数平均工资从 2758. 33 元增加至 2021 年 3352. 56 元，增加了 594. 23 元，平均增幅为 5. 39%；中位数平均工资从 4301. 98 元增加至 5000 元，增加了 698. 02 元，平均增幅为 4. 06%；第 75 分位数平均工资从 6297. 72 元增加至 7972. 81 元，增加了 1675. 09 元，平均增幅为 6. 65%（见图 51）。

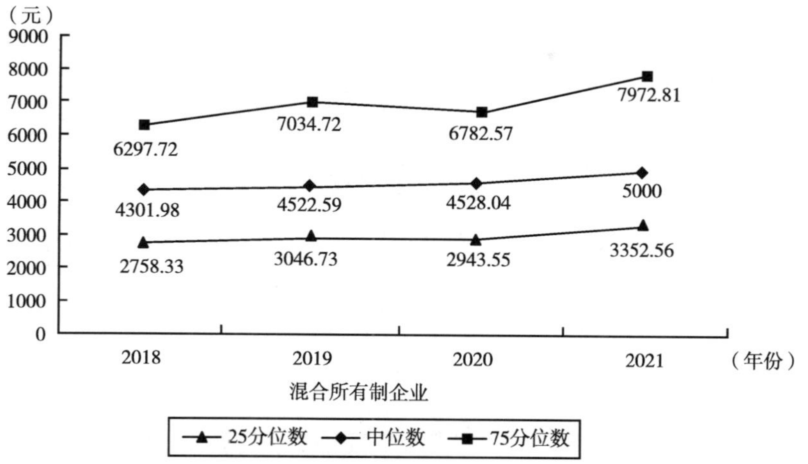

图 51　混合所有制企业不同工资水平的变动趋势

注：2021 年为上半年情况。

（3）2020 年社保降费效果明显，民营企业社保缴费率最低。

总体来看，不同所有制企业社保费率均出现显著下降。2020 年与 2019 年相比，国有企业下降了 7. 71 个百分点，集体企业下降了 6. 1 个百分点，民营企业下降了 3. 93 个百分点，外资企业下降了 7. 34 个百分点，混合所有制企业下降了 4. 69 个百分点（见表 13 和图 52）。其中国有企业下降幅度最大，民营企业下降幅度最小，很有可能与人员工资财务管理的规范性有关。

表 13　不同所有制企业的社保缴费率水平　单位：%

所有制类型		2018 年	2019 年	2020 年	2021 上半年
国有企业	均值	26. 50	25. 36	17. 65	27. 31
	样本量	3605	3912	4180	4273
集体企业	均值	21. 08	21. 29	15. 19	23. 21
	样本量	199	202	205	209
民营企业	均值	12. 73	12. 51	8. 58	13. 59
	样本量	8694	9339	9817	10069
外资企业	均值	19. 89	19. 67	12. 33	19. 35
	样本量	431	444	449	448
混合所有制企业	均值	16. 93	16. 65	11. 96	18. 12
	样本量	331	354	386	396

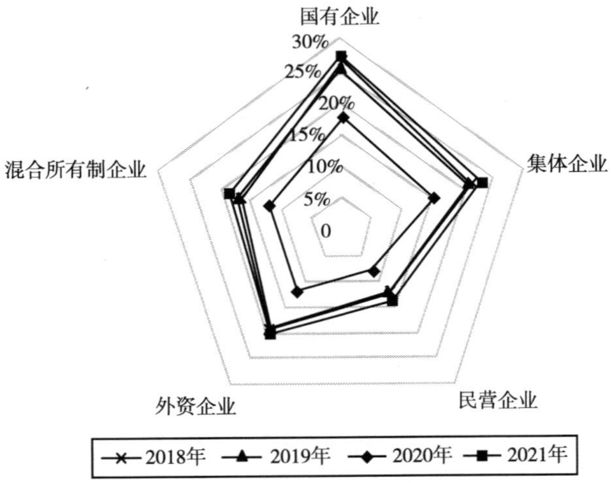

图 52　不同所有制企业的社保缴费率

注：2021 年为上半年情况。

（4）不同企业人工成本占企业总成本比重差异大，内部跨年度变化小。

不同所有制类型的企业中，总体来看，人工成本占企业总成本的比重总体变化较小，其中国有企业人工成本占比最高，民营企业和外资企业均较低。国有企业占比为 35.16%，集体企业占比为 32.72%，民营企业占比为 20.61%，外资企业占比为 20.62%，混合所有制企业占比为 26.46%（见表 14）。

表 14　不同所有制企业的人工成本占比　　单位：%

所有制类型		2018 年	2019 年	2020 年
国有企业	均值	35.05	35.37	35.06
	样本量	3108	3424	3724
集体企业	均值	32.56	32.19	33.41
	样本量	185	190	194
民营企业	均值	20.13	20.71	20.98
	样本量	8645	9331	9849
外资企业	均值	20.55	20.21	21.11
	样本量	433	444	453
混合所有制企业	均值	26.56	27.25	25.57
	样本量	326	347	377

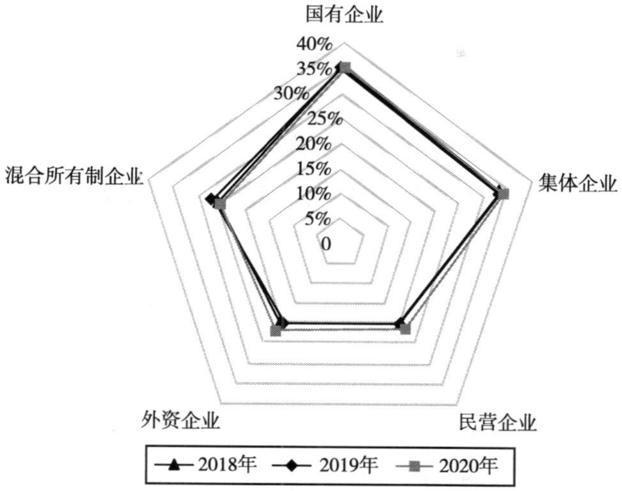

图 53　不同所有制企业的人工成本占比

（5）不同企业对劳动力市场环境评价总体较高，但内部呈现结构差异。

总体来看，国有企业和民营企业的总体评价较高，而集体企业总体评价偏低。从不同纬度来看，市场主体对劳动力市场再培训力度、企业用人与招工匹配对评价偏低（见图 54）。

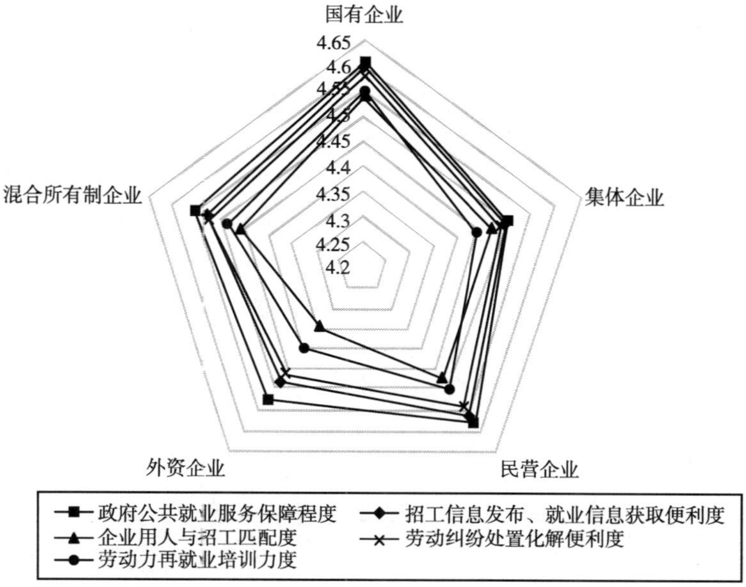

图 54　不同所有制企业的劳动力市场环境评价

4. 从用工成本诉求看结构变化

（1）最希望降低人工成本的企业平均工资水平更低，涨幅也更小。

不同用工成本诉求企业的月平均工资水平变动差异较大，相对于最希望降低除人工成本以外其他成本的企业，最希望下降人工成本的企业月平均工资水平更低，年均涨幅更小。最希望下降人工成本的企业的月平均工资从 2018 年的 4002. 19 元增加到 2021 年的 5084. 01 元，年均增幅 6. 76%，而最希望下降其他成本的企业的月平均工资从 2018 年的 4251. 12 元上涨到 2021 年的 5465. 85 元，年均涨幅 7. 14%。

从不同分位数来看，就最希望下降其他成本的企业而言，第 25 分位数的月工资水平从 2018 年的 2500 元增加至 2021 年的 3237. 7 元，年均增幅为 7. 38%；中位数的月工资水平从 2018 年的 3796. 43 元增加至 2021 年的 4801. 34 元，年均增幅 6. 62%；第 75 分位数的月工资水平从 2018 年的 5572. 92 元增加至 2021 年的 7020. 83 元，年均增幅 6. 50%。就最希望下降人工成本的企业而言，第 25 分位数的月工资水平从 2018 年的 2400 元增加至 2021 年的 3000 元，年均增幅为 6. 25%；中位数的月工资水平从 2018 年的 3600 元增加至 2021 年的 4481. 45 元，年均增幅 6. 12%；第 75 分位数的月工资水平从 2018 年的 5205. 7 元增加至 2021 年的 6541. 66 元，年均增幅 6. 42%（见表 15 和图 55）。

表 15　不同用工成本诉求企业的月平均工资水平变动　单位：元

用工成本诉求	年份	均值	25 分位数	中位数	75 分位数	样本量
最希望下降其他成本	2018	4251. 12	2500	3796. 43	5572. 92	10418
	2019	4652. 08	2812. 5	4122. 02	6003. 9	11083
	2020	4846. 47	2922. 98	4288. 54	6257. 2	11699
	2021 上半年	5465. 85	3237. 7	4801. 34	7020. 83	11970
最希望下降人工成本	2018	4002. 49	2400	3600	5205. 7	3639
	2019	4371. 52	2619. 05	3939. 6	5614. 04	3926
	2020	4548. 9	2738. 5	4097. 37	5846. 53	4141
	2021 上半年	5084. 01	3000	4481. 45	6541. 66	4240

（2）最希望降低人工成本的企业的社保缴费率更低，但费率低的优势不够明显。

总体来看，社保缴费率从 2018—2020 年呈下降趋势，2021 年受新冠肺炎疫情影响，社保缴费率呈显著上升趋势。最希望下降人工成本的企业社保缴费率水平更低，基于上文的分析，也大致可以认为这些企业通常是就业容量较大的企业，对人力成本的反应比较敏感。最希望下降人工成本的企业的社保缴费率从

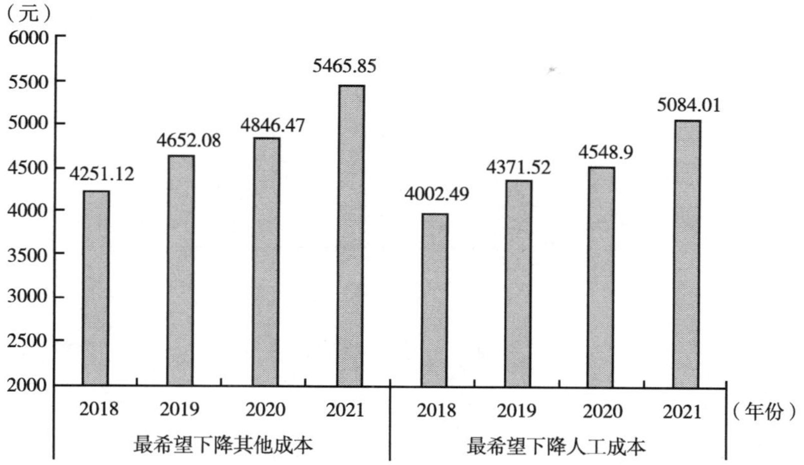

图 55　不同用工成本诉求企业的月平均工资水平变动

注：2021 年为上半年情况。

2018 年的 16. 03% 下降到 2020 年的 10. 58%，2021 年上涨到 16. 82%，而最希望下降其他成本的企业的社保缴费率从 2018 年的 17. 24% 下降到 2020 年的 11. 67%，2021 年上涨到 18. 16%。

从不同分位数来看，就最希望下降其他成本的企业而言，第 25 分位数的社保缴费率从 2018 年的 4. 53% 下降到 2020 年的 2. 96%，2021 年上涨到 6. 52%；中位数的社保缴费率从 2018 年的 14. 61% 下降到 2020 年的 8. 48%，2021 年上涨到 15%；第 75 分位数的社保缴费率从 2018 年的 26. 64% 下降到 2020 年的 116. 67%，2021 年上涨到 26. 67%。就最希望下降人工成本的企业而言，第 25 分位数的社保缴费率从 2018 年的 3. 3% 下降到 2020 年的 2. 21%，2021 年上涨到 4. 98%；中位数的社保缴费率从 2018 年的 12. 89% 下降到 2020 年的 7. 26%，2021 年上涨到 13. 3%；第 75 分位数的社保缴费率从 2018 年的 25% 下降到 2020 年的 15. 42%，2021 年上涨到 25. 01%（见表 16 和图 56）。

表 16　不同用工成本诉求企业的社保缴费率变动　单位：%

用工成本诉求	年份	均值	25 分位数	中位数	75 分位数	样本量
最希望下降其他成本	2018	17. 24	4. 53	14. 61	26. 64	9790
	2019	16. 84	5. 15	14. 54	25. 75	10505
	2020	11. 67	2. 96	8. 48	16. 67	11082
	2021 上半年	18. 16	6. 52	15. 00	26. 67	11335

续表

用工成本诉求	年份	均值	25 分位数	中位数	75 分位数	样本量
最希望下降人工成本	2018	16.03	3.30	12.89	25.00	3466
	2019	15.43	3.77	12.38	23.80	3742
	2020	10.58	2.21	7.26	15.42	3946
	2021 上半年	16.82	4.98	13.30	25.01	4041

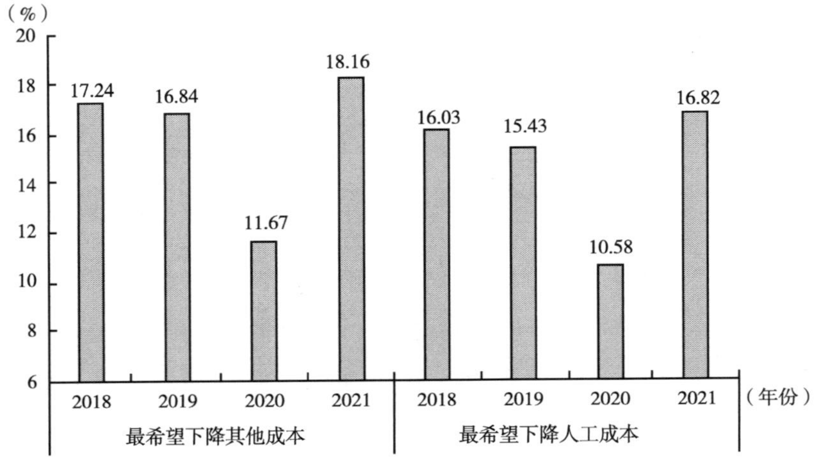

图 56　不同用工成本诉求企业的社保缴费率变动

注：2021 年为上半年情况。

（3）最希望降低人工成本的企业成本压力更明显，人工成本占总成本的比重更高。

不同用工成本诉求企业人工成本占总成本的比重符合预期，最希望下降人工成本的企业人工成本占总成本的比重更高。最希望下降人工成本的企业的人工成本占比从 2018 年的 28.32% 增加到 2020 年的 28.94%，年均增幅 0.55%，而最希望下降其他成本的企业的人工成本占比从 2018 年的 22.68% 上涨到 2020 年的 23.43%，年均涨幅 0.83%。

从不同分位数来看，就最希望下降其他成本的企业而言，第 25 分位数的人工成本占比工资水平从 2018 年的 4.2% 增加至 2020 年的 4.33%，年均增幅为 0.77%；中位数的人工成本占比从 2018 年的 10.98% 增加至 2020 年的 11.31%，年均增幅 0.75%；第 75 分位数的人工成本占比从 2018 年的 27.48% 增加至 2020 年的 28.18% 元，年均增幅 0.64%。就最希望下降人工成本的企业而言，第 25 分位数的人工成本占比从 2018 年的 6.81% 增加至 2020 年的 6.85%，年均增幅为

0.15%；中位数的人工成本占比从2018年的16.11%增加至2020年的16.2%元，年均增幅0.14%；第75分位数的人工成本占比从2018年的37.89%增加至2020年的40.02%元，年均增幅1.41%（见表17和图57）。

表17　不同用工成本诉求企业的人工成本占比

单位：%

用工成本诉求	年份	均值	25分位数	中位数	75分位数	样本量
最希望下降其他成本	2018	22.68	4.20	10.98	27.48	9331
	2019	23.20	4.25	11.15	28.25	10059
	2020	23.43	4.33	11.31	28.18	10699
最希望下降人工成本	2018	28.32	6.81	16.11	37.89	3350
	2019	28.87	6.69	16.38	38.94	3656
	2020	28.94	6.85	16.20	40.02	3876

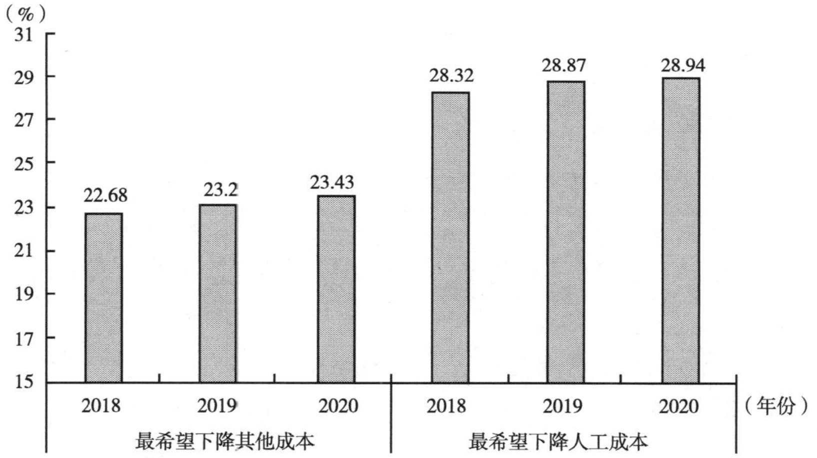

图57　不同用工成本诉求企业的人工成本占比

（4）最希望下降人工成本的企业对劳动力市场环境的评价更低，且对企业用人与招工匹配度评价最低。

总体来看，不同用工成本诉求企业对劳动力市场环境的评价差异较大，尤其在企业用人与招工匹配度评价方面。相对于最希望降低除人工成本以外要素成本的企业，最希望下降人工成本的企业对劳动力市场环境的评价更低，且对企业用人与招工匹配度评价最低（见图58）。

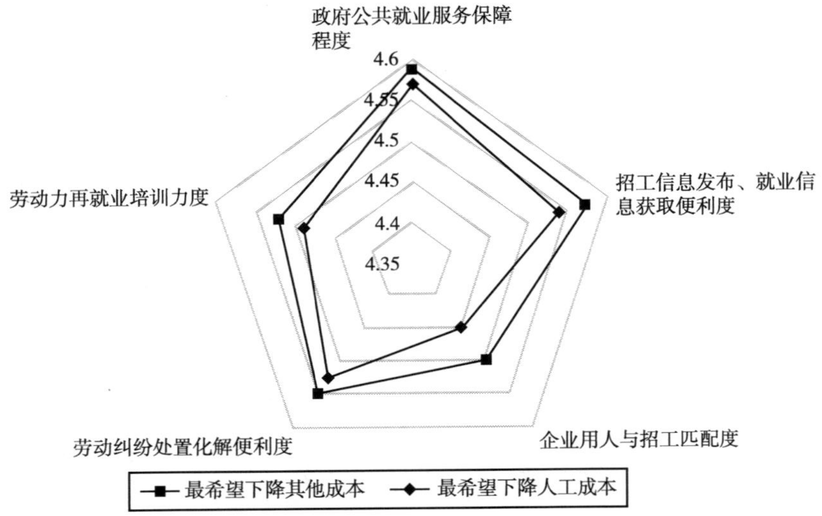

图 58　不同用工成本诉求企业的劳动力市场环境评价

（二）物流成本分析

1. 物流成本特征分析

本节分别从行业、企业规模、所有制类型和地区等维度分析物流成本的演变。由于原始数据呈现重度右偏形态，即平均数远大于中位数和众数，采用平均数进行相关分析可能产生重大偏差。为了避免可能出现的偏差，下文分析将以中位数分析为主。

（1）物流成本的行业分布特征。

表 18 列出了不同行业物流成本的中位数。横向对比看，交通运输、仓储和邮政业的物流成本最高，2018—2020 年分别为 492. 0 万元、466. 3 万元和 509. 5 万元；信息传输、软件和信息技术服务业的物流成本最低，2018—2020 年分别为 2. 0 万元、1. 8 万元和 2. 0 万元，不同行业的物流成本差异巨大。纵向对比看，大部分行业的物流成本呈现上升趋势，如制造业从 2018 年的 85. 0 万元上升到 2020 年的 94. 0 万元，建筑业从 2018 年的 27. 9 万元上升到 2020 年 44. 0 万元。

表 18　　不同行业物流成本中位数　　单位：万元

行业名称	2018 年	2019 年	2020 年	2021 上半年
农、林、牧、渔业	42. 0	40. 5	47. 0	25. 0
制造业	85. 0	91. 0	94. 0	53. 0

续表

行业名称	2018 年	2019 年	2020 年	2021 上半年
建筑业	27.9	42.1	44.0	20.5
批发和零售业	15.6	17.0	19.1	10.0
交通运输、仓储和邮政业	492.0	466.3	509.5	267.5
信息传输、软件和信息技术服务业	2.0	1.8	2.0	1.0

注：有效样本量小于 100 的行业未列出。

（2）物流成本的企业规模分布特征。

表 19 列出了不同规模企业物流成本的中位数。首先，企业规模越大，物流成本越高，其中 2020 年大型企业、中型企业、小型企业和微型企业的成本分别为 1650.5 万元、287 万元、60.3 万元和 4.0 万元。其次，不同规模企业的物流成本在 2018—2020 年均有所上升，如大型企业从 2018 年的 1562.0 万元上升到 2020 年的 1650.5 万元。

表 19　　不同规模企业物流成本中位数　　单位：万元

企业规模	2018 年	2019 年	2020 年	2021 上半年
大型企业	1562.0	1666.6	1650.5	901.5
中型企业	272.6	299.3	287.0	160.0
小型企业	48.0	56.0	60.3	34.0
微型企业	3.0	3.0	4.0	3.0

（3）物流成本的所有制类型分布特征。

表 20 列出了不同所有制企业物流成本的中位数。横向对比看，外资企业物流成本最高，2018—2020 年分别为 197.9 万元、170.6 万元和 176.8 万元；国有企业和混合所有制企业次之；民营企业和集体企业最低。从时间维度看，除民营企业外，其他类型企业的物流成本在 2018—2020 年均有小幅下降，但 2021 上半年又呈现上涨趋势。

表 20　　不同所有制企业物流成本中位数　　单位：万元

所有制类型	2018 年	2019 年	2020 年	2021 上半年
国有企业	141.0	139.5	137.6	79.0
集体企业	29.0	32.4	26.2	13.5
民营企业	56.0	62.0	63.0	36.0
外资企业	197.9	170.6	176.8	96.0
混合所有制企业	101.5	105.5	82.1	47.9

（4）制造业物流成本的地区分布特征。

图 59 为制造业物流成本在不同地区的分布柱状图。横向对比看，西部地区的物流成本均高于其他地区，这主要与西部地区的地理环境相关。其他三个地区的物流成本相差不大。从时间维度看，2018—2020 年，西部地区物流成本不断下降，其他三个地区均有所上升。2021 上半年数据显示，所有地区的物流成本又呈现上升趋势。

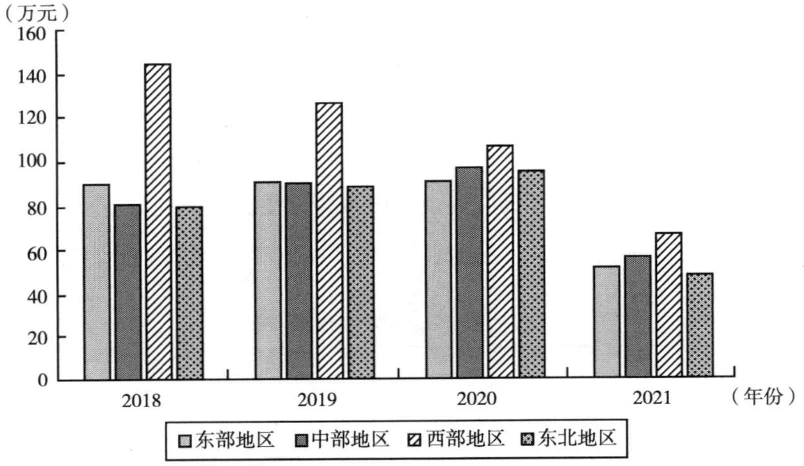

图 59　不同地区制造业物流成本对比图

注：2021 年为上半年情况。

（5）物流满意度的行业分布特征。

除了物流成本外，我们还调查了不同企业对于物流企业的满意度，表 21 列出了不同行业物流满意度的平均数。横向对比看，制造业的满意度最高，2021 上半年高达 82. 3%，其他年份也在 80% 上下波动。金融业、房地产业、租赁和商务服务业的物流满意度最低，均低于 40%。样本期间内，大部分行业的物流满意度均有所上升，其中建筑业从 2018 年的 43. 5% 上升到 2021 上半年的 46. 1%。

表 21　　不同行业物流满意度平均数　　单位：%

行业名称	2018 年	2019 年	2020 年	2021 上半年
农、林、牧、渔业	62. 2	64. 1	64. 1	63. 8
采矿业	58. 8	58. 8	60. 7	61. 7
制造业	78. 2	80. 5	82. 4	82. 3
电力、热力、燃气及水生产和供应业	46. 0	46. 3	46. 1	46. 2

续表

行业名称	2018 年	2019 年	2020 年	2021 上半年
建筑业	43.5	44.3	45.9	46.1
批发和零售业	58.3	60.2	62.5	63.3
交通运输、仓储和邮政业	60.9	61.9	62.5	62.0
住宿和餐饮业	41.4	41.4	43.0	43.6
信息传输、软件和信息技术服务业	54.9	56.0	57.1	58.2
金融业	33.9	34.5	34.6	35.0
房地产业	34.1	34.3	35.1	35.2
租赁和商务服务业	35.1	36.2	37.4	37.5
科学研究和技术服务业	42.8	44.5	47.6	48.7
居民服务、修理和其他服务业	40.4	41.0	41.7	42.3
文化、体育和娱乐业	40.1	40.6	40.8	40.8

（6）物流满意度的地区分布特征。

为了对比分析不同地区对于物流企业的满意度，图 60 画出了四大地区物流满意度的柱状图。西部地区的物流满意度最低，2021 年上半年仅为图 59 西部地区的物流成本最高正好对应。其他三个地区的物流满意度相差不大，在 70% 左右。从时间维度看，所有地区物流满意度均有所上升，但上升幅度不大，如东部地区从 2018 年的 65.8% 上升到 2021 上半年的 69.3%。

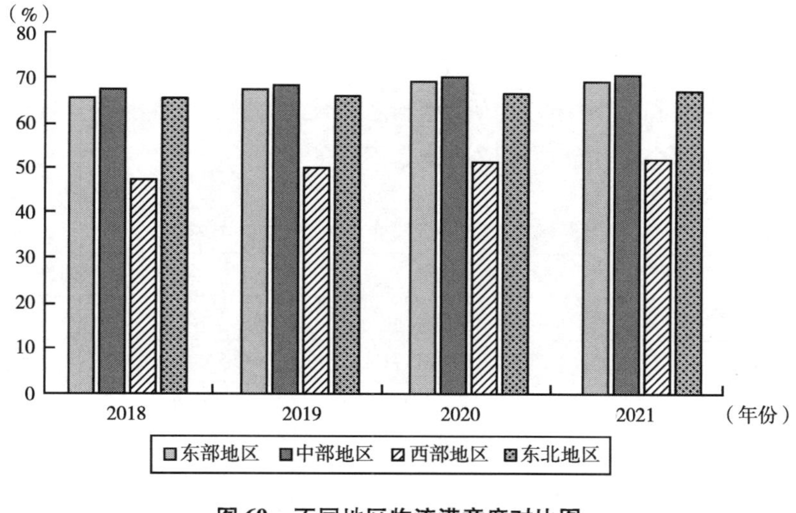

图 60　不同地区物流满意度对比图

注：2021 年为上半年情况。

2. 物流成本的影响因素分析

2020 年，受新冠肺炎疫情影响，物流和运输业遭受巨大冲击。一方面，企业的物流成本可能因为物流行业的停滞而所有上升；另一方面，个别企业由于无法生产或开展业务，物流相关成本也就不复存在。表 22 列出了按疫情影响程度各行业物流成本的中位数。2020 年的数据显示，对于农、林、牧、渔业和交通运输、仓储和邮政业而言，如果疫情对供应链破坏程度越大，物流成本相对越大；但对于制造业，建筑业，批发和零售业而言，如果疫情对供应链破坏程度越大，物流成本相对越低。因此，新冠肺炎疫情对不同行业物流成本的影响是不同的。观察 2021 上半年的数据，可以得到类似的结论。

表 22　　按疫情影响程度各行业物流成本中位数　　单位：万元

行业名称	2020 年疫情影响		2021 上半年疫情影响	
	低	高	低	高
农、林、牧、渔业	41.0	53.2	20.0	31.0
制造业	108.0	86.0	61.6	48.0
建筑业	146.2	20.5	50.0	15.0
批发和零售业	20.1	19.0	9.7	12.0
交通运输、仓储和邮政业	470.9	509.5	306.8	257.3

注：有效样本量小于 100 的行业未列出；疫情影响程度根据调查结果计算而来，企业对“新冠肺炎疫情对供应链的破坏程度”按 0—5 分进行打分，分数越低，影响越低，表中将分数小于等于 2 的企业设为低，将分数大于 2 的企业设为高。

按不同规模企业看，疫情对供应链破坏程度越低，微型企业的物流成本越低，但大型、中型和小型企业的情况均与之相反（如表 23 所示）。因此，新冠肺炎疫情对不同规模企业物流成本的影响是不同的。

表 23　　按疫情影响程度不同规模企业物流成本中位数表　　单位：万元

企业规模	2020 年疫情影响		2021 上半年疫情影响	
	低	高	低	高
大型企业	1756.4	1592.1	939.0	892.0
中型企业	350.4	233.0	196.0	138.2
小型企业	62.5	58.0	35.5	32.0
微型企业	3.2	4.7	2.1	3.0

注：疫情影响程度根据调查结果计算而来，企业对“新冠肺炎疫情对供应链的破坏程度”按 0—5 分进行打分，分数越低，影响越低，表中将分数小于等于 2 的企业设为低，将分数大于 2 的企业设为高。

（三）原材料成本分析

1. 原材料成本的基本特征

本节分别从行业、企业规模、所有制类型和地区等维度分析原材料成本的演变。与物流成本数据一致，原材料成本数据也呈现重度右偏形态，因此，为了避免出现重大偏差，下文分析也将以中位数为主。

（1）原材料成本的行业分布特征。

表 24 列出了不同行业原材料成本的中位数。横向对比看，房地产业，制造业，采矿业的原材料成本最高，2020 年分别为 3581 万元、3370 万元和 2794 万元；居民服务、修理和其他服务业，卫生和社会工作，信息传输、软件和信息技术服务业的原材料成本最低，2020 年分别为 85 万元、141 万元和 394 万元，最大值约为最小值的 42 倍，不同行业的原材料成本差异巨大。整体而言，生产制造等实体行业的原材料成本高于服务行业。

纵向对比看，大部分行业的原材料成本呈现上升趋势，如制造业从 2018 年的 3101 万元上升到 2020 年的 3370 万元，建筑业从 2018 年的 2162 万元上升到 2020 年 2344 万元。

表 24　　不同行业原材料成本中位数　　单位：万元

行业名称	2018 年	2019 年	2020 年	2021 上半年
农、林、牧、渔业	1605	1591	1775	998
采矿业	3193	3014	2794	1674
制造业	3101	3306	3370	1916
电力、热力、燃气及水生产和供应业	1137	1216	1482	648
建筑业	2162	2296	2344	1200
批发和零售业	1058	1092	1085	507
交通运输、仓储和邮政业	465	584	457	241
住宿和餐饮业	277	283	241	116
信息传输、软件和信息技术服务业	339	404	394	133
房地产业	3868	4865	3581	1505
居民服务、修理和其他服务业	89	95	85	59
卫生和社会工作	182	165	141	69

注：有效样本量小于 100 的行业未列出。

（2）原材料成本的企业规模分布特征。

表 25 列出了不同规模企业原材料成本的中位数。首先，企业规模越大，原材料成本越高，其中 2021 年上半年大型企业、中型企业、小型企业和微型企业的成本分别为 39726 万元、5763 万元、1305 万元和 68 万元。其次，除微型企业外，其他规模企业的原材料成本在 2018—2020 年不断上升，如大型企业从 2018 年的 65335 万元上升到 2020 年的 72639 万元。

表 25　　不同规模企业原材料成本中位数　　单位：万元

企业规模	2018 年	2019 年	2020 年	2021 上半年
大型企业	65335	69784	72639	39726
中型企业	9723	10261	10097	5763
小型企业	1856	2135	2300	1305
微型企业	107	112	106	68

（3）原材料成本的所有制类型分布特征。

表 26 列出了不同所有制企业原材料成本的中位数。横向对比看，外资企业的原材料成本最高，2018—2020 年分别为 6787 万元、6020 万元和 5848 万元，显著高于其他所有制类型企业；混合所有制企业和民营企业次之，国有企业和集体企业最低。从时间维度看，外资企业和集体企业的原材料成本在 2018—2020 年有所下降，而其他类型企业均有所上升。2021 上半年数据显示，除混合所有制企业和集体企业外，其他类型企业的原材料成本继续呈现上升趋势。

表 26　　不同所有制企业原材料成本中位数表　　单位：万元

所有制类型	2018 年	2019 年	2020 年	2021 上半年
国有企业	1560	1699	1722	939
集体企业	1056	810	799	385
民营企业	2083	2250	2295	1291
外资企业	6787	6020	5848	3280
混合所有制企业	2276	2086	2600	1193

（4）制造业原材料成本的地区分布特征。

图 61 为制造业原材料成本在不同地区的分布柱状图。横向对比看，东部地区的原材料成本最高，东北和中部地区次之，西部地区最低。从时间维度看，2018—2020 年，东部地区、中部地区和东北地区的原材料成本不断上升，而西部地区先上

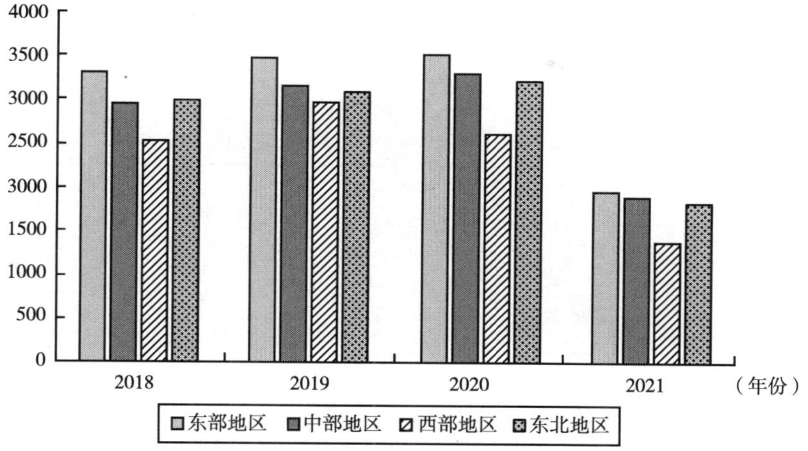

图 61　不同地区制造业原材料成本对比图

注：2021 年为上半年情况。

升后下降。2021 年上半年数据显示，所有地区的原材料成本又呈现上升趋势。

2. 原材料成本的影响因素分析

（1）新冠肺炎疫情与原材料成本。

2020 年，新冠肺炎疫情导致全国各地出现停工停产现象，原材料供应紧张。随着复工复产逐步开展，原材料需求激增，价格不断上涨，原材料成本也随之上升。表 27 列出了按疫情影响程度各行业的原材料成本中位数。2020 年和 2021 上半年的数据均显示，新冠肺炎疫情的影响程度越大，原材料成本相对越高。

表 27　按疫情影响程度各行业原材料成本中位数　单位：万元

行业名称	2020 年疫情影响		2021 上半年疫情影响	
	低	高	低	高
农、林、牧、渔业	1345	1990	738	1023
制造业	3947	3190	2219	1801
电力、热力、燃气及水生产和供应业	925	1744	518	824
建筑业	1957	2483	1072	1300
批发和零售业	1003	1155	499	578
交通运输、仓储和邮政业	354	543	196	299
住宿和餐饮业	168	276	71	123
信息传输、软件和信息技术服务业	217	528	85	172

注：有效样本量小于 100 的行业未列出；疫情影响程度根据调查结果计算而来，企业对“新冠肺炎疫情对原材料成本的影响”按 0—5 分进行打分，分数越低，影响越低，表中将分数小于等于 2 的企业设为低，将分数大于 2 的企业设为高。

不同规模企业的测算结果也显示，新冠肺炎疫情的影响程度越大，企业原材料成本越高（如表 28 所示）。

表 28　按疫情影响程度不同规模企业原材料成本中位数表　单位：万元

企业规模	2020 年疫情影响		2021 上半年疫情影响	
	低	高	低	高
大型企业	70570	74337	37157	40100
中型企业	9672	10505	5553	5882
小型企业	2205	2346	1290	1321
微型企业	80	132	52	84

注：疫情影响程度根据调查结果计算而来，企业对“新冠肺炎疫情对原材料成本的影响”按 0—5 分进行打分，分数越低，影响越低，表中将分数小于等于 2 的企业设为低，将分数大于 2 的企业设为高。

（2）“双碳”目标与原材料成本。

“双碳”目标对企业运营会形成一定的压力。对于上游生产企业而言，由于相关企业大多具有“高耗能高污染”的特性，更为严格的环保政策将提高其生产成本，传导到下游企业会提高原材料采购成本；对于中下游企业而言，从原材料采购到生产加工再到后期运输，全供应链都会受到环保政策的影响。但另一方面，企业进行绿色转型升级，采用更为先进、清洁的生产方式，又有可能降低原材料成本。表 29 列出了按“双碳”影响程度各行业原材料成本中位数。2020 年数据显示，除了建筑业，住宿和餐饮业，信息传输、软件和信息技术服务业外，其他行业中认为“双碳”目标提高了原材料采购成本的企业，其原材料成本的确高于其他企业。类似地，2021 上半年数据也显示，除住宿和餐饮业外，认为“双碳”目标提高了原材料采购成本的企业，其原材料成本的确高于其他企业。由此可见，企业感受与现实是吻合的，“双碳”目标对原材料成本的影响真实存在，并且是双向的。

表 29　按“双碳”影响程度各行业原材料成本中位数　单位：万元

行业名称	2020 年“双碳”影响			2021 上半年“双碳”影响		
	提高	降低	无影响	提高	降低	无影响
农、林、牧、渔业	3636	1679	1514	2226	1200	787
采矿业	11618	4252	2247	10015	3250	1000
制造业	4987	2376	2884	2875	1425	1651

续表

行业名称	2020 年“双碳”影响			2021 上半年“双碳”影响		
	提高	降低	无影响	提高	降低	无影响
电力、热力、燃气及水生产和供应业	5971	632	886	3353	257	460
建筑业	4146	4699	1901	2390	1237	1024
批发和零售业	2586	149	1059	1545	35	479
交通运输、仓储和邮政业	312	208	540	280	100	245
住宿和餐饮业	243	453	230	121	275	114
信息传输、软件和信息技术服务业	221	563	435	90	17	159
居民服务、修理和其他服务业	83	36	88	75	45	53

注：有效样本量小于 100 的行业未列出；“双碳”影响根据调查结果计算而来，企业对“碳达峰碳中和目标是否影响 2020 年贵企业原材料采购成本?”进行回答，表中“提高”“降低”“无影响”分别对应相应回答的企业，其中“无影响”还包括回答“不了解或不清楚”的企业。

（四）主要结论

1. 人工成本

（1）企业用工成本变化彰显劳动力市场韧性强。

总体来看，企业用工成本的规模、比例及其变化趋势平稳，既满足了企业降低成本、轻装前行的需要，也满足劳动者提高收入和扩大社会总需求的需要。即使在 2020 年受疫情暴发的冲击，我国劳动力市场表现出强大的韧性，在政府出台的惠企利民的政策支持下，平稳渡过疫情冲击，并且在 2021 年逐步恢复到疫情暴发前的水平。

企业平均工资水平内部差异可控，并略呈现缩小趋势。从调研数据结果来看，企业平均工资的基尼系数在 0. 33—0. 35 之间，表明各行各业的平均工资差距程度可控，表明工资性收入不存在明显的收入差距悬殊的情况。另外，从时间变动趋势来看，2018—2021 年，各行各业的平均工资的基尼系数呈现缩小的趋势，表明工资性收入总体上能够促进劳动者的收入公平。这也从另外一个方面显示出，努力扩大就业，保障劳动者的工资性收入，对于促进社会平等、缩小收入差距和实现共同富裕具有重要的现实意义。

疫情期间社保降费效果明显且适时退出，市场主体恢复平稳。2020 年疫情暴发对各行各业的生产销售带来巨大冲击，国家通过降低社保费率的政策为企业减负，缓解企业资金压力，数据结果显示，政策效果立竿见影，各行各业企业的社保费率在 2020 年比 2019 年平均下降了 5—10 个百分点，与此同时，除了住宿餐饮、教育等相关服务业，大部分行业的平均工资水平与 2019 年持平，甚至还出现小幅上涨。显然，应对疫情冲击的政策很大程度上吸收了疫情带来的企业人工成本和劳动者就业的公共风险，换来了企业运行的平稳过渡。另外，2021 年，企业社保费率已经恢复至 2019 年的水平，说明社保降费的相关政策适时推出，既有效发挥了惠企利民的效果，也兼顾了财政和社保基金的运行压力。

市场主体对劳动力市场环境评价较高，对公共就业服务满意度较高。近年来，我国各级政府将公共就业服务纳入基本公共服务均等化体系，通过专项资金支持企业举办就业培训。总体来看，市场主体对劳动力市场环境的满意度较高，这也反映出我国劳动力市场环境及政府提供的公共就业服务落地生效。尤其在政府公共就业服务保障、招工信息发布、就业信息获取便利度和劳动力纠纷处置化解便利度方面，市场主体的平均评价得分在 4.55 以上（满分为 5 分）。这一局面离不开我国近年来始终将“稳就业”和“保就业”作为“六稳”“六保”之首。

（2）企业用工成本折射出就业市场的结构性矛盾。

企业用工成本反映出虽然大多数企业不存在当务之急的生存困难，但是平均工资的变动趋势、不同行业的用工成本结构以及企业对劳动力市场环境不同要素的评价反映出，当前就业市场还存在一些结构性矛盾有待解决。

平均工资上涨不均的苗头凸显，高工资企业上涨幅度也更高。结果显示，大部分行业或大部分所有制类型的企业 2018—2021 年的平均工资均保持增长优势，但增长不均的苗头越发突出。对于平均工资较高的企业，其工资增长幅度也更高，而平均工资偏低或者中等的企业工资增幅小、增长慢，甚至不增长。尽管当前总体上看企业内部工资差异悬殊程度有缩小的趋势，但是如果不能提高低工资企业的工资水平，那么现有相对均衡的格局就很难保持。

民营企业、制造业企业和消费型服务业工资整体偏低，人工成本的痛感却较高。总体来看，民营企业、制造业企业和消费型服务业企业与其他类型企业相比，平均工资水平偏低。但同时，人工成本占其总成本的比重和社保缴费率也偏低。但从企业的呼声和诉求来看，这些企业对人工成本上涨的痛感也最强烈。因此，可以判断，当前多数民营企业、制造业企业和消费型服务业大而不强、多而不优，即使工资水平和社保缴费率都较低的情况下，由于整体利润空间较小，因此，但凡人工成本略有上涨，企业的成本压力和痛感就比较明显和强烈。因此，减税降费等相关政策对解决这一问题只是一时纾困，而长久之计在于这些企业要提升技术创新能力和劳动生产率，扩大利润空间，降低人工成本上涨对企业整体生存和发展的冲击。

民营企业、制造业企业和消费型服务业社保费率较低，社保基数不实问题较为突出。从社保缴费率来看，各行业和不同所有制企业类型存在显著差异，从所有制类型来看，民营企业社保缴费率普遍低于其他类型企业，从行业类型来看，制造业企业和消费型服务业社保缴费率也较低。以国有企业和财务管理更加规范的生产性服务业企业为基准，可以发现，这些社保缴费率普遍较低的行业和企业类型普遍存在着财务管理和企业人员工资核算不规范等相关问题，同时由于企业利润空间有限，因此，缴纳社保的工资基数通常也没有做实。工资缴费基数不实的问题在很大程度上制约着民营企业、制造业企业和消费型服务业的财务和税务的合规性，也很大程度上影响了企业的经营预期。

市场主体对企业用工与招工匹配度的满意度偏低，人才供需匹配度有待提高。企业总体上对劳动力市场环境的评价较高，但是从构成的维度来看，对于企业用工与招工匹配度的满意程度偏低，这也普遍反映了当前劳动力市场存在人才供需错配的结构性矛盾。自 2004 年以来，普工荒、技工荒问题一直是就业市场的重大难题和热门话题。中国人民大学和智联招聘联合发布的就业景气指数报告表明，自 2011 年报告首次发布以来，技工和操作工的市场需求一直排在各岗位之首。以 2018 年第一季度到 2020 年第二季度为例，全行业就业景气指数介于 1. 35—2. 38，而技工和操作工的景气指数高达 12. 38—27. 63。总体来看，结构性就业矛盾并未得到有效缓解，依然是困扰市场主体和劳动者就业的痼疾。

2. 物流成本

（1）物流成本在行业、企业规模、所有制类型和地区等维度均存在差异。

行业层面，交通运输、仓储和邮政业的物流成本最高，信息传输、软件和信息技术服务业的物流成本最低；企业规模层面，企业规模越大，物流成本越高；所有制类型层面，外资企业物流成本最高，国有企业和混合所有制企业次之，民营企业和集体企业最低；四大地区层面，西部地区的物流成本均高于其他地区，而其他三个地区的物流成本相差不大。

（2）2018—2020 年，物流成本整体呈现上升趋势，且 2021 上半年延续了这一趋势。

行业对比看，大部分行业的物流成本呈现上升趋势。从企业规模看，不同规模企业的物流成本在样本期间不断上升。从企业类型看，除民营企业外，其他类型企业的物流成本在 2018—2020 年有小幅下降，但 2021 上半年又呈现上涨趋势。从四大地区看，西部地区物流成本不断下降，但其他三个地区均所有上升。

（3）不同行业和不同地区对于物流企业的满意度存在差异。

行业层面看，制造业的满意度最高；金融业，房地产业，租赁和商务服务业的物流满意度最低。地区层面看，西部地区的物流满意度最低，其他三个地区的物流满意度相差不大。

（4）样本期间，物流满意度不断上升。

分行业看，大部分行业的物流满意度有所上升，其中建筑业从 2018 年的 43.5% 上升到 2021 上半年的 46.1%。分地区看，所有地区物流满意度均有所上升，其中东部地区从 2018 年的 65.8% 上升到 2021 上半年的 69.3%。

（5）新冠肺炎疫情对物流成本的影响是不确定的。

一方面，疫情破坏了供应链会提高物流成本；另一方面，疫情使物流业务无法开展，相关成本又出现下降。2020 年和 2021 上半年的数据均显示，新冠肺炎疫情对不同行业和不同规模企业物流成本的影响是不同的。

3. 原材料成本

（1）原材料成本在行业、企业规模、所有制类型和地区等维度均存在差异。

行业层面，生产制造等实体行业的原材料成本高于服务行业；企业规模层面，企业规模越大，原材料成本越高；所有制类型层面，外资企业原材料成本最高，混合所有制企业和民营企业次之，国有企业和集体企业最低；四大地区层面，东部地区最高，东北和中部地区次之，西部地区最低。

（2）2018—2020 年，原材料成本整体呈现上升趋势，且 2021 上半年延续了这一趋势。

纵向对比发现，大部分行业的原材料成本呈现上升趋势，其中制造业和建筑业较为显著。从企业规模看，除微型企业外，大型企业、中型企业和小型企业的原材料成本在样本期间不断上升。从企业类型看，外资企业和集体企业的原材料成本有所下降，但其他类型企业均有所上升。从四大地区看，东部地区、中部地区和东北地区的原材料成本不断上升，而西部地区先上升后下降。

（3）新冠肺炎疫情提高了原材料成本。

2020 年和 2021 上半年的数据均显示，对于大部分行业，新冠肺炎疫情的影响程度越大，原材料成本越高。不同规模企业的测算结果也得出一致结论。

（4）“双碳”目标对于原材料成本的影响是双向的。

有些企业因为“双碳”目标原材料成本有所上升，而有些企业受其影响原材料成本有所下降。对于后者，应进一步识别其关键特征，总结其成功经验并加以推广，加速推进企业绿色转型，助力实现“双碳”目标。

（五）政策建议

1. 提高对企业用工和就业市场的监测能力、服务能力和调控能力

进一步完善就业监测体系，建立公共就业信息平台，将市场就业信息平台（如智联招聘）与人社部门就业信息监测系统对接，实现系统间数据交叉验证，相互补充。建立分行业的劳动力缺口统计信息，分行业、职业分析盈余和短缺劳动力的技能特征和区域分布，从国家或省一级层面建立结构性就业风险预警模型，发布市场用工指南，缓解人才供需的结构性错配。

2. 提升劳动力技能培训体系的针对性和精细化程度

建议发挥企业作为劳动力和技能需求的主体优势，支持一批具有比较竞争力的头部企业举办职业院校。从企业需求角度设计技能培训课程，通过“干中学”的方式为职教生积累操作经验，培养适应先进制造业发展的高端工匠。财政部门可探索通过增值税抵扣减免等方式，支持特定行业的先进企业举办职业教育学校，鼓励支持企业使用自有生产设备和生产工艺培养学生，并承担常规化的劳动力再就业培训。

3. 完善社保缴费基数改革的机制设计，逐步规范相关企业社保缴纳

合理下调缴费基数，同时综合调整工资待遇计发办法，提高改革的综合效能。下调缴费基数下限有利于扩大制度覆盖面，但仍会有相当一部分参保者按下限缴费。建议下调缴费基数下限，但为防止对社会保险基金的破坏作用，应通过调整待遇计发办法弱化高收入者向低收入者再分配的程度。另外，建议加强与工商、税务、住房和城乡建设等部门的合作，通过建立数据共享机制，获取工商部门单位与职工人数信息，税务部门个人收入信息，住房和城乡建设部门公积金缴费基数信息，在与社会保险缴费信息比对后，有针对性地开展稽核行动。同时，加大对恶意瞒报、漏报社会保险费行为的惩罚力度。

4. 后疫情时代提高供给是降低原材料成本的关键

自 2020 年下半年以来，原材料成本呈现不断上升趋势，本次调查数据也显示相同的趋势。导致这种现象的主要原因有两点：第一，随着疫情不断缓

和，市场普遍预期总需求将趋于旺盛，但是供给端仍存在制约因素，需求复苏进度快于供给恢复；第二，主要经济体中央银行实施超宽松货币政策，全球流动性环境持续处于极度宽松状态，国际原材料价格上升对国内产生上涨压力。因此，在关注输入型通胀的基础上，有效提高供给是降低原材料成本的关键。在政策层面应注意以下几点：①加大国内资源的勘探开发力度，鼓励龙头企业整合上下游企业，促进产业链上下游环节共同应对价格波动风险；②引导企业建立风险防控机制，组织基础工业原料领域关键核心技术攻关，尤其要在高端功能材料等领域加快提升产业链自主可控能力；③持续完善国内原材料产业链建设，提升国内市场供应链韧性和抗冲击能力，加强供应链管理，对关键原材料实施替代策略。

5. 更加科学地实施疫情防控封锁措施降低物流成本

2020 年，受新冠肺炎疫情影响，全国各地实施防控封锁措施，企业物流业务难以开展，铁路、道路、水路、民航的运输量大幅下滑。2021 上半年，疫情呈现多地局部暴发和零星散发状态，部分地区的防控封锁措施对物流运输业的恢复形成较大的压力。为了应对物流成本上升，国家发改委提出了取消或降低部分公路民航港口收费、持续降低铁路货运成本、完善交通物流基础设施和优化运输结构等措施。在疫情之前，物流降本增效相关工作已经持续推进多年，并取得了积极成效。但在疫情下，物流成本的关键影响因素发生了一定改变，应在科学衡量“成本”与“收益”的基础上，更加合理地实施疫情防控封锁措施以降低物流成本。

6. 进一步加强数字化转型、激活数字经济生产力

本次企业调查结果显示，数字化转型并未有效地降低原材料成本和物流成本。数字化转型涉及数字生态系统的建设，在这个系统中，企业、客户、供应商和外部实体之间形成统一的系统整合，而现实中真正做到数字化转型的企业还很少，全社会数字化发展还处于探索阶段，数字经济的生产力还未完全激活，因此，企业数字化转型仍需进一步深化。目前，全国有些地区已经提出了数字化转型方案与措施，比如上海市印发了《上海市促进城市数字化转型的若干政策措施》。在国家相关政策的指导下，地方政府应加大对数字化转型的政策支持。针对中小微企业“不会转、不能转、不敢转”等问题，各地积极构建多方联动机制，推动数字化生态共同体建设，支持中小微企业降低数字化转型成本、缩短转型周期、提高转型成功率。

四、企业融资成本分析

（一）企业融资规模和融资成本的总体情况

根据 2021 年财科院企业成本全国抽样调查数据，2018—2020 年，我国样本企业银行贷款融资规模呈现稳步上升趋势。如图 62 所示，全国样本企业在 2018 年平均银行贷款融资规模为 1865 万元，2019 年和 2020 年平均融资规模分别上升到 1975 万元和 2398 万元。从期限结构来看，银行中长期贷款占比有明显增加，从 2018 年 32% 提高到 2020 年 36%。银行短期贷款平均规模从 2018 年 1269 万元不断提高到 2020 年 1543 万元，增长了 21%，而银行中长期贷款平均规模则从 2018 年 596 万元增加到 2020 年 855 万元，增长了 43%。可见，随着中央提出金融让利实体经济，金融政策发力使得受新冠肺炎疫情冲击的企业获得了更大的融资支持。

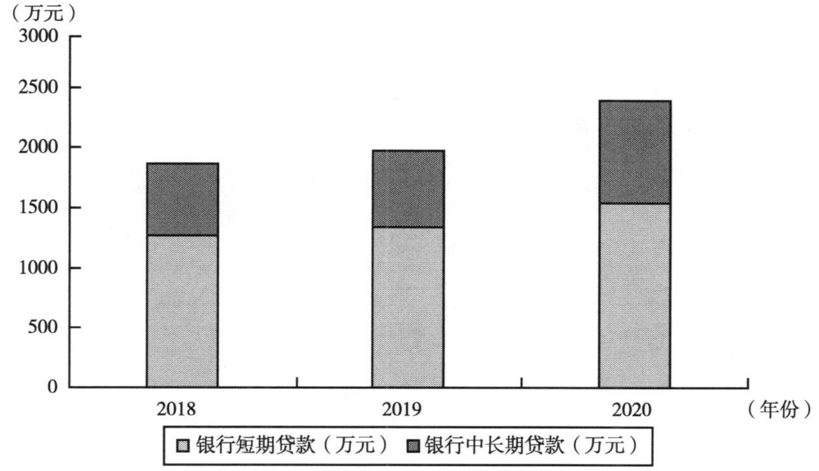

图 62　全国样本实体企业银行贷款平均融资规模和结构

课题组根据样本企业的融资结构数据，构建银行短期贷款和中长期贷款的基尼系数，来考察信贷市场的融资结构的变化情况。如图 63 所示，无论是银行短期贷款，还是银行中长期贷款，2018—2020 年信贷资源过度集中问题持续恶化，银行贷款“垒大户”行为加剧。基尼系数越高表明银行贷款越集中于少数企业，信贷集中度越高，信贷资源分布越不均衡。2018—2020 年银行中长期贷款基尼系数则从 0.915 不断提升至 0.93，而银行短期贷款基尼系数从 0.907 逐步提高至 0.932，2020 年银行短期贷款基尼系数超过了银行中长贷款基尼系数。

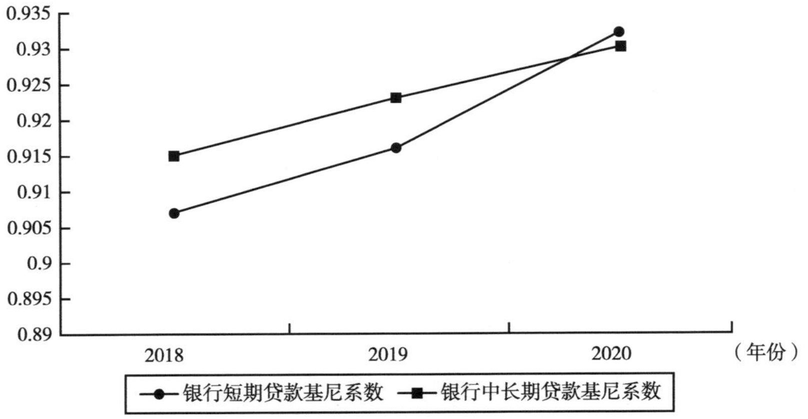

图 63　全国样本企业银行贷款基尼系数变化情况

从融资成本角度分析，我国企业的银行贷款利率总体呈现下降趋势，尤其银行短期贷款利率下降幅度最大。如图 64，样本企业银行短期贷款平均利率从 2018 年 5.63% 下降至 2019 年 5.48%，到 2020 年又进一步降低至 5.15%。相对应，2018—2020 年样本企业的银行中长期贷款利率先略有上升后迅速下降，从 5.32% 上升到 5.39%，后又降低至 2020 年 5.26%。

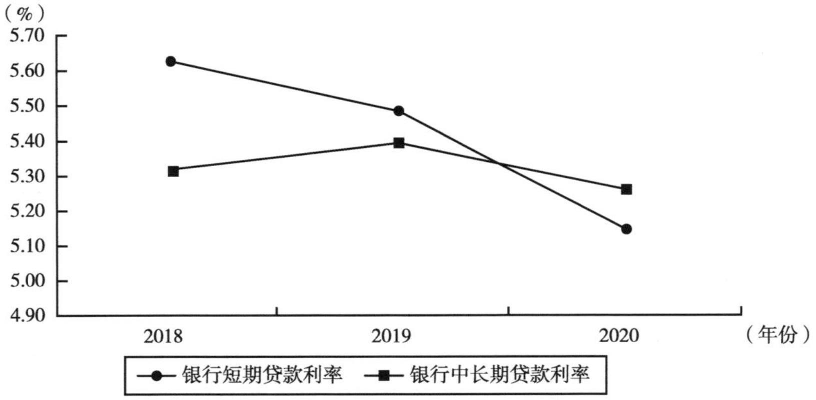

图 64　全国样本企业银行贷款利率趋势变化

（二）企业融资成本的区域分布特征

近几年来，我国经济区域间分化现象显现，不同区域的经济发展水平、金融市场成熟度、产业结构、金融营商环境等都有明显不同，企业的融资可获得性和融资成本也有所不同。政策制定应更加充分考虑融资成本的区域特点，因地制宜，就此我们分析东部、中部、西部和东北地区的融资特点和融资成本变化情况。

1. 企业融资规模的区域分布

由于不同区域金融环境不同，区域分布直接影响企业的融资可获得性。如图 65 所示，以 2020 年为例，东部样本企业所获得的银行贷款平均融资规模最大，其次是东北和西部，中部企业平均融资规模最小。东部样本企业获得银行贷款平均融资规模为 2621 万元，东北企业得到 2582 万元，西部企业能够获得 2573 万元，而中部企业银行贷款平均融资规模为 2033 万元。

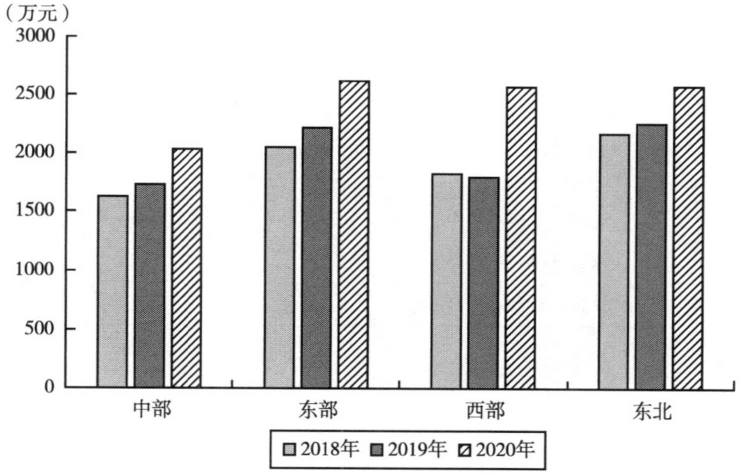

图 65　分区域样本企业银行贷款平均融资规模

从不同区域的 2018—2020 年平均融资规模变化趋势来看，中部、东北和东北样本企业银行贷款平均融资规模都逐步上升，只有西部是先下降后上升。东部地区银行贷款平均融资规模从 2018 年的 2053 万元增长到 2019 年 2220 万元，2020 年快速增长至 2621 万元。西部地区样本企业则在从 2018 年的 1825 万元降低至 2019 年至 1793 万元，又大幅提高到 2020 年 2573 万元。中部样本企业这三年的平均融资规模分别为 1622 万元、1725 万元和 2033 万元。东北地区样本企业的平均融资规模在 2018 年为 2172 万元，到 2019 年小幅提高至 2259 万元，2020

年大幅提高至 2582 万元。

2. 不同区域的企业融资成本特征

如表 30 所示，我国区域间融资成本差异明显。从银行贷款利率区域对比来看，2020 年东部样本企业银行短期贷款利率平均为 5.14%，东北最高为 5.61%，西部和中部较高分别为 4.8% 和 5.2%。从变化趋势来看，2018—2020 年各地区银行短期贷款利率均趋于下降，东部样本企业下降了 44 个基点，西部降低幅度最高为 53 个基点，中部和东北分别降低 52 个基点和 35 个基点（见图 66）。从银行中长期贷款情况来看，东部样本企业获取的中长期贷款利率不断下降，中部和西部则是先上升后下降，而东北地区则是不断上升，这反映了这一时期不同地区金融环境的变化（见图 67）。

表 30　银行贷款分区域成本年度变化　单位：%

区域划分	融资成本	2018 年	2019 年	2020 年
中部地区	短期贷款利率	5.72	5.56	5.20
	中长期贷款利率	5.24	5.44	5.31
东部地区	短期贷款利率	5.58	5.43	5.14
	中长期贷款利率	5.44	5.41	5.29
西部地区	短期贷款利率	5.33	5.24	4.80
	中长期贷款利率	5.27	5.34	5.11
东北地区	短期贷款利率	5.96	5.86	5.61
	中长期贷款利率	5.01	5.19	5.37

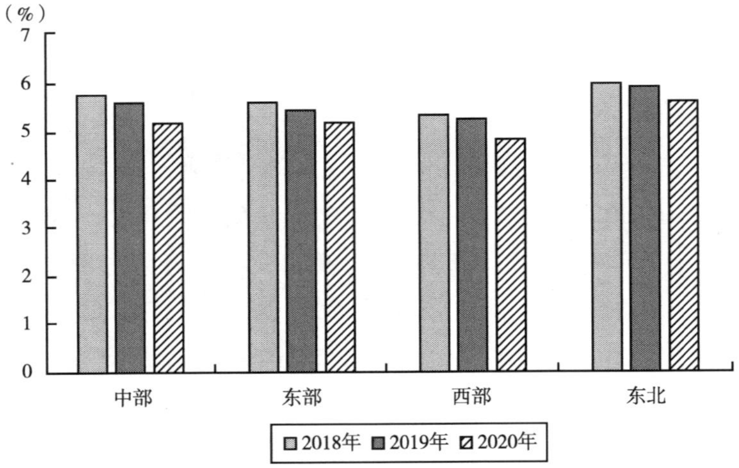

图 66　分区域样本企业银行短期贷款平均利率

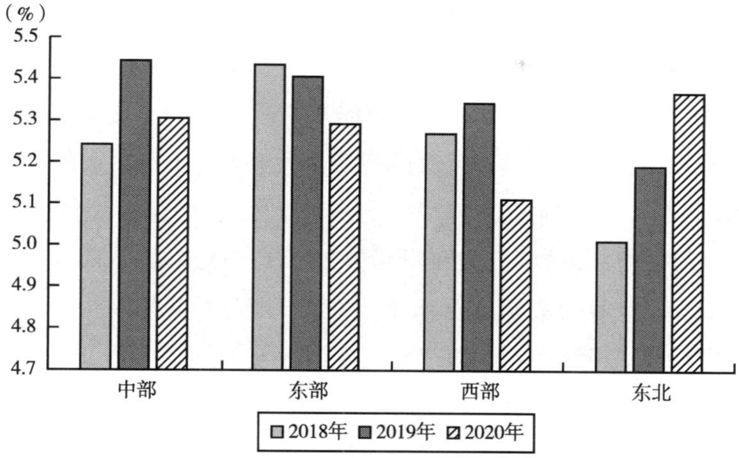

图 67　分区域样本企业银行中长期贷款平均利率

（三）实体企业融资成本的所有制差异

在我国目前金融体系下，民营企业融资渠道不畅通仍是制约我国形成国内大循环的主要堵点之一。从融资规模来看，国有企业获得的银行贷款平均融资规模明显高于民营企业，2020 年样本企业国有企业银行贷款平均融资规模为 6559 万元，而民营企业仅有 2151 万元，国有企业融资规模是民营企业的 3.1 倍，如表 31 所示。根据问卷数据，国有企业和民营企业银行贷款的期限结构也明显不同，2020 年国有样本企业融资中主要以银行中长期贷款为主，占总银行贷款的比重达到 55.8%，而银行短期贷款占 44.2%。相比之下，民营企业的银行短期贷款占比重高达 79.2%，银行长期贷款仅占 20.8%。可见，民营企业只能更多从银行获得短期流动贷款，很难获得中长期贷款。

表 31　国有企业和民营企业各融资方式平均融资规模　　单位：万元

所有制类型	贷款类型	2018 年	2019 年	2020 年
国有企业	银行短期贷款	1747.64	2100.40	2896.74
	银行中长期贷款	2331.56	2615.61	3661.96
民营企业	银行短期贷款	1497.93	1549.32	1704.84
	银行中长期贷款	373.26	344.67	446.63

从融资规模变化趋势来看，2018—2020 年国有和民营样本企业的银行贷款平均融资规模逐年上升，国有企业银行贷款平均规模从 2018 年的 4079 万元提高

至 2019 年 4716 万元，后又提高到 2020 年的 6559 万元。对于民营企业，银行短期贷款和银行中长期贷款都呈逐步上升趋势，而且银行中长期贷款增速更高，2020 年比 2018 年增长了 19.7%。这既可能是民营企业的中长期贷款获得能力正在逐步增强的表现，也是金融政策对民营企业融资支持力度加大的体现。

相比国有企业，民营企业可能规模更小、盈利能力更弱，仅利用算数平均值不能够准确度量所有制差别。课题组利用倾向得分方法（PSM）通过利用样本企业的主要特征因素计算合成倾向得分（PS 值），匹配具有相同特征的国有企业和民营企业，进行 2020 年银行贷款平均规模对比分析。使用 Probit 模型对样本企业特征变量进行估计，并计算 PS 值。结合 2021 年“企业成本”数据库特点、以往文献梳理和模型的平行假设满足情况，确定地区因素（pro）、企业资产规模因素（asset2020）、营业利润率（opr）、风险偏好（risk）① 四个主要基本特征，Probit 模型估计结果如表 32 所示。

表 32　　Probit 模型估计结果

	系数	标准误	z	P > z
pro	-0.026	0.0025	-10.26	0
asset 2020	6.69e-06	3.62e-07	18.49	0
opr	0.6536	0.06526	10.02	0

计算得到样本企业 PS 值之后，需选择合适的匹配方法，并考察倾向得分匹配模型是否满足共同支撑假设（Common Support Assumption）和平行假设（Balancing Assumption）。这里选取最近邻匹配作为匹配方法。根据匹配前后样本企业的密度函数图，判断上述模型都满足共同支撑假设。匹配前后控制组和处理组的 PS 值分布重叠度都很高，满足共同支撑假设，而且可以发现通过模型匹配后，两个组别的 PS 值分布相似度明显提高，如图 68 所示。对模型进行平行假设检验，可以发现经过倾向得分匹配之后，控制组和处理组企业的四个控制变量的偏差都已经降低至 5% 以内，匹配后整体样本也拒绝原假设（p = 0.823），模型满足平行假设，如图 69 所示。

① 地区因素为各省份赋值数据，比如山东省 = 9；营业利润率 =（营业收入 - 营业成本）/营业收入；风险偏好变量为 B 卷中第 5 题对企业的风险偏好调查，数值越高代表风险偏好越大。

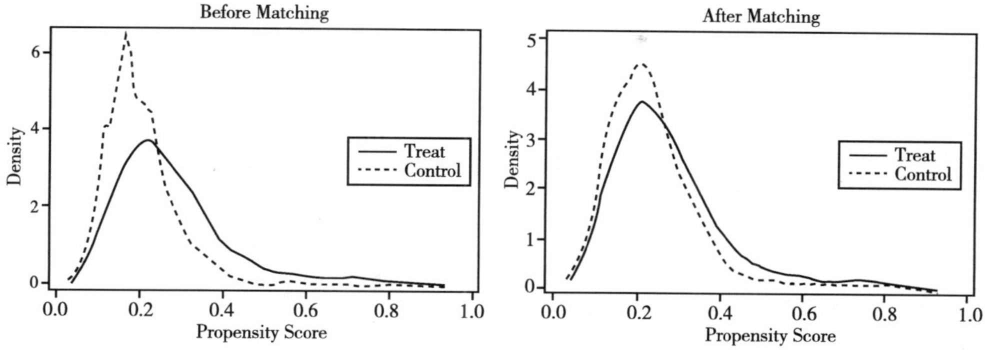

图 68　倾向得分匹配前后密度函数图对比

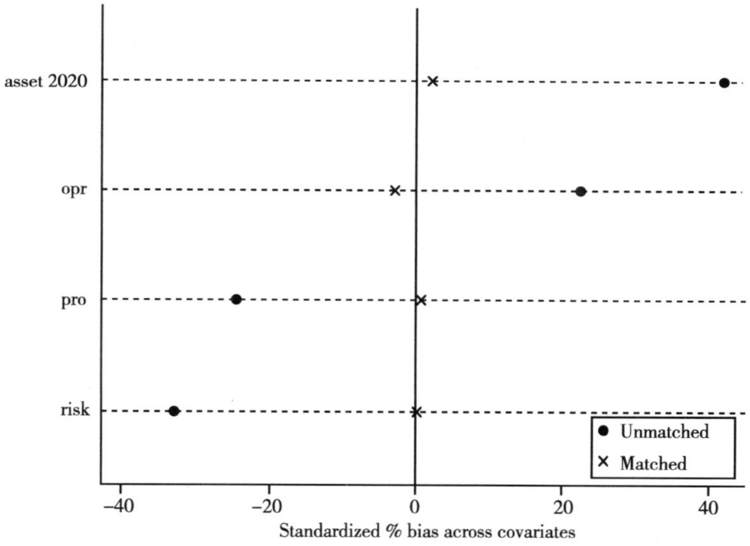

图 69　平行假设检验

从 PSM 模型结果来看，民营企业获得的银行短期贷款平均规模要明显高于国有企业，根据地域、资产规模、营业利润率和风险偏好因素匹配之后，民营企业获得银行短期贷款平均规模变得更高，而国有企业的银行长期贷款平均规模控制前后均远高于民营企业。如表 33 所示，2020 年民营样本企业获得的银行短期贷款平均规模为 918. 05 万元，而通过倾向得分匹配模型处理后该指标提高到 1252. 77 万元，显著高于国有企业 704. 95 万元。对于银行长期贷款，经过处理民营企业从 102. 3 万元提高至 141. 46 万元，仍低于国有企业 185. 4 万元。

表 33　　PSM 模型结果

变量		处理组（国企）	控制组（民企）	差值	标准差	T 值
银行短期贷款（bs）	匹配前	704.95	918.05	-213.10	43.22	-4.93
	匹配后（ATT）	704.95	1252.77	-547.82	60.55	-9.05
银行长期贷款（bl）	匹配前	185.40	102.30	83.11	14.25	5.83
	匹配后（ATT）	185.40	141.46	43.94	21.50	2.04

从融资成本来看，国有企业获得的银行短期贷款利率和中长期贷款利率都显著低于民营企业。如表 34 所示，2018—2020 年样本国有企业银行短期贷款利率在 4.99%—5.31% 之间，而民营企业则在 5.2%—5.71% 水平。国有企业的银行中长期贷款利率也比民营企业低 10BP 左右，2020 年国有企业银行中长期贷款利率为 5.21%，而民营企业是 5.32%。从变化趋势来看，民营企业和国有企业的融资成本变化趋势略有不同，银行短期贷款利率持续下降，银行中长期贷款利率先上升后大幅下降。

表 34　　国有企业和民营企业获得的银行贷款利率　　单位：%

所有制类型	贷款类型	2018 年	2019 年	2020 年
国有企业	银行短期贷款利率	5.31	5.26	4.99
	银行中长期贷款利率	5.24	5.35	5.21
民营企业	银行短期贷款利率	5.71	5.54	5.20
	银行中长期贷款利率	5.42	5.45	5.32

（四）实体企业融资成本的企业规模效应

表 35 列出了不同规模企业银行贷款融资方式的平均融资规模，总体来看，企业规模越大，银行贷款平均融资规模也越大。以 2020 年为例，大型企业的银行短期贷款规模和中长期贷款规模分别为 1 亿元和 2530 万元，而微型企业仅为 91.3 万元和 311.8 万元。从变化趋势来看，无论是银行短期贷款，还是银行中长期贷款，2018—2020 年中小微企业的融资规模都呈现逐步上升的趋势，而且相较 2019 年，2020 年增加幅度更大。

表 35　　不同规模企业银行贷款平均融资规模　　单位：万元

企业规模	2018 年	2019 年	2020 年
	银行短期贷款		
大型企业	9332.64	9250.63	10372.61
中型企业	3508.40	3616.20	4009.99
小型企业	690.25	757.40	896.20
微型企业	56.75	61.69	91.30
	银行中长期贷款		
大型企业	2218.00	2092.69	2530.04
中型企业	1403.40	1456.38	1809.85
小型企业	338.90	412.39	541.77
微型企业	138.50	151.70	311.76

从融资成本分析，我们发现，微型企业的银行短期贷款成本最高，中小型企业相对较高，而大型企业最低，如表 36 所示，而且中型与小微企业的融资成本差距不大，而与大型企业的融资成本相差很大距离。大型企业在信贷市场更具有议价能力，能够获得更低利率。2020 年大型企业银行长期贷款利率为 5.12%，中型企业和小型企业分别为 5.3% 和 5.25%，而微型企业为 5.27%。从小微企业银行贷款成本变化情况来看，2018—2020 年银行贷款利率显著下降。

表 36　　大中小微型企业银行贷款融资成本　　单位：%

企业规模	2018 年	2019 年	2020 年
	银行短期贷款利率		
大型企业	5.15	5.10	4.69
中型企业	5.60	5.47	5.15
小型企业	5.70	5.52	5.14
微型企业	5.63	5.50	5.31
	银行中长期贷款利率		
大型企业	5.11	5.29	5.12
中型企业	5.36	5.51	5.30
小型企业	5.35	5.35	5.25
微型企业	5.29	5.23	5.27

（五）实体企业融资成本的行业分布差异

企业的融资规模受其所处行业的特点和行业的周期轮动、政策调控、新冠肺炎疫情冲击等因素影响。从银行贷款来看，水利、环境和公共设施管理业，电力、热力、燃气及水生产业，房地产业样本企业银行贷款融资规模较高，2020 年水利、环境和公共设施管理业平均银行贷款规模达到 6634 万元，电力、热力、燃气及水生产业达到 5714 万元，而且这两个行业的银行中长期贷款占比十分高，如图 70 所示。制造业是我国实体经济重要的引擎，近年来从中央到地方已经出台各类政策降低制造业企业融资成本，扩大融资规模，聚焦制造企业活力。制造业银行贷款规模达到 2670 万元，其中银行短期贷款规模为 2309 万元，银行中长期贷款规模仅为 361 万元，银行中长期贷款占比仅为 14%。从变化趋势来看，2018—2020 年制造业银行贷款规模呈现不断上升其实，而且 2020 年的增幅相对较大，比如银行中长期贷款从 2018 年 315 万元提高到 361 万元（见图 71）。对于受新冠肺炎疫情冲击较大的住宿和餐饮业，样本企业银行短期贷款平均规模从 2019 年 257 万元降低至 2020 年的 244 万元，银行中长期贷款大幅增加从 2019 年 170 万元增加到 296 万元。

从融资成本来看，金融业，卫生和社会工作，信息运输、软件和信息技术服

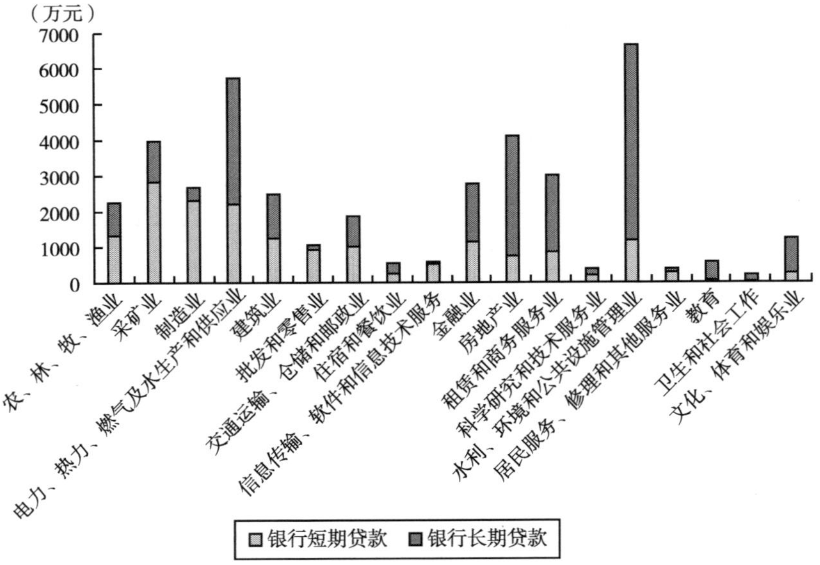

图 70　分行业样本企业 2020 年银行贷款平均规模

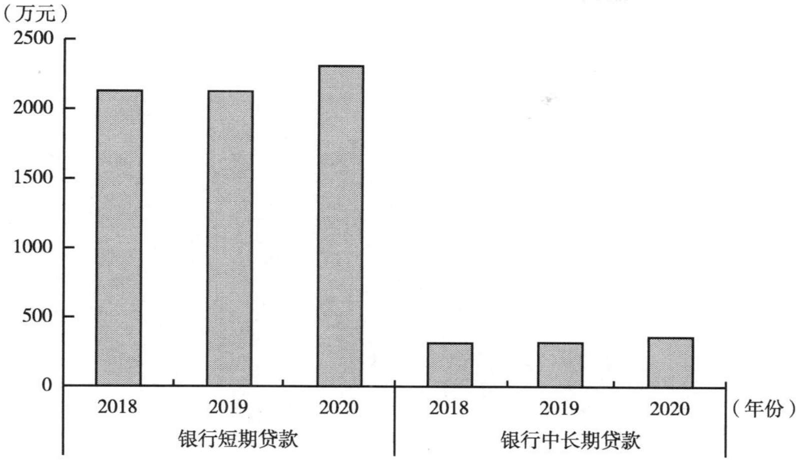

图 71　制造业企业银行贷款平均融资规模变动情况

务业等银行贷款成本最低，三个行业 2020 年银行短期贷款利率分别为 4.58%、4.74% 和 4.99%，而银行长期贷款利率最低的三个行业为住宿和餐饮业，水利、环境和公共设施管理业以及采矿业，如图 72 所示。相比之下，制造业样本企业的银行短期贷款利率和长期贷款利率分别为 5.13% 和 5.21%，处于较高水平（见图 72）。从融资成本变化来看，2018—2020 年制造业样本企业银行短期贷款

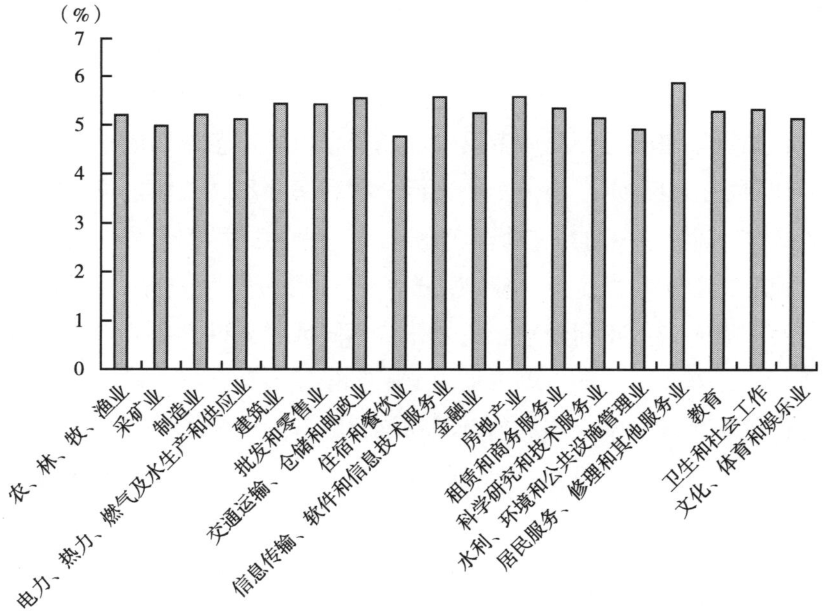

图 72　分行业样本企业 2020 年银行中长期贷款利率

利率和长期贷款利率不断下降，银行短期贷款利率从 2018 年 5.64% 降低至 2020 年 5.13%，降幅达到 51 个 BP，这一时期银行中长期贷款利率也从 5.38% 降低至 5.21%，如图 73 所示。

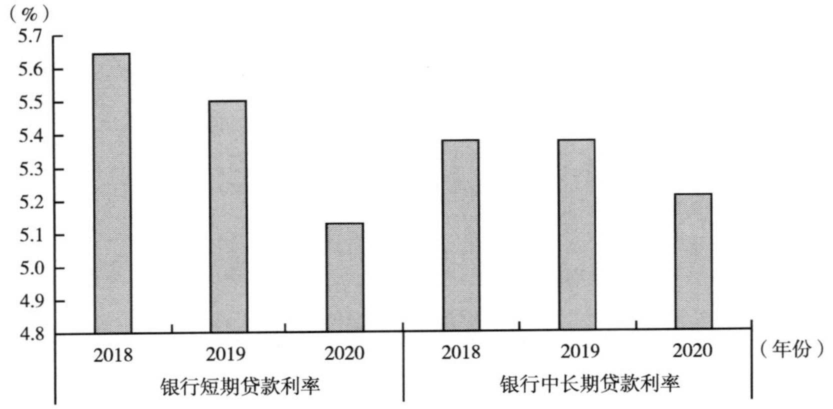

图 73　制造业样本企业融资成本变动情况

（六）政策建议

一是区分“融资难”和“融资贵”，分类精准施策，重点聚焦民营小微企业的融资可获得性，应在充分考虑市场风险溢价的基础上稳步降低小微企业综合融资成本。“融资难”和“融资贵”从本质上是两类问题，前者的症结在于金融市场不发达，融资渠道匮乏，而后者反映的是金融市场信息识别成本高和信用风险溢价高。调研数据也显示，小微企业银行贷款利率并不高，但这可能是由于银行将其视为政策性业务并未加入市场风险溢价，这种方式尽管十分奏效但不具有可持续性。因此，对于小微企业，应该适当容忍“融资贵”，利用市场化制度安排形成银行对小微企业的正向激励。另外，对不同区域来讲，企业融资政策的侧重点应有所不同，对于中西部应着重加快金融市场发展和改善金融营商环境，而对于东部应优先聚焦减少金融市场信息不对称，降低融资成本。

二是政策应更多聚焦民营企业中长期贷款的可获得性，提高商业银行信用风险识别能力。从调研数据来看，民营企业的“短贷长投”现象依然严重，这是造成民营企业经营风险的关键症结之一。近年来，许多企业融资政策以提高短期融资规模、降低短期融资成本为主，比如推出的以大数据为基石的“银税贷”等产品都是针对短期、小额的贷款，中长期融资难、融资贵仍是难点。因此，在宏观政策层面，应综合运用国有金融企业绩效考核、宏观审慎监管等方式，引导银行加大对民营中小企业投放中长期贷款的力度。在金融机构层面，鼓励创新贷款产品，提供更多与企业经营周期相匹配的中长期贷款品种，为企业的长期发展注入更多确定性。在企业层面，鼓励引导传统企业加快数字化转型，形成数字资产，对接银行大数据信贷模型，提高贷款获得能力。

五、企业税费成本分析

（一）关于调查内容与分析指标的说明

1. 关于调查内容的情况说明①

2021 年调查问卷中“税费情况”，是指由企业缴纳给政府的税费，包括所有的税收以及部分资源使用类非税缴费等。税收涉及企业纳税总额和税额较大的增值税、消费税、企业所得税以及 2018 年新开征的环境保护税。由于涉企非税缴费种类繁多，鲜有费额特别大且多数企业均需缴纳的收费种类，为此，本次仅调查了规模较大的资源使用类非税缴费，分别是矿产资源补偿费、探矿权采矿权使用费（矿业权占用费）② 以及土地使用权出让金。

税费情况以客观数据调查为主，时间跨度为 2018—2020 年，同时设计了一道主观题，调查企业对税费负担的主观感受。

2021 年，税费部分问卷涉及大、中、小、微所有企业类型，行业范围覆盖农、林、牧、渔业，采矿业，制造业，建筑业，批发和零售业等 19 个大行业。

2. 关于分析指标的说明

从企业财务核算的角度看，企业缴纳的税费与企业成本的关系分为两类：一类是与企业成本无关的税费；另一类是与企业成本有关的税费。以税收为例，增值税为价外税，独立于企业的成本收益，既不影响企业的收入，也不影响企业的成本，相应与利润也无关联；企业所得税不影响企业的营业收入和税前利润，但

① 本次调查问卷中，其他部分亦有涉及企业税费情况，如“人工成本”中的“四险一金”。不过，“四险一金”是企业“人工成本”的组成部分，不在本部分的统计分析范畴内。

② 具体说明详见表 44 的注。

影响企业的税后利润。其他税种均对企业成本有影响，分别在不同的会计科目中进行核算。如营业税（2016 年 5 月 1 日之前）、消费税被归集于（营业）税金及附加①，车购税、城镇土地使用税因用途不同，既可能被归集于税金及附加科目，也可能被归集于管理费用、销售费用科目中。

鉴于本次调查是考察企业税费与企业成本关系，因此，分析指标均采用相对指标，以从各个方面反映税费对企业经营的影响。

（1）税收分析指标。

本次共使用 4 个指标对企业缴纳的税收情况进行分析，分别是：

指标 1：企业纳税总额/营业收入 ×100%

指标 2：企业纳税总额/企业综合成本费用 ×100%

指标 3：企业增值税/营业收入 ×100%

指标 4：企业所得税/利润总额 ×100%

指标 1（企业纳税总额占营业收入的比重）是国内最常使用的指标，它反映了企业百元收入的纳税情况，即在实践中常听闻的“企业百元收入中，交了多少税”，需要说明的是，因增值税不包含在企业营业收入中，相应该指标只能大致反映企业百元收入中纳税情况。

指标 2（企业纳税总额占企业综合成本费用的比重）反映了企业纳税占企业成本费用的比重情况。此处的企业综合成本费用 = 营业成本 + 销售费用 + 管理费用 + 财务费用 + 企业纳税总额。

需要说明的是，上述企业综合成本费用中重复计算了部分小税种。因为上述公式中企业缴纳税款总额中包含了企业缴纳的所有税种（除代扣代缴的个人所得税外）的税款，而有部分税款规模较小的税种，如车船税、车辆购置税等税款计入了前三项成本（主营业务成本、销售费用和管理费用）中，相应出现小税种的重复计算。但因税款规模小，其重复计算带来的影响较小，可以忽略不计。

指标 3（企业增值税与营业收入的比值）公式为增值税收入/营业收入 ×100%。该指标反映了中国主要流转税与企业收入的关系。2016 年 5 月 1 日后，增值税全部取代营业税，因此，2017 年以后，企业无须再缴纳营业税。理论上而言，增值税是价外税，其负担通过层层转嫁，最终由消费者负担，但由于企业是增值税纳税人，在实践运行中，增值税仍然对企业经营形成一定影响，在一定

① 按照财会〔2016〕22 号文件规定，全面试行营业税改征增值税后，“营业税金及附加”科目名称调整为“税金及附加”科目。

时期内、一定程度上形成了企业负担，尤其在经济全球化的大背景、主要竞争对手美国企业无须缴纳流转税的情况下，更需要深入分析增值税对企业经营的影响，为此设置指标 3，旨在分析增值税与营业收入的关系。

指标 4（企业所得税/利润总额 ×100%）可以反映企业所得税的实际税负。利润总额为企业所得税的税基，考虑到税前调整、优惠税率和优惠政策的存在，企业所得税的实际税负可能远远低于法定标准税率（25%）。本指标则是为了反映企业所得税的实际税负而设计。

（2）缴费指标的说明。

企业缴费的统计分析主要采用缴费企业总户数、缴费总金额以及占营业收入的比重来反映涉企收费情况。

（二）关于企业税收情况的统计分析①

1. 关于“企业纳税总额占营业收入比重”的情况分析

从调查数据看，我国“企业纳税总额占营业收入的比重”呈现出如下特征：

第一，超过 66% 的样本企业“企业纳税总额占营业收入的比重”小于 5%，近 96% 的企业百元收入纳税不足 15 元，且百元营业收入纳税不足 5 元的企业占比呈逐年上升趋势。

2018—2020 年样本企业“企业纳税总额占营业收入的比重”的分布情况如表 37 所示。从表 37 中可以看出，超过 66% 的（66.46%，三年均值）企业百元收入中纳税不足 5 元，绝大多数（95.99%，三年均值）企业百元收入纳税低于 15 元，百元收入纳税 15 元以上的企业占比不足 5%（4.01%，三年均值）。同时，企业纳税总额占营业收入比重低于 5% 的企业占比呈明显上升趋势，2018—2020 年分别为 64.24%、66.73% 和 68.40%。

表 37　2018—2020 年样本企业“纳税总额占营业收入比重”分布情况　单位：%

年份	占比小于 5%	占比 5%—15%	占比在 15% 以上
2018	64.24	30.59	5.17
2019	66.73	29.57	3.70
2020	68.40	28.43	3.17
均值	66.46	29.53	4.01

① 所有结论均是基于样本企业得出。

第二，近三年“企业纳税总额占营业收入的比重”均值为5.31%，且呈明显的下降趋势。分地区来看，中部地区占比最高，东部地区最低；南方地区明显高于北方地区。

2018—2020 年样本企业“企业纳税总额占营业收入的比重”如图 74 所示。从图中可以看出，2018—2020 年，全部样本“企业纳税总额占营业收入比重”三年均值为5.31%，且呈明显的下降趋势，从2018 年的7.00%下降至2020 年的4.39%。

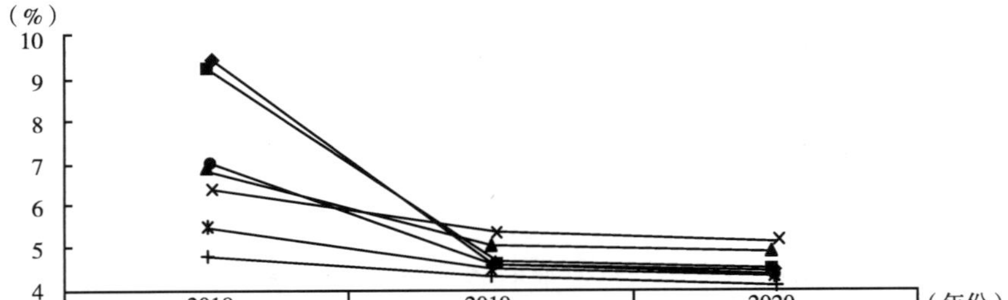

	2018	2019	2020
全国	7.00	4.54	4.39
东部地区	4.81	4.30	4.10
中部地区	9.45	4.58	4.49
西部地区	6.98	5.05	4.88
东北地区	6.49	5.42	5.16
南方地区	9.31	4.61	4.46
北方地区	5.52	4.50	4.35

图 74　2018—2020 年样本企业“企业纳税总额占营业收入比重”地区分布情况

分地区看，中部地区企业“企业纳税总额占营业收入的比重”占比最高，三年均值为6.17%，东部地区占比最低，三年均值为4.49%；就南北地区而言，南方地区三年均值为6.13%，明显高于北方地区4.79%。从趋势上看，所有地区三年“企业纳税总额占营业收入的比重”均呈明显的下降趋势。企业纳税总额占营业收入比重的地区间差异既受地区间经济结构差异的影响，也受本次地区间样本企业结构影响。

第三，分企业规模来看，小型企业“企业纳税总额占营业收入的比重”最高，三年均值为5.52%，微型企业最低，三年均值为4.32%。相较于2018 年所有类型企业的“企业纳税总额占营业收入的比重”均呈明显下降趋势，其中小型企业降幅最大，微型企业次之。

分企业规模的“企业纳税总额占营业收入的比重”情况如图 75 所示。从图中可以看出，小型企业“企业纳税总额占营业收入的比重”最高，三年均值为 5.52%，微型企业最低，三年均值为 4.32%，二者相差 1.2 个百分点。

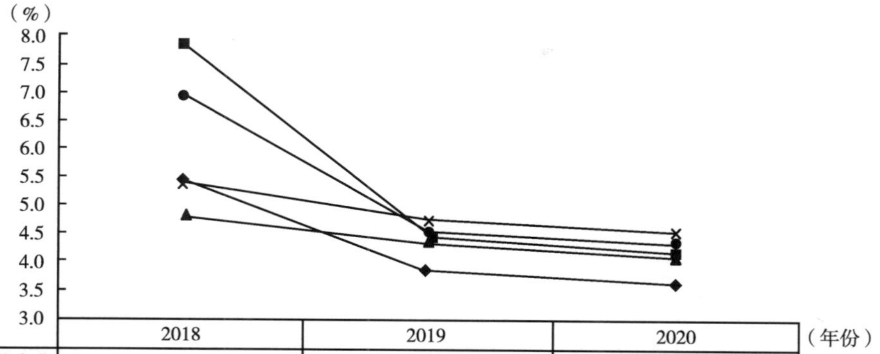

	2018	2019	2020
—●—全部企业	7.00	4.54	4.39
—▲—大型企业	4.82	4.50	4.19
—×—中型企业	5.44	4.74	4.60
—■—小型企业	7.90	4.40	4.27
—◆—微型企业	5.49	3.85	3.62

图 75　2018—2020 年分企业规模“企业纳税总额占营业收入的比重”

从趋势上看，四类企业三年“企业纳税总额占营业收入的比重”呈现明显下降趋势。大型企业该指标从 2018 年的 4.82% 下降至 2020 年的 4.19%；中型企业该指标从 2018 年 5.44% 下降至 2020 年的 4.60%；小型企业该指标从 2018 年的 7.90% 降至 2020 年的 4.27%，下降 3.63 个百分点，降幅为四类企业中最大；微型企业从 2018 年的 5.49% 下降 2020 年的 3.62%，下降 1.87 个百分点，降幅仅次于小型企业。

第四，行业间“企业纳税总额占营业收入的比重”差异较大，差距在 13 个百分点，最高为金融业，最低为农林牧渔业，其中制造业的三年均值为 5.58%。

2018—2020 年各行业“企业纳税总额占营业收入的比重”情况如表 38 所示。从中可以看出，2018—2020 年行业间差距较大，最高的行业为金融业，三年均值为 14.44%；最低的行业为农、林、牧、渔业，三年均值为 1.42%，两行业差距为 13 个百分点。其中，制造业三年均值为 5.58%。

从各行业“企业纳税总额占营业收入的比重”变动趋势看，绝大多数行业呈逐年下降趋势。19 个行业中仅有 3 个行业 2020 年较 2019 年有小幅上升的行业，分别为金融业、科学研究和技术服务业以及居民服务、修理和其他服务业。

表 38　2018—2020 年各行业“企业纳税总额占营业收入比重”分布　单位：%

行业名称	2018 年	2019 年	2020 年	均值
全部行业	7.00	4.54	4.39	5.31
农、林、牧、渔业	1.52	1.38	1.35	1.42
采矿业	10.25	9.25	8.83	9.44
制造业	7.78	4.57	4.41	5.58
电力、热力、燃气及水生产和供应业	6.40	5.92	5.81	6.04
建筑业	5.62	4.33	4.22	4.72
批发和零售业	4.01	2.34	2.30	2.88
交通运输、仓储和邮政业	6.03	4.26	3.88	4.72
住宿和餐饮业	4.24	3.96	2.83	3.68
信息传输、软件和信息技术服务业	5.86	5.24	5.02	5.37
金融业	23.58	9.44	10.30	14.44
房地产业	12.29	8.57	8.21	9.69
租赁和商务服务业	6.98	6.43	6.30	6.57
科学研究和技术服务业	6.23	6.02	6.16	6.14
水利、环境和公共设施管理业	6.07	6.16	5.47	5.90
居民服务、修理和其他服务业	5.64	5.25	5.31	5.40
教育	3.68	3.19	1.99	2.95
卫生和社会工作	1.71	1.62	1.49	1.61
文化、体育和娱乐业	4.05	3.59	3.21	3.62
其他	6.34	5.33	5.02	5.56

2. 关于“企业纳税总额占企业综合成本费用比重”的情况分析

如前文所示，从企业角度而言，各项支出均为企业的成本，这既包括支付的原材料价款等营业成本，也包括支付给职工的工资，还包括销售费用、管理费用、财务费用，以及缴纳给政府的税费款项等。通过对“企业纳税总额占企业综合成本费用的比重”的考察，可以看出企业所缴纳的税收占全部成本支出的比重情况。基于线上调查数据，可以发现：

第一，近两成样本企业“企业纳税总额占企业综合成本费用比重”小于 1%，60% 以上占比不足 5%，超过 85% 的样本企业“企业纳税总额占企业综合成本费用比重”低于 10%。

2018—2020 年样本企业“企业纳税总额占企业综合成本费用比重”的分布情况如表 39 所示。从表 39 中可以看出，近两成样本企业（19.13%，三年均值）

百元成本中纳税不足 1 元；超六成企业（65.15%，三年均值）百元成本中纳税不足 5 元；百元成本中纳税超过 10 元的企业占比不足 15%（12.22%，三年均值）。

表 39　2018—2020 年样本企业“纳税总额占综合成本费用比重”分布情况　单位：%

年份	<0.5%	0.5%—1%	1%—5%	5%—10%	10%以上
2018	12.65	6.15	44.55	23.30	13.35
2019	12.34	6.59	46.15	22.96	11.96
2020	12.45	7.21	47.34	21.66	11.34
平均	12.48	6.65	46.02	22.64	12.22

从趋势上看，百元成本中纳税低于 10 元的企业占比呈明显上升趋势，从 2018 年的 86.65% 上升至 2020 年的 88.66%，纳税成本在 1—5 元的企业占比上升趋势明显，从 44.55% 上升至 47.34%。

第二，近三年“企业纳税总额占企业综合成本费用的比重”均值为 6.05%，2020 年较 2019 年有小幅上升。

2018—2020 年间“企业纳税总额占企业综合成本费用的比重”如图 76 所示。从图中可以看出，2018—2020 年，全样本企业“企业纳税总额占企业综合成本费用的比重”三年均值 6.05%；从时间趋势上看，呈先下降再上升的 V 型态势，从 2018 年的 7.41% 下降至 2019 年的 5.29%，然后再小幅上升至 2020 年的 5.46%，这反映了企业综合成本结构的变动特征，主要是税费结构，2020 年减税降费以降社

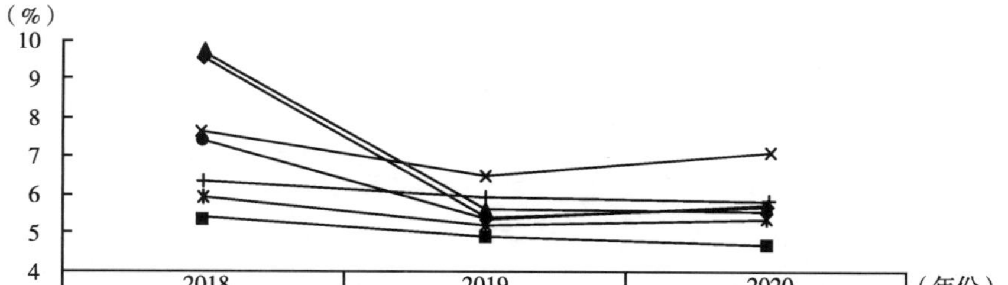

	2018	2019	2020
全国	7.41	5.29	5.46
东部地区	5.40	4.93	4.75
中部地区	9.66	5.31	5.73
西部地区	7.62	6.46	7.11
东北地区	6.27	5.90	5.81
南方地区	9.76	5.54	5.65
北方地区	5.97	5.14	5.34

图 76　2018—2020 年“企业纳税总额占企业综合成本费用的比重”

保费为主，占比超过65%①，而降社保费则体现为企业人工成本减少，因此作为分母的“企业综合成本费用”的可能比分子“企业纳税总额”下降得更快。

第三，分地区看，“企业纳税总额占企业综合成本费用的比重”三年均值东部地区最低，西部地区最高。南方地区也要高于北方地区。

从图 76 中可以看出，2018—2020 年西部地区“企业纳税总额占企业综合成本费用的比重”三年均值 7.07%，为各地区之最高。2018—2020 年东部地区“企业纳税总额占企业综合成本费用的比重”三年平均值为 5.03%，为各地区之最低，低于西部地区 2.04 个百分点。另外，南方地区三年均值高于北方地区 1.51 个百分点。各地区“企业纳税总额占企业综合成本费用的比重”受样本数量和结构影响较大。

第四，分企业规模看，小型企业“企业纳税总额占企业综合成本费用的比重”三年均值最高（6.14%），微型企业最低（4.26%）。

2018—2020 年间分企业规模的“企业纳税总额占企业综合成本费用的比重”情况如图 77 所示。从图中可以看出，2018—2020 年微型企业“企业纳税总额占企业综合成本费用的比重”三年均值为 4.26%，为各类企业之最低，且呈逐年下降趋势，由 2018 年的 4.56% 下降至 2020 年的 4.10%。小型企业 2018—2020 年三年均值为 6.14%，三年呈“V”形态势，“企业纳税总额占企业综合成本费用的比重” 2019 年下降至 5.17%，2020 年又上升至 5.21%。这部分是因样本差异所致。

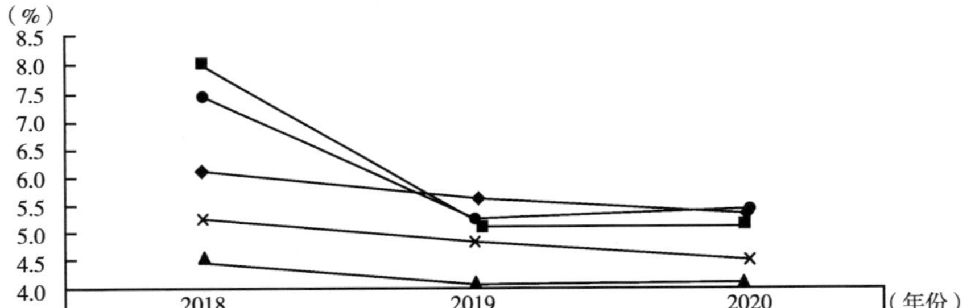

	2018	2019	2020
全部企业	7.41	5.29	5.46
大型企业	5.26	4.87	4.52
中型企业	6.13	5.60	5.40
小型企业	8.03	5.17	5.21
微型企业	4.56	4.12	4.10

图 77　2018—2020 年分企业规模“企业纳税总额占企业综合成本费用的比重”

① 全年为市场主体减税降费超过 2.6 万亿元，其中减免社保费 1.7 万亿元。

第五，行业间“企业纳税总额占企业综合成本的比重”差异较大，最高为金融业，最低为卫生和社会工作行业，其中制造业三年均值为 5.87%。

2018—2020 年各行业“企业纳税总额占企业综合成本的比重”情况如表 40 所示。从中可以看出，2018—2020 年行业间差距较大，最高的行业为金融业，三年均值为 19.90%；最低的为卫生和社会工作行业，三年均值为 1.26%，两行业相差 18 个百分点以上。其中，制造业三年均值为 5.87%。

从各行业“企业纳税总额占企业综合成本的比重”变动趋势看，部分行业呈上升趋势。与 2019 年相比，2020 年该比重上升的行业有 7 个。

表 40　2018—2020 年“纳税总额占企业综合成本费用比重”行业情况　单位：%

行业名称	2018 年	2019 年	2020 年	均值
全部行业	7.41	5.29	5.46	6.05
农、林、牧、渔业	1.57	1.52	1.51	1.53
采矿业	11.28	10.00	9.61	10.30
制造业	7.77	4.99	4.85	5.87
电力、热力、燃气及水生产和供应业	7.01	6.96	6.99	6.99
建筑业	5.22	4.54	4.51	4.76
批发和零售业	2.84	2.49	2.50	2.61
交通运输、仓储和邮政业	5.30	4.28	3.89	4.49
住宿和餐饮业	4.78	4.53	4.18	4.50
信息传输、软件和信息技术服务业	8.28	9.77	12.06	10.03
金融业	31.04	13.35	15.32	19.90
房地产业	12.38	10.19	10.25	10.94
租赁和商务服务业	14.84	14.11	12.91	13.95
科学研究和技术服务业	7.75	7.50	7.41	7.55
水利、环境和公共设施管理业	6.81	6.94	6.13	6.63
居民服务、修理和其他服务业	6.30	5.95	6.17	6.14
教育	6.93	5.08	3.81	5.27
卫生和社会工作	1.41	1.32	1.05	1.26
文化、体育和娱乐业	4.25	3.93	3.30	3.83
其他	8.91	5.80	10.10	8.27

3. 关于“增值税①与营业收入比值”的情况分析

第一，九成企业“增值税与营业收入比值”低于 6%，且该占比呈逐年上升趋势。96% 以上企业低于 9%。

样本企业“增值税与营业收入的比值”的分布情况如表 41 所示。从中可以看出，九成（90.49%，三年均值）企业“增值税与营业收入比值”低于 6%，且该占比呈逐年上升趋势。96% 以上（96.89%，三年均值）的企业“增值税与营业收入的比值”低于 9%。以 2020 年为例，91.76% 的样本企业的增值税与营业收入的比值小于 6%，97.83% 的样本企业“增值税与营业收入的比值”小于 9%。

表 41　2018—2020 年样本企业“增值税与营业收入的比值”分布情况　单位：%

年份	<6%	6%—9%	9% 以上
2018	89.12	6.72	4.18
2019	90.61	6.42	2.99
2020	91.76	6.07	2.19
均值	90.49	6.40	3.12

在此需要特别说明的是，指标“增值税与营业收入的比值”不能与增值税税率做简单的比较，因为增值税实际缴纳情况不但与其销项税款（营业收入 × 适用税率）有关，还与其当年所取得的抵扣税款直接相关。同时，因增值税为价外税，该营业收入中不包含所缴纳的增值税。指标“增值税与营业收入的比值”所表达的实际含义是“企业每收入百元，需要缴纳的增值税”。也就是说，2018—2020 年我国 90% 以上企业，每取得 100 元营业收入，其缴纳的增值税低于 6 元，且该占比呈现逐年上升趋势，从 2018 年的 89.12% 上升到 2020 年的 91.76%。96% 以上企业缴纳的增值税低于 9 元。

第二，近三年“增值税与营业收入的比值”的均值为 2.69%，且呈逐年下降态势。

2018—2020 年间“增值税与营业收入的比值”情况如图 78 所示。从图中可以看出，2018—2020 年“增值税与营业收入的比值”三年均值为 2.69%。从时间趋势上看，“增值税与营业收入的比值”呈逐年年稳步下降趋势，从 2018 年的

① 由于增值税为价外税，营业收入中不含增值税，因此，此处指标为“增值税与营业收入的比值”，而非“增值税占营业收入的比重”。

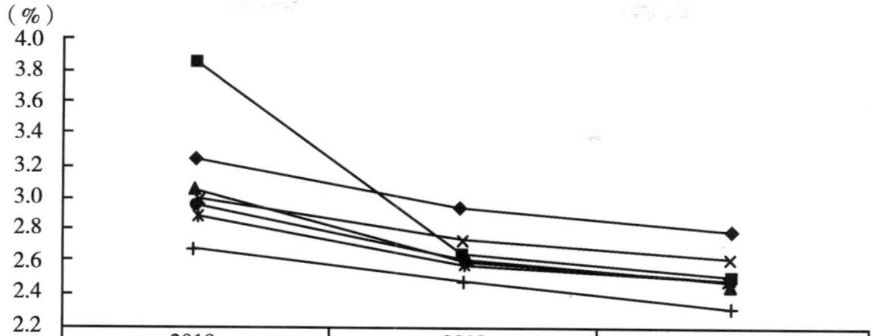

	2018	2019	2020（年份）
—●— 全国	2.97	2.62	2.48
—+— 东部地区	2.68	2.47	2.31
—×— 中部地区	3.01	2.75	2.62
—■— 西部地区	3.85	2.64	2.51
—◆— 东北地区	3.25	2.94	2.79
—▲— 南方地区	3.06	2.62	2.47
—✱— 北方地区	2.91	2.62	2.49

图 78　2018—2020 年“增值税与营业收入的比值”分地区情况

2.97%下降至 2020 年的 2.48%。

第三，分地区看，“增值税与营业收入的比值”东部地区三年均值最低（2.48%），西部地区三年均值最高（3%）。南方地区三年均值（2.71%）略高于北方地区（2.67%）。

如图 78 所示，2018—2020 年东部地区“增值税与营业收入的比值”三年均值为 2.48%，为四地区最低，西部地区均值为 3%，为四地区最高，二者差异在 0.5 个百分点以上。

从趋势上看，四地区 2018—2020 年均呈逐年下降走势。东部地区“增值税与营业收入的比值”从 2018 年的 2.68%下降至 2020 年的 2.31%；中部地区“增值税与营业收入的比值”从 2018 年 3.01%下降至 2020 年 2.62%；西部地区“增值税与营业收入的比值”从 2018 年的 3.85%下降至 2020 年的 2.51%；东北地区“增值税与营业收入的比值”从 2018 年 3.25%上升至 2020 年的 2.79%。

从南北方地区来看，“增值税与营业收入的比重”也均呈下降趋势，且各年度南北方地区差距不大。

第四，分企业规模看，微型企业“增值税与营业收入的比值”最高，但是降幅最大达 1.54 个百分点，大型企业“增值税与营业收入的比值”最低。从时间上看各类型企业均呈下降趋势。

2018—2020 年间分企业规模“增值税与营业收入的比值”情况如图 79 所

示。从图中可以看出，2018—2020 年，微型企业“增值税与营业收入的比值”三年均值为 2.85%，为四类型企业最高，大型企业三年均值为 2.26%，为四类企业最低。主要是因样本差异所致。

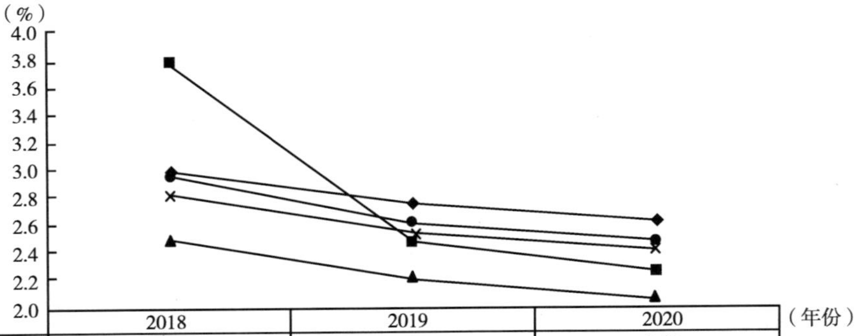

	2018	2019	2020
全部企业	2.97	2.62	2.48
大型企业	2.50	2.20	2.07
中型企业	2.81	2.54	2.42
小型企业	2.99	2.75	2.61
微型企业	3.80	2.49	2.26

图 79　2018—2020 年分企业类型“增值税与营业收入比值”情况

从时间趋势上看，各类企业“增值税与营业收入的比值”均呈下降趋势，降幅略有差异。大型企业从 2018 年的 2.5% 下降至 2020 年的 2.07%，降幅为 0.43 个百分点；中型企业从 2018 年的 2.81% 下降至 2020 年的 2.42%，降幅为 0.39 个百分点；小型企业降幅最小，从 2018 年的 2.99% 下降至 2020 年的 2.61%，降幅为 0.38 个百分点；微型企业从 2018 年的 3.8% 上升至 2018 年的 2.26%，降幅最大达到 1.54 个百分点。

第五，行业间“增值税与营业收入的比值”差异较大，最高为采矿业，最低为农林牧渔业，其中制造业三年均值为 2.9%。

2018—2020 年各行业“增值税与营业收入的比值”情况如表 42 所示。从中可以看出，2018—2020 年行业间差距较大，最高的行业为采矿业，三年均值为 4.59%；最低的行业为农林牧渔业，三年均值为 0.65%，两行业相差 3.94 个百分点。其中，制造业三年均值为 2.9%。

从各行业“增值税与营业收入的比值”变动趋势看，绝大多数行业呈下降趋势。与 2018 年相比，2020 年该比重上升的行业有 2 个，分别为科学研究和技术服务业和卫生和社会工作行业。

表 42　2018—2020 年各行业“增值税与营业收入的比值”情况　单位：%

行业名称	2018 年	2019 年	2020 年	均值
全部行业	2.97	2.62	2.48	2.69
农、林、牧、渔业	0.68	0.64	0.63	0.65
采矿业	5.19	4.47	4.10	4.59
制造业	3.15	2.86	2.70	2.90
电力、热力、燃气及水生产和供应业	2.66	2.58	2.42	2.55
建筑业	3.47	2.74	2.81	3.00
批发和零售业	2.91	1.39	1.34	1.88
交通运输、仓储和邮政业	2.22	2.08	1.90	2.07
住宿和餐饮业	2.08	2.03	1.12	1.74
信息传输、软件和信息技术服务业	3.44	3.40	3.10	3.31
金融业	2.88	2.74	2.74	2.78
房地产业	3.57	3.44	2.85	3.29
租赁和商务服务业	2.58	2.74	2.49	2.60
科学研究和技术服务业	3.29	3.46	3.61	3.45
水利、环境和公共设施管理业	3.31	3.20	2.32	2.94
居民服务、修理和其他服务业	3.03	3.09	2.98	3.03
教育	0.99	1.04	0.28	0.77
卫生和社会工作	0.29	0.27	0.31	0.29
文化、体育和娱乐业	2.11	2.03	2.02	2.05
其他	2.72	2.59	2.47	2.59

4. 关于“企业所得税占本年度利润总额的比重”的情况分析

企业所得税的税基为利润，因此，“企业所得税占本年度利润总额的比重”可以反映企业所得税的实际税负水平。从调查数据看，我国“企业所得税占本年度利润总额的比重”呈现出如下特征：

第一，超五成样本企业“企业所得税占本年度利润总额的比重”小于 10%，约 75% 的企业低于 20%。

2018—2020 年样本企业“企业所得税占本年度利润总额的比重”的分布情况如表 43 所示。从表 43 中可以看出，超五成（53.84%，三年均值）企业百元利润中缴纳企业所得税不足 10 元，且该比重呈现明显上升的趋势，从 2018 年的 46.18% 上升至 2020 年的 58.10%。绝大多数（74.05%，三年均值）企业百元利润纳税低于 20 元，百元利润纳税 20 元以上的企业占比约为 25%（25.95%，三年均值）。

表 43 2018—2020 年样本企业“企业所得税占年度利润总额的比重”分布情况 单位：%

年份	<10%	10%—20%	20%以上
2018	46.18	23.48	30.35
2019	57.24	18.49	24.28
2020	58.10	18.69	23.23
均值	53.84	20.22	25.95

第二，近三年“企业所得税占本年度利润总额的比重”均值为 13.93%，且呈明显的下降趋势。东北地区占比最高，中部地区最低；北方地区高于南方地区。

2018—2020 年样本企业“企业所得税占本年度利润总额的比重”如图 80 所示。从图中可以看出，2018—2020 年，除东北地区样本企业 2020 年较 2019 年增加 0.07 个百分点外，其他地区样本“企业所得税占本年度利润总额的比重”呈明显的下降趋势，从 2018 年的 15.99% 下降至 2020 年的 12.76%，全国三年均值为 13.93%。

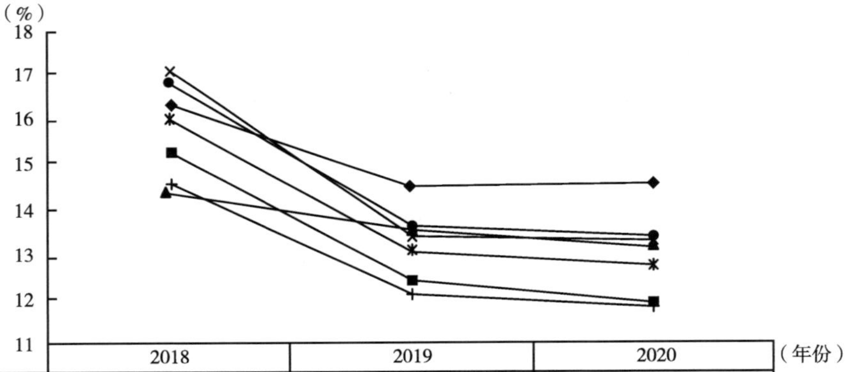

	2018	2019	2020
全国	15.99	13.03	12.76
东部地区	17.04	13.39	13.32
中部地区	15.26	12.37	11.86
西部地区	14.39	13.49	13.18
东北地区	16.31	14.48	14.55
南方地区	14.57	12.08	11.81
北方地区	16.87	13.61	13.35

图 80 2018—2020 年样本企业“企业所得税与本年度利润总额比值”情况

分地区看，东北地区企业“企业所得税占本年度利润总额的比重”占比最高，三年均值为 15. 11%，中部地区占比最低，三年均值为 13. 16%；北方地区三年均值为 14. 61%，比南方地区高 1. 79 个百分点。从趋势上看，除东北地区 2020 年略升外，其他地区三年“企业所得税占本年度利润总额的比重”呈明显的下降趋势；南北方地区三年“企业所得税占本年度利润总额的比重”也均呈现明显的下降趋势。

第三，分企业规模来看，大型企业“企业所得税占本年度利润总额的比重”最高，三年均值为 16. 81%，微型企业最低，三年均值为 8. 88%。从趋势上看，除大型企业 2019 年和微型企业 2020 年呈上升趋势外，其他类型企业 2018—2020 年“企业所得税占本年度利润总额的比重”呈逐年下降的趋势。

分企业规模的“企业所得税占本年度利润总额的比重”情况如图 81 所示。从图中可以看出，大型企业“企业所得税占本年度利润总额的比重”最高，三年均值为 16. 81%，微型企业最低，三年均值为 8. 88%，二者相差 7. 93 个百分点。

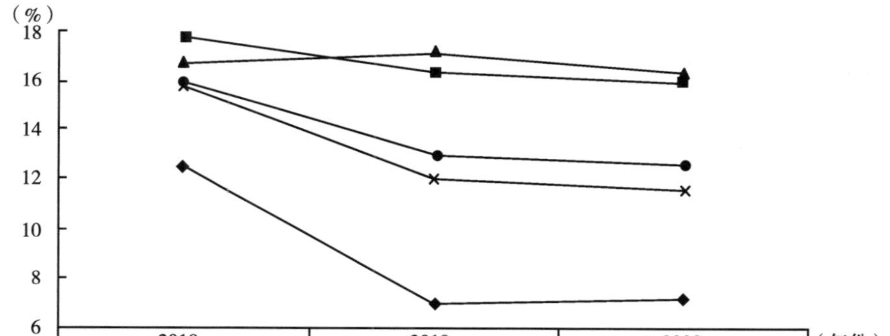

	2018	2019	2020
全部企业	15.99	13.03	12.76
大型企业	16.77	17.25	16.40
中型企业	17.80	16.44	16.17
小型企业	15.88	12.08	11.67
微型企业	12.53	6.92	7.20

图 81　2018—2020 年分企业规模“企业所得税占利润总额的比重”

从趋势上看，除大型企业“企业所得税占本年度利润总额的比重”2019 年和微型企业 2020 年略升外，其他类型企业“企业所得税占本年度利润总额的比重”走势持续下降。大型企业从 2018 年的 16. 77% 上升至 2019 年的 17. 25%，又下降至 2020 年的 16. 40%；中型企业从 2018 年 17. 80% 下降至 2020 年的 16. 17%；小型企业从 2018 年的 15. 88% 降至 2020 年的 11. 67%；微型企业从

2018 年的 12.53% 下降至 2019 年的 6.92%，2020 年又上升至 7.2%，主要是微型企业受新冠肺炎疫情影响 2020 年的利润总额有所下滑。

第四，行业间“企业所得税占本年度利润总额的比重”差异较大，差距在 20 个百分点以上，最高为建筑业，最低为卫生和社会工作行业，制造业的三年均值为 13.4%。

2018—2020 年各行业“企业所得税占本年度利润总额的比重”情况如表 44 所示。从中可以看出，2018—2020 年行业间差距较大，最高的行业为建筑业，三年均值为 24.01%；最低的行业为卫生和社会工作行业，三年均值为 2.23%，两行业差距为 21.78 个百分点。其中，制造业三年均值为 13.4%。

表 44　2018—2020 年行业“企业所得税占年度利润总额的比重”分布　单位：%

行业名称	2018 年	2019 年	2020 年	均值
全部行业	15.99	13.03	12.76	13.93
农、林、牧、渔业	5.86	5.76	5.53	5.72
采矿业	21.12	20.29	19.56	20.32
制造业	15.63	12.55	12.03	13.40
电力、热力、燃气及水生产和供应业	17.99	16.04	18.93	17.65
建筑业	27.81	22.41	21.83	24.01
批发和零售业	16.58	12.80	14.13	14.51
交通运输、仓储和邮政业	18.50	13.66	11.92	14.69
住宿和餐饮业	7.99	8.75	4.12	6.95
信息传输、软件和信息技术服务业	11.66	8.22	7.79	9.22
金融业	21.28	18.72	22.78	20.93
房地产业	19.75	16.17	17.41	17.78
租赁和商务服务业	17.03	15.28	15.59	15.97
科学研究和技术服务业	13.90	11.81	12.25	12.66
水利、环境和公共设施管理业	10.49	15.64	14.82	13.65
居民服务、修理和其他服务业	15.13	11.80	9.99	12.30
教育	3.91	9.90	4.13	5.98
卫生和社会工作	3.17	2.18	1.35	2.23
文化、体育和娱乐业	8.35	4.25	3.67	5.42
其他	14.64	12.59	12.07	13.10

从各行业“企业所得税占本年度利润总额的比重”变动趋势看，半数以上

行业呈下降趋势。与 2018 年相比，2020 年该比重上升的行业为电力、热力、燃气及水生产和供应业，金融业，水利、环境和公共设施管理业以及教育行业。另外，还有 4 个行业较 2019 年有所上升，具体为批发和零售业，房地产业，租赁和商务服务业以及科学研究和技术服务业。主要原因是这些行业的样本企业利润总额在下滑。

（三）关于企业资源使用类非税缴费的统计分析

关于涉企收费种类较多，且各个企业涉及的项目不同，难以统计，为此，本部分主要调查问询了企业缴纳的与资源使用相关的收费情况。

在 2021 年受调查企业中，各年度填报矿产资源补偿费、探矿权采矿权使用费（矿业权占用费）以及土地使用权出让金的企业户数、缴费金额以及占营业收入的比重情况如表 45 所示。

由于上述收费项目差异较大，收费项目间、企业间以及年度间数据不具有可比性，在此仅将调查数据列示以供参考。

表 45　　2018—2020 年样本企业部分政府性收费项目的缴纳情况

类别		2018 年	2019 年	2020 年
矿产资源补偿费	户数（家）	54	53	54
	金额（万元）	33123.38	13154.61	17538.94
	占比（%）	0.17	0.07	0.09
探矿权采矿权使用费（矿业权占用费）	户数（家）	56	60	68
	金额（万元）	44532.79	74531.44	59037.31
	占比（%）	0.53	0.77	0.52
土地使用权出让金	户数（家）	296	330	356
	金额（万元）	4498491.41	2457129.75	2369453.27
	占比（%）	7.03	3.57	3.02

注：《关于全面推进资源税改革的通知》（财税〔2016〕53 号）规定“将全部资源品目矿产资源补偿费费率降为零”；《国务院关于印发矿产资源权益金制度改革方案的通知》（国发〔2017〕29 号）规定“将探矿权采矿权使用费整合为矿业权占用费”。但是由于受多方面因素影响（如尾欠、合同分期以及各地改革不同步等），这里仍据实调查统计并报告相关数据。

（四）关于企业税费负担感受的调查分析

2021 年，关于企业税（费）感受的调查，设计了 1 道主观题，主要调查企业在连续几年的减税降费政策之后对税费负担的感受，共列四个选项，分别为“较轻”“负担合理”“负担仍然较重”以及“负担仍然非常重”。本次调查的统计情况如表 46 所示。从表中可以发现：在 2021 年问卷中，56.5% 的企业认为“税费负担合理”，但同时也有 33% 的企业认为“税费负担仍然较重”，认为较轻和非常重的企业占比分别为 7.9% 和 2.5%。这表明在连续几年的减税降费政策之后，大部分企业认为税费负担较轻或合理，不过仍然有部分企业认为税费负担重。

表 46　关于税费负担主观调查的情况分析　　单位：%

企业对税费负担的感受	占比
负担较轻	7.9
负担合理	56.5
负担仍然较重	33.0
负担仍然非常重	2.5
合计	100

（五）主要结论

基于 2021 年样本数据的分析发现，66% 以上的样本企业“企业纳税总额占营业收入的比重”小于 5%，近 96% 的样本企业小于 15%。其中，半数以上（56.5%）企业认为税费负担合理，7.9% 的企业认为税费负担较轻。具体而言：

第一，近三年“企业纳税总额占营业收入的比重”均值为 5.31%，且呈明显的下降趋势。

第二，近三年样本企业“企业纳税总额占企业综合成本费用的比重”均值为 6.05%，2020 年较 2019 年有小幅上升。

第三，近三年“增值税与营业收入的比值”的均值为 2.69%，且呈明显逐年下降态势。

第四，近三年“企业所得税占本年度利润总额的比重”的均值为 13.93%，且呈明显逐年下降趋势。

第五，在连续几年的减税降费政策之后，大部分企业认为税费负担合理或较轻。

（六）政策建议

近年来的减税降费政策在降低企业成本负担上发挥了重要作用，特别是疫情期间的减税降费政策有效地对冲了疫情给企业带来的冲击。但是，税费并不是企业成本的决定因素，而且在长期大规模的减税降费之后政策的空间在逐步缩小，政策边际效用也在减弱。未来的减税降费政策建议从以下两个方面考虑：

一是增强政策的精准性。从作用领域上来看，未来的减税降费政策应更多地支持企业创新。如研究扩大支持创新的研发费用加计扣除优惠政策。具体可以研究放松条件和扩大加计扣除比例。从政策支持对象上来看，应更多地支持中小企业，特别是小微企业。如研究将小微企业和个体工商户的税收优惠政策制度化固定下来。具体如将针对小微企业和个体工商户的增值税和所得税优惠政策制度化。

二是更多地以缓缴代替直接的减免。减税降费是用政府收入的减法换取市场主体的收益的加法，实质上是用财政风险对冲公共风险。但是，长期大规模的降税降费政策会给财政带来较大的压力和风险。因此，建议未来更地考虑延、缓等税费优惠政策，此类政策同样可以减少企业的现金流支出压力，也是政府与市场主体共担风险的重要形式，但是缓税可以在一定程度上缓解政府的财政压力。

六、营商环境情况分析

（一）营商环境满意度评价

1. 营商环境满意度评价指标体系

营商环境建设需要重视市场主体的感受，建立健全市场主体感受与政策调整优化的良性互动与反馈机制。自 2020 年 1 月 1 日起正式实施的《优化营商环境条例》，为各地营商环境优化建设提供了法制规范与指引。为评价市场主体对营商环境优化建设的满意程度，结合《优化营商环境条例》内容，从市场主体保护、市场环境、政务服务、监管执法和法治保障 5 个方面，构建了包括 20 个二级指标的营商环境满意度评价指标体系（见表 47）。

表 47　　营商环境满意度评价指标体系

目标层	一级指标	二级指标
营商环境满意度	市场主体保护满意度	依法享有经营自主权情况
		依法平等使用生产要素和公共服务资源情况
		招投标和政府采购公开公正透明情况
		依法平等获取政府支持发展相关政策情况
	市场环境满意度	统一的市场准入负面清单制度落实情况
		银行贷款环境情况
		政府履行合同、承诺等方面情况
		法定外收费、摊派、集资清理规范情况
	政务服务满意度	行政审批便利化情况
		行政机构办事程序简化、办理时间缩短等情况
		政府机关政策和规章制度公开透明情况
		涉企收费目录清单管理与公开情况
	监管执法满意度	政府监管规章和程序公开透明情况
		"双随机、一公开" 监管落实情况
		司法机构执法公正、高效情况
		反垄断和反不正当竞争落实情况
	法治保障满意度	依法平等受到法律保护情况
		制定营商环境相关法律法规情况
		提供纠纷解决途径和法律服务情况
		维护合法权益的便利情况

其中，市场主体保护满意度方面选取的指标有：依法享有经营自主权情况，依法平等使用生产要素和公共服务资源情况，招投标和政府采购公开公正透明情况，依法平等获取政府支持发展相关政策情况；市场环境满意度方面选取的指标有：统一的市场准入负面清单制度落实情况，银行贷款环境情况，政府履行合同、承诺等方面情况，法定外收费、摊派、集资清理规范情况；政务服务满意度方面选取的指标有：行政审批便利化情况，行政机构办事程序简化、办理时间缩短等情况，政府机关政策和规章制度公开透明情况，涉企收费目录清单管理与公开情况；监管执法满意度方面选取的指标有：政府监管规章和程序公开透明情

况，“双随机、一公开”监管落实情况，司法机构执法公正、高效情况，反垄断和反不正当竞争落实情况；法治保障满意度方面选取的指标有：依法平等受到法律保护情况，制定营商环境相关法律法规情况，提供纠纷解决途径和法律服务情况，维护合法权益的便利情况。

2. 营商环境满意度测算与分析

对每一个二级指标，设置 1—5 分五个分档，分数由低到高表示满意度逐渐提高，其中 1 分表示最不满意，5 分表示最满意，由企业对所在地 2020 年营商环境满意度情况进行评价打分。所有样本企业满意度评价打分的平均分作为各二级指标的基准得分，并采用平均赋权法对一级指标和二级指标进行赋权，由此合成营商环境满意度指数。据此对不同地区、不同规模、不同所有制类型、不同行业企业的营商环境满意度进行测算与分析。

测算结果显示，样本企业对营商环境整体满意度得分为 4. 61 分，其中市场主体保护满意度得分为 4. 64 分、市场环境满意度得分为 4. 56 分、政务服务满意度得分为 4. 60 分、监管执法满意度得分为 4. 61 分、法治保障满意度得分为 4. 62 分。从一级指标得分来看，市场主体保护满意度得分最高，市场环境满意度得分最低（见图 82）。

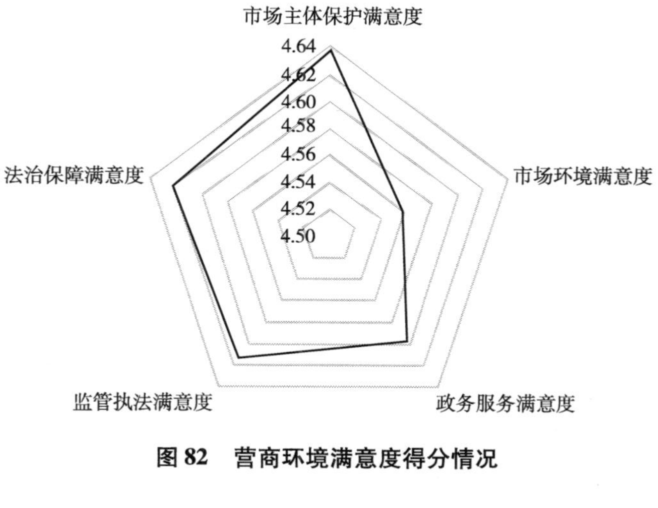

图 82　营商环境满意度得分情况

分地区看，不同地区样本企业对营商环境满意度的评价差异较大，东部地区样本企业对营商环境满意度评价的得分最高，西部地区满意度评价得分最低（见图 83）。无论是从营商环境满意度整体看，还是从市场主体保护、市场环境、政务服务、监管执法、法制保障五个维度看，东部和中部地区样本企业对营商环境满意的评价均高于西部地区。同时，不同地区样本企业对市场主体保护满意度的评价最高，对市场环境满意度的评价最低（见表 48）。

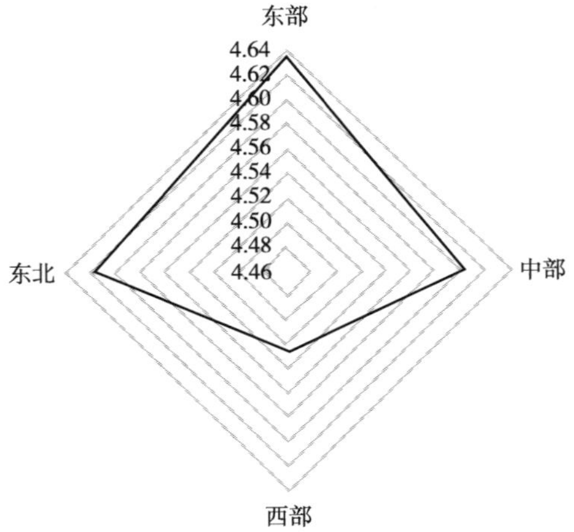

图 83　不同地区企业营商环境满意度得分情况

表 48　　不同地区企业营商环境满意度分项得分情况

	全国	东部	中部	西部	东北	南方	北方
市场主体保护满意度	4.64	4.66	4.64	4.57	4.66	4.60	4.66
市场环境满意度	4.56	4.59	4.55	4.47	4.57	4.52	4.58
政务服务满意度	4.60	4.63	4.60	4.52	4.60	4.56	4.62
监管执法满意度	4.61	4.64	4.61	4.53	4.62	4.57	4.64
法治保障满意度	4.62	4.65	4.62	4.55	4.63	4.59	4.64
营商环境满意度	4.61	4.63	4.60	4.53	4.61	4.57	4.63

从企业规模看，不同地区样本企业对营商环境满意度的评价存在差异，其中微型企业对营商环境满意度评价的得分最高，中型企业满意度评价得分最低（见图 84）。无论是从营商环境满意度整体看，还是从市场主体保护、市场环境、政务服务、监管执法、法制保障五个维度看，微型企业对营商环境满意的评价均高于其他规模企业。同时，不同规模企业对市场主体保护满意度的评价最高，对市场环境满意度的评价最低（见表 49）。

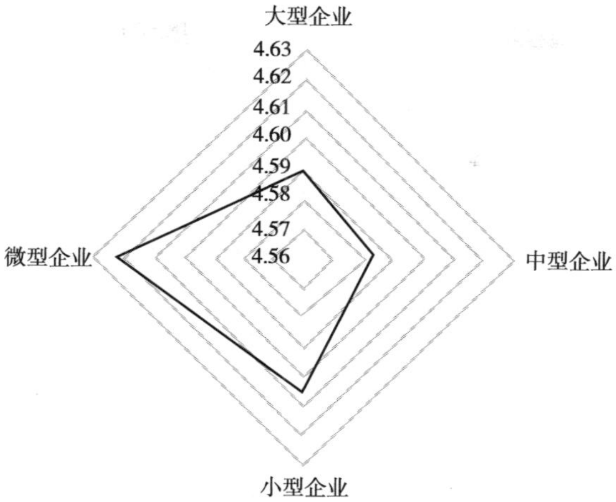

图 84　不同规模企业营商环境满意度得分情况

表 49　不同规模企业营商环境满意度分项得分情况

	大型企业	中型企业	小型企业	微型企业
市场主体保护满意度	4.63	4.63	4.64	4.64
市场环境满意度	4.54	4.52	4.55	4.59
政务服务满意度	4.57	4.57	4.60	4.61
监管执法满意度	4.60	4.59	4.61	4.63
法治保障满意度	4.61	4.60	4.62	4.64
营商环境满意度	4.59	4.58	4.60	4.62

从所有制类型看，国有企业对营商环境满意度的评价得分最高，集体企业对营商环境满意度评价的得分最低（见图 85）。无论是从营商环境满意度整体看，

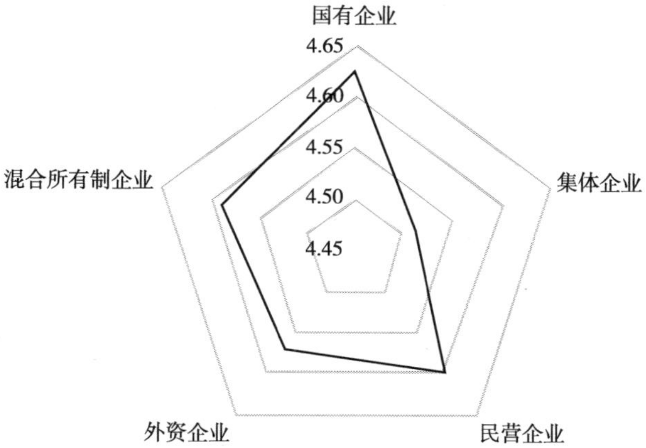

图 85　不同所有制类型企业营商环境满意度得分情况

还是从市场主体保护、市场环境、政务服务、监管执法、法制保障五个维度看，国有企业对营商环境满意的评价均高于其他所有制类型企业。同时，不同所有制类型企业对市场主体保护满意度的评价最高，对市场环境满意度的评价最低（见表 50）。

表 50　　不同所有制类型企业营商环境满意度分项得分情况

	国有企业	集体企业	民营企业	外资企业	混合所有制企业
市场主体保护满意度	4.66	4.52	4.63	4.65	4.63
市场环境满意度	4.58	4.48	4.55	4.49	4.53
政务服务满意度	4.61	4.50	4.60	4.53	4.59
监管执法满意度	4.63	4.55	4.61	4.56	4.59
法治保障满意度	4.64	4.52	4.62	4.61	4.61
营商环境满意度	4.63	4.51	4.60	4.57	4.59

从行业看，主要行业企业中批发和零售业，房地产业，租赁和商务服务业样本企业对营商环境满意度的评价得分相对较高，制造业，交通运输、仓储和邮政业，信息传输、软件和信息技术服务业样本企业对营商环境满意度评价的得分相对较低。同时，主要行业企业对市场主体保护满意度的评价最高，对市场环境满意度的评价最低（见表 51）。

表 51　　主要行业企业营商环境满意度分项得分情况

	农、林、牧、渔业	制造业	电力、热力、燃气及水生产和供应业	建筑业	批发和零售业	交通运输、仓储和邮政业	信息传输、软件和信息技术服务业	房地产业	租赁和商务服务业
市场主体保护满意度	4.64	4.62	4.65	4.64	4.65	4.60	4.63	4.65	4.66
市场环境满意度	4.55	4.53	4.56	4.56	4.61	4.55	4.54	4.57	4.60
政务服务满意度	4.59	4.58	4.60	4.61	4.63	4.59	4.59	4.62	4.61
监管执法满意度	4.60	4.60	4.62	4.62	4.65	4.60	4.58	4.65	4.65
法治保障满意度	4.61	4.61	4.63	4.62	4.65	4.60	4.60	4.64	4.65
营商环境满意度	4.60	4.59	4.61	4.61	4.64	4.59	4.59	4.63	4.63

（二）对未来营商环境优化的期待

对未来营商环境改善的评价中，样本企业期待营商环境得到改善的方面依次是市场环境（36.24%）、市场主体保护（25.85%）、政务服务（19.35%）、法制保障（9.29%）和监管执法（8.73%），与上年的调查结果基本一致（见图86）。营商环境经过多年建设成效明显，但对市场环境和市场主体保护仍是企业最为关心的方面。

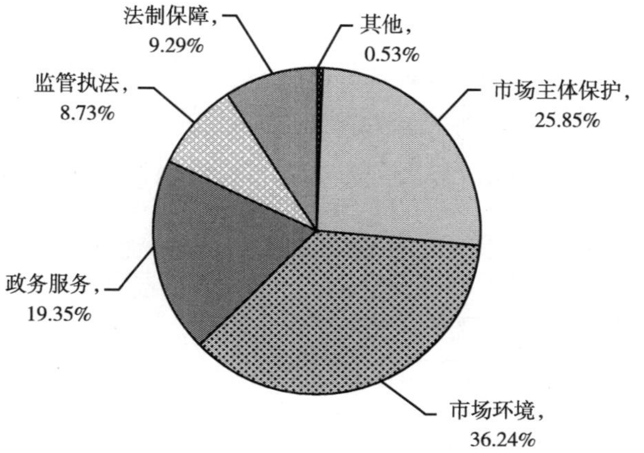

图 86　期待营商环境得到改善的情况

分地区看，不同地区样本企业对未来营商环境改善方面的期待差异不大，普遍认为市场环境、市场主体保护、政务服务仍是未来营商环境优化的重要着力方向（见表52）。从企业规模看，不同规模样本企业对未来营商环境改善方面的期待基本一致，期待营商环境得到改善的方面依次是市场环境、市场主体保护、政务服务、法制保障和监管执法（见表53）。

表 52　不同地区企业期待营商环境得到改善的情况　　单位：%

调查内容	全国	东部	中部	西部	东北	南方	北方
市场主体保护	25.85	26.30	25.65	25.09	25.89	26.20	25.66
市场环境	36.24	35.84	37.33	34.94	35.50	37.45	35.57
政务服务	19.35	18.62	19.32	20.56	22.71	19.12	19.48
监管执法	8.73	9.17	8.51	8.68	6.28	8.02	9.13
法制保障	9.29	9.61	8.59	10.20	8.86	8.62	9.66
其他	0.53	0.46	0.59	0.54	0.76	0.59	0.50

表 53　不同规模企业期待营商环境得到改善的情况　单位：%

调查内容	大型企业	中型企业	小型企业	微型企业
市场主体保护	25.94	26.30	26.22	25.47
市场环境	36.09	36.51	36.99	35.32
政务服务	20.94	20.03	19.48	18.29
监管执法	8.36	7.86	8.07	10.37
法制保障	8.59	8.69	8.73	10.14
其他	0.08	0.60	0.52	0.41

从所有制类型看，对未来营商环境改善方面的期待依次是市场环境、市场主体保护、政务服务、法制保障和监管执法。但与其他所有制类型企业相比，民营企业和混合所有制企业更期待在市场环境和市场主体保护方面加强营商环境建设，而外资企业更期待加强政务服务方面的营商环境建设（见表 54）。

表 54　不同所有制类型企业期待营商环境得到改善的情况　单位：%

调查内容	国有企业	集体企业	民营企业	外资企业	混合所有制企业
市场主体保护	24.46	27.46	26.53	23.59	25.89
市场环境	34.66	34.51	36.92	36.34	37.42
政务服务	21.02	19.25	18.45	23.48	19.02
监管执法	9.18	8.45	8.61	9.03	6.38
法制保障	9.96	9.86	9.07	6.88	9.82
其他	0.71	0.47	0.42	0.68	1.47

从行业看，不同行业样本企业对营商环境改善的期待略有差异。与其他行业企业相比，主要行业企业中农、林、牧、渔业，批发和零售业在市场主体保护方面，制造业在市场环境方面，信息传输、软件和信息技术服务业在政务服务方面，交通运输、仓储和邮政业在监管执法方面，电力、热力、燃气及水生产和供应业在法制保障方面，样本企业的占比相对较高（见表 55）。

表 55　主要行业企业期待营商环境得到改善的情况　单位：%

调查内容	农、林、牧、渔业	制造业	电力、热力、燃气及水生产和供应业	建筑业	批发和零售业	交通运输、仓储和邮政业	信息传输、软件和信息技术服务业	房地产业	租赁和商务服务业
市场主体保护	27.35	26.87	22.62	25.97	27.24	26.15	22.49	23.29	24.51
市场环境	34.47	37.78	31.87	34.94	36.49	35.26	36.82	34.19	34.92

续表

调查内容	农、林、牧、渔业	制造业	电力、热力、燃气及水生产和供应业	建筑业	批发和零售业	交通运输、仓储和邮政业	信息传输、软件和信息技术服务业	房地产业	租赁和商务服务业
政务服务	18.45	18.64	22.80	20.17	16.00	17.94	26.67	22.54	22.25
监管执法	9.47	8.12	10.14	8.70	9.28	10.85	6.37	8.44	7.99
法制保障	9.76	8.18	11.67	9.73	10.31	9.18	7.16	10.36	9.95
其他	0.50	0.40	0.90	0.49	0.67	0.63	0.50	1.18	0.38

（三）对要素资源成本价格调整的期待

对要素资源成本的评价中，样本企业期待成本下降的要素资源依次是用工成本（25.94%）、融资成本（22.49%）、用电成本（20.06%）、用地成本（12.97%）、物流成本（7.93%）（见图 87）。从调查结果来看，样本企业对用工、融资和用电等要素资源成本的下降期望较高，这一定程度上也反映出这些要素资源成本对企业成本有较大的影响。

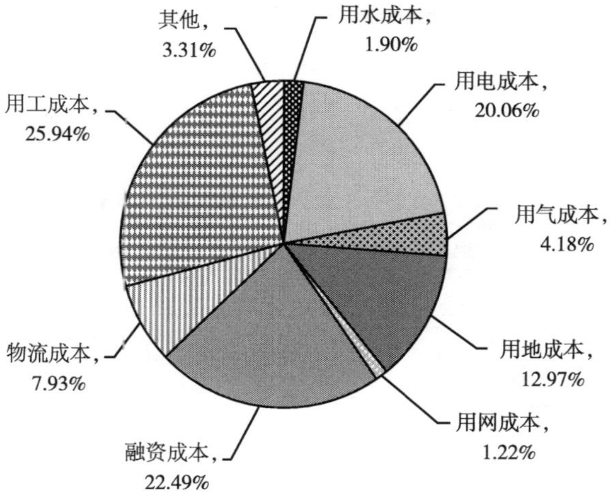

图 87　期待要素资源成本价格下降的情况

分地区看，样本企业对用工成本下降的期望占比较高且差异不大，期待其他要素资源成本下降的比例在地区间存在一定差异。样本企业期待要素资源成本下降占比较高的依次是用工成本、融资成本、用电成本、用地成本、物流成本。与其他地区相比，西部地区样本企业期待用水、用地、用网、融资等要素资源成本下降的比例较高，东部和中部地区样本企业期待用气成本下降的比例高于其他地区，东北地区期待用电成本下降的样本企业占比较高（见表 56）。

表 56　不同地区企业期待要素资源成本价格下降的情况　　单位：%

调查内容	全国	东部	中部	西部	东北	南方	北方
用水成本	1.90	1.63	1.83	3.01	1.12	1.80	1.95
用电成本	20.06	21.12	20.08	16.04	24.06	20.14	20.02
用气成本	4.18	4.49	4.61	2.30	4.20	2.40	5.20
用地成本	12.97	12.87	12.22	15.37	11.75	13.55	12.63
用网成本	1.22	0.92	1.02	2.41	1.68	1.41	1.12
融资成本	22.49	20.14	24.58	25.13	17.90	19.57	24.15
物流成本	7.93	8.41	8.51	4.90	8.95	8.75	7.46
用工成本	25.94	26.12	25.00	27.32	27.55	29.71	23.80
其他	3.31	4.29	2.15	3.53	2.80	2.67	3.67

从企业规模看，不同规模样本企业对要素资源成本下降的期待存在较大差异。样本企业期待要素资源成本下降占比较高的依次是融资成本、用工成本、用电成本、用地成本、物流成本。与其他规模企业相比，大型企业和中型企业期待融资成本和物流成本下降的占比较高，小型企业期待用工、用电和用气成本下降的占比较高，微型企业期待用工、用地、用水、用网成本下降的占比较高（见表 57）。

表 57　不同规模企业期待要素资源成本价格下降的情况　　单位：%

调查内容	大型企业	中型企业	小型企业	微型企业
用水成本	1.34	1.31	1.62	2.47
用电成本	20.18	18.63	21.34	20.21
用气成本	4.01	4.64	5.64	2.17
用地成本	9.64	13.47	10.99	15.25
用网成本	0.45	0.64	0.82	1.87
融资成本	28.04	28.65	21.71	15.85
物流成本	9.79	8.43	8.84	7.03
用工成本	23.44	21.69	26.66	29.88
其他	3.12	2.54	2.38	5.28

从所有制类型看，样本企业对要素资源成本下降的期待在不同所有制类型企

业之间存在一定差异。样本企业期待要素资源成本下降占比较高的依次是用工成本、用电成本、融资成本、用地成本、物流成本。与其他所有制类型企业相比，国有企业期待融资成本、用地成本和用水成本下降的占比较高，集体企业期待用工和用电成本下降的占比较高，外资企业期待用电、物流和用气成本的占比较高，混合所有制企业期待融资成本下降的占比较高（见表 58）。

表 58　不同所有制类型企业期待要素资源成本价格下降的情况　单位：%

调查内容	国有企业	集体企业	民营企业	外资企业	混合所有制企业
用水成本	2.77	1.68	1.62	0.62	0.90
用电成本	18.51	24.37	20.46	26.29	17.04
用气成本	2.50	2.94	4.88	5.59	3.81
用地成本	14.83	9.24	12.37	9.32	13.90
用网成本	2.13	2.10	0.82	0.21	2.02
融资成本	31.82	11.34	19.20	12.01	22.42
物流成本	3.73	8.82	9.23	17.39	9.64
用工成本	20.60	35.71	28.02	27.12	25.11
其他	3.10	3.78	3.40	1.45	5.16

从行业看，样本企业期待要素资源成本下降占比较高的依次是用工成本、融资成本、用电成本、用地成本、物流成本。与其他行业相比，主要行业企业中期待用工成本下降占比较高的是建筑业，信息传输、软件和信息技术服务业，期待融资成本下降占比较高的是租赁和商务服务业，房地产业，电力、热力、燃气及水生产和供应业，信息传输、软件和信息技术服务业，期待用电成本下降占比较高的是制造业和电力热力燃气及水生产和供应业，期待用地成本下降占比较高的是房地产业，期待物流成本下降占比较高的是批发和零售业、交通运输、仓储和邮政业（见表 59）。

表 59　主要行业企业期待要素资源成本价格下降的情况　单位：%

调查内容	农、林、牧、渔业	制造业	电力、热力、燃气及水生产和供应业	建筑业	批发和零售业	交通运输、仓储和邮政业	信息传输、软件和信息技术服务业	房地产业	租赁和商务服务业
用水成本	2.75	1.08	7.93	2.31	1.23	1.27	0.55	1.56	1.54
用电成本	19.40	23.95	27.15	8.82	16.73	20.76	14.03	8.37	15.17
用气成本	5.24	7.14	5.06	1.15	0.94	2.42	0.36	0.97	0.84

续表

调查内容	农、林、牧、渔业	制造业	电力、热力、燃气及水生产和供应业	建筑业	批发和零售业	交通运输、仓储和邮政业	信息传输、软件和信息技术服务业	房地产业	租赁和商务服务业
用地成本	15.33	10.20	9.95	14.92	13.62	12.10	12.02	41.05	13.76
用网成本	1.18	0.15	2.19	0.99	1.82	1.66	4.37	0.78	2.53
融资成本	21.36	19.18	28.33	25.31	22.12	18.98	25.87	35.80	36.52
物流成本	7.73	10.09	1.35	2.56	15.26	17.20	2.19	0.39	2.53
用工成本	25.03	25.60	10.79	40.40	24.18	22.93	37.16	8.95	24.02
其他	1.97	2.62	7.25	3.54	4.11	2.68	3.46	2.14	3.09

（四）影响企业投资决策的环境因素

在对企业投资决策环境因素的评价中，占比排前五的影响因素分别是完善的产业链供应链体系（20.71%），市场成熟、要素市场化配置程度高（19.46%），政府政务服务能力和引导扶持力度（15.67%），规范的监管制度和公平、公正的法治环境（14.46%），便利的公共基础设施配套（12.30%）（见图 88）。与上年的调查结果相比，在企业的投资决策中，样本企业对要素市场化配置程度和政务服务能力方面的考量在提升。

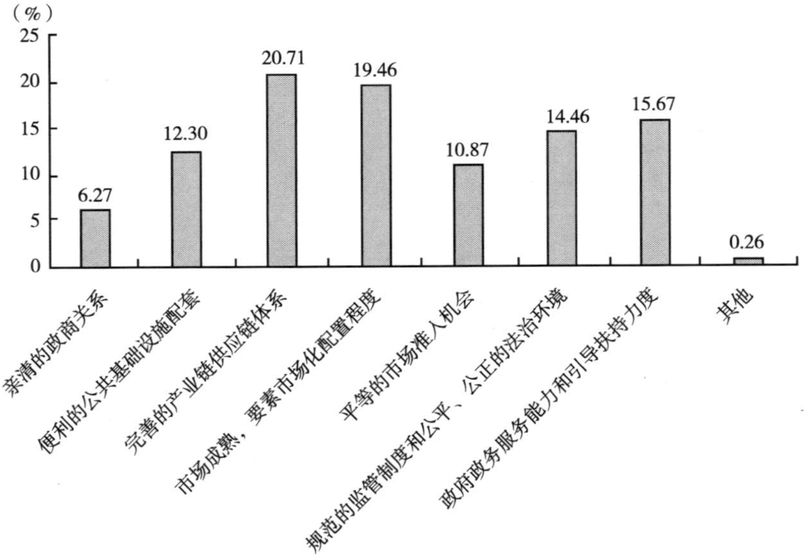

图 88　影响企业投资决策的主要环境因素

分地区看，对企业投资决策影响因素的评价，不同地区样本企业之间存在一定差异。相对于其他地区而言，东北地区样本企业比较看重“亲清的政商关系”，东部和中部地区样本企业认为“完善的产业链供应链体系”对投资决策影响大，西部地区样本企业则更看重“平等的市场准入机会”“规范的监管制度和公平、公正的法治环境”“政府政务服务能力和引导扶持力度”这些因素对投资决策的影响（见表 60）。

表 60　不同地区企业对投资决策环境因素重要性的评价　单位：%

调查内容	全国	东部	中部	西部	东北	南方	北方
亲清的政商关系	6.27	6.76	6.14	5.11	6.86	6.12	6.36
便利的公共基础设施配套	12.30	12.10	12.69	12.03	11.82	12.73	12.06
完善的产业链供应链体系	20.71	21.22	21.66	17.38	19.26	21.19	20.43
市场成熟，要素市场化配置程度	19.46	19.46	19.65	19.24	18.51	19.80	19.27
平等的市场准入机会	10.87	10.76	10.57	11.75	11.42	10.34	11.17
规范的监管制度和公平、公正的法治环境	14.46	14.81	13.62	15.49	14.42	13.70	14.88
政府政务服务能力和引导扶持力度	15.67	14.64	15.41	18.74	17.30	15.86	15.57
其他	0.26	0.26	0.26	0.27	0.40	0.26	0.27

从企业规模看，不同规模样本企业对投资决策影响因素的评价存在一定差异。相对于其他企业规模而言，大型企业比较看重“完善的产业链供应链体系”的影响，中型企业认为“市场成熟，要素市场化配置程度”更重要，而微型企业比较看重“亲清的政商关系”“便利的公共基础设施配套”和“平等的市场准入机会”对投资决策的影响（见表 61）。

表 61　不同规模企业对投资决策环境因素重要性的评价　单位：%

调查内容	大型企业	中型企业	小型企业	微型企业
亲清的政商关系	6.83	5.38	5.53	8.02
便利的公共基础设施配套	11.14	11.96	12.08	13.38
完善的产业链供应链体系	22.28	20.18	21.96	20.20
市场成熟，要素市场化配置程度	19.99	20.26	19.51	18.71
平等的市场准入机会	8.73	10.14	10.91	11.65
规范的监管制度和公平、公正的法治环境	14.73	15.05	13.90	14.23
政府政务服务能力和引导扶持力度	16.24	16.84	15.91	13.49
其他	0.06	0.20	0.19	0.32

从所有制类型看，不同所有制类型企业对投资决策影响因素的评价存在较大差异。与其他所有制类型企业相比，国有企业和混合所有制企业更看重“规范的监管制度和公平、公正的法治环境”和“政府政务服务能力和引导扶持力度”对投资决策的影响，集体企业比较重视“市场成熟，要素市场化配置程度”和“平等的市场准入机会”，而民营企业和外资企业则更看重“完善的产业链供应链体系”的影响（见表62）。

表62　　不同所有制类型企业对投资决策环境因素重要性的评价　　单位：%

调查内容	国有企业	集体企业	民营企业	外资企业	混合所有制企业
亲清的政商关系	6.49	4.94	6.26	5.55	5.46
便利的公共基础设施配套	12.88	13.71	12.05	12.57	11.09
完善的产业链供应链体系	17.78	17.73	21.96	23.51	19.50
市场成熟，要素市场化配置程度	19.06	21.57	19.59	19.18	20.04
平等的市场准入机会	10.08	12.25	11.33	8.49	9.93
规范的监管制度和公平、公正的法治环境	15.58	13.53	13.89	15.10	16.01
政府政务服务能力和引导扶持力度	17.78	15.72	14.74	15.18	16.91
其他	0.36	0.55	0.18	0.41	1.07

从行业看，相对于其他行业企业而言，主要行业企业中制造业企业更看重“完善的产业链供应链体系”，房地产业更重视“便利的公共基础设施配套”，信息传输、软件和信息技术服务业对“市场成熟，要素市场化配置程度”有较高要求，电力、热力、燃气及水生产和供应业则比较看重“规范的监管制度和公平、公正的法治环境”和“政府政务服务能力和引导扶持力度”对投资决策的影响（见表63）。

表63　　主要行业企业对投资决策环境因素重要性的评价　　单位：%

调查内容	农、林、牧、渔业	制造业	电力、热力、燃气及水生产和供应业	建筑业	批发和零售业	交通运输、仓储和邮政业	信息传输、软件和信息技术服务业	房地产业	租赁和商务服务业
亲清的政商关系	6.81	5.37	6.14	7.39	6.80	5.92	6.09	7.83	7.23
便利的公共基础设施配套	12.81	11.94	14.95	11.37	12.20	13.29	9.36	15.13	12.98

续表

调查内容	农、林、牧、渔业	制造业	电力、热力、燃气及水生产和供应业	建筑业	批发和零售业	交通运输、仓储和邮政业	信息传输、软件和信息技术服务业	房地产业	租赁和商务服务业
完善的产业链供应链体系	20.53	24.54	15.69	17.06	21.27	16.89	17.61	14.98	17.34
市场成熟，要素市场化配置程度	20.42	19.87	16.22	18.63	20.24	18.07	21.32	19.43	19.66
平等的市场准入机会	10.45	10.10	9.21	14.28	11.80	11.84	13.30	9.60	9.88
规范的监管制度和公平、公正的法治环境	12.22	13.51	17.02	15.59	14.21	15.71	14.34	15.44	15.35
政府政务服务能力和引导扶持力度	16.56	14.45	20.49	15.45	13.11	18.07	17.76	17.20	17.34
其他	0.21	0.21	0.27	0.23	0.36	0.21	0.22	0.38	0.22

（五）主要结论

营商环境是经济软实力的重要体现，是提高综合竞争力的重要方面。近年来，以“放管服”改革为抓手，我国出台了一系列优化营商环境的政策举措，市场主体对营商环境改善的获得感较高。以市场主体满意度为导向的评价结果显示，样本企业对营商环境整体满意度得分为 4.61 分（满分 5 分）。分项来看，市场主体保护满意度得分最高，市场环境满意度得分最低。

营商环境经过多年建设成效明显，但对市场环境和市场主体保护仍是企业最为关心的方面。样本企业期待未来营商环境得到改善的方面依次是市场环境（36.24%）、市场主体保护（25.85%）、政务服务（19.35%）、法治保障（9.29%）和监管执法（8.73%）。

用工、融资和用电等要素资源成本在企业成本中的占比大，企业对这类要素资源成本下降的期望较高。样本企业期待成本下降的要素资源依次是用工成本（25.94%）、融资成本（22.49%）、用电成本（20.06%）、用地成本（12.97%）、物流成本（7.93%）。

完善的产业链供应链体系（20.71%），市场成熟、要素市场化配置程度高

(19.46%)，政府政务服务能力和引导扶持力度（15.67%），规范的监管制度和公平、公正的法治环境（14.46%），便利的公共基础设施配套（12.30%），是影响样本企业投资决策的重要因素，吸引企业投资应着力加强这些方面的建设。

七、新冠肺炎疫情对企业的中长期影响

本次问卷将新冠肺炎疫情对企业短期及中长期影响，企业对抗疫优惠政策的获得感及对未来经济环境的预期等问题列为重点调研内容，以期刻画企业的实际需求，提高政策制定精准性和预期引导能力。

（一）新冠肺炎疫情对企业预期的影响

从样本企业对新冠肺炎疫情总体影响的预期来看，超过一半（50.4%）的企业认为新冠肺炎疫情在短期内（近 1—2 年）有负向影响，而中长期（3—5 年）负向影响的有 30.7%，无影响的有 9.6%。值得注意的是，也有 9.3% 的企业认为新冠肺炎疫情对其有正向影响（见图 89）。

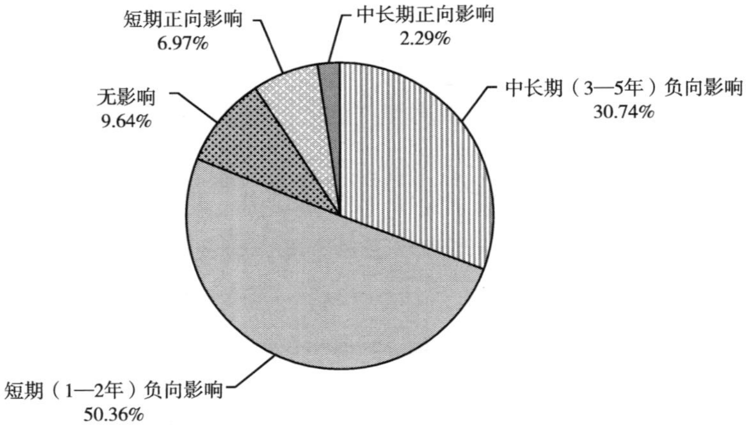

图 89　样本企业对疫情冲击影响的预期

从民营企业和国有企业对疫情冲击影响预期差异来看，疫情对民营企业的冲击影响更大。如图 90 所示，国有企业认为无影响的数量占比更高，而民营企业认为短期和长期负向影响及短期正向影响的数量占比均高于国有企业。整体来看，无论是民营企业，还是国有企业，大部分都认为疫情冲击负面影响主要集中

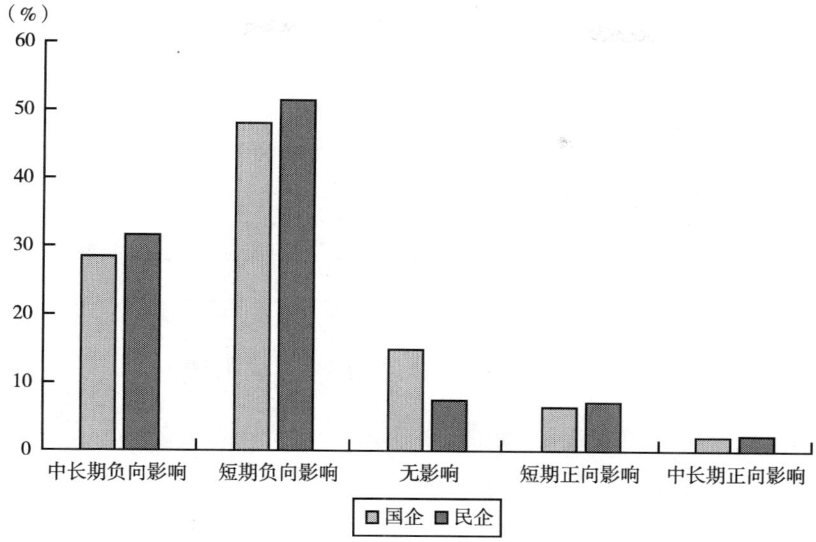

图 90　不同所有制企业对疫情冲击影响的预期

在近两年的时间期限内，仅少部分企业认为有正向影响。

新冠肺炎疫情对不同行业产生差异化的冲击影响。如表 64 所示，与其他行业的预期分布不同，住宿和餐饮业有 51.9% 认为疫情对其造成中长期的负面影响，远超过认为短期负面影响的占比（37.7%）以及无影响、正向影响的占比（见图 91）。

表 64　新冠肺炎疫情对企业运营的影响情况

单位：%

问卷问题	无影响	1	2	3	4	5
对供应链的破坏程度	14.35	13.60	18.81	25.16	14.84	13.23
“用工荒”程度	19.24	15.16	18.71	22.53	13.23	11.14
对资金链的冲击程度	14.59	13.31	18.04	23.78	16.38	13.90
对原材料成本影响	14.07	10.74	15.37	22.28	18.63	18.92

注：1 分表明负向影响最小，5 分表明负向影响程度最大。

从疫情对企业的影响环节来看，供应链破坏、“用工荒”、资金链紧绷和原材料成本上升等对企业运营产生影响。从整体趋势来看，14% 左右的样本企业认为疫情对自身供应链、资金链和原材料成本无影响，而 19% 的样本企业认为疫情对用工无影响。对比影响程度（选择 5 分的企业比例）来看，样本企业认为原材料成本上升影响程度最大的数量占比最多，达到 18.9%，其次是资金链和供应

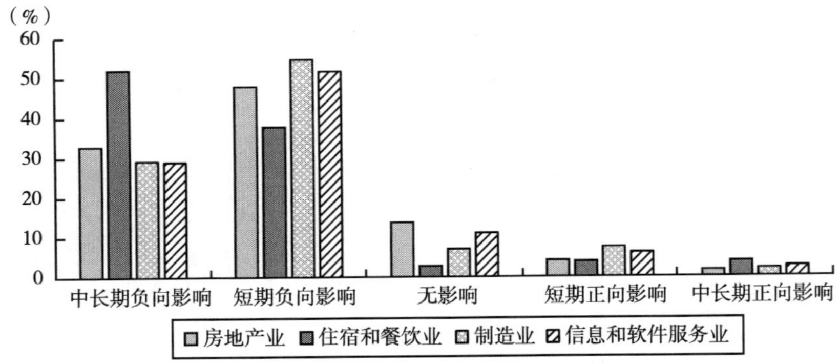

图 91　不同行业企业对疫情冲击影响的预期

链的破坏，最后是“用工荒”，如图 92 所示。对比制造业企业与住宿餐饮业企业，疫情对住宿餐饮行业企业在各个环节均有较大负向影响，尤其以资金链问题十分突出，而制造业企业的关键痛点在于原材料成本上升（见图 93）。

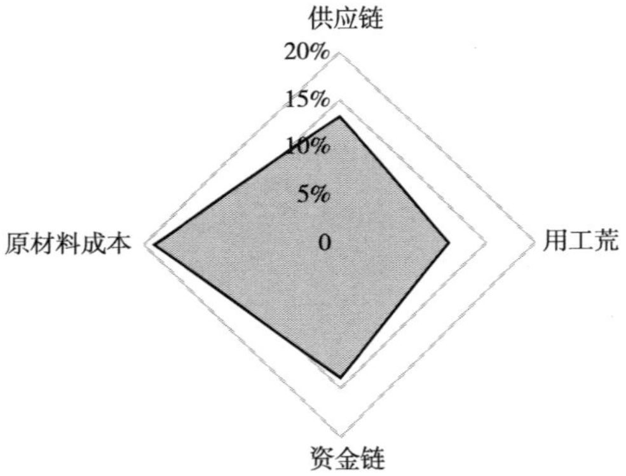

图 92　影响企业对疫情冲击影响的预期

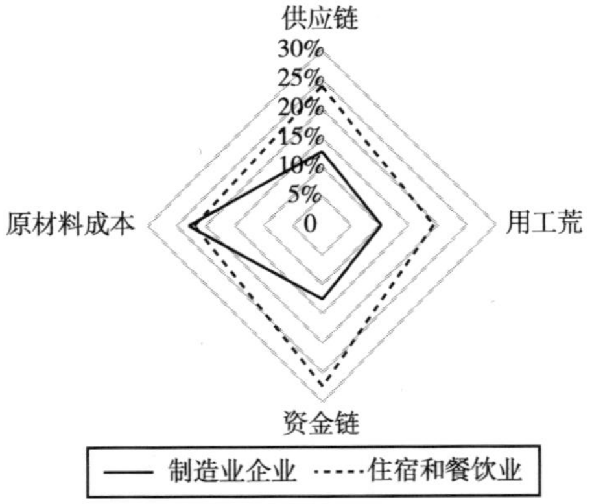

图 93　影响企业对疫情冲击影响的预期

（二）企业的政策获得感及政策退出的影响

从各项抗疫优惠政策的覆盖度和满意度评价来看，样本企业对减税降费政策获得感最强。如表 65 和图 94 所示，样本中 95. 9% 的企业享受到减税降费政策，47. 3% 的企业对该政策打出最高分（5 分）。从整体评级来看，企业对“保产业链、供应链”政策、金融支持政策、政府投资基金支持政策和政府性融资担保政策的政策效果也都十分肯定，评 5 分的企业数量占比都远高于其他评分。从政策覆盖度来看，除了减税降费政策，“保产业链、供应链”政策覆盖面较广，包括专项优惠贷款、贷款阶段性延期还本付息等金融支持也发挥着关键作用，政府投资基金和政府性融资担保作为特定专业领域政策工具覆盖面相对较小。另外，对企业按规模划分为大中型企业和小微型企业类型进行对比分析，政策效果评价情况与总体样本的结果相一致。

表 65　样本企业对抗疫优惠政策的效果评价情况　单位：%

抗疫优惠政策	未享受	1	2	3	4	5
“保产业链、供应链”政策	18. 52	4. 85	8. 39	16. 22	19. 49	32. 53
金融支持政策	21. 28	4. 25	7. 68	15. 65	19. 01	32. 13
减税降费政策	4. 12	3. 62	7. 09	15. 08	22. 79	47. 30
政府投资基金	23. 09	4. 21	7. 15	15. 16	17. 93	32. 48
政府性融资担保	24. 13	4. 19	7. 09	14. 98	17. 24	32. 35

注：1 分表明政策效果一般，5 分表明政策效果最好。

从企业对抗疫优惠政策退出影响的预判来看，大部分样本企业认为政策退出会对企业经营产生负面冲击，仅有 17. 3% 的企业认为无影响，如表 66 所示。从整体影响程度来看，10. 2% 的企业认为政策退出会造成最为严重的冲击，大部分企业（25. 6%）认为会产生中等程度的影响。分规模对比来看，政策退出对小微企业的影响明显高于大中型企业。从行业对比来看，住宿和餐饮业对抗疫优惠政策的依赖程度更大，仅 10% 企业认为政策退出对其无影响，而认为影响程度达到 5 分的企业数量占比达到 17. 7%。

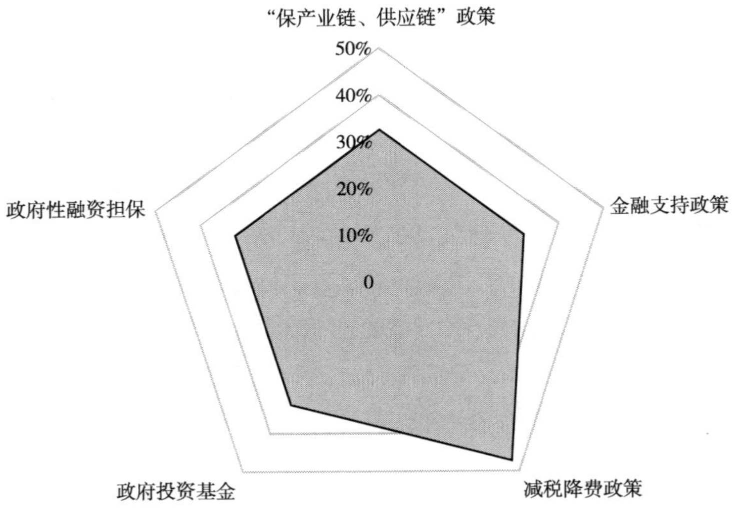

图 94　企业对各项政策效果评价

表 66　　样本企业对抗疫优惠政策退出影响的预期情况　　单位：%

类型	无影响	1	2	3	4	5
整体	17.31	15.16	19.34	25.62	12.35	10.22
大型企业	16.17	17.06	23.74	21.51	13.20	8.31
中型企业	16.77	16.62	19.95	25.60	12.06	9.01
小型企业	16.54	16.07	19.45	25.29	12.73	9.92
微型企业	17.92	12.29	18.00	28.04	12.14	11.62
制造业	15.94	15.90	20.44	26.08	12.56	9.07
住宿和餐饮业	10.00	6.92	18.08	28.85	18.46	17.69

注：1 分政策退出负向影响较弱，5 分表明政策退出负向影响最大。

（三）企业未来预期及政策变动

从样本企业对未来自身效益经济环境的预期来看，整体更为乐观，对未来三年的长期预期要好于近一年的短期预期。如表 67 所示，全部样本企业对未来三年长期乐观预期达到 4 分和 5 分的数量占比分别达到 29.8% 和 17.2%，明显高于对 2020 年预期的 25.1% 和 14.7%。重点关注制造业企业，对经济的长期乐观预期也明显强于短期，且乐观预期高于悲观预期。从小微企业角度来看，长期悲观预期的占比要高于全部样本，评分为 1 分和 2 分的比重分别为 2.2% 和 8%。

表 67　样本企业对未来经济形势的预期情况　单位：%

	不同期限	1	2	3	4	5
全部样本	短期预期：2022 年	3.62	10.09	46.43	25.13	14.74
	长期预期：未来三年	2.20	7.46	43.34	29.77	17.23
制造业	短期预期：2022 年	3.21	9.91	45.71	27.74	13.43
	长期预期：未来三年	1.74	7.11	42.93	32.30	15.92
小微企业	短期预期：2022 年	3.58	10.32	46.42	24.46	15.23
	长期预期：未来三年	2.23	8.00	43.55	28.88	17.69

注：1 分表明预期最为悲观，5 分表明预期最为乐观。

课题组将减税降费效果与企业预期进行回归分析，结果表明减税降费政策效果越好，企业对未来经济的短期和长期预期都更加乐观。如表 68 所示，第一列中政策变量对短期预期的回归系数为 0.087，在 1% 水平显著，这表明减税降费政策效果越高，企业对经济的短期预期越乐观。风险偏好变量作为控制变量，也与短期预期变量存在显著正相关关系，这表明企业风险偏好越高，对经济的短期预期越乐观①。第二列中减税降费政策对企业长期预期的回归系数为 0.095，高于短期预期，这说明减税降费政策对企业来讲是长期利好的信号。第三列和第四列分别展示政策对制造业企业预期的影响，结果趋势与整体样本相一致。第五列和第六列展示减税降费政策对小微企业经济长短预期的影响，回归系数分别为 0.09 和 0.096，高于整体样本，这说明小微企业对减税降费政策的获得感更高。

① 风险偏好变量为本次调研问卷 B 卷第 5 题，即“第 5 题．假设有两种不同的投资：投资 A 预期获得 5% 的收益，有可能承担非常小的损失；投资 B 预期获得 20% 的收益，但有可能面临 25% 甚至更高的亏损。结合贵企业的投资风格，投资资产分配为：全部投资于 A，大部分投资于 A，两种投资各一半，大部分投资，全部投资于 B”，数值越高表明企业风险偏好越大。值得注意的是，由于填报者为个人，此题虽然引导填报者假定自己是公司决策者进行选择，但仍不能控制个体差异因素。

表 68　　减税降费对企业预期影响的回归结果

	短期预期	长期预期	制造业短期预期	制造业长期预期	小微企业短期预期	小微企业长期预期
政策变量（b3_3）	0.087 *** (13.49)	0.095 *** (15.29)	0.080 *** (7.96)	0.086 *** (9.01)	0.090 *** (11.1)	0.096 *** (12.31)
风险偏好变量（b5）	0.021 ** (2)	0.032 *** (3.15)	0.054 *** (3.31)	0.069 *** (4.43)	0.019 (1.42)	0.027 ** (2.14)
Constant	2.992 *** (84.57)	3.091 *** (91.1)	2.951 *** (53.44)	3.047 *** (58.05)	2.984 *** (66.99)	3.090 *** (72.18)
Observations	11569	11568	4892	4892	7532	7531
R - squared	0.016	0	0.015	0.02	0.016	0.02

注：***，**，*分别对应 1%，5%，10% 的显著性水平，括号内是对应稳健标准差的 t 统计量。

（四）政策建议

一是进一步通过减税降费等政策对冲疫情负面影响，对经济注入确定性，增强企业乐观预期，形成正反馈机制。从调研数据分析来看，尽管新冠肺炎疫情对大部分企业造成短期冲击，但是实体企业对我国中长期经济增长均持乐观态度，而且对减税降费、政府性融资担保、专项优惠贷款等抗疫优惠政策的效果表示十分认可。因此，在目前阶段，应进一步强化财政金融政策组合的效果，持续引导企业预期，避免政策急转弯。

二是制定精准抗疫优惠政策退出方案，防范政策突然退出对部分领域企业造成风险。抗疫金融政策切实地降低了企业融资成本，稳定了企业融资规模，缓解了企业现金流压力。抗疫财政政策则切实用“真金白银”支持企业运营，提高了企业生存能力。随着这些政策逐步退出，依据退出影响情况精准设计制定政策方案十分必要。要加强评估各项抗疫金融政策退出对企业的影响，合理把握各项政策退出节奏，提高政策的精准性，对疫情影响严重且尚未恢复的行业定向支持，其他行业则可以逐步退出。

八、数字化转型对企业的影响

新冠肺炎疫情全球大流行，使得数字技术和平台模式加快向研发、生产制造、社会治理等广泛渗透，各个领域、各类主体加速进入数字经济时代。对于企业而言，加快实现数字化转型是顺应时代变化之举，更是重塑市场竞争力的根本保障。本部分系统考察企业数字化转型的基本情况，归纳现阶段存在的主要问题与不足，并以企业的主要诉求为基础提炼若干对策建议，为各级政府加快建设数字政府、数字经济、数字社会提供有益借鉴。

（一）企业数字化转型的基本情况与特征

1. 数字化转型概念界定与样本说明

随着数字技术的发展和数据采集、存储等设施的不断完善，万物皆数、万物皆可数字化成为现实。所谓数字化（Digitization），是指将许多复杂多变的信息转变为可以度量的数字、数据，再以这些数字、数据建立起适当的数字化模型，把它们变成一系列二进制代码，引入计算机内部进行统一处理。数字化是在信息化基础上的进一步推进，也是实现信息化的重要途径，它的实质就是将复杂、难以估计或处理的信息通过一定的方式转变为计算机能够处理的二进制代码 0 和 1。

从信息化到数字化代表着技术的飞跃，更意味着行为模式、分析和处理方式的变迁。因此，数字化转型（Digital Transformation）就是适应数字经济时代的一种发展模式或发展战略。对于企业而言，所谓数字化转型，就是以价值创新为目的，用数字技术驱动业务变革的发展战略。或者说，数字化转型就是通过深入应用数字技术来优化改造物理世界的业务，对传统的管理模式、业务模式、商业模式进行创新和重塑，进而实现降低成本、提高效率、控制风险、开发新产品、转换新旧动能等目的。

数字技术给企业发展带来了无限可能，而数字化及其产生的数据要素是应用数字技术的根本基础。因此，加快实现数字化转型是企业应对当前约束和中长期挑战的必然选择。考虑到数字化转型并无统一概念，且企业对其的认识也存在很大差异，我们通过如下方式筛选合适的样本：首先，直接询问是否进行了数字化转型，将企业初步分为“已转型”和“未转型”两类；其次，对于“未转型”企业，进一步询问其在生产经营中是否使用了云计算、大数据、物联网、人工智能、区块链、5G 等数字技术，将使用了数字技术的企业纳入“已转型”一类，得到二次筛选结果；最后，根据受访者对“开展数字化转型的主要方式”“数字化转型的投资结构”“各个环节的数字化转型现状”“数字化转型产生的作用”等题目的回答，将填报内容涉及“未转型”或所有环节均未转型的“已转型”

样本纳入“未转型”一类，进而得到最终筛选结果。如表 69 所示，已转型和未转型的有效样本量分别为 4493、13077，占比分别为 24. 80%、75. 20%。

表 69　数字化转型版块有效样本分布

类别	初次筛选	二次筛选	最终结果
已转型子样本	4403	5575	4335
未转型子样本	13077	11905	13145

2. 企业数字化转型的基本特征

推进数字化转型既可能是企业的被动选择，也可能是其主动实施的发展战略。就数字化转型与否，企业之间存在非常大的差异。对此，我们从所有制类型、企业规模、所属行业、所在地区等几个方面加以考察，主要结果如下：

（1）外资企业的数字化转型比例最高，国有企业和集体企业的数字化转型相对滞后。

如图 95 所示，外资企业一组中，32. 3% 的样本已经进行了数字化转型，明显高于其他几种所有制类型的企业。混合所有制企业①的数字化转型比例为 28. 70%，仅比外资企业一组低 3. 60 个百分点。与之形成鲜明对比的是，集体企业的数字化转型比例最低，仅为 15. 19%，比外资企业少约 17. 11 个百分点。同时，国有企业的相应比例虽然高于集体企业，但也比外资企业一组少了约 8. 31 个百分点。这些数据表明，与外资企业相比，国有企业和集体企业的数字化转型较为滞后。

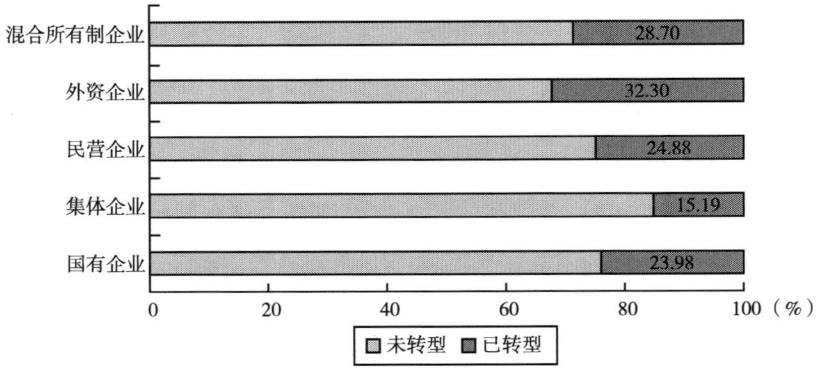

图 95　所有制类型与企业数字化转型

① 混合所有制企业是指没有明显的控股股东，且股东类型不限于某种类型的企业，如国有企业与民营企业的合资企业。

（2）大型企业数字化转型比例最高，中小微型企业数字化转型较为滞后。

对于不同企业而言，数字化转型的重要性、必要性和紧迫性存在很大差异，而企业规模是一个重要的影响因素。如图 96 所示，规模不同的企业①在数字化转型方面存在显著差异。其中，50.89%的大型企业已经进行数字化转型，这一比例远高于其他三组。中型企业的数字化转型比例相对较高，但仍然比大型企业一组低 20.32 个百分点。相比之下，小型企业和微型企业的数字化转型比例分别仅有 24.83%、17.07%。也就是说，中小微型特别是小微型企业的数字化转型大幅滞后于大型企业。

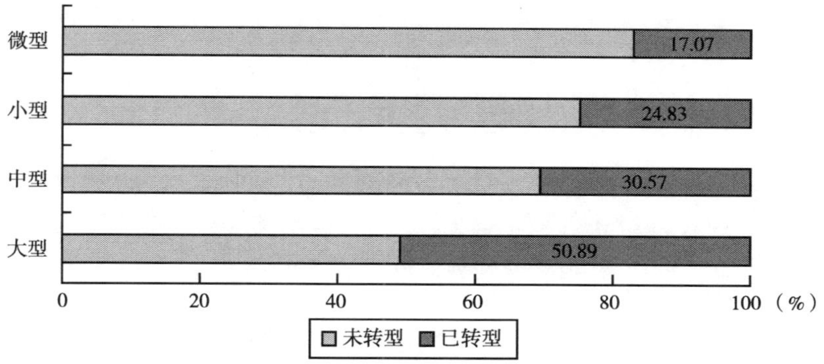

图 96　企业规模与数字化转型情况

（3）行业差异显著，信息传输、软件和信息技术服务业的数字化转型比例最高。

数字技术在不同行业渗透的时间和程度不一致，其结果是不同行业的数字化转型进度存在显著差异。为避免样本量过少引致的偏误，我们仅考虑有效样本数大于 500 的行业，具体结果如图 97 所示。从中可知，九大行业的数字化转型比例参差不齐，极差高达 33.29 个百分点。其中，信息传输、软件和信息技术服务业的数字化转型比例最高（48.54%），这是其作为数字产业化核心领域和数字化转型重要依托的充分体现。除此之外，数字化转型比例最高的是电力、热力、燃气及水生产和供应业（37.94%），典型表现是居民可以在线缴纳水电热气等各种费用。制造业的数字化转型比例为 28.45%，在九大行业中居于第三，这说明制

① 参照国家统计局《统计上大中小微型企业划分办法（2017）》，将各行业企业划分为大型、中型、小型、微型四类企业。其中，部分企业无法对应到具体的规模类别。为便于分析，这里不再考虑这些无法识别的样本（占全样本的比重约为 11.65%）。

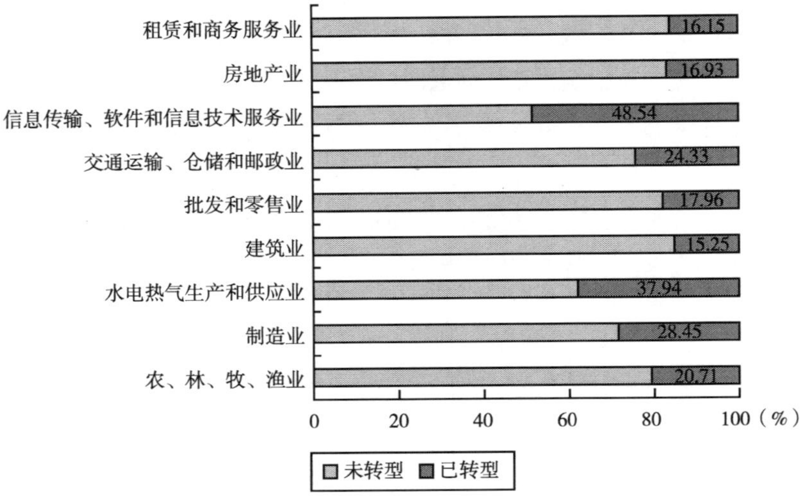

图 97　所属行业与企业数字化转型

注：其中，“水电热气生产和供应业”全称为“电力、热力、燃气及水生产和供应业”。

造业正在加快推进数字化进程。

（4）地区差异并不明显，中部地区的进展相对较快。

分东、中、西部和东北①来看，企业的数字化转型比例并无显著差异。其中，中部地区的数字化转型企业比例最高，为 27. 10%。相比之下，东北地区的数字化转型比例最低，分别比中部和东部地区少 5. 7 个、2. 44 个百分点。另一方面，南北方之间的差异更小，北方地区仅比南方地区高 0. 32 个百分点（见图 98）。需要强调的是，本次样本主要集中在东中部（或北方）地区，相应结果并不必然百分之百反映真实情况。但是，这些结果足以表明：在企业层面，数字化转型的地区差异有明显缩小趋势。

---

① 按照常用方法，将全国 31 个省、直辖市、自治区划分为东、中、西部和东北四大地区：东部包括北京、天津、河北、上海、江苏、浙江、福建、山东、广东、海南 10 个省市，中部包括山西、安徽、江西、河南、湖北、湖南 6 个省市，西部包括四川、重庆、贵州、云南、西藏、陕西、甘肃、青海、宁夏、新疆、广西、内蒙古 12 个省市，东北包括黑龙江、辽宁、吉林 3 个省市。同时，按照南北方划分为：南方地区包括上海、江苏、浙江、安徽、福建、江西、湖北、湖南、广东、广西、海南、重庆、四川、贵州、云南、西藏共 16 省（市、区），北方地区包括北京、天津、河北、山西、内蒙古、辽宁、吉林、黑龙江、山东、河南、陕西、甘肃、青海、宁夏、新疆共 15 个省（市、区）。

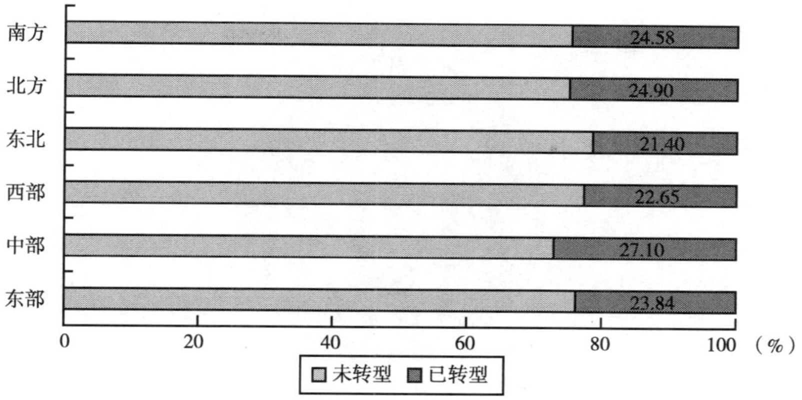

图98　地区分布与企业数字化转型

（二）企业数字化转型的方式、现状与成效

本部分以已转型子样本为基础，系统探讨企业推进数字化转型的主要路径和实际效果，且重点考察数字化转型对企业生产经营的促进作用，为后续提炼相关对策建议提供经验证据支持。

1. 企业数字化转型的实现路径

数字化转型涉及人才、技术、资金、数据等各个方面，且不同的行业或业务在数字化的难易程度上差异较大。企业必须根据自身业务类型和资源禀赋，选择适宜的方式来推进数字化转型。基于问卷调查，可以得到如下发现：

（1）通过购买服务实现数字化转型是企业的主要选择。

如图99所示，约52.83%的受访企业主要选择了购买服务方式。毫无疑问，接入工业互联网平台、电子商务平台等，成为成熟数字平台的用户，对于企业来说无疑是最简单易行的数字化转型方式。此外，分别有22.86%、22.44%的受访企业将独立进行（如独立开发数字化平台或建设数字中心）、对外合作作为主要选择。另外，有4.81%的受访企业选填“其他”选项，其中主要有两种情况：一是购买服务、独立进行与对外合作三种方式并存，且难以区分主次；二是由母公司或集团公司统筹推进，受访企业自身并不具体承担数字化转型工作。

（2）大型企业选择独立进行的比例更高，中小微型企业更多选择购买服务方式。

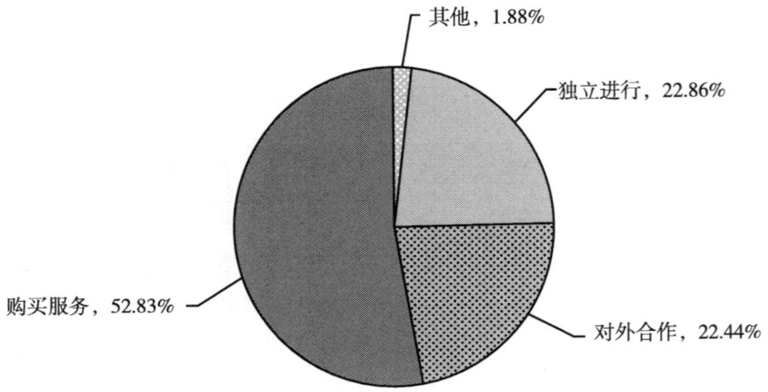

图 99　企业开展数字化转型的主要方式

不管是资源禀赋还是数字化转型的重要性与必要性，不同规模的企业之间都存在显著差异，这将直接影响其数字化转型方式选择。如图 100 所示，28.10%的大型企业主要依靠独立进行方式开展数字化转型，这一比例分别比中小微型企业高出约 4.08 个、6.63 个、5.66 个百分点。而在购买服务方面，中型、小型和微型企业的选择比例分别为 50.91%、57.77%、51.18%，显著高于大型企业的对应比例（38.07%）。这些数据充分表明，大型企业在独立推进数字化转型方面更有能力和动力。此外，相比于其他规模的企业，大型企业选择对外合作方式的比例更高，这也说明合作建设是现阶段企业开展数字化转型的重要途径。

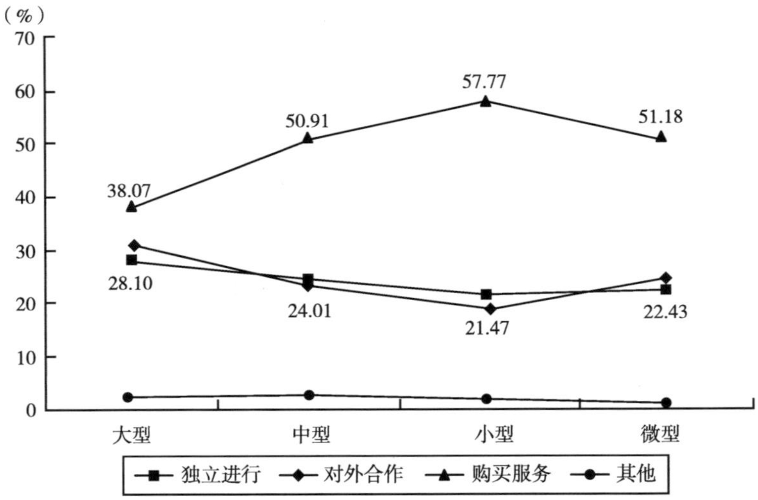

图 100　企业规模与数字化转型方式

（3）在数字化转型方面，企业主要投资于软件购置和硬件建设，在数字人才引进和数字产品开发方面投资较少。

数字化转型涉及面广，这使得测度投资的绝对水平缺乏可行性。为此，在开展问卷调查时，我们主要询问受访企业在数字化转型方面的投资结构，具体将其分为软件购置、硬件建设、技术研发或引进、数字人才引进、数字产品开发等五个方面。如表 70 所示，不同领域的样本量和标准差都不一致，这说明企业的投资结构存在较大差异。其中，软件购置和硬件建设是企业数字化转型的主要投资领域，投资占比均值分别为 32.42%、25.36%，两者合计接近 58%。相比之下，技术研发或引进、数字人才引进、数字产品开发的投资占比均值分别只有 17.67%、15.93%、11.42%。考虑到此次问卷调查的有效样本具有较好的全国和行业代表性，且数字产品开发是企业数字化的更高阶段，投资结构数据表明：我国企业的数字化转型整体上还处于初级阶段，数字化水平还有待进一步提高。

表 70　　企业数字化转型投资结构描述性统计结果

类别	样本量	平均值	标准差	最小值	最大值
软件购置	1304	32.42	23.98	0	100
硬件建设	1282	25.36	18.03	0	100
技术研发或引进	1263	17.67	15.24	0	100
数字人才引进	1260	15.93	14.83	0	100
数字产品开发	1237	11.42	10.90	0	100

2. 企业数字化转型的整体状况

数字化转型代表着发展模式或生产经营方式的转变，我们无法用某一个指标来刻画不同行业、不同领域企业数字化转型的程度或水平。为此，我们让受访企业自身来判断其在行业中的相对水平，进而评估企业整体的数字化转型进展，具体结果如下：

（1）大多数企业认为其数字化转型处于行业内中等偏上水平。

如图 101 所示，仅有 1.93% 的受访企业认为其数字化转型在行业中属于最好的水平，而自评为“较好”的受访企业占比约为 21.94%。同时，共有 61.99% 的受访企业认为其数字化转型在同行业中处于中等水平。也就是说，共有 76.13% 的受访企业自认为在数字化转型方面处于行业中等偏上的水平。相比之下，自认为较差和最差的企业占比分别只有 12.93%、1.21%。这些数据表明，受访企业整体上对于自身的数字化转型状况较为乐观。

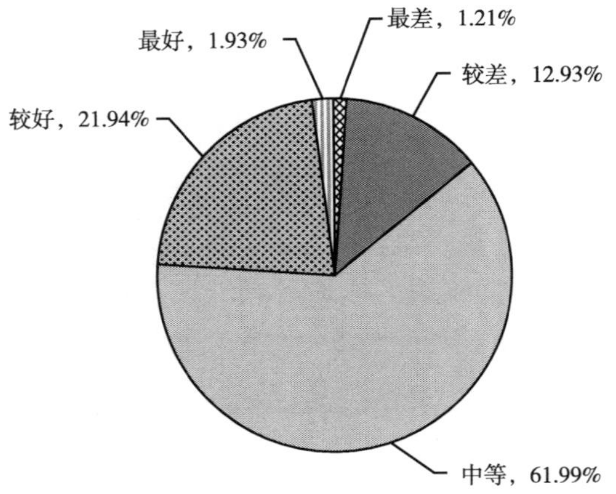

图 101　企业对自身数字化转型情况的判断

（2）就自我评价而言，大型企业的数字化转型进度明显快于中小微型企业。

为便于比较，我们将“最差”与“较差”合并为“差”，将“最好”与“较好”合并为“好”，从而将自我评价分为好、中、差三等。如图 102 所示，35.35%的大型企业认为自身数字化转型在同行业中属于“好”，分别比中型、小型、微型企业高出 8.42 个、13.71 个、16.01 个百分点。类似地，大型企业中自评为“差”的比例只有 9.67%，分别比中型、小型、微型企业少 2.51 个、5.38 个、9.03 个百分点。也就是说，就自我评价而言，企业数字化转型在同行业中的相对水平与其规模正相关，即大型企业的数字化转型进展显著优于中小微型企业。

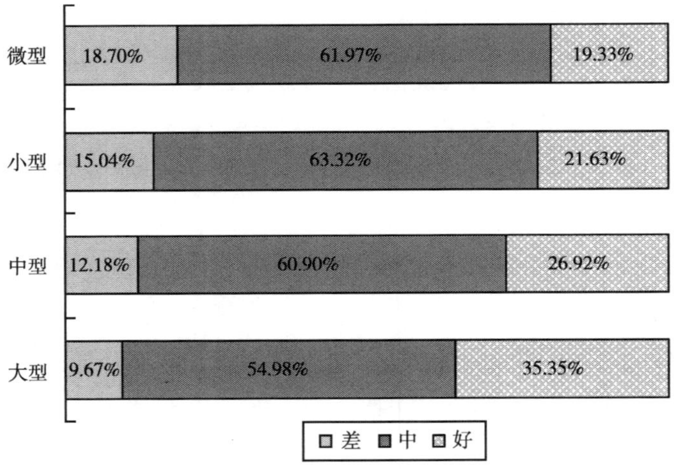

图 102　企业规模与企业数字化转型情况判断

注：其中，“差”包括“最差”和“较差”，“好”包括“较好”和“最好”。

3. 生产经营不同环节的数字化转型现状

作为数字经济的两大核心要素，数字技术和平台模式首先在消费领域得到了充分应用，并逐步向研发、生产、社会治理等领域渗透。也就是说，不同领域在数字化转型的开始时间上存在很大差异。鉴于此，为更好地评估企业数字化转型的现状，我们将企业的生产经营粗略划分为研发、生产、销售、财务管理、行政管理等几个环节①，并让受访企业评估其不同环节的数字化转型进展。具体地，用“0”表示未转型，用“5”表示同行业中的数字化最高水平，1—5 代表数字化转型程度从低到高。从调查结果中，可以得到如下发现：

（1）在已转型企业中，财务管理和行政管理环节的数字化转型程度最高。

首先，我们计算各个环节中未转型企业（即选填“0”）所占比例，具体如图 103 所示。从中可知，财务管理环节的未转型比例最低，仅有 3.88%，其次是行政管理，相应比例为 6.48%。相比之下，研发和生产环节的未转型比例最高，分别为 17.96%、13.47%，比销售环节还高出 8.33 个、3.84 个百分点。由此可见，在已经开始数字化转型的企业中，财务管理和行政管理的数字化程度最高，明显高于研发和生产环节。换句话说，现阶段我国企业将运营管理作为推进数字化转型的首选。事实上，相比于研发和生产，管理环节开展数字化转型的难度最低，且收益更加明显。

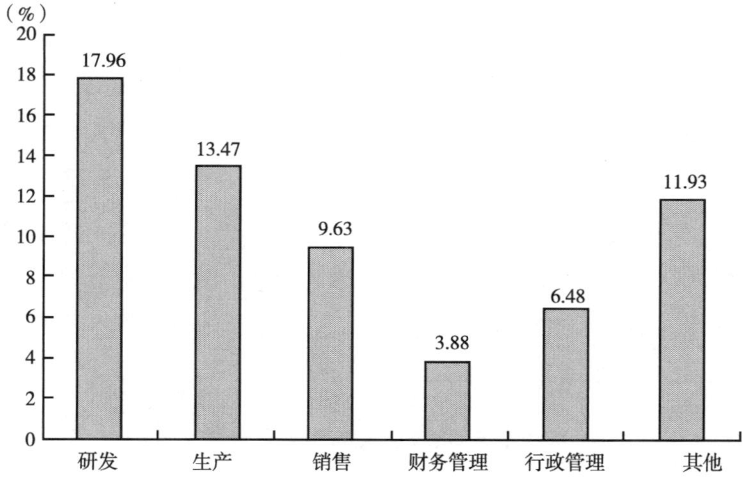

图 103　各个环节的未转型比例

① 其中，财务管理和行政管理有一定的交集。但考虑到数字化转型的应用现状，我们将其进行区分。

（2）企业对财务管理和行政管理的数字化转型自我评价最高。

为进行更加细致的比较，我们计算不同环节企业自我评价的统计结果，具体如表 71 所示。从中可知，财务管理对应的均值最高，约为 3.10，也即多数企业认为自身在该环节的数字化转型属于同行业中等偏上水平。行政管理环节的均值仅次于财务管理，约为 2.84。相比之下，研发和生产环节的均值最小，分别只有 2.43、2.59，这意味着大多数企业认为其在研发和生产环节的数字化转型进展一般，与同行业最高水平存在较大差距。这些结果再次表明，财务管理和行政管理是企业开展数字化转型的首选环节。

表 71　　不同生产经营环节数字化转型企业自评的描述性统计

环节	样本量	均值	标准差	最小值	最大值
研发	3908	2.43	1.57	0	5
生产	3913	2.59	1.48	0	5
销售	3904	2.74	1.41	0	5
财务管理	3922	3.10	1.27	0	5
行政管理	3907	2.84	1.33	0	5
其他	3445	2.64	1.44	0	5

注："0" 表示未转型，"5" 表示相应环节的数字化程度处于业内最高水平。

（3）大型企业在研发和生产环节的数字化转型进展相对更快。

研发和生产环节的数字化转型之所以滞后，主要是因为其实现数字化的难度远远高于财务管理和行政管理，后者在数据化、标准化方面更有优势。这意味着要推进研发和生产环节的数字化转型，企业必须投入更多的人力财力物力。为此，我们进一步比较不同规模的企业在各个环节的表现。如表 72 所示，在研发和生产环节，大型企业对应的均值最高，分别为 2.58、2.62，相对高于中小微型企业。而在销售、财务管理、行政管理环节，不同规模的企业在均值上并无明显差异。也就是说，相比于中小微型企业，大型企业在推进研发和生产环节的数字化转型方面处于领先地位。

表 72　　不同规模下各环节数字化转型企业自评的均值

规模	研发	生产	销售	财务管理	行政管理	其他
大型	2.58	2.62	2.67	2.97	2.76	2.63
中型	2.36	2.54	2.64	2.98	2.74	2.56
小型	2.39	2.49	2.63	2.94	2.69	2.51
微型	2.25	2.34	2.65	2.86	2.71	2.50

4. 企业数字化转型的主要效能

数字技术的广泛渗透，深刻改变了经济社会活动的组织方式和开展形式。对于企业来说，数字技术能够显著降低搜寻、复制、传输、追踪、验证等成本，因而是提升生产经营绩效的重要途径。我们重点考察数字化转型是否以及如何影响企业的数字化转型，主要结果如下：

（1）现阶段企业数字化转型的主要作用是提高生产与管理效率、节省成本。

为评估数字化转型的具体作用，我们将潜在作用划分为节省生产成本、节省人工成本等彼此关联但各有侧重的11个方面，并让受访企业从中作不限数量的选择。从图104可知，高达69%的受访企业认为数字化转型有效提高了其生产效率。其次是节省人工成本、提高管理效率、节省生产成本，相应比例分别为64.15%、61.31%、48.62%。也就是说，对于企业而言，现阶段数字化转型的主要作用是提高生产与管理的效率、节省生产成本特别是人工成本。相比之下，选择“提高利润率”“提高存货周转率”“加快研发进度”的企业占比最低，分别只有23.18%、24.83%、25.14%。同时，“降低经营风险”和“提高产品良品率”的相应比例也不高，这意味着数字化转型对于企业生产经营的深层次作用尚未得到全方位发挥。其中，“提高利润率”的相应比例最低，其可能的原因有两点：一是推进数字化转型增加了企业的成本投入；二是疫情全球大流行对企业的利润率产生了较大负面冲击，导致企业的获得感不强。

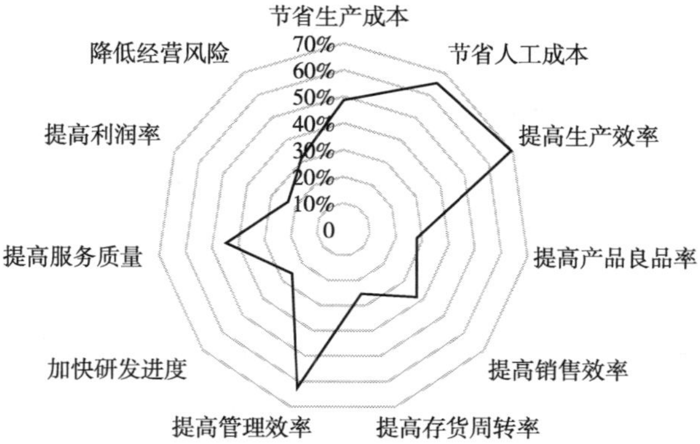

图104　数字化转型对企业生产经营的作用

（2）数字化转型对于大型企业生产经营的促进作用更加突出。

如前所述，大型企业在推进数字化转型方面有更强的意愿，这可能是因为其从数字化转型中能够得到更多的收益。为此，我们进一步聚焦“提高生产效率”

“提高管理效率”“节省人工成本”三个方面，比较数字化转型实际效能的规模差异。如图 105 所示，大型企业在数字化转型中的获得感明显更强。例如，在提高生产效率方面，大型企业的选择比例为 76.85%，分别比中型、小型和微型企业高出 2.27 个、5.16 个、22.13 个百分点。在提高管理效率和节省人工成本方面，大型企业的选择比例分别比微型企业高出 22.74 个、10.73 个百分点。这些数据表明，现阶段的数字化转型对于大型企业的生产经营有更大的促进作用。值得强调的是，对于微型企业而言，数字化转型的首要效能是节省人工成本，其可能的原因是：微型企业的生产经营相对不稳定，而数字化转型使其可以在减少用人需要的同时应对季节性或周期性的市场需求。

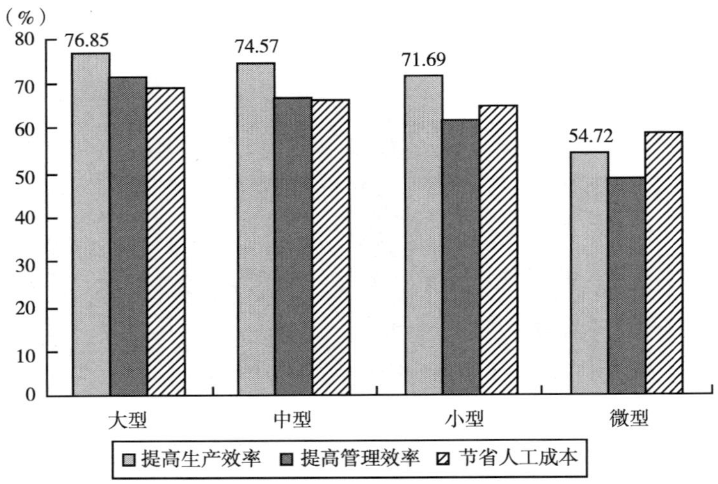

图 105　企业规模与数字化转型的作用

为进一步验证，我们计算各项作用对应的选择比例与企业规模之间的相关系数，具体如表 73 所示。从中可知，除“提高销售效率”外，数字化转型对企业的其他作用（也即受访企业的选择比例）均与企业规模呈负相关关系。同时，除“提高服务质量”，其他各项对应的负相关关系都在 1% 或 5% 的水平上显著。也就是说，企业规模越小，数字化转型所产生的作用（也即受访企业的获得感）越弱，这也再次证实了上述结论，即大型企业从数字化转型中获益更多。在“提高销售效率”方面，数字化转型的作用与企业规模正相关（但不显著），即规模越小，数字化转型的这一作用越强。之所以出现这一结果，可能是因为：与中小微企业特别是小微型企业不同，大型企业的销售量更大、覆盖面更广、形式和渠道更加多样，无法全部通过线上方式来实现。

表 73　企业规模与数字化转型作用之间的相关性分析

作用	相关系数	T 值	P 值
节省生产成本	-0.0354	-3.570	0.000
节省人工成本	-0.0314	-3.300	0.001
提高生产效率	-0.0712	-7.860	0.000
提高产品良品率	-0.0249	-2.750	0.006
提高销售效率	0.0020	0.210	0.837
提高存货周转率	-0.0376	-4.330	0.000
提高管理效率	-0.0747	-7.780	0.000
加快研发进度	-0.0212	-2.420	0.015
提高服务质量	-0.0102	-1.040	0.298
提高利润率	-0.0175	-2.080	0.037
降低经营风险	-0.0284	-3.110	0.002

注：在问卷调查中，企业规模从大型到微型分别用 1—4 表示，即负相关意味着规模越小的企业其选择比例越低。

（3）数字化转型显著提高了企业的生产经营绩效。

上述分析表明，数字化转型在提高生产管理效率、降低生产成本方面起到了积极作用。现在，我们将已转型样本与未转型样本进行比较，进一步考察数字化转型对企业生产经营绩效的影响。首先，我们计算如下生产经营绩效指标，包括：①利润率，即利润总额与营业收入之比；②净利润率，即净利润与营业收入之比；③营业成本率，即营业成本与营业收入之比；④管理费用率，即管理费用与营业收入之比。为消除异常值的影响，我们对各个指标按照 5% 和 95% 分位进行缩尾处理。随后，根据是否进行数字化转型，将有效样本分为未转型（用“0”表示）和已转型（用“1”表示）两组，并对两组样本的生产经营绩效指标进行均值 T 检验，结果如表 74 所示。

从表 74 中可知，已转型样本的生产经营绩效显著优于未转型样本。一方面，未转型样本的利润率与净利润率均值分别比已转型样本低 2.17 个、2.01 个百分点，且在 1% 的水平上显著。另一方面，未转型样本的营业成本率和管理费用率均值分别比已转型样本高出 2.28 个、2.19 个百分点，且均在 1% 的水平上显著。也就是说，与未转型企业相比，已转型企业的整体生产经营绩效更高。

表 74　数字化转型状况与企业生产经营绩效差异（均值 T 检验）

指标	组间均值差异	T 值	P 值
利润率	-0.0217	-7.025	0.000
净利润率	-0.0201	-6.893	0.000
营业成本率	0.0228	6.010	0.000
管理费用率	0.0219	5.174	0.000

注：其中，组间差异是指未转型样本组与已转型样本组之间的均值差异。

最后，按照自我评价等级（即差、中、好），将已转型企业划分为三组，并计算各组的利润率和净利润率均值。如表 75 所示，自我评价为“好”的企业其利润率均值为 3.66%，分别比自我评价为“中”和“差”的两组企业高出 0.28 个、2.01 个百分点。同样地，数字化转型自评等级为“好”的一组其净利润率均值为 2.97%，分别比“中”和“差”两组高出 0.28 个、2.07 个百分点。考虑到疫情冲击下企业特别是制造业企业①的利润率普遍下降，这一细微差异足以印证数字化转型的积极作用，即数字化转型程度越高，企业从中受益越多。

表 75　数字化转型自评等级与企业生产经营绩效　单位：%

数字化转型在同行业中的等级	利润率	净利润率
差	1.65	0.90
中	3.38	2.70
好	3.66	2.97

上述分析充分表明，数字化转型大幅提升了企业的生产经营绩效。或者说，已转型企业在生产经营绩效方面显著优于未转型企业。

（三）企业数字化转型滞后的原因与影响

本部分以未转型子样本为基础，系统剖析导致企业数字化转型滞后的主要原因，并探讨转型滞后对企业的不利影响以及滞后企业推进转型的相关考虑，为政府部门出台针对性支持政策提供参考。

1. 数字化转型滞后的主要原因

数字化转型的可行性和必要性因企而异，这自然会影响到企业的转型动力和

① 在本次问卷调查中，制造业企业样本占有效样本之比高达 42.31%。

能力。在问卷调查中，我们重点询问了未转型企业不启动数字化转型的主要原因（单选题），具体结果如下：

（1）业务特殊和认识不到位是企业数字化转型滞后的主要原因。

如图 106 所示，31.44% 的未转型企业认为，业务特殊、不适宜数字化是其转型滞后的主要原因。同时，27.32% 的受访企业将数字化转型滞后归因于“对数字化转型缺乏认识”。这两项数据表明，认识不到位是企业数字化转型滞后的症结所在，因为随着数字技术的不断进步和广泛渗透，“万物皆可数字化”已成为现实。除此之外，分别有 19.83%、15.93% 的未转型受访企业认为，其转型滞后的主要原因是可用资金不足、没有适用的软硬件设备。其中，前者表明企业进行数字化转型的能力和意愿存在局限性，而后者表明现有产业生态体系还不足以满足全部领域的数字化转型需要。3.28% 的受访企业将转型滞后归因于其他原因，主要是缺乏相应的人才。相比之下，选择“具有绝对竞争优势，无需数字化转型”“现有利润率较高，缺乏积极性”的比例很低，分别只有 1.22%、0.99%，也即具备竞争优势并不会明显削弱企业开展数字化转型的积极性。

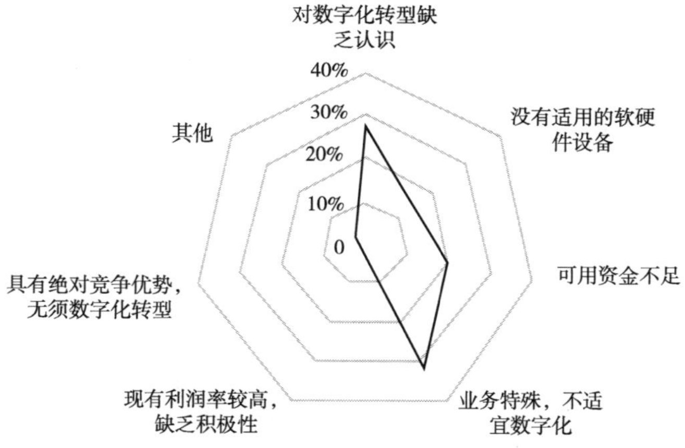

图 106　企业未进行数字化转型的主要原因

（2）不同规模的企业在数字化转型滞后的原因上存在一定差异，小微型企业资金不足问题更为突出。

前文分析表明，大型企业在数字化转型的意愿和效能方面明显优于中小微型企业。为此，我们将未转型企业按照规模分组，进一步考察不同规模的企业在数字化转型上滞后的主要原因。如表 76 所示，不同规模的企业都将数字化转型滞后主要归因于业务特殊和认识不足，但更多的小微型企业将认识不足视为根本原因。而在资金不足方面，大型和中型企业选择的比例分别为 17.20%、17.47%，比小微型企业的相应比例至少低 1.78 个百分点。其中，大型企业的相应比例比微型企业少 5.80 个百分点。这些数据表明，在数字化转型方面，小微型企业存在的资金不足问题更加突出。另外，1.79% 的大型企业认为其具有绝对竞争优势，暂时无需数字化转型，这一比例相对高于中小微型企业。这也说明，大型企业的竞争优势和市场地位会在一定程度上削弱其推进数字化转型的意愿。

表 76　企业规模与未转型的主要原因　单位：%

原因	大型	中型	小型	微型
对数字化转型缺乏认识	23.66	25.05	27.50	31.36
没有适用的软硬件设备	16.49	16.19	17.98	13.58
可用资金不足	17.20	17.47	19.25	23.01
业务特殊，不适宜数字化	37.63	36.22	31.15	25.75
现有利润率较高，缺乏积极性	0.72	0.79	0.92	1.27
具有绝对竞争优势，无须数字化转型	1.79	1.03	1.16	1.04
其他	2.51	3.25	2.04	3.98
合计	100.00	100.00	100.00	100.00

2. 数字化转型滞后的负面影响

数字化转型滞后是否以及如何产生负面影响，将直接影响企业后续开展数字化转型的意愿。在问卷调查中，我们请受访企业以同行业竞争对手为参照，评估数字化转型滞后对其产生的负面影响（单选题），所得结果如下：

（1）产品或服务推广难度增大是数字化转型滞后对企业的主要负面影响。

依托于数字技术和数字平台，企业可以实施精准营销，并且大幅降低相应成本。因此，如图 107 所示，27.76% 的未转型受访企业认为，与同行竞争对手相比，数字化转型滞后的主要负面影响是使其产品或服务的推广难度增大。19.22% 的受访企业认为数字化转型滞后将导致生产经营风险增加，这可能是因为：相比于已转型企业，未转型企业或转型滞后企业难以及时响应市场条件特别是市场供需的变化。前文分析已经表明，数字化转型能够显著降低企业的生产经营成本。因此，18.48% 的受访企业认为数字化转型滞后的主要影响是导致企业丧失成本优势。此外，数字化转型滞后也会延缓企业的新产品或服务开发（相应比例为 16.21%）。相比之下，数字化转型滞后对于对外合作的负面影响不大。9.13% 的受访企业选择“其他”，其中大部分认为数字化转型滞后并无多大负面影响。

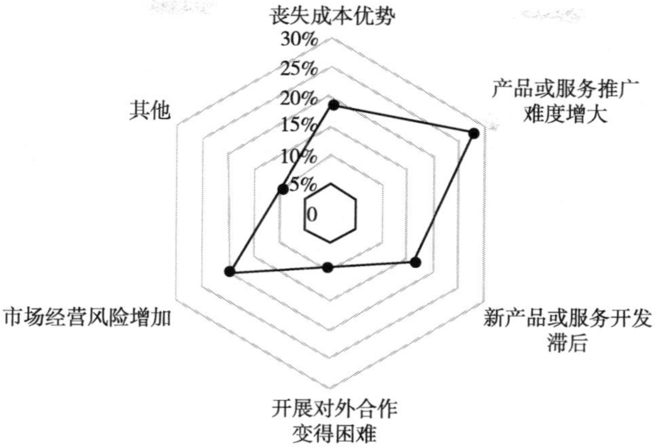

图 107　数字化转型滞后的主要负面影响

（2）数字化转型滞后对大型企业的成本冲击最为突出，对中小微型企业的产品或服务推广限制更大。

按照规模将未转型企业分组，各组的情况如表 77 所示，从中可知：第一，大型企业一组中选择“丧失成本优势”的企业比例最高，为 25.54%，明显高于中小微型企业，这意味着数字化转型滞后对大型企业的成本有更大的冲击。可能的原因是，中小微型企业在应对成本变化方面更加灵活。第二，随着规模的减小，受访企业选择“产品或服务推广难度增大”的相应比例越高，这主要是因为中小微型企业的推广或销售渠道较为单一。第三，与中小微型企业相比，大型企业的新产品或服务开发受数字化转型滞后的负面影响相对更大。第四，与大型企业相比，中小微型企业可能会因为数字化转型滞后而面临更大的市场经营风险，这也从侧面反映出中小微型企业抗风险能力差。

表 77　企业规模与数字化转型滞后的主要负面影响　　单位：%

负面影响	大型	中型	小型	微型
丧失成本优势	25.54	18.14	19.12	18.48
产品或服务推广难度增大	21.94	26.50	28.24	29.68
新产品或服务开发滞后	18.35	15.87	17.71	15.34
开展对外合作变得困难	7.91	9.84	8.47	9.83
市场经营风险增加	16.91	19.62	18.57	19.10
其他	9.35	10.03	7.88	7.57
合计	100.00	100.00	100.00	100.00

（3）数字化转型滞后对不同所有制企业的负面影响存在一定差异，外资企业受到的成本冲击更加突出。

分所有制类型来看，数字化转型滞后的负面影响略有差异。其中，主要差异表现在三个方面：第一，数字化转型滞后对外资企业的成本优势冲击更大，22.77%的外资企业选择了“丧失成本优势”，比民营企业高出 3.32 个百分点，比国有企业高出 6.60 个百分点。该数据表明，数字化转型可能是外资企业维持或获取成本优势的重要途径，其重要性明显大于其他所有制类型的企业。第二，在生产经营风险和开展对外合作方面，国有企业受到数字化转型滞后的负面影响更大。事实上，由于体制机制的影响，国有企业本身就存在灵活性相对不足的问题，而数字化转型滞后无疑会进一步加剧这一劣势。第三，民营企业一组中选择“产品或服务推广难度增大”和“新产品或服务开发滞后”的合计占比最高（46.77%），至少比其他几组高出 3.84 个百分点（见表 78）。快速实现产品或服务的开发及推广，是民营企业参与市场竞争的重要基础。该数据表明，数字化转型滞后可能会危及民营企业的生存。

表 78　所有制类型与数字化转型滞后的主要负面影响　单位：%

负面影响	国有企业	集体企业	民营企业	外资企业	混合所有制企业
丧失成本优势	16.17	16.23	19.45	22.77	16.43
产品或服务推广难度增大	24.71	27.75	29.23	25.08	26.57
新产品或服务开发滞后	13.41	15.18	17.54	15.51	14.69
开展对外合作变得困难	12.01	9.95	8.18	6.27	6.29
市场经营风险增加	21.45	17.28	18.33	17.49	20.28
其他	12.25	13.61	7.27	12.87	15.73
合计	100.00	100.00	100.00	100.00	100.00

3. 落后企业推进数字化转型的意愿与计划

要发展数字经济、建设数字中国，各级政府理应支持和促进企业数字化转型。而企业自身是否具有意愿，将直接决定相关政策的实施效果。为此，我们对企业的数字化转型计划进行调查，主要结果如下：

（1）未转型企业对于推进数字化转型的意愿不高。

如前所示，根据判断标准和进一步梳理，本次调查中 75.20% 的有效样本属于未转型企业。如图 108 所示，这些企业对于数字化转型的积极性并不高。具体地，73.13% 的未转型企业暂无明确的转型计划。相比之下，计划短期内开展数字化转型的企业占比非常小。仅有 1. 14% 的企业已有成熟方案，并计划在 1 年内启动。同时，4. 46% 的企业已有明确计划，将在 1—3 年内逐步完善并实施。虽然 21. 27% 的企业有进行数字化转型的意向，但其并没有明确的时间表，这进一步证实企业普遍缺乏推进数字化转型的意愿。

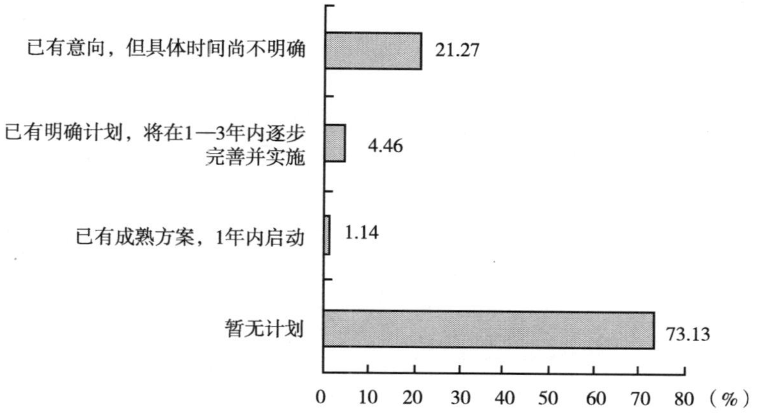

图 108　未转型企业关于数字化转型的计划

（2）中小微型企业的数字化转型意愿明显更弱。

将未转型企业按照规模分组，相应结果如表 79 所示。从中可知，中小微型企业的转型意愿明显弱于大型企业。大型企业一组中“暂无计划”的占比为 62. 95%，分别比中型、小型和微型企业少 8. 61 个、6. 87 个、15. 42 个百分点。同时，大型企业计划在短期内推进数字化转型的比例合计为 9. 35%，至少比中小微型企业高 2. 73 个百分点。当然，“已有意向，但具体时间尚不明确”的选择比例也表明，大型企业在数字化转型方面还存在一定程度的不确定性。

表 79　企业规模与数字化转型计划安排　单位：%

关于数字化转型的安排	大型	中型	小型	微型
暂无计划	62. 95	71. 56	69. 82	78. 37
已有成熟方案，1 年内启动	1. 08	1. 29	1. 02	1. 27
已有明确计划，将在 1—3 年内逐步完善并实施	8. 27	4. 85	5. 60	2. 81
已有意向，但具体时间尚不明确	27. 70	22. 30	23. 55	17. 55
合计	100. 00	100. 00	100. 00	100. 00

（3）集体企业的数字化转型意愿相对更弱，而民营企业的意愿相对更强。

分所有制类型来看，集体企业中选择“暂无计划”的比例最高，为 83. 77%，比其他各组至少高出 5.52 个百分点，也即其开展数字化转型的意愿相对较弱。与之相反，只有 70.99% 的民营企业明确表示没有转型计划，且计划短期内推进的企业占比为 6.19%，相对高于其他几组（特别是国有企业和集体企业）（见表 80）。也就是说，民营企业有更强的意愿来推进数字化转型，这与前文的结论相呼应，即数字化转型滞后将对民营企业的产品或服务开发及推广产生较大不利影响，进而危及其生存与发展。

表 80　所有制类型与数字化转型计划安排　单位：%

关于数字化转型的安排	国有企业	集体企业	民营企业	外资企业	混合所有制企业
暂无计划	76.75	83.77	70.99	76.24	78.25
已有成熟方案，1 年内启动	1.01	1.57	1.21	0.99	0.70
已有明确计划，将在 1—3 年内逐步完善并实施	3.33	2.09	4.98	4.62	4.91
已有意向，但具体时间尚不明确	18.91	12.57	22.82	18.15	16.14
合计	100.00	100.00	100.00	100.00	100.00

4. 企业开展数字化转型的优先环节

前文分析表明，研发和生产环节的数字化转型进度明显滞后。事实上，研发和生产环节的数字化难度最大，其转型的收益也相应更多。对此，我们请有意愿和计划的未转型企业对不同环节进行排序，结果如表 81 所示。可以看到，研发和生产对应的均值最低，分别为 2.45、2.63。其中，高达 41.08% 的企业将“研发”作为推进数字化转型的首要环节。这些数据表明，研发和生产在企业推进数字化转型的计划中居于优先位置。考虑到我国在技术创新和技术积累方面仍然落后于发达国家，加快促进企业研发和生产的数字化转型适宜成为各级政府施策的重点目标之一。

表 81　企业对于数字化转型各个环节的排序

环节	样本量	均值	标准差	最小值	最大值
研发	3143	2.45	1.49	1	5
生产	3143	2.63	1.18	1	5
销售	3143	2.98	1.24	1	5
财务管理	3143	2.98	1.25	1	5
行政管理	3143	3.97	1.38	1	5

注：1—5 表示优先序逐步降低。

（四）企业数字化转型的困难与政策诉求

在疫情全球大流行背景下，数字经济的中流砥柱地位更加凸显。加快推进企业数字化转型，是保持国民经济平稳增长、实现经济社会高质量发展的必然要求和根本保障。基于问卷调查结果，我们全面探讨企业在数字化转型过程中面临的主要困难以及相应的政策诉求，为提出有针对性、可行性的对策建议奠定基础。

1. 企业数字化转型的困难与障碍

在问卷调查中，我们设置了限选三项并要求排序的多选题，考察受访企业对所在行业推进数字化转型的困难与障碍的判断。也就是说，均值越小，意味着相应因素对企业数字化转型的阻碍更加突出。从表 82 中可以发现：第一，“其他”对应的样本量并不大，但其均值最小（1.31），且企业填报的内容大多是“没有意愿”“暂不适用”“没有转型的必要”；第二，“人才缺乏”对应的样本量最大，占有效样本的比例超过 80%，且其均值为 1.36，明显小于其他各个因素的对应均值，企业将其列为第一困难与阻碍的比例高达 74.34%；第三，其他各个因素的均值差异较小，但“技术落后”“资金不足”“缺乏成熟且可参照的模式”对应的样本量更大，其中“资金不足”的对应样本量超过 9000，占有效样本比例约为 64%，也即这三个因素对企业数字化转型的制约更加普遍。

表 82　推进数字化转型的主要困难

因素	样本量	均值	标准差	最小值	最大值
人才缺乏	12175	1.36	0.66	1	3
技术落后	6921	1.97	0.62	1	3
资金不足	9144	2.00	0.81	1	3
生产工艺过于复杂	2552	1.97	0.79	1	3
数据标准制定滞后	2698	2.23	0.75	1	3
缺乏成熟且可参照的模式	6230	2.13	0.81	1	3
存在制度约束	1439	2.26	0.77	1	3
法律保障缺位	488	2.43	0.73	1	3
其他	748	1.31	0.60	1	3

注：要求受访者在诸多因素中最多选择三项，且按照重要性依次排序（1—3）。

根据上述发现，我们可以得到如下结论：第一，较多企业对数字化转型缺乏足够认识，且存在意愿不强、动力不足的问题；第二，专业人才缺乏是企业推进数字化转型的最大困难，而这无疑不是企业单方面能够解决的问题；第三，在开展数字化转型方面，企业普遍面临资金不足、技术落后、缺乏成熟且可参照的模式等问题。

2. 企业数字化转型中政府的职能定位

我国虽然在数字经济的总量上居于世界前列，但仍然存在核心竞争力不足、对外依存度高等突出问题。因此，在发展数字技术和数字经济中，政府必须发挥积极而又合理的积极作用。而满足企业的核心诉求，无疑是明确政府职能定位的基准点。对于政府的主要职能，受访企业的判断和认识如表 83 所示。类似地，均值越小说明其重要性越高。

表 83　　政府在推进企业数字化转型中的核心职能

政府职能	样本量	均值	标准差	最小值	最大值
完善相关法律法规	4875	1.25	0.58	1	3
加快新型基础设施建设	8044	1.59	0.68	1	3
出台数字化转型指导意见	7988	1.86	0.81	1	3
加强对数字经济新业态、新模式的规范引导	8762	1.95	0.75	1	3
完善支持数字经济集聚发展的产业政策	5822	2.23	0.75	1	3
加强高端数字人才培养	4496	2.25	0.79	1	3
加快推进政府数据开放共享	3706	2.28	0.81	1	3

注：要求受访者在诸多因素中最多选择三项，且按照重要性依次排序（1—3）。

从表可知，"加强对数字经济新业态、新模式的规范引导"对应的样本量最多，其次是"加快新型基础设施建设"和"出台数字化转型指导意见"。从均值来看，"完善相关法律法规"的重要性最高，对应样本中有 82.97% 的企业将其视为政府的第一职能。"加快新型基础设施建设"和"出台数字化转型指导意见"的均值分别为 1.59、1.86，仅次于"完善相关法律法规"。相比之下，虽然"完善支持数字经济集聚发展的产业政策"对应的样本量高达 5822，但其均值为 2.23，即相对重要性弱于上述四项。

根据企业的判断，我们可以得到如下结论：在推进企业数字化转型、促进数字经济发展方面，政府的职能主要是完善相关法律法规、加快推进新型基础设施建设、出台数字化转型指导意见、加强对数字经济新业态与新模式的规范引导。也就是说，各级政府的核心职能是为企业提供制度、基础设施、规范性等方面的支持。

3. 数字化转型过程中的法制建设重点

建立健全法律法规体系、提供完善的制度环境，是政府弥补市场失灵、促进经济发展的重要着力点。现阶段，我国法制建设远远滞后于现实需要，已成为阻碍数字经济发展的主要因素。在问卷调查中，我们从企业视角着手，探讨数字化转型背景下法制建设的重点环节。

其中，16.24%的受访企业表示缺乏了解。剔除这些样本后，相应结果如图109所示。30.72%的企业认为，现阶段最紧迫的事项是完善知识产权保护体系，以此鼓励企业加大对数字技术和数字产品的研发力度。其次，27.00%的企业认为应当加快数据开放共享立法，特别是推进政府数据的开放共享。相比于其他生产要素，数据对数字经济的重要性更加突出，企业的诉求充分说明了这一点。20.07%的企业认为应当加快隐私保护和数据安全保护立法，消除企业数字化转型的相应风险。选择“加强平台经济领域反垄断执法”和“加快数据产权立法”的企业占比相对较少，分别只有11.04%、10.30%。

根据以上结果，我们有如下结论：在完善法律法规体系、保障数字经济规范有序方面，现阶段我国应该着重完善知识产权保护体系，加快数据开放共享、隐私保护、数据安全保护等领域立法进程，有效规范企业的行为，消除企业开展数字化转型、发展数字技术以及开发数字产品的市场风险。同时，需要强调的是：平台经济领域反垄断执法和加快数据产权立法并非不重要，而是应该有序、稳步推进，不能操之过急。

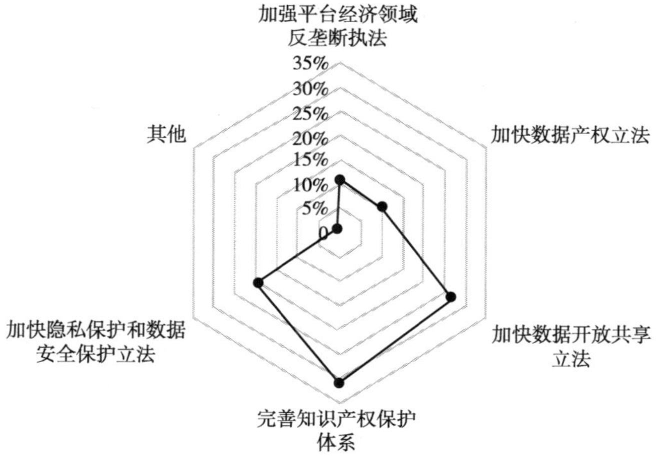

图109　企业对于法律法规事项重要性的判断

4. 数字化转型过程中企业的政策诉求

上述分析表明，即使有意愿推进数字化转型，企业也面临一些因素的阻碍或制约。为了便于各级政府更加精准地施策，我们以开放性题目的形式调查企业的政策诉求，结果如图 110 所示。

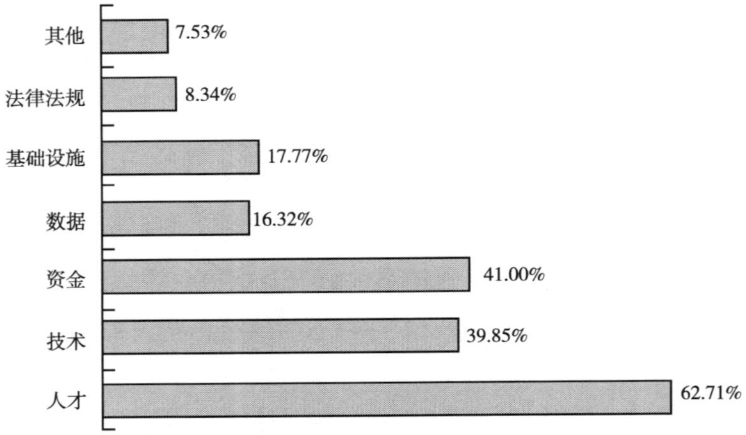

图 110　企业在加快推进数字化转型方面的政策诉求

从调查结果中，可以得到如下结论：就加快推进数字化转型而言，企业的政策诉求主要集中在人才方面，其次是技术和资金，再次是数据、基础设施和法律法规。其中，62.71% 的企业选择了“人才”政策，这一比例显著高于其他各项政策。选择“技术”和“资金”的企业占比分别为 39.85%、41.00%，分别比“人才”少 22.85 个、21.71 个百分点。相比之下，对数据、基础设施、法律法规有明确政策诉求的企业占比更低，分别只有 16.32%、17.77%、7.53%。在有效样本中，7.53% 的企业选择了“其他”，其中绝大部分属于两种情况：一是对数字化转型不了解；二是没有进行数字化转型的意愿。

在人才方面，受访企业的政策诉求主要集中于如下几点：一是加大数字人才培育，既要培养高端的科研人员，也要培养综合性、复合型人才，满足市场的多元化、多样化需求；二是加快调整高等院校的学科培养体系，扩大技能型人才培养规模，确保培养的人才更加切合数字化时代的市场需求；三是加大对企业人才培养和技能培训的支持力度，实现覆盖面和政策效能双提升；四是对企业引进人才特别是高端人才提供更加精准、多元的政策支持，且适当向中小微型企业和落后地区企业倾斜；五是加快建立全国一体化人才市场，构建完善的人才库和人才评价机制，促进人才的跨地区、跨行业流动。

在技术方面，受访企业的政策诉求主要包括：一是支持开展数字技术宣传、普及与培训活动，增进企业对数字技术、数字化转型、数据要素等的认识与理解；二是加大对数字技术推广应用的支持力度，并通过与高校、科研院所、科技型企业等合作，为企业特别是中小微型企业提供技术指导与支撑；三是完善知识产权保护，以支持龙头企业和产学研用平台为重要抓手，加快推进数字技术创新和数字产品研发；四是促进科技创新平台发展，支持和培育专业性技术服务人员队伍，推进数字技术等前沿技术的应用；五是编制数字化转型技术指南，总结和推广数字技术应用模式，降低企业开展数字化转型的成本。

在资金方面，受访企业的政策诉求主要包括：一是出台并实施针对性的财政补贴等政府支持政策，支持企业特别是中小微型企业开展数字化转型；二是制定与数字化转型投入和进度有关的税收优惠政策，强化企业开展数字化转型的内在动力和能力；三是加大对企业数字化转型专项融资的支持力度，向中小微型企业提供优惠贷款政策，适当降低企业特别是中小微型企业的融资门槛；四是为企业引进人才特别是高端人才、购买先进设备、引进前沿技术提供适当的资金补助。

在数据方面，企业一方面希望加快完善数据开放共享平台建设，有效扩大政府数据对企业开放共享的广度与深度，降低企业的数据获取成本；另一方面期待政府加快推进数据标准体系和数据交易或交换规则体系建设，促进数据要素的市场化流动。在基础设施方面，企业认为政府既要加大新型基础设施建设投资力度，也要逐步更新和完善传统基础设施体系，有效降低企业的生产经营成本。其中，重点是支持数据中心、数字平台等的建设和发展。在法律法规方面，则与前文调查结果一致，企业期待政府提供更加完善、规范、合理的制度环境。

（五）主要结论

在疫情的冲击和促进下，数字技术和平台模式加快向各个领域渗透，数字化时代加速到来。对于企业而言，推进数字化转型既是机遇也是挑战，是应对新形势、新时代的必然要求。本专题围绕企业数字化转型展开深入探讨，重点考察数字化转型的现状与成效、数字化转型滞后的原因与影响、企业开展数字化转型的困难与政策诉求。基于调查结果，我们有如下结论：

第一，企业数字化转型存在较大的异质性，主要表现为：外资企业的数字化转型比例高于国有企业和集体企业，大型企业的数字化转型比例高于中小微型企业，作为数字产业化核心领域的信息传输、软件和信息技术服务业的数字化转型进度最快。

第二，企业主要通过购买服务的方式来实现数字化转型，且中小微型企业更加依赖于购买服务方式，相对更多的大型企业通过独立进行的方式推进数字化转型。在数字化转型投资结构方面，企业的投资主要用于软件购置和硬件建设，较少用于数字人才引进和数字产品开发，也即企业的数字化转型还处于基础性阶段。

第三，多数企业认为自身的数字化转型在同行业内处于中等偏上水平，且大型企业对其进度有更加积极的评价，这进一步说明大型企业的数字化转型处于领先水平。具体到生产经营各个环节，财务管理和行政管理的数字化转型程度最高，且企业自我评价最好，而大型企业在研发、生产等难度更大的环节有相对较好的进展。

第四，当前数字化转型对企业生产经营的促进作用主要在于提高生产与管理效率、降低生产成本特别是人工成本，且大型企业从数字化转型中获得的好处更加充分。同时，得益于数字化转型，已转型企业的生产经营绩效显著优于未转型企业，主要表现为已转型企业的利润率和净利润率显著高于未转型企业，且其营业成本率和管理费用率也显著低于后者。另外，数字化转型程度越高，企业的生产经营绩效也越好，具体表现为数字化转型进度最高的企业平均利润率和净利润率分别比最低的企业相应均值高出 0.28 个、2.07 个百分点。

第五，对数字技术和数字化转型认识不充分、不到位，是企业数字化转型滞后的主要原因。相比于大中型企业，小微型企业在数字化转型中面临更加突出的资金不足问题。同时，数字化转型滞后对企业产生了一定的负面影响，其中最大的不利影响是加大产品或服务的推广难度，且对中小微型企业施加的限制更加突出。分所有制类型来看，数字化转型滞后之弱化成本优势影响在外资企业方面更加明显。

第六，整体来看，未转型企业对于推进数字化转型缺乏积极性，且中小微型企业、集体企业的意愿更加不足，而民营企业的转型意愿明显强于其他所有制类型的企业。而对于有意推进数字化转型的企业而言，研发和生产是其优先考虑的环节，这意味着我国政府特别是中央政府可以将这些明显滞后的环节作为促进数字化转型的发力重点和主要施策目标。

第七，就现阶段而言，企业在数字化转型方面还存在认识不全、意愿不强、动力不足等问题，且普遍面临专业人才缺乏、资金不足、技术落后、缺乏成熟且可参照的模式等因素的制约。因此，企业普遍希望政府完善人才、技术、资金等方面的支持政策，为其开展数字化转型提供更加有利的条件。

第八，企业认为在促进数字化转型和数字经济发展方面，政府的职能主要是完善相关法律法规、加快推进新型基础设施建设、出台数字化转型指导意见、加强对数字经济新业态与新模式的规范引导，为企业提供更加完善的制度保障和条件支撑。而在法律法规体系建设方面，企业认为现阶段应该将完善知识产权保护体系，加快数据开放共享、隐私保护、数据安全保护等领域立法作为重中之重。

（六）政策建议

在新型基础设施体系尚不完善、技术对外依赖度较高、自主创新能力相对不足、专业人才队伍尚未壮大的情况下，政府必须积极发挥支持、引导、规范等作用，有效促进数字技术创新、推进数字经济发展。但是，政府必须科学、精准、合理施策，既要弥补市场机制和市场主体自身存在的不足，也要避免不当干预所引发的市场扭曲。结合调查结果和企业的政策诉求，我们着重提出如下建议：

1. 加大宣传力度，引导企业自发参与并积极推进数字化转型

在提供支持政策之前，必须首先解决企业普遍存在的认识不足和意愿不强的问题。为此，应当围绕数字化转型的重要性与必要性，积极开展宣传、讲解、展示等活动，增进企业的相关认识，增强其内在动力。同时，应当着重总结并推广成功的数字化转型模式，为落后企业提供可以借鉴的模板或方案。

2. 完善政策体系，为企业开展数字化转型提供全方位支持

除自身意愿不足外，企业特别是中小微型企业的数字化转型还受到许多客观因素的制约。政府应当出台实施一揽子政策，有效降低企业开展数字化转型的成本和难度，主要包括提供数字化转型相关的指导和技术服务、加大对企业引进与培养数字人才特别是高水平、复合型人才的支持力度、打造数字技术协同创新和推广应用平台、促进数字人才自由流动、为企业提供转型资金补助和融资政策支持等。

3. 健全法律法规，完善和加强对企业数字化转型的法制保障

相比于数字经济的发展，我国针对性的法律法规体系建设严重滞后。但是，法制建设不可能一蹴而就，现阶段应当将降低企业面临的不确定性和法律风险作为重中之重，夯实企业的预期并进而强化其积极性和主动性。具体地，一方面应

重点推进知识产权保护体系建设，激励企业投入数字技术创新和数字产品开发；另一方面加快推进数据开放共享、隐私保护、数据安全保护等领域的立法进程，在促进数据市场化流动的同时降低企业的风险。其中，个人隐私保护和数据安全保护立法已有实质性进展，即《中华人民共和国个人信息保护法》《中华人民共和国数据安全法》已分别于 2021 年 11 月 1 日、9 月 1 日正式实施。当前，应当尽快完善实施条例和配套政策体系，切实加强个人隐私保护和数据安全保护，为数据要素市场化交易、数字技术快速创新和数据产品研发、数字经济发展壮大保驾护航。

九、“双碳”对企业的影响

2020 年 9 月 22 日，中国政府在第七十五届联合国大会上提出：“中国将提高国家自主贡献力度，采取更加有力的政策和措施，二氧化碳排放力争于 2030 年前达到峰值，努力争取 2060 年前实现碳中和”。“双碳”目标对于企业而言，既是机遇也是挑战，如何有效地应对挑战、发现机遇将是未来降低企业成本的关键。本次企业成本调查专门针对“双碳”问题设置问卷，从能源消耗、碳排放、碳交易、“双碳”目标的影响，应对“双碳”目标的措施和政府政策支持等方面展开调查，相关统计数据对于认识“双碳”目标与企业成本的关系具有重要意义。当前，无论是决策部门还是学术界，有关“双碳”的研究仍然不够深入，本次调查不但能够补充相关统计数据，也能为国家制定“双碳”政策和相关学术研究提供支撑。

（一）能源消耗与碳排放现状

1. 能源消耗

表 84 列出了 2018—2020 年制造业各类能源消耗的平均值。首先，生产用电量呈现先下降后上升趋势，由 2018 年的 1373.60 万千瓦时上升到 2020 年的 1853.71 万千瓦时。其次，生产用水量和生产用气量逐年稳步上升，平均每年增长 8% 和 3%。接着，生产用煤量先上升后下降，2020 年比 2019 年下降了约 7%。最后，生产用油量快速增长，从 2018 年的 0.53 万吨上升到 2020 年的 1.13 万吨，上涨约 1 倍。综合而言，不同类型的能源消费呈现出不同的演变特征。

表 84　　2018—2020 年制造业能源消耗基本情况

指标	2018 年	2019 年	2020 年
生产用电量（万千瓦时）	1373.60	1363.64	1853.71
生产用水量（万吨）	12.65	14.47	14.77
生产用气量（万立方米）	255.28	269.33	271.58
生产用煤量（万吨）	6.13	6.20	5.76
生产用油量（万吨）	0.53	1.00	1.13

2. 碳排放

表 85 列出了 2020 年全国和四大地区制造业企业不同碳排放范围的占比。首先，从全国范围看，大部分企业对于碳排放量是“不清楚或无核算、无统计”的。有相关统计数据的企业中，碳排放量在 100 万吨以下的企业占比 18.97%，碳排放量在 100 万—400 万吨的企业占比 2.29%，其他碳排放范围的企业占比约为 1%。其次，四大地区对比来看，西部地区碳排放量在 100 万吨以下和 100 万—400 万吨的企业占比高于其他地区，而东北地区排放量在 400 万吨以上的企业占比高于其他地区。整体而言，尽管碳排放占比在各个地区存在一定差异，但差异较小，全国各地的碳排放占比分布较为一致。

表 85　　2020 年不同地区制造业企业碳排放范围占比　　单位：%

碳排放量	全国	东部地区	中部地区	西部地区	东北地区
不清楚或无核算、无统计	77.58	78.00	77.05	75.22	80.43
100 万吨以下	18.97	18.92	19.24	20.17	15.66
100 万—400 万吨	2.29	2.09	2.37	3.75	2.14
400 万—800 万吨	0.69	0.62	0.75	0.58	1.07
800 万—1200 万吨	0.23	0.17	0.28	0.29	0.36
1200 万吨以上	0.24	0.20	0.31		0.36

注：碳排放单位为万吨二氧化碳当量。

（二）碳交易与企业成本分析

1. 碳盘查

碳盘查是指以政府、企业等为单位，测算其在社会和生产活动中各环节直接或者间接排放的温室气体，是进行碳排放管理、碳交易和制定减排目标的基础，表 86 列出了主要行业进行碳盘查的企业占比及相关费用。首先，电力、热力、燃气及水生产和供应业进行碳盘查的比例最高，为5.4%；制造业次之，为3.96%；采矿业、建筑业和农、林、牧、渔业的占比最低，均不到2%。整体而言，各个行业进行碳盘查的企业占比仍然较低。其次，各行业的碳盘查费用差异较大。表86显示，采矿业的碳盘查费用最高，为7.5万元；而农、林、牧、渔业的费用仅为0.25万元，仅为前者的三十分之一。

表86　　2020年主要行业碳盘查占比及其费用　　单位：%、万元

行业名称	碳盘查占比	碳盘查费用
农、林、牧、渔业	1.83	0.25
采矿业	1.13	7.50
制造业	3.96	2.00
电力、热力、燃气及水生产和供应业	5.40	1.50
建筑业	1.32	0.90

2. 碳交易

碳排放配额（CEA）交易和国家核证自愿减排量（CCER）交易是目前我国碳交易市场最主要的两类基础产品。碳排放配额（CEA）交易是指，政府将碳排放配额分配给企业，若企业实际碳排放量小于配额，则可以交易剩余碳配额获取一定收益；若企业实际碳排放量大于配额，则必须从其他企业购买相应额度。国家核证自愿减排量（CCER）交易是指，控排企业向自愿实施温室气体减排活动的企业购买可用于抵消自身碳排放的核证量。表87列出了主要行业参与CEA交易和CCER交易的企业占比。首先，参与CEA交易占比最高的是制造业，为1.51%；最低的是采矿业，仅为0.56%。其次，参与CCER交易占比最高的也是制造业，为4.43%，最低的是建筑业，为2.72%。相比较于CEA交易，各行业参与CCER交易的企业占比更高。但整体而言，目前我国碳交易市场仍处于起步阶段，各行业进行碳交易的比例仍然较低。

表87　　2020年主要行业参与碳交易占比　　单位：%

行业名称	CEA	CCER
农、林、牧、渔业	1.18	3.67
采矿业	0.56	2.82
制造业	1.51	4.43
电力、热力、燃气及水生产和供应业	1.35	2.87
建筑业	1.32	2.72

3. 碳交易对企业运营成本的影响

表 88 列出了 CEA 和 CCER 交易对于企业运营成本的影响。首先，CEA 交易的测算结果表明，农、林、牧、渔业中有 77.78% 的企业认为，CEA 交易提高了企业运营成本；而电力、热力、燃气及水生产和供应业中这一数值仅为 33.33%。农、林、牧、渔业中仅有 11.11% 的企业认为，CEA 交易降低了企业运营成本；而采矿业中有一半的企业持有相似看法。电力、热力、燃气及水生产和供应业中接近 70% 的企业认为，CEA 交易对企业运营成本没有影响或不清楚相关影响。其次，CCER 交易的测算结果显示，不同行业中认为“CCER 交易提高了企业运营成本”的比例为 30%—40%，而持有相反观点的企业占比为 15%—22%。近一半的企业认为，CCER 交易对企业运营成本没有影响或不清楚相关影响。相比较于 CEA 交易，不同行业对 CCER 交易的影响持有较为一致的观点。综合而言，CEA 和 CCER 交易能够对企业成本产生双向影响，持有提高成本观点的企业多于持有降低成本观点的企业。

表 88　2020 年碳交易对企业运营成本的影响　单位：%

交易	行业名称	提高成本	降低成本	没有影响	不清楚或不了解
碳排放配额（CEA）	农、林、牧、渔业	77.78	11.11		11.11
	采矿业	50.00	50.00		
	制造业	45.69	25.00	17.24	12.07
	电力、热力、燃气及水生产和供应业	33.33		11.11	55.56
	建筑业	41.18	23.53	11.76	23.53
国家核证自愿减排量（CCER）	农、林、牧、渔业	32.14	21.43	17.86	28.57
	采矿业	40.00	20.00	20.00	20.00
	制造业	38.28	21.07	13.35	27.30
	电力、热力、燃气及水生产和供应业	40.00	15.00	20.00	25.00
	建筑业	30.30	15.15	21.21	33.33

（三）“双碳”目标与企业成本

1. “双碳”目标对原材料采购成本的影响

表 89 列出了“双碳”目标对企业原材料采购成本的影响。首先，制造业中

有 28.02% 的企业认为“双碳”目标提高了原材料采购成本，其他行业中这一比例均为 10%—20%。其次，农、林、牧、渔业中有 3.01% 的企业认为“双碳”目标降低了企业原材料采购成本，采矿业和电力、热力、燃气及水生产和供应业仅为 1.69%。最后，各行业中认为“双碳”目标对原材料采购成本没有影响的企业占比为 20%—30%，而不清楚或不了解相关影响的企业占比为 50%—60%。由此可见，大部分企业认为“双碳”目标对原材料采购成本没有影响或不了解相关影响。综合而言，“双碳”目标对原材料采购成本的影响至少在短期内是不确定的，持有提高成本观点的企业多于持有降低成本观点的企业。

表 89　“双碳”目标对企业原材料采购成本的影响　单位：%

行业名称	提高成本	降低成本	没有影响	不清楚或不了解
农、林、牧、渔业	14.02	3.01	30.93	52.03
采矿业	18.64	1.69	25.99	53.67
制造业	28.02	2.74	20.47	48.77
电力、热力、燃气及水生产和供应业	17.54	1.69	31.53	49.24
建筑业	11.29	2.31	23.08	63.31

2. “双碳”目标对产品销售量的影响

与表 89 类似，表 90 列出了“双碳”目标对企业产品销售量的影响。首先，不同行业中认为“双碳”目标提高了产品销售量的企业占比均小于 10%，其中电力、热力、燃气及水生产和供应业最高，为 7.08%；建筑业最低，为 2.23%。其次，制造业中认为“双碳”目标降低了产品销售量的企业占比为 14.08%，而建筑业这一数值最低，仅为 4.95%。最后，选择“没有影响”的企业占比为 30%—40%，而选择“不清楚或不了解”的企业占比最高，数值为 40%—60%。整体而言，“双碳”目标对产品销售量的影响是不确定的，持有降低销售量观点的企业多于持有提高销售量的企业。

表 90　“双碳”目标对企业产品销售量的影响　单位：%

行业名称	提高销售量	降低销售量	没有影响	不清楚或不了解
农、林、牧、渔业	4.46	5.77	38.66	51.11
采矿业	3.95	9.04	37.85	49.15
制造业	5.71	14.08	29.77	50.45
电力、热力、燃气及水生产和供应业	7.08	6.91	41.82	44.18
建筑业	2.23	4.95	29.93	62.90

3. “双碳”目标对企业整体运营的影响

在分析原材料成本和产品销售量后，表91列出了“双碳”目标对企业整体运营的影响。首先，电力、热力、燃气及水生产和供应业中认为“双碳”目标对企业运营产生积极影响的企业占比为14.17%，而持有相反观点的企业仅为7.59%。农、林、牧、渔业和建筑业中持有“积极影响”观点的企业占比不高，分别为5.11%和7.99%，但仍然高于持有“消极影响”观点的企业。采矿业和制造业中持有“积极影响”和“消极影响”观点的企业相差不大。其次，选择“没有影响”的企业占比为25%—35%，而选择“不清楚或不了解”的比例为45%—65%。综合而言，与原材料成本和产品销售量相比，尽管持有“积极影响”和“消极影响”观点的企业仍然低于“没有影响”和“不清楚或不了解”，但“积极影响”的比例高于“消极影响”，表明企业对于“双碳”目标的长远发展持有更加积极的态度。

表91　“双碳”目标对企业运营的影响　单位：%

行业名称	积极影响	消极影响	没有影响	不清楚或不了解
农、林、牧、渔业	7.99	5.37	34.47	52.16
采矿业	11.30	9.04	29.94	49.72
制造业	11.78	11.83	25.39	51.00
电力、热力、燃气及水生产和供应业	14.17	7.59	31.87	46.37
建筑业	5.11	4.37	27.62	62.90

4. 企业应对“双碳”目标采取的措施

“双碳”目标的提出对于企业运行提出更为严格的环保要求，一些“高耗能高污染”企业必须采取一定措施才能继续开展生产活动，而另一些企业尽管经营活动与环保关联不大，但受全供应链的影响也会采取一定的措施，图111为主要行业应对“双碳”目标采取措施的企业占比图。建筑业中采取措施的企业占比最高，为37.10%；农、林、牧、渔业和电力、热力、燃气及水生产和供应业次之；采矿业和制造业最低，分别为24.29%和22.82%。平均而言，有29.86%的企业针对“双碳”目标采取了措施。需要注意的是，“高污染高耗能”企业主要集中在采矿业和制造业，但这两个行业采取措施的比例却最低。

在采取措施的企业中，我们还统计了具体措施的占比，如表92所示。农、林、牧、渔业企业采取最多的措施是“进行绿色设计，产品服务设计时强调环保低碳功能”，最少的措施是“开展绿色运输，优化运输结构，提高物流效率，使

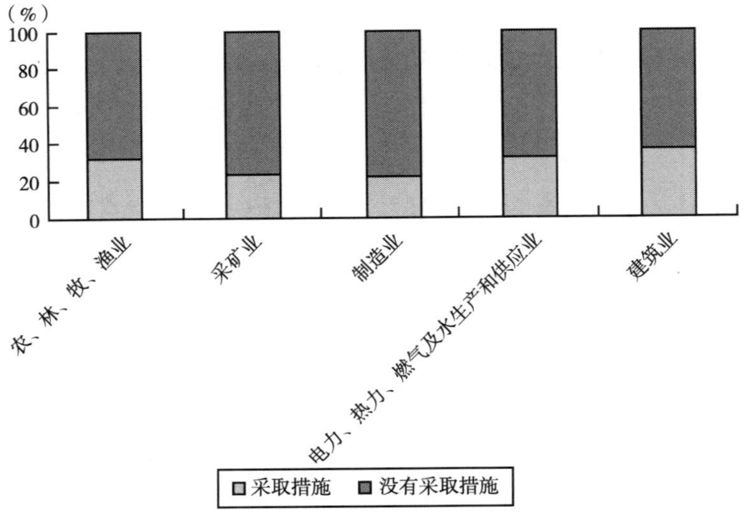

图 111　主要行业应对“双碳”目标采取措施占比图

用低碳运输工具”。采矿业企业更多关注技术层面，即“推行绿色制造，改进生产技术，提高能源利用效率”；而较少关注包装层面，即“加强绿色包装，避免过度包装，提高产品废旧物资可循环利用程度”。制造业和电力、热力、燃气及水生产和供应业采取的主要措施也是在技术层面，而较少采取的措施分别是“运输”和“包装”。建筑业主要关注“材料”，即“选择绿色材料，增加可再生物资、能源的使用比重”。综合而言，不同行业应对“双碳”目标所采取的措施存在差异，农、林、牧、渔业主要关注“产品”，采矿业、制造业和电力、热力、燃气及水生产和供应业主要关注“技术”，而建筑业主要关注“材料”。

表 92　主要行业应对“双碳”目标不同措施的占比　单位：%

行业名称	产品	材料	采购	技术	包装	运输
农、林、牧、渔业	27.92	23.20	21.36	25.82	22.54	19.92
采矿业	31.64	26.55	28.81	38.98	9.60	26.55
制造业	31.99	28.19	26.22	41.59	25.43	22.36
电力、热力、燃气及水生产和供应业	19.90	26.31	22.77	30.86	6.75	10.29
建筑业	21.76	30.83	25.89	19.21	13.52	19.70

注：“产品”指进行绿色设计，产品服务设计时强调环保低碳功能；“材料”是指选择绿色材料，例如增加可再生物资、能源的使用比重；“采购”是指增加绿色采购，采购过程中增加对环保低碳达标标准的权重；“技术”是指推行绿色制造，改进生产技术，提高能源利用效率，“包装”是指加强绿色包装，避免过度包装，提高产品废旧物资可循环利用程度；“运输”是指开展绿色运输，优化运输结构，提高物流效率，使用低碳运输工具。

（四）企业绿色转型的政策支持

1. 企业绿色升级及相关政策、融资支持

与“双碳”目标密切相关的议题是绿色转型、节能环保和清洁生产。在“双碳”目标提出之前，有些企业已经实施了绿色技术升级，国家也出台了诸多政策以支持绿色、低碳发展，表93列出了主要行业进行绿色升级的企业占比和相关费用，以及获得政策帮扶和绿色融资支持的企业占比和相关费用。首先，制造业有40.01%的企业进行了绿色技术改造，相关花费的中位数为35万元；而建筑业仅有9.48%的企业进行了技术改造，相关花费的中位数为20万元。技术改造费用最高的为采矿业，高达157万元，而最低的为农、林、牧、渔业和建筑业，为20万元。因此，各行业绿色技术改造占比和技术改造费用存在巨大差异。其次，各行业中获得政府政策性帮扶的企业占比均小于10%，其中制造业最高为6.75%，采矿业最低为3.95%。获得政策帮扶资金最高的是农、林、牧、渔业50万元；最低的是采矿业和建筑业，分别为13万元和11万元。最后，各行业获得融资支持的企业占比均小于2%，其中最高的电力、热力、燃气及水生产和供应业仅为1.85%，表明相关融资渠道仍然不够通畅。综合而言，企业在绿色升级、技术改造方面更多地是依靠自身，政策帮扶和融资支持覆盖面仍然较小，支持力度仍需进一步加强。

表93　　主要行业绿色升级及相关政策融资支持统计表

行业名称	技术改造占比（%）	技术改造花费（万元）	政策帮扶占比（%）	政策帮扶资金（万元）	融资支持占比（%）	融资支持资金（万元）
农、林、牧、渔业	18.35	20	4.98	50	1.57	100
采矿业	23.73	157	3.95	13		
制造业	40.01	35	6.75	32	1.76	100
电力、热力、燃气及水生产和供应业	17.71	200	4.55	42	1.85	1148
建筑业	9.48	20	3.54	11	0.99	78

2. 政府具体帮扶措施

政府在企业绿色转型中可采取的帮扶性措施有很多，本次调查主要针对税收优惠、水资源费改税试点、重大技术装备和政府产业引导基金等措施展开调查，结果如表94所示。首先，各行业获得最多的帮扶性措施是税收优惠，其中采矿业和制造业均有3.39%的企业享受了税收优惠，而农、林、牧、渔业这一数值仅为1.97%。其次，农、林、牧、渔业，采矿业，建筑业中覆盖面最低的帮扶性措施是政府产业引导基金，而制造业，电力、热力、燃气及水生产和供应业中覆盖面最低的是重大技术装备。综合而言，税收优惠是政府支持企业绿色转型所采取的主要措施，但覆盖面仍然较低，存在进一步提升的空间。

表 94　主要行业所获得的帮扶性政策或措施占比　单位：%

行业名称	税收优惠	水资源费改税试点	重大技术装备	政府产业引导基金
农、林、牧、渔业	1.97	0.92	1.05	0.79
采矿业	3.39	1.13	0.56	0.56
制造业	3.39	1.20	1.20	1.62
电力、热力、燃气及水生产和供应业	2.53	1.69	0.84	1.01
建筑业	1.98	1.24	1.15	1.07

注："税收优惠"具体指获得节能节水环保、资源综合利用以及合同能源管理、环境污染第三方治理等方面的所得税、增值税等优惠政策；水资源费改税试点具体指参与资源税征收和水资源费改税试点工作；重大技术装备具体指绿色技术应用获得首台（套）重大技术装备政策支持；政府产业引导基金指获得政府产业引导基金等资金支持。

3. 企业绿色升级面临的问题

企业在绿色技术改造和升级过程中，存在技术人员不足、改造资金不足、市场技术不足、标准不明确、交易机制不健全等问题，本次调查针对每个问题按1—5 分让企业进行打分，分数越高，问题越严重，相关问题的平均分如图 112 所

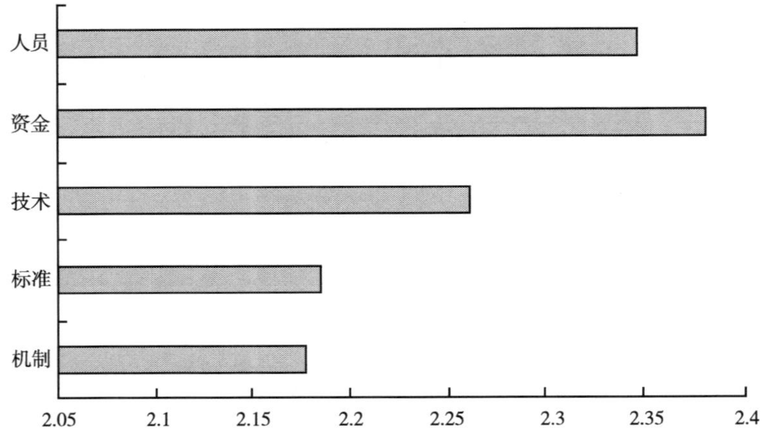

图 112　企业绿色技术改造存在的主要问题对比图

示。分数最高的是“资金”，其次是“人员”，“标准”和“机制”的分数最低，这表明企业在绿色技术改造中所面临的最严重问题是缺乏资金和技术人才，绿色标准不明确或交易机制不健全还不是当前的关键影响因素。因此，政府在帮助企业进行绿色技术升级时，应更多地关注拓展相关融资渠道、加强相关技术人才的培训。

（五）主要结论

1. 能源消耗与碳排放现状

（1）2018—2020 年，不同类型的能源消费呈现不同的演变特征，生产用煤量有所下降，但生产用电量、生产用水量、生产用气量和生产用油量均有所上升，其中生产用油量增幅最大。

（2）全国大部分企业没有统计碳排放范围。有相关统计数据的企业中，碳排放量大多在 100 万吨以下，仅有少数企业的碳排放量在 400 万吨以上。四大地区的碳排放分布与全国呈现相似的特征。

2. 碳交易与企业成本

（1）全国大部分企业未进行碳盘查。行业对比结果显示，各行业进行碳盘查的比例仍然较低，其中电力、热力、燃气及水生产和供应业进行碳盘查的比例最高，但仅为 5.4%。同时，各行业的碳盘查费用差异较大，采矿业的费用是农、林、牧、渔业的 30 倍。

（2）全国进行碳排放配额（CEA）交易或国家核证自愿减排量（CCER）交易的企业仍然较少。参与 CEA 交易和 CCER 交易比例最高的行业均是制造业，但数值仅分别为 1.51% 和 4.43%。

（3）CEA 和 CCER 交易对于企业运营成本的影响是双向的，但持有提高成本观点的企业多于持有降低成本观点的企业。农、林、牧、渔业中有 77.78% 的企业认为 CEA 交易提高了企业运营成本，而持有相反观点的企业仅占 11%。不同行业中认为 CCER 交易提高企业运营成本的比例为 30%—40%，而持有相反观点的企业占比为 15%—22%。

3. “双碳”目标与企业成本

（1）超过一半的企业不清楚或不了解“双碳”目标对企业原材料采购成本、产品销售量和整体运营所产生的影响。而三分之一的企业认为，“双碳”目标对企业原材料采购成本、产品销售量和整体运营不产生影响。认为“双碳”目标能够产生影响的企业中，持有“提高原材料成本”和“降低产品销售量”的比例更高，表明“双碳”目标更倾向于提高企业成本。但是，认为“双碳”目标对企业整体运营产生积极影响的企业要多于认为“消极影响”的企业，表明企业对于“双碳”目标的长远发展持有更加积极的态度。

（2）约有三分之一的企业针对“双碳”目标采取了措施。在采取措施的企业中，农、林、牧、渔业主要采取“进行绿色设计，产品服务设计时强调环保低碳功能”等相关措施，采矿业，制造业和电力、热力、燃气及水生产和供应业主要采取“推行绿色制造，改进生产技术，提高能源利用效率”等相关措施，而建筑业主要关注“绿色材料”相关措施。

4. 企业绿色转型的政策支持

（1）企业在绿色升级、技术改造方面更多地是依靠自身，政策帮扶和融资支持覆盖面仍然较小，支持力度仍需进一步加强。各行业中获得政府政策性帮扶的企业占比均小于 10%，其中制造业最高为 6.75%，采矿业最低为 3.95%。获得政策帮扶资金最高的是农、林、牧、渔业 50（万元）；最低的是采矿业和建筑业，分别为 13 万元和 11 万元。同时，各行业获得融资支持的企业占比均小于 2%，其中最高的电力、热力、燃气及水生产和供应业仅为 1.85%。

（2）政府在企业绿色转型中可采取的帮扶性措施包括税收优惠、水资源费改税试点、重大技术装备和政府产业引导基金等，其中税收优惠是最常用的措施，但其覆盖面仍然较低，存在进一步提升的空间。调查数据显示，采矿业和制造业获得税收优惠的企业占比最高，但仅为 3.39%。

（3）企业在绿色技术改造中所面临的最严重问题是缺乏资金和技术人才，绿色标准不明确或交易机制不健全还不是当前的关键影响因素。因此，政府在帮助企业进行绿色技术升级时，应更多地关注拓展相关融资渠道、加强相关技术人才的培训。

2021 年企业成本专题调研报告一：

国际经济形势对国内冲击及对企业成本的影响

“国际经济形势对国内冲击及对企业成本的影响”专题调研组

指　导：邢　丽

组　长：石英华

成　员：王宏利　刘　帅　张瑞晶

执　笔：石英华　王宏利　刘　帅

2021 年 11 月专题调研小组采用线上调研形式，围绕“国际经济形势对国内冲击及对企业成本的影响”对 3 个省、12 个省直部门、19 个市直部门、13 个行业协会以及 43 家企业进行了较为系统的调研。结合调研了解的情况及宏观数据分析，本报告分析了国际经济形势与发达经济体政策变化趋势及外溢效应，以及主要生产要素价格变化对国内企业成本影响，针对性地提出对冲风险、巩固良好发展势头的若干政策建议。

受新冠肺炎疫情持续冲击，欧美发达国家普遍面临商品供需错位、财政收支失衡等压力。在系列超常规财政货币政策刺激下，这些国家短期经济复苏明显，但长期仍面临着风险，势必对我国经济发展形成拖累甚至威胁。因此，有必要从全球视野和战略高度审视我国经济发展态势以及企业成本长期变化趋势，进而提出对策建议。

一、国际经济形势及宏观经济政策转向对国内经济冲击

（一）国际经济形势对国内经济冲击

1. 供给端的多重冲击

在当前低利率、高通胀、高杠杆并存的国际经济形势下，外部形势给我国供给端带来的冲击是多重的，都对潜在产出造成挑战。宏观层面，影响则将突出表现为供应链中断和劳动力市场紧缩，并进一步演化成通胀风险。微观层面，由于原材料、运输等价格波动，企业成本急剧上升。近 10 年 CPI 走势如图 1 所示。

自新冠肺炎疫情暴发以来，供应链中断问题就不容忽视。这既是因为各国推出边境管制政策对全球物流和运输网络造成阻碍，又与国内消费需求被压抑出现经济下行、企业生产经营困难相关。波罗的海干散货运价指数（BDI）表明，过去几个月该指数上涨的主要原因是供应因素，需求端依旧低迷（见图 2）。预计 2022 年我国经济复苏态势良好。但国外疫情反复，美国等主要国家推出了超常规货币政策，加之航运瓶颈短期内无法突破，俄乌冲突都可能造成大宗商品价格继续维持上涨，将会给国内工业制造业带来较大冲击，导致企业利润空间大幅度收窄。其次，“缺料、缺柜、缺芯”问题短期内无法解决，必然导致制造业生产

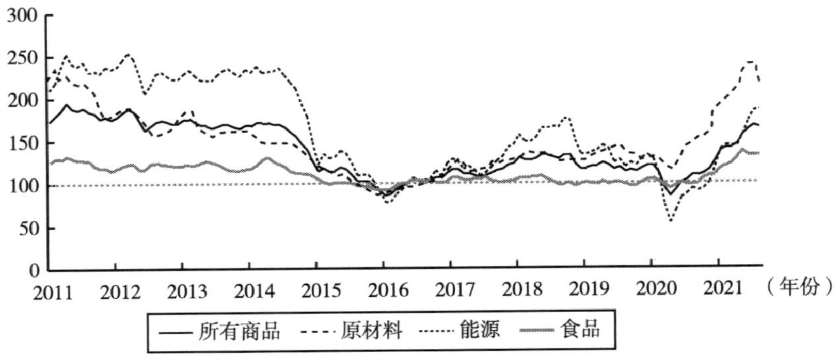

图 1　近 10 年 CPI 走势（以 2016 年为基期）

数据来源：IMF CPI Database。

效率和产值受到抑制。同时，考虑能源进口受限叠加降碳要求，“拉闸限电”等管制将长期存在，若企业不能及时转型升级，产能利用率必将大幅降低。

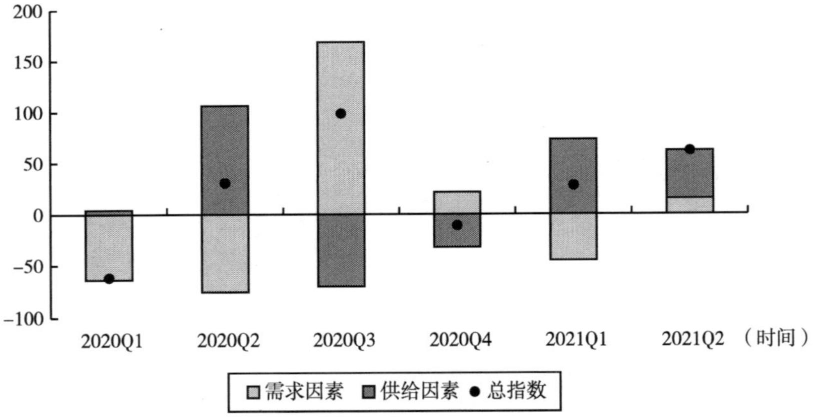

图 2　波罗的海干散货运价指数及其分解

数据来源：Haver Analytics；IMF。

由于商品价格上涨，劳动者对工资的要求也会随之提高。但企业对宏观经济预期并不积极，对中低端劳动者需求未放开。当前国际疫情控制态势并不乐观，消费者旅游和消费态度依然谨慎。因此，服务业和相关就业反弹速度或将不及预期。根据 IMF 预测，到 2022 年底所有发达经济体和新兴市场经济体的产出都将恢复到疫情暴发之前水平，但只有 2/3 的经济体能恢复此前的就业水平，就业复苏将滞后于产出的复苏（见图 3、图 4）。

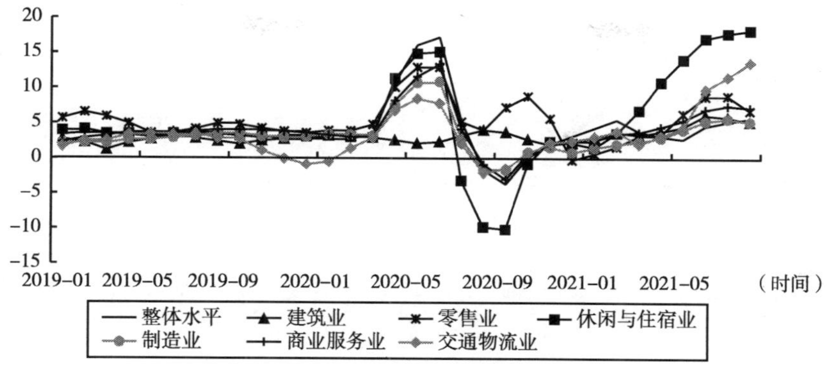

图 3　美国平均时薪（季度移动平均数的年化百分比变化）

数据来源：Haver Analytics；IMF。

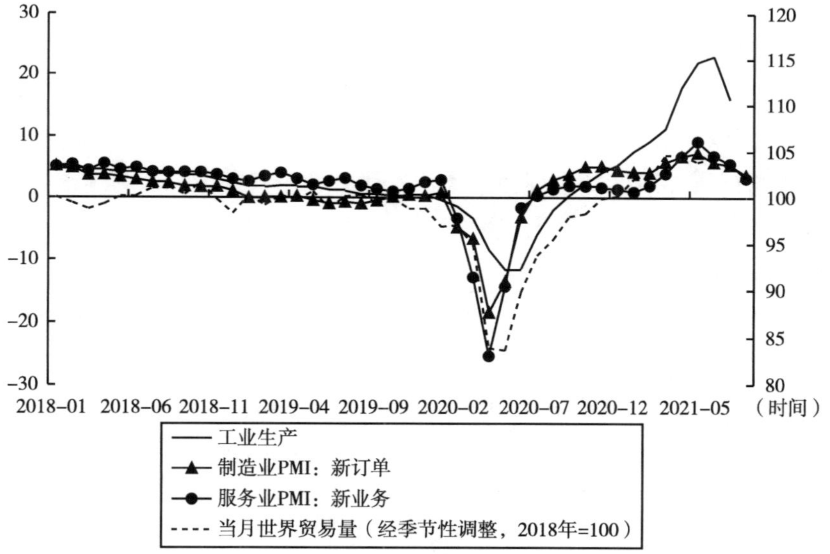

图 4　全球活动相关指标

数据来源：Haver Analytics；IMF。

我国 PPI 依然持续上涨。面对供应中断和劳动力供需错配，工人工资可能增加。如果家庭、企业和投资者认为被抑制的需求和上述诸多因素带来的价格压力将持续存在，中期通胀预期可能会上升。与此同时，长期供应短缺和食品价格压力可能会让通胀持续更长时间。

2. 需求复苏仍显疲软

需求侧看，积极信号与消极信号并存。就外需而言，疫情期间我国医疗设备、

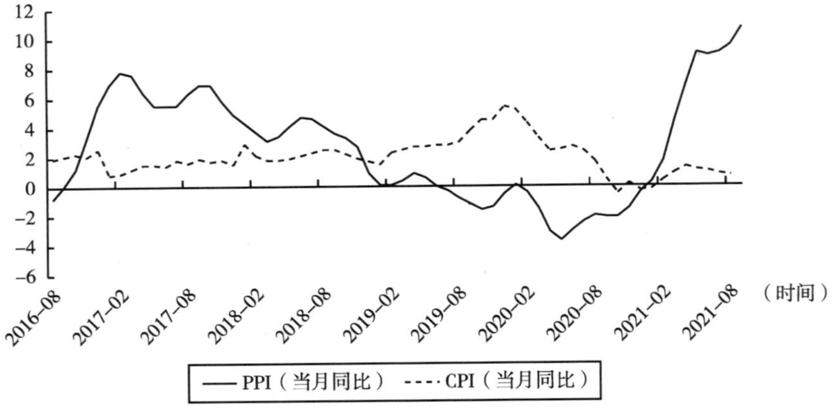

图 5　我国价格指数变动趋势

数据来源：国家统计局。

电子产品、耐用消费品等产品出口增加。短期内这类商品出口仍持续，但无法长期提供增长动力。目前来看，宏观经济企稳时间尚不明确。尽管全球经济正逐步复苏，但 2021 年以来增长势头持续减弱。受许多新兴市场和发展中经济体感染增加以及供应中断拖累，2022 年全球经济增长预计会进一步放缓，这意味着消费需求下滑。通胀高企又使得许多国家退出宽松政策，消费可能由实物转向服务。与此同时，边境管制限制航运、贸易与跨境投资仍被抑制，服务业出现复苏态势可能性也不大。

中国经济持续增长主要因素仍是内部需求，即投资和消费。当前全球消费和投资的恢复情况并不乐观，投资尤其低迷。我国国内疫情稳定控制，但海外疫情蔓延导致制造业投资反弹稍显不足，消费恢复相对较慢（见图 6）。除疫后经济的“错位复苏”与结构性收入效应外，疫情导致的短期预防性储蓄倾向上升也

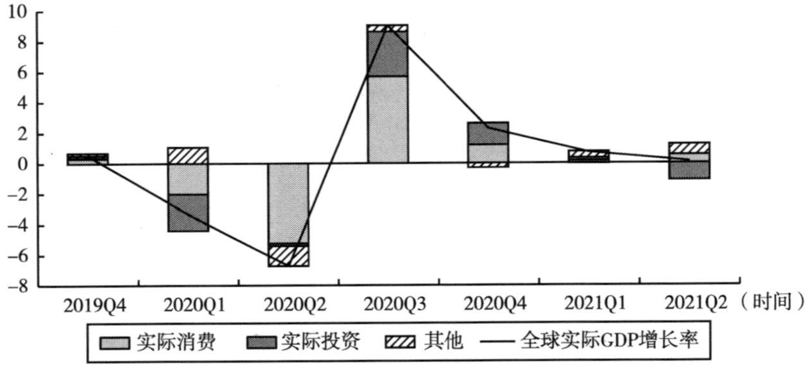

图 6　全球 GDP 增长情况及其分解

数据来源：Haver Analytics；IMF。

是一大原因。根据央行2021年三季度城镇储户调查，2020年以来消费者储蓄意愿出现跳升（见图7）。这与收入预期有关，当前国际经济形势不确定性加大，变化超预期，疫情发展反复无常，收入信心指数2021年虽有所回升，但仍未回到疫情前水平，愈发明显的高通胀趋势将进一步对居民收入（尤其是劳动收入）造成伤害，抑制消费和投资信心（见图8）。

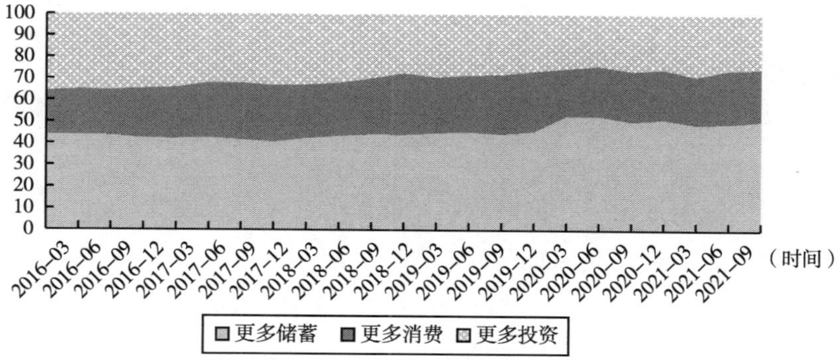

图7　我国居民储蓄、消费、投资意愿

数据来源：中国人民银行。

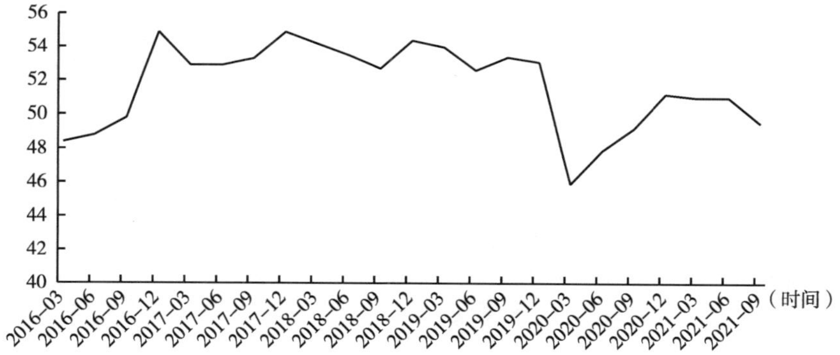

图8　我国收入信心指数

数据来源：中国人民银行。

（二）欧美国家宏观经济政策转向的宏观影响

欧美国家宏观经济政策转向的外溢效应主要是通过货币传导机制实现，影响主要有：

1. 收益率波动超预期

政策转向后财政和货币政策相互配合，供求合力决定长期国债收益率的波动。以美国为例，当美债收益率发生波动后，美国财政与货币政策配合释放空前流动性，供求合力凸显长期美债收益率对经济增长和通胀预期的晴雨表作用，最终形成“财政和货币政策的供求作用—影响 10 年期美债收益率波动—预示未来经济和通胀走向—引发经济政策调整”的闭环。而长期美债收益率的波动不仅会直接影响到受疫情波及企业和家庭的借贷成本，还会影响到美债券市场定价基础以及国际资本流动，进而影响融资环境、美股波动等。长期美债收益率的上升直接影响新兴发展中经济体与美国之间的信用利差，存在外资大规模流出和汇率危机风险，美联储货币政策转向可能加大新兴发展中经济体的债务违约风险。

2. 全球“再通胀”超预期

全球主要国家及地区的物价指数同比都逼近或超过阶段性高点。深层次逆全球化、全球供应链重构，叠加短期疫情对供应链的冲击，或让市场低估了通胀风险。以新兴发展中经济体为例，新兴发展中经济体的国内资本市场发展程度不高，对外部融资渠道（尤其是美元融资）更为依赖。疫情以来全球主要经济体保持在低/负利率水平，使新兴发展中经济体加大了外部融资力度。截至 2020 年末，新兴发展中经济体平均外债水平（即外债相当于 GDP 的比值）已达46. 3%，较上年增长 6 个百分点。如果长期美债收益率继续攀升并导致美联储货币政策转向，可能会引起发展中经济体债务偿付压力骤增。考虑到新兴发展中经济体存在一定汇兑风险，汇率波动会影响其外汇储备对外债偿付稳定性。一旦美联储发生货币政策转向将直接削弱其债务偿付实力，导致债务违约风险进一步升高。而一旦美国疫情好转和经济复苏，宽松的财政政策将会迅速退出，财政将向平衡收紧，这对金融和商品市场亦会产生一定的负面影响。

3. 地缘政治风险超预期

拜登政权对待全球地缘政治版图及政治策略虽皆不同于特朗普政权，但带来的风险却仍可能超预期，如俄乌冲突；中国周边地缘格局 2021—2022 年伴随大选存在风险。当前，地缘已经不局限于地理位置，也包含政治格局。以美国为首的发达国家正陷入债务飙升、经济混乱的泥淖中无法自拔，一旦其金融业发生危机，剧烈的冲击波必会在短期内传遍全世界，具体可分为两种情况：

（1）新兴经济体和发展中国家：汇率贬值和利率抬升。

近两年，全球公共债务水平大幅提升。在此情况下，新兴和发展中经济体公共收入下降程度甚至超过了 GDP 的下降程度。而且，其中许多国家的财政实力较弱，借贷相对更加困难。一旦美国开始加息、利率上行，这些国家财政状况大概率进一步恶化。因此，随着美联储货币政策收紧逐步传导至债务端，新兴和发展中国家经济发展将受到较大影响。

（2）新兴大国：短期不变，长期变速。

对于中国这样的新兴大国，其利率趋势往往更加顺应国内自身经济基本面的变化，而不是跟随美联储，哪怕是在中美经济走势背离的时期。在美联储削减量宽政策“宣布期”，我国长端利率可能受到联储紧缩预期的阶段性牵引。而从长远角度来看，随着内需回落叠加大宗商品涨价引致的成本冲击等，我国整体经济增速或将趋缓。

（三）通胀、利率变化趋势的微观影响

1. 通胀压力持续上升，全面推高企业成本

2021 年以来，美欧通胀压力持续上行，美国连续五个月 CPI 增速超过 5 个百分点，远超其他经济体。欧元区 2021 年以来的 HICP 也大多在 1.5 以上，日本 CPI 依旧疲软，中国则受“猪周期”拖累也相对较低（见图 9、图 10）。PPI 指数方面，各国通胀数据持续。事实上，2021 年 8 月末以来，国内与海外大宗商品价格上涨持续共振，带动我国 PPI 同比增速超预期上行，预计短期内 PPI 向 CPI 的传导效应将逐步显现，中下游企业的生产成本随之推高（见图 11）。

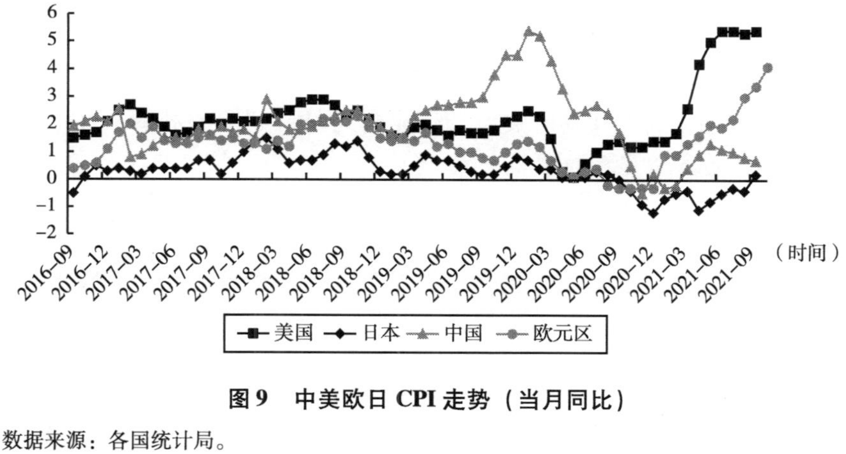

图 9　中美欧日 CPI 走势（当月同比）

数据来源：各国统计局。

2. 利率上行压力导致中小企业融资成本上升

2021 年，在稳中偏松的货币政策环境中，资金面平稳、宽松预期发酵、意外降准落地等因素共同促成了利率下行（见图 12）。尽管存在背离时期，但总体

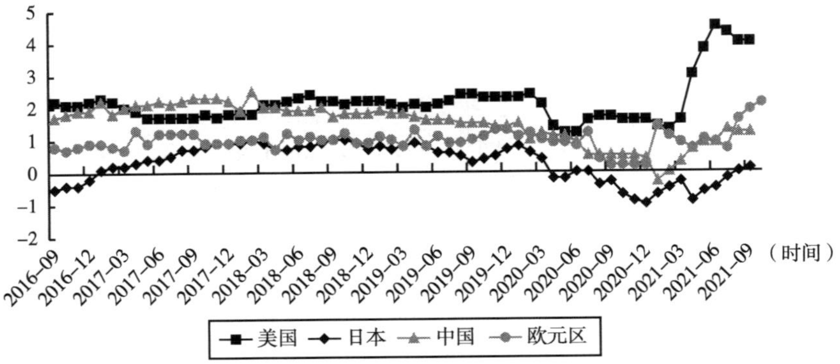

图 10　中美欧日核心 CPI 走势（当月同比）

数据来源：各国统计局。

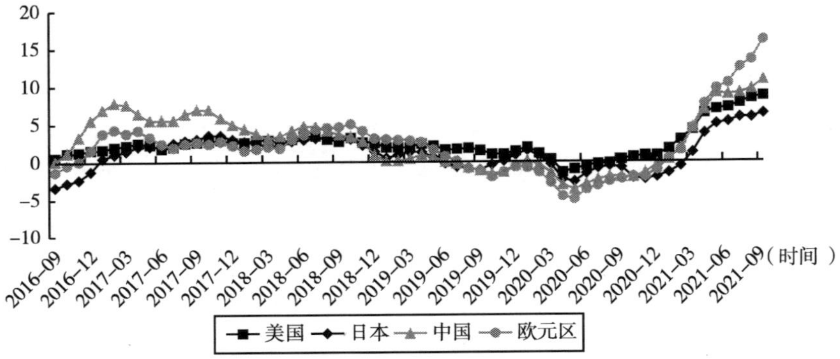

图 11　中美欧日 PPI 走势（当月同比）

数据来源：各国统计局。

来说中美利率间存在高度联动的关系。企业会同时受到国外利率（主要是美国）和国内利率的影响，突出表现在融资成本上。

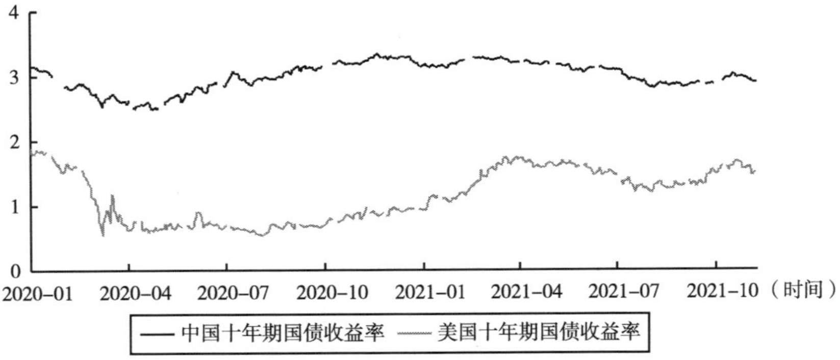

图 12　中美十年期国债收益率对比

数据来源：Wind 数据库。

中小企业融资渠道单一，融资成本高。受疫情影响，市场供需不稳定，出现企业生产销售不稳、库存需求增多贷款回收不确定性增加等系列问题，导致延长资金占用时间，使企业资金周转面临严峻挑战。在此背景下，利率对融资成本影响被进一步放大。海外货币政策收紧致使国际利率上升，国内资本流出，企业获得资金难度加大。国内利率也面临一定的上行压力，导致企业融资成本进一步升高。

二、国际要素价格变化及其他因素对国内企业成本影响

（一）要素价格变化趋势

1. 煤炭价格大幅下降，但仍高于上月同期水平

2021 年我国经济复苏推高了能源需求。但受“双碳、双控”政策等因素影响，煤炭供应偏紧、供求失衡，价格呈持续上升态势。其中，3—4 月煤价涨幅较小。受欧洲市场天然气价格飙升影响，高需求与低库存错配，加上进口政策收紧，5 月开始煤价又开始上涨。尤其在 9 月底至 10 月中旬，受季节性因素影响，煤价上涨提速。10 月 20 日后，煤价开始下降。11 月，晋陕蒙等煤炭主产区多措并举，全国煤炭日均产量达到 1153 万吨，较 10 月初增加超过 80 万吨，按当前增长趋势，煤炭日产量近期有望突破 1200 万吨①。全社会煤炭库存明显提高，重点企业煤炭供应有所好转（见图 13）。

从国际形势来看，国际动力煤价格从 2021 年 1 月到 10 月下旬，澳大利亚纽卡斯尔港、南非理查兹湾以及欧洲 ARA 港动力煤价格持续上涨，在 10 月第三周左右较前一周达到历史最高位后大幅下降，但是仍高于上月同期水平（见图 14）。从进口来看，中国和印度的煤炭进口在全球总量占比分别位居前两位，主要来源于印度尼西亚、澳大利亚和南非。然而，受海运价格上涨影响，2021 年 4—9 月印度电企动力煤进口量持续下降，9 月进口动力煤 108.21 万吨，同比下降了 73.16%②。我国实施系列“保供稳价”政策，国内煤价高位回落，但煤炭生产成本大幅低于目前煤炭现货价格，煤价仍有回调空间。

① 数据来源：秦皇岛煤炭网 http://news.cqcoal.com/blank/nc.jsp?mid=110022。
② 数据来源：中国煤炭资源网。

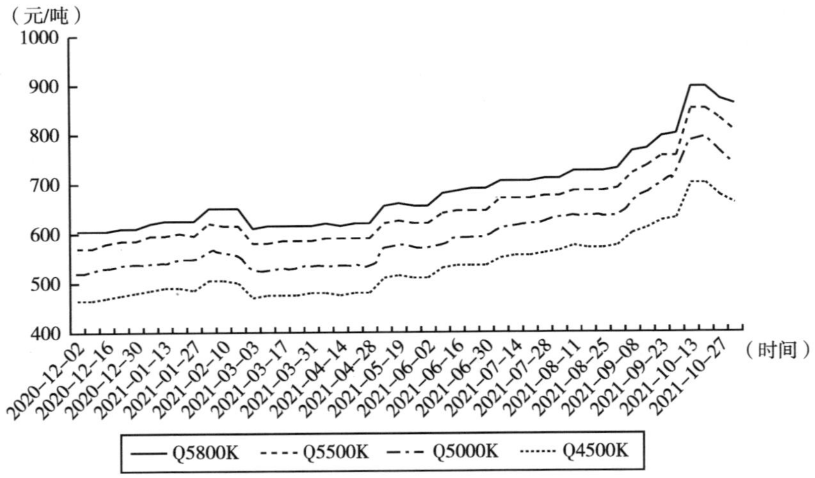

图 13　秦皇岛港动力煤综合交易价格

数据来源：Wind 数据库。

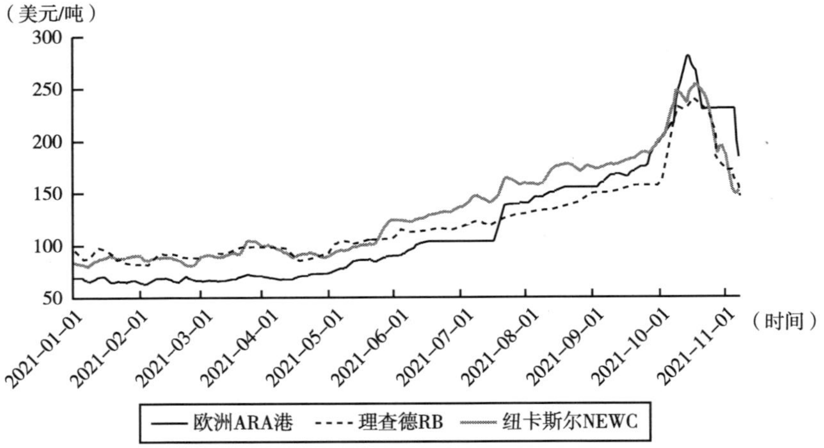

图 14　国际其他市场动力煤价格指数

数据来源：Wind 数据库。

2. 原油价格仍处上行通道

2021 年，受美元贬值、全球经济复苏影响，能源消耗量反弹；加上石油减产协议达成，在原油供给相对疲软时需求提高，促使国际原油价格回升。如图 15，2021 年 1—7 月，布伦特油价从 54. 55 美元/桶涨到 74. 39 美元/桶，8 月有所下降，9 月再次回升至 74. 60 美元/桶，涨幅约 5%。此外，还有自然灾害、地缘政治等因素导致地区供应中断，进一步推高了油价。

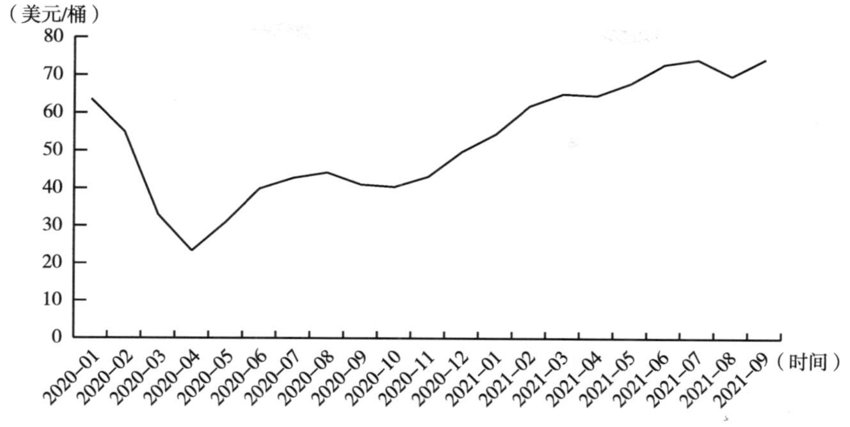

图15　布伦特原油现货实际市场价格

数据来源：Wind数据库。

3. 铁矿石价格震荡下行，进口依存度高

2021年数据显示，铁矿石价格波动幅度较大。由于各国政府前期实施量化宽松的货币政策，大量资本涌入原料市场而推高了铁矿石价格，总体呈现先上升后下降的趋势，尤其是5月。进口铁矿石价格呈上涨趋势且伴随着小幅度波动，呈持续下降态势。国产铁矿石价格的变动趋势与进口铁矿石相似，但波动幅度比进口铁矿石小（见图16）。

目前，全球铁矿石资源高度垄断。2020年全球铁矿石产量为21.56亿吨，其中淡水河谷、力拓、必和必拓、FMG四大矿企产量占比高达49%（见图17）。根据兰格钢铁网数据，全球成本高于60美元/吨的68座矿山中63座矿山在中国国内或所属国外矿山。成本排名前30位的矿山基本被淡水河谷、力拓、必和必拓、FMG四大矿企占有，平均成本分别为20.0美元/吨、22.6美元/吨、19.2美元/吨和17.5美元/吨，远低于全球平均水平32.6美元/吨。中国排名最靠前的是朱家包包铁矿，排名在第111位，成本约40.1美元/吨。由于工业产业钢材需求仍将保持高位，铁矿石供需严重失衡，还需从大量进口。预计截至2021年底，我国铁矿石进口量将超过11亿吨，全年平均进口价格超过160美元/吨①。

4. 金属元素价格大幅上涨趋势仍将延续

近三年，主要金属的价格呈现普遍上涨态势。尤其是2020年四季度开始，

① 左更．铁矿石价格还需较长时间方能逐渐回归合理区间［EB/OL］．兰格钢铁网．2021-10-21.

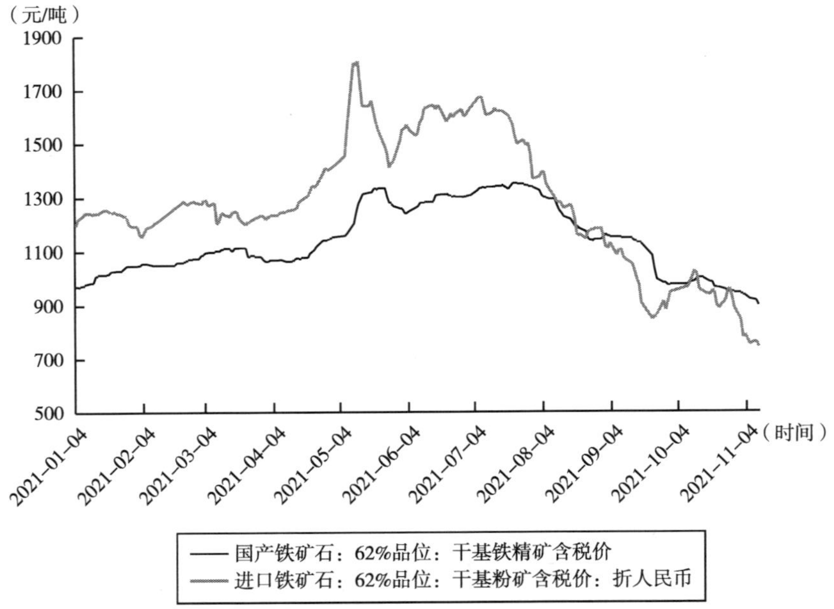

图 16　国产铁矿石和进口铁矿石价格对比图

数据来源：Wind 数据库。

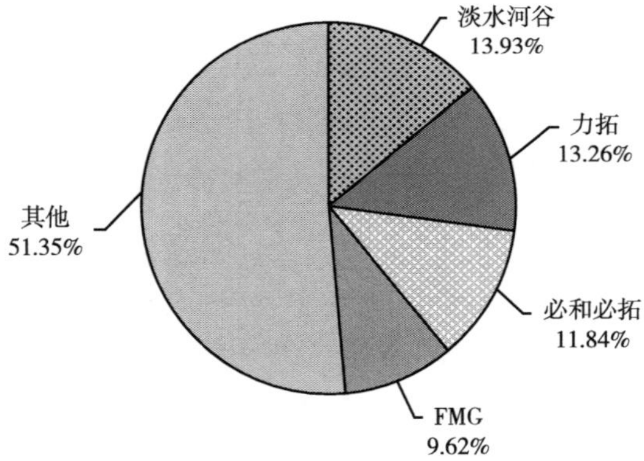

图 17　2020 年全球四大矿企产量占全球总产量的比重

数据来源：Wind 数据库、兰格钢铁网。

市场价格加速上涨，拉高国内外大宗商品价格。金属元素是构成钢材、管件、合金制品等主要原材料，其价格构成了采购价格的关键因素（见图 18）。从涨价趋势来看，金属元素从 2020 年四季度开始持续上涨。由于世界格局的深度变化，博弈和竞争加剧势必影响原材料物资价格。根据市场预测，金属元素价格上涨可能至少持续到 2022 年上半年。

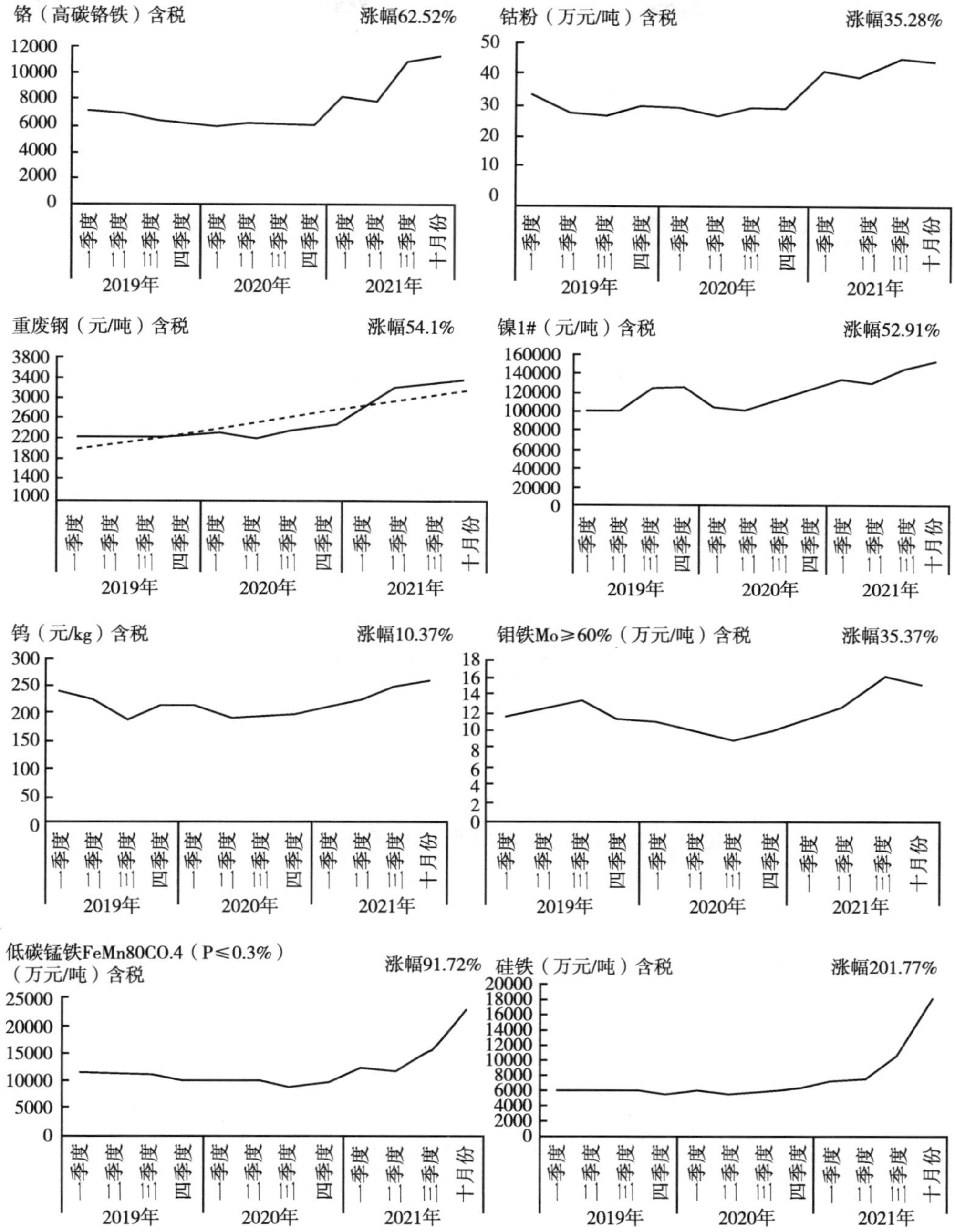

图 18　金属元素价格涨幅

数据来源：中华商务网。

（二）国际要素价格变化对重点行业企业成本及利润影响

1. 原材料价格上涨，电力企业成本显著上升

电力和钢铁行业是最主要耗煤行业（见图 19）。煤价持续上涨，导致火电行业生产成本大幅提高，原材料占总成本比重大幅提高，燃煤成本成为电力企业整个成本构成中影响最大的部分。调查数据显示，某能源企业原材料占成本费用的比重从 2019 年的 58% 上涨到目前的 70.36%，上升了约 12 个百分点，导致发电亏损严重，2021 年 1—9 月，该企业电厂累计耗用的标煤价同比上升了 46%，其煤电企业亏损面达 75%。

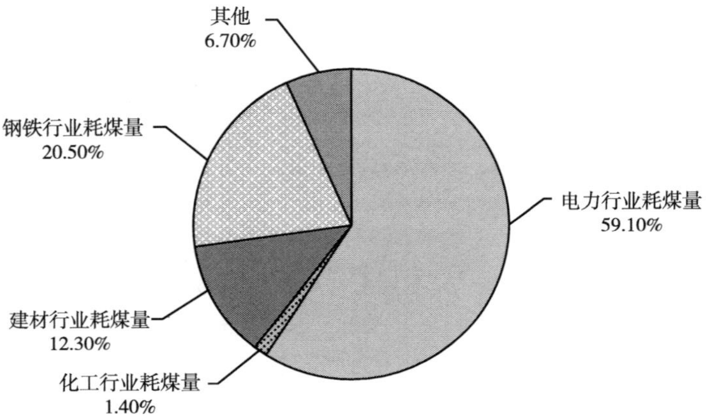

图 19　各行业耗煤量对比图（截至 2020 年 6 月）

数据来源：中国煤炭资源网。

从现有行业格局看，一方面，上游大型煤企与电力行业签署电煤中长期合同经常出现兑现不平衡，一定程度上加剧了发电企业用煤困难。调研中了解到，截至 2021 年 9 月，该能源企业国内战略合同兑现率仅为 56%。另一方面，目前煤炭采购端和电力销售端不对等的市场交易机制，使电量、电价受控竞价交易，使火电企业成本与收入难以匹配，市场价格波动不能顺畅传导，煤电联动机制受阻，增加了发电企业成本，挤占了利润甚至亏损运营（见图 20）。

2. 铁矿石、煤炭价格高企，钢铁企业成本上升

2021 年 7 月以来，铁矿石价格开始大幅回落，但较去年同期水平仍处于高位。由于供需关系不对称，煤炭价格在 9—10 月出现快速上涨。资源、能源价格上涨推高了钢铁价格（见图 21）。

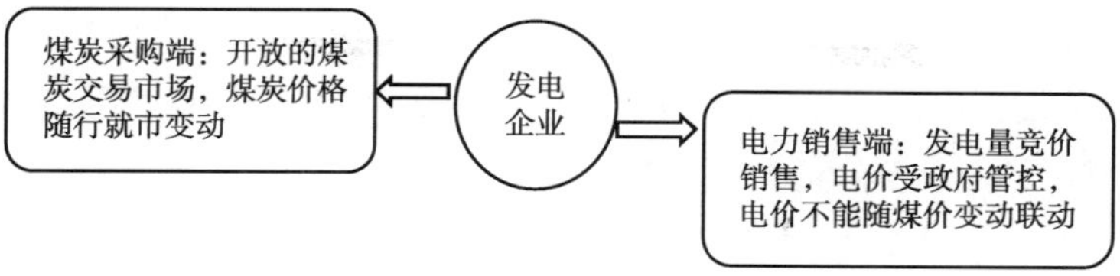

图 20　发电企业上下游联动机制

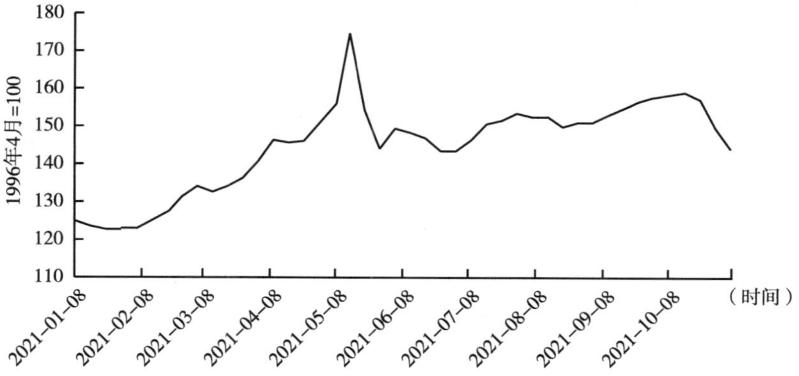

图 21　钢材综合价格指数

数据来源：Wind 数据库。

限电限产影响产能正常发挥，叠加“双控、双碳”等政策实施力度的持续加码，2021 年以来，国家在严格控制新增产能、加强能源总量控制的基础上，制定了全年粗钢产量不高于去年的目标，以及限制钢材大量出口等政策。加之煤炭、电力供应紧张，钢铁企业生产经营压力空前加大，钢铁企业减产停产增多，企业成本费用大幅增加，成本上升压力短期难以改变，钢铁企业盈利水平面临下降趋势。以钢铁企业为例，2021 年进口煤均价比上年同期上涨 354 元/吨，总成本上升 56 亿元。限电限产导致产能无法释放，同时氧化铝、氢氧化铝等产品销量减少，预计将致全年利润减少约 20 亿元。

3. 原材料价格上涨推动制造业成本上升

由表 1 可知，受大宗商品涨价影响，企业生产所需原材料价格涨幅约达 15%—20%，采购成本大幅上升。部分制造业企业只有原材料辅料的供应端涉及大宗商品，但公司材料成本同比亦有所上升，2021 年前三季度多数制造业企业原材料在成本费用中的占比超过了 2019 年和 2020 年的比重（见表 1）。上游的原料辅料和下游的销售产品都涉及大宗商品制造业企业，其材料成本占成本费用比重增加。由于行业内竞争加剧，企业的产品定价权相对较弱，很难将材料成本上涨的影响通过产品价格传递。尽管营业收入有所增加，但盈利能力却下降，出现增收不增效现象。如 SH 公司 2021 年 1—10 月公司整体材料成本比重为 79.76%，同比上升 1.84 个百分点，实现营业收入 51.84 亿元，同比增长 5.04%；综合毛利率 15.35%，同比下降 1.41 个百分点。

表 1　原材料价格上涨对部分受调查制造业企业成本的影响　单位：%

企业	2021 年 1—9 月原材料成本占比	2020 年原材料成本占比	2019 年原材料成本占比
SH 公司	79.76	77.92	
H 公司	56.89	53.46	54.19
L 公司	58	55	61
S 公司	60	62	55
B 公司	73	67	67

（三）国际要素价格变化对上中下游企业成本及利润影响

2021 年 10 月，受国际输入性因素叠加国内主要能源和原材料供应偏紧影响，PPI 涨幅扩大。根据国家统计局统计数据，2021 年 1—10 月平均，工业生产者出厂价格比上年同期上涨 7.3%，工业生产者购进价格上涨 10.1%。整体传导从上游原材料的工业生产者出厂价格指数，传导至中下游制造业的工业生产者出厂价格指数，并最后影响到终端消费者的 CPI。传导速度受原材料的选择、市场环境、宏观政策以及经济状况等各方面影响。

1. 大宗商品价格上涨拉动上游企业营业收入和利润双增长

上游企业中，一类是大型石油、煤炭、天然气原材料冶炼加工企业，为中下游企业提供相应的原材料。2021 年，受国际原材料市场价格上涨的影响，国内原材料价格也随之提高，上游企业营业利润不断提高。但受能源双控政策、限电限产等因素影响，企业产能在一定程度上受到制约，一方面导致半成品积压，利润减少；另一方面导致原材料交期延长，从而增加了订单外流的风险，也给中下游企业生产经营带来更多不确定性。以 XG 集团为例，因大宗商品市场需求旺盛，下属新材料板块企业不锈钢和铝型材价格及销量同比有较大增长，营业收入同比增长 30.78%，两年平均增长 15.71%，参股项目因主营不锈钢产品和覆铜板产品，销量及价格都大幅提升。

2. 中游企业两端承压，成本转移受制多种不确定因素，利润空间受到挤压

中游企业要被迫接受上游原材料供应商的明显且直接的涨价，但中游企业再把上涨的成本传导到下游企业，价格上涨的时间存在滞后性，上涨的空间也会和预期存在一定差距。如果中游企业能够将提高的成本顺利转移，部分成本由自身吸收，另一部分向下游企业转移。在此过程中，存在海运成本高涨及固定交货期等多重不确定因素制约成本转移增加整个供应链不稳定性，最后导致企业流动资金减少，利润空间被挤占。

3. 多因素叠加，下游企业运营成本增加，营业利润下滑明显

下游企业成本不仅受大宗商品原料持续涨价拖累，而且被迫吸收中上游企业成本提高的部分。不少企业因涨价导致生产成本超过了市场售价，在持续亏损中履行合同。下游部分小微企业因规模小，对原材料价格上涨的承受能力有限，没有足额资金垫付。当面临人工成本、物流成本上涨及限电限产等多重因素叠加，生产经营难以为继。同时，中上游企业应收账款风险增加，对不太稳定下游客户企业，中上游企业可能会拒绝其订单，进而导致整个供应链条难以维系。此外，原材料价格上涨也导致下游企业资金占用成本增加，尤其是融资渠道单一、成本高的中小企业、民营企业，企业资金周转面临更加严峻挑战。

（四）国际物流成本持续高位，工业企业利润存在双重“挤出效应”

1. 物流成本高企不下，持续加码风险上升

国际物流运价维持高企。多重因素叠加显著推高了国际物流成本，尤其是海运行业最为明显。疫情发生以来，全球经济复苏不均衡、区域性封锁管控、港口拥堵以及集装箱滞留海外等因素综合作用，全球供应链安全稳定受到严重威胁，物流成本不断攀升，创下近 10 年峰值，出现“一箱难求”。统计数据显示，北方国际集装箱运价指数从 2020 年年初的 522 点蹿升到 2021 年 10 月的 3260 点（见图 22、图 23）。尽管近期北方国际煤运价指数和金属矿石运价指数增势有所回落，但仍明显高于疫前同期水平且已持续一年。

国际物流成本持续加码，存在高运价水平上波动上涨风险。通过分析影响物流成本各种因素，预计物流成本增长势头短期有所回落。同时，国际运价水平仍将在未来一段时间呈现波动式上涨态势。得益于积极有效防疫措施，全球主要经济体率先复工复产，有力地推动了工业大国经济持续强劲复苏，扩大了对煤炭、铁矿石等能源工业类大宗商品及工业制成品进出口贸易海运服务需求。然而，疫

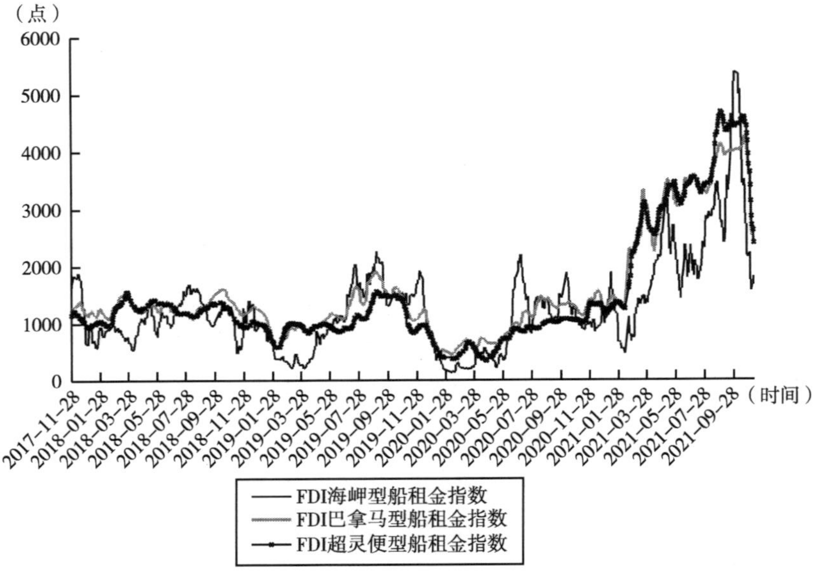

图 22　船舶租金指数

数据来源：Wind 数据库。

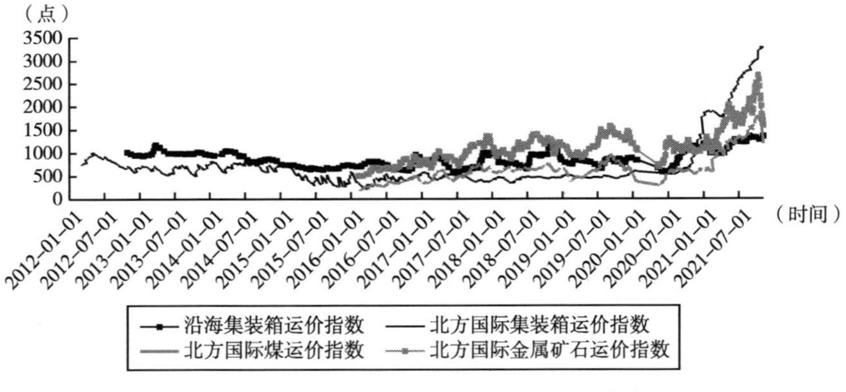

图 23　国际集装箱、煤及金属矿石运价指数

数据来源：Wind 数据库。

情反复、防疫隔离政策等严重制约了国际物流运行效率，港口拥堵指数仍处于高位。目前，“一舱难求”“运价比肩货值”“全球港口拥堵”已成为国际航运新常态。据丹麦航运咨询机构最新调查数据显示，2021 年下半年以来，全球航运拥堵情况加重，全球 13% 的货物运输出现延误搁置，全球供应链受到严重影响；叠加原材料、人工成本持续处于高位，一般贸易出口增长乏力。虽然 10 月份以来，海运费首次出现下滑，但相比去年最低点涨幅仍高达 3 倍多。全球供应链紧张问题依然严重，短期内难以缓解，国际物流运价存在于高水平上波动式上升风险（见图 24）。

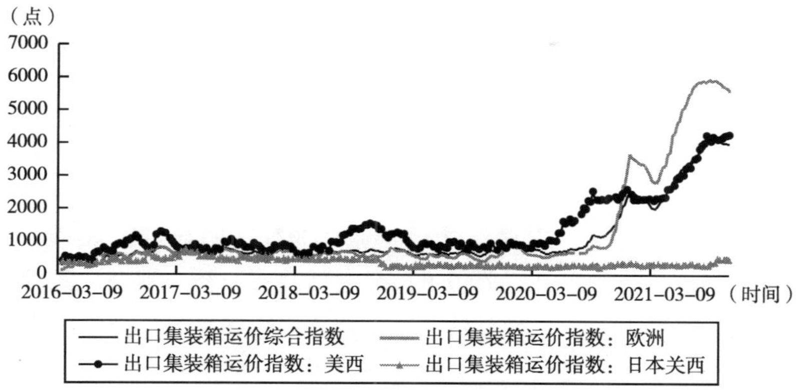

图 24　出口集装箱运价指数

数据来源：Wind 数据库。

2. 运价高企影响深远，行业分化特征显著

国际运价成本高企不下对企业影响深远。调研了解到，物流成本短期内急剧上涨，产生了明显的“蝴蝶效应”，一定程度上阻碍了当地进出口贸易健康发展。例如，某地以跨境电商采购为主，出口占全省近 1/4。有关部门对直接联系 41 户较大企业调查发现，海运运费增长 50% 以上的有 18 户，增长 30%—50% 的有 5 户。88% 的受访企业认为，海运费上涨幅度较大，直接影响到第三季度出口以及 2022 年进出口贸易。

运价成本攀升对工业企业利润存在双重“挤出效应”。交通运输成本显著提升，不同程度上增加了企业原材料和中间品成本，显著增加了仓储成本，增加了企业生产经营总成本，挤出了出口制造企业利润空间。同时，产业链供应链不安全不稳定程度上升，也一定程度上强化了企业对经济复苏前景的不稳定预期，弱化了减税降费政策红利的积极效果。

港口运行效率低下加剧合同执行不确定性，破坏了上下游企业间有序合作。某地工信部门研究表明，新冠肺炎疫情影响下，多国港口运作效率下降，推升了企业交付货物延迟率，让客户取消合同或索赔，造成严重损失；同时，集装箱等物流资源紧缺，导致物流成本大幅增加，高峰期涨幅达 5—10 倍，影响企业正常经营和接单。在与 W 公司座谈时了解到，国外运输费大幅上涨，货柜单价高峰时达到 2. 2 万美金但仍无法获取，导致订单一般延后 1—2 个月交货。该公司主要采用 FOB 的结算方式，运费大幅上涨对终端客户的影响很大，又反过来影响出口订单，导致货物积压或延期出货。

物流成本上升对不同行业企业影响存在分化特征。物流成本上升对企业影响存在显著异质性。从产业链环节来看，国际物流成本上升推高了能源工业类大宗商品价格。当上游原材料成本向下游传导不畅，造成产业链中游制造业企业成本承压。就企业而言，目前经济持续复苏下全球海运运力缺口大，利好船舶装备制造业企业。而对于海运物流企业，海运延误、集装箱供给不足以及海员工资再度上涨等多重因素综合作用，对海运物流企业利润存在明显挤出效应。调研了解到，出口工业柜价格急剧上升摊薄了出口导向型制造业企业利润。某供应链服务有限公司表示，运费上涨、舱位紧缺、港口拥堵等问题突出，冲击了外贸订单效率，限制了与外商之间的沟通交流，导致部分进口商流失。

（五）人工成本上升，对外向型企业的冲击程度存在差异

1. 用工成本持续上升，劳动力价格上涨与“用工荒”并存

因收入、职业歧视等原因，新市民群体逐渐转向选择交通运输行业和餐饮配送服务行业等，建筑行业、采矿业以及制造业等行业出现工资上涨却招不到人的局面。疫情反复冲击下，防疫成本、保险费用以及补贴等支出上升，推高了跨国公司用工成本。该问题在海运行业尤为突出。近年远洋水手工资呈阶段式上涨态势（见图 25）。2020 年 9 月以来，不同船型水手工资 1500 美元/月，2021 年 5 月

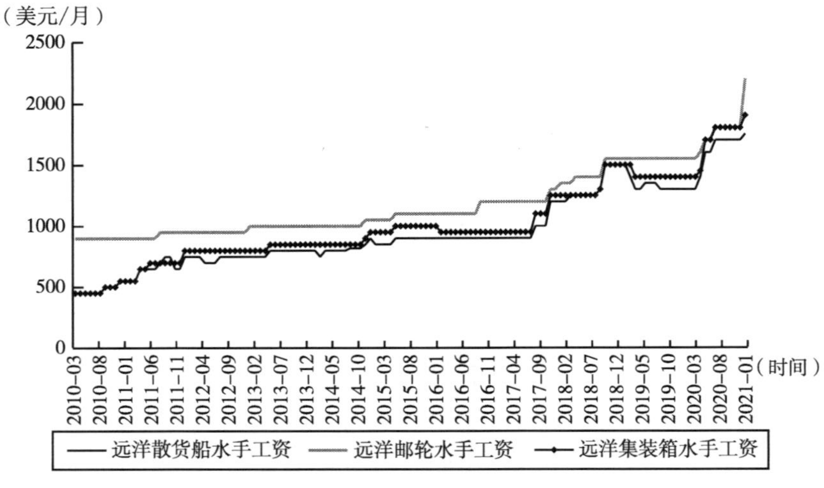

图 25　水手工资情况

数据来源：Wind 数据库。

远洋邮轮水手工资突破 2200 美元/月。但因疫情封锁、隔离等限制性条件，印度等国海员数量明显下降，海员需求缺口扩大，进一步推高了海员工资。

2. 短期和长期因素共同作用，推动劳动力成本上升

通过分析影响劳动力成本短期和长期因素，结合劳动力需求景气指数来看，劳动力成本仍存在阶段性上升趋势（见图 26）。短期来看，企业用于员工防疫、隔离政策、对外参展等支出增加，提高了用工成本。尤其是航运服务、港口企业以及船舶运输企业，劳动力需求景气指数波动式上涨态势较为显著。长期来看，劳动年龄人口比重下降，出现劳动力短缺、用工成本上升趋势。

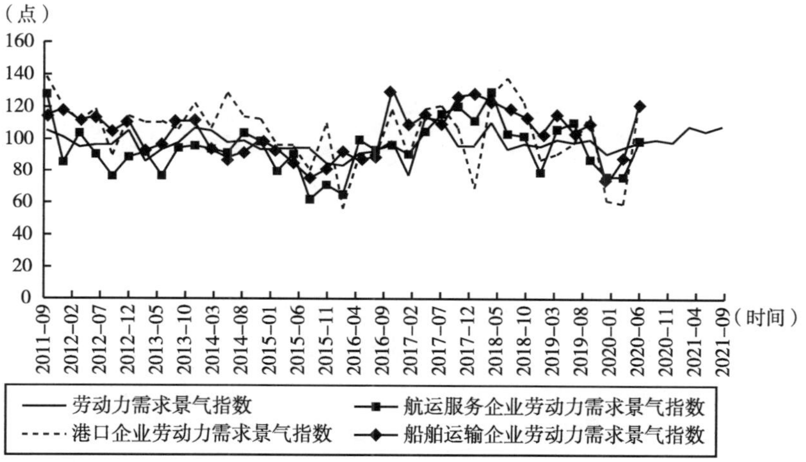

图 26　劳动力需求景气指数

数据来源：Wind 数据库。

3. 劳动力成本上升对企业冲击程度存在差异

调研中发现，人工成本大幅上升对建筑业、房地产行业产生严重影响，而对自动化程度较高企业冲击相对较小。调研地方有关部门从成本构成分析，过去三年人工成本占比均达到 30% 以上。一些企业通过引进自动化设备缓解人力资本上升带来的冲击。部分在非洲、东南亚投资的企业反映，驻外人员工资上涨幅度较大但仍难以招聘。部分企业反映，疫情防控阻碍了与外商会面洽谈，降低了员工出入境效率，影响了订单成交量。

（六）汇率波动对出口为主、进口量少的企业影响较大

2021 年以来，人民币兑美元汇率双向波动愈加明显。2021 年初至 2 月，人

民币对美元中间价表现为明显的升值趋势。自 2 月 10 日达到高点之后开始呈现贬值趋势，一直到 3 月 31 日迎来 6. 57 的低点，这区间总体为贬值；4 月以来，人民币对美元中间价表现为波动升值趋势，且该态势延续至今（见图 27）。

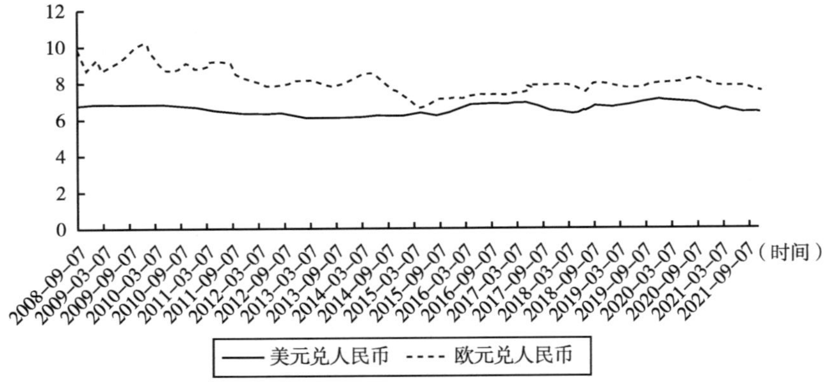

图 27　美元、欧元兑人民币

数据来源：Wind 数据库。

人民币升值可在一定程度上对冲由大宗商品价格攀升带来的输入性通胀，缓解我国大宗商品进口价格上升的压力。同时，对部分出口型企业来说，人民币升值可能会使企业产生汇兑损失，对开展进出口贸易企业成本和利润产生影响。这种影响不仅体现在对当期企业生产成本和利润的冲击，更体现在企业对冲风险和不确定性的行为上。某调研企业是当地隐形冠军企业和工信部专精重点小巨人企业，出口占比达 85%。该公司反映，受汇率影响 2021 年 2—3 月最为困难，毛利率跌至 1. 2，调价后致客户大面积取消订单，损失近 1400 万美元。

（七）限电限产、能耗“双控”政策叠加，增加企业成本

1. 限电限产政策对企业运营影响较大

2021 年夏季用电高峰期以来，D 市实施限电较往年范围扩大、时间加长、紧急限电，打乱了原有生产计划。据该市 1000 家企业问卷显示，98. 5% 的企业受限电影响，73. 3% 的企业表示已严重影响企业生产经营。77. 7% 的企业表示因限电无法如期交货而出现违约，导致部分企业有订单不敢接。分行业看，造纸及纸制品业受缺电限电影响降幅明显，产能同比增长 8. 3%，比上半年回落 9. 5 个百分点。某外贸公司反映，“开五停一”“晚上生产、白天停电”，导致上下游 1000 多个供应商与客户普遍受限电政策影响致使交货延期、质量难保。

2. 能耗“双控”政策对部分地区企业生产带来多重冲击，制约经济持续平稳复苏

有些地方反映，能耗“双控”政策造成高耗能企业产能受限。据测算，该政策 1—9 月拉低了规模以上工业增加值增速 1.5 个百分点。该地区水泥供应量由 3.5 万吨/天下降至 1.4 万吨/天，基础设施建设项目因水泥供应量不足已出现停工待料现象。调研企业反映，建设项目 10—12 月份预计水泥总需求 218 万吨，水泥厂日均供应量已无法满足需求。将致第四季度固定资产投资增速回落。

3. 能耗双控年度目标加剧了地方工业企业绿色转型压力

与调研地有关部门座谈时了解到，该地能耗双控形势比较严峻，双控目标压力较大。规上工业企业增加值能耗下降 3.9%，单位 GDP 能耗预计仍不降反增。某铝业企业表示，各原材料供应商产能都受到能耗双控政策影响，原材料价格快速上涨，提高了生产成本，放大了保障供应风险。

三、政策建议

随着内需回落叠加大宗商品涨价引致的成本冲击等，我国经济增速或将趋缓。在全球经济复苏面临更大不确定性，欧美国家宏观政策面临转向期间，抓住机遇，对冲国际经济形势对我国供给端、需求端的长期潜在影响，要在中长期规划及目标引领下，深化要素市场化改革，优化跨周期、逆周期调节政策，坚持货币政策独立性，从宏观审慎角度降低潜在外溢冲击。建议采取推动运输方式有序接替衔接，加大对外向型中小企业数字化智能化建设支持，持续整合、完善产业链等措施，引导行业降低物流成本，缓解成本上涨压力，全面提升我国经济发展韧性。

（一）保持货币政策的独立性，延续“稳货币+结构性紧信用”格局

中国应该是全球最有条件抵抗这轮美元周期冲击的，拥有相对强劲的基本面，以及提前一年的货币政策正常化。美联储收紧货币政策将通过汇率、资本流动等渠道对我国产生影响。但中国经济体量庞大、中美 10 年期国债利差处在历史高位，风险总体可控，货币政策应保持独立性。但需警惕全球流动性退潮、国内信用收紧、金融去杠杆环境下债务风险暴露问题。货币政策应“稳字当头”

“以我为主”，延续“稳货币＋结构性紧信用”格局，保持流动性的合理宽裕的同时稳杠杆，注重发挥结构性作用。未来如果确认经济放缓和通胀高点已过，可以适当往中性偏松的区间修正货币政策取向。

（二）从宏观审慎角度降低潜在外溢冲击，巩固经济平稳发展预期

亚洲开发银行近期发布的《2021 年亚洲发展展望》预计，2021 年中国经济增速为 8.1%，2022 年将增长 5.5%。但经济复苏仍面临高度不确定性，经济复苏基础尚不稳固，应坚持以改革措施优化经济基本面，从根本上防范系统性风险，改善宏观经济中长期前景。考虑到美联储即将进入紧缩周期，应从宏观审慎角度为发达国家货币政策转向的潜在局面做好准备，我国货币政策持续保持稳健，维护金融市场的稳定性。

（三）持续整合完善产业链，推进产业结构优化和转型升级

总体而言，政府要发挥带动作用，整合上下游产业链，打通产业链关键节点和重要环节，具体而言：上游企业原材料供应应建立完善的资源储备机制，提升保障能力，同时拓展大宗原材料进口渠道，化解资源来源集中问题。对中游企业应持续加大研发投入，改进生产技术，提高产品质量，拓展利润空间。建立物资、工程和服务等集中采购机制，推进采购业务阳光、规范；加快生产模式向智能化、网络化、服务化转变。大力推动外贸新业态、新模式的高质量发展，提升惠企助企的服务水平，帮助企业提高核心竞争力，优化完善产业链，培育产业发展新动能。

（四）继续落实减税降费政策，持续降低融资成本，有效支持实体经济

一是继续落实减税降费政策，充分释放政策红利，实现企业降负增效、就业增加和财政增收的多赢局面。考虑到制造业企业盈利空间受挤压，建议持续推进增值税税制优化，探索增值税税率减并，形成支持制造业发展的财税政策体系。对部分重要材料实施最低关税，降低企业采购成本。二是拓宽融资渠道，深化金融让利，有效支持实体经济。首先，积极开发多样化的金融产品，采取普惠性贷款为主体，名单式贷款为补充的模式，对辖内金融机构当年新发放的符合条件的

贷款，按照 2 个或 3 个百分点利差比例进行补贴，引导金融机构向市场主体投放优惠利率贷款。其次，普惠性贷款重点支持中小微企业，运用经营性贷款、名单制贷款等，精准支持产业项目、技术改造和研发项目等，全面提升融资保障能力。

（五）搭建平台，推动运输方式有序接替衔接，引导行业降低物流成本

一是引导海运行业价格调整。应在国家战略层面对大型海运企业进行适当价格调控，引导整合海运行业降低物流成本，减缓海运成本高企不下对进出口企业成本的冲击。二是搭建平台促进战略合作，缓解进出口企业“一箱难求”难题。政府部门与行业协会应积极开展后疫情时代国际航运物流交流合作论坛，搭建交流合作平台促进海运龙头企业与代表性地区、行业协会签署战略合作协议，为进出口企业提供国际航运物流有效渠道。

（六）加大对外向型中小企业稳岗和数字化和智能化建设支持，缓解用工成本上涨压力

加大进出口企业劳动力防疫补贴力度，支持进出口企业应对疫情防控因素引起的劳动力成本上升；延长稳岗补贴时间，加大对涉外中小微企业稳岗补贴力度；支持企业开展数字化和智能化建设，通过自动化和智能工厂建设对冲用工成本上升，促进外向型经济高质量发展。

（七）进一步推进人民币市场化改革，加强跨境资金流动管理

进一步加强人民币汇率风险防控力度，强化跨境资金流动管理，不断提升对外投资管控能力；更好地发挥汇率调节宏观经济和国际收支自动稳定器作用，引导人民币汇率基本稳定积极预期，加大对进出口中小微企业汇率避险支持力度，减少汇率波动对工业进出口企业利润空间的双重挤压。同时，树立汇率风险中性意识，引导企业用汇率避险工具主动管理风险以及使用多元化的结算币种，提高汇率对冲风险能力。

2021 年企业成本专题调研报告二：
大宗商品价格变化对成本的影响

“大宗商品价格变化对成本的影响”专题调研组

指　导：邢　丽

组　长：张　鹏

成　员：孙家希　于雯杰　金殿臣

2021年上半年以来，大宗商品价格出现大幅上涨。截至2021年10月底，CRB现货综合指数报623.42，较2020年同期上行36.76%。原油、铁矿石、动力煤、铜、焦炭等涨幅均超过60%。大豆、玉米等全球主要农产品价格也出现猛涨，创近年来新高。本轮大宗商品价格上涨是全球经济复苏、供需关系短期失衡以及金融市场投机炒作等多种因素交织作用的结果，给全球和中国经济运行带来较大不确定性，也给相关企业带来巨大的成本压力。

一、大宗商品价格变化急剧，短周期特征显现

我国是全球贸易第一大国，也是当前"世界工厂"特征特为显著的国家，大宗商品价格的变化总体表现出外部冲击和输入性通胀的特点。2021年以来，大宗商品价格变化情况主要有：

（一）能源供给不足，能源资源价格快速上升

2021年9月中国多地发布限电通知，部分企业错峰生产或停产；东北地区甚至影响到居民用电和交通、供水等公共服务领域，引发全国关注。"拉闸限电"的原因主要有两个方面：一是部分省份前期"能耗双控"目标完成不力，于是突击执行；二是电力供需缺口较大，只能抑制电力需求。调研发现，前者并不是各地区"拉闸限电"的主要原因，电力供应缺口才是导致地方"限电限能"的最根本原因。以黑龙江省为例，"能耗双控"执行情况较好，其在"能耗双控"上完全达标，并没有行政干预的压力，拉闸限电更多是因为电力供给不足。在2021年1—7月发电量均高于2019—2020年同期的背景下，8—9月却超季节性大幅下降，电力出现短缺。电力供应短缺的问题并不只是中国才有，事到如今已经发展成为一个全球性的突出问题。2020年3月受疫情严重冲击，欧洲电价一度跌破20欧元/千度；但是随着经济逐步修复，2020年底电价已回到正常水平。然而，2021年年中以来，欧洲电价持续上涨，突破80欧元/千度后仍加速飙升，9月电价已升至2019年同期的3倍多，反映欧洲电力供应非常紧张。

电力短缺的深层次原因，在于国际和国内能源价格的大幅上涨。2021年以来，受美元贬值、全球经济复苏的影响，国际原油价格持续上涨。2021年10月26日，布伦特原油期货价格达到2018年以来最高值，为86.40美元/桶。中国是

一个煤炭消费大国，如图 1 所示，2020 年，煤炭消费量虽然比 2019 年下降 0. 9 个百分点，但仍然占能源消费总量的 56. 8% ，以燃烧煤炭的火力发电仍然是中国电力结构的主体。2021 年以来我国动力煤价格飙升，10 月中旬一度突破 2000 元/吨，达到 2019 年同期的 4 倍。2021 年 1—10 月份，动力煤平均价格 897 元/吨，比 2020 年同期增加 46. 1% 。世界银行最新《大宗商品市场展望》报告预测，预计能源价格在 2021 年将比 2020 年高 80% 以上。与欧洲天然气价格向电价传导不同，中国电价受到管制，因此，煤炭价格上涨导致火电厂成本压力增加，发电量不足。

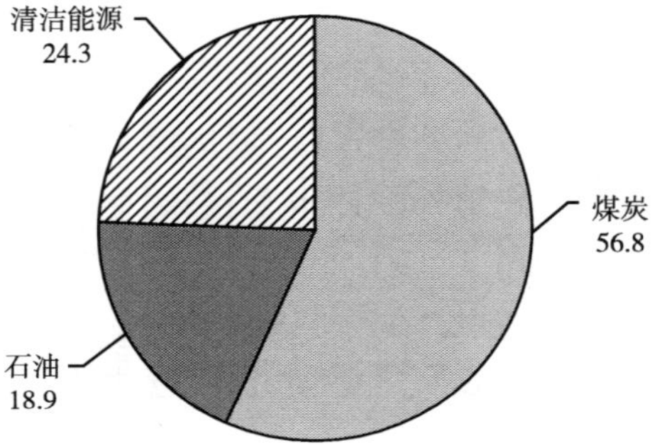

图 1　2020 年中国能源消费结构

数据来源：国家统计局。

煤炭价格上涨的主要原因在于供需两端的不平衡。在需求端，2021 年以来，随着全球疫情逐步得到有效控制，主要国家经济迎来稳步复苏，能源需求增速明显，对煤炭的需求也得到极大提升；同时，受极寒天气及北溪 2 号受阻等因素影响，国际天然气供需矛盾突出，价格飞速上涨。由于煤炭和天然气具有天然的替代关系，间接刺激了煤炭的需求总量和价格上涨；在供给端，我国主力煤矿严格按照核定产能生产，不可能超负荷、超能力运转。加之受安全、环保检查影响，上游增量受阻，无法满足来自消费端不断增加的需求总量。

分析现货和期货两个市场的价格走势，其中煤炭价格分化显著，或表明期货市场投机性活动增多。对比图 2 煤炭现期货市场价格走势，可以发现，动力煤和焦煤的期货和现货价格回调幅度分化显著，期货市场价格降幅明显，而现货市场价格回调幅度有限，这主要是由于自 2021 年 5 月份以来，政府多次出台相关政策抑制大宗商品涨价以及保供稳价，导致市场对于限产预期有所松动，多个大宗商品期货价格下跌，投机性资金被震出，期市多头情绪有所降温。但煤炭现货市场维持韧性，供需缺口存在下未出现明显回落。直至 10 月 8 日国务院常务会议要求，进一步做好今冬明春电力和煤炭等供应，保障群众基本生活和经济平稳运行。各地区、各有关部门和煤炭企业大力推进煤炭保供稳价，全国煤炭产量和市场供应量持续增加，煤炭最高日产量达 1193 万吨，创近年新高，电厂供煤持续大于耗煤，为煤炭现货价格大幅回落提供了有力支撑。从图 2 可以看出，2021 年 10 月份动力煤现货和期货价格均出现较大转折，其中现货市场价环比下降 11.07%。

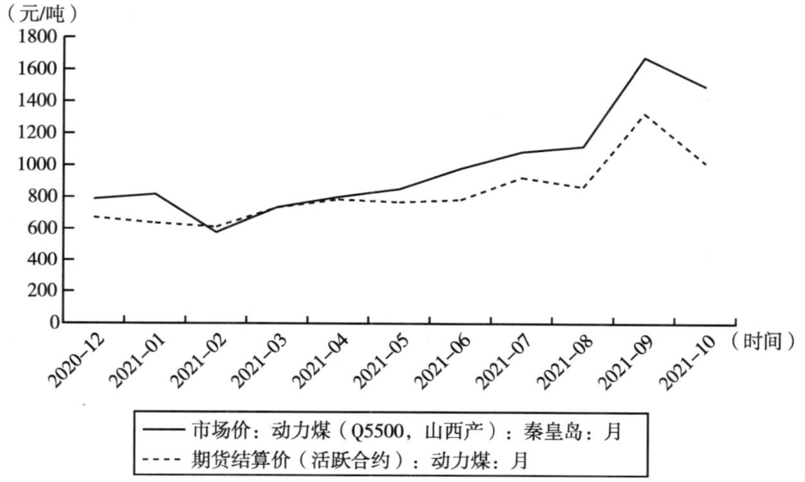

图 2　动力煤期货与现货价格对比

数据来源：Wind 数据库。

（二）能源基础价格提高推动了其他大宗商品价格上涨

2021 年中国经济开局良好，上半年中国 GDP 总值实际增速达到 12.7%。从物价走势来看，CPI 反弹乏力，PPI 快速上涨，形成了少见的剪刀差。从大宗商品价格走势来看，天然气和煤炭价格高涨影响了其他大宗商品生产，对价格预测构成上行风险，2021 年以来，国际大宗商品市场价格整体呈现上涨态势，如 10 月底反映国际市场大宗商品价格的 CRB 指数（如图 3 所示）相比 1 月累计上涨幅度超过了 21.38%，相比 2020 年上半年最低点涨幅超过了 100%。受国际大宗商品价格上涨影响，2021 年上半年，我国进口价格同比指数为 108.5，价格对进口增长的贡献率为 35.4%。

由于能源成本高企，主要由国际定价的钢、铝等部分金属也出现减产，多种原材料价格不断攀升。从各大宗商品的现货价格来看，2021 年以来重废钢、镍、

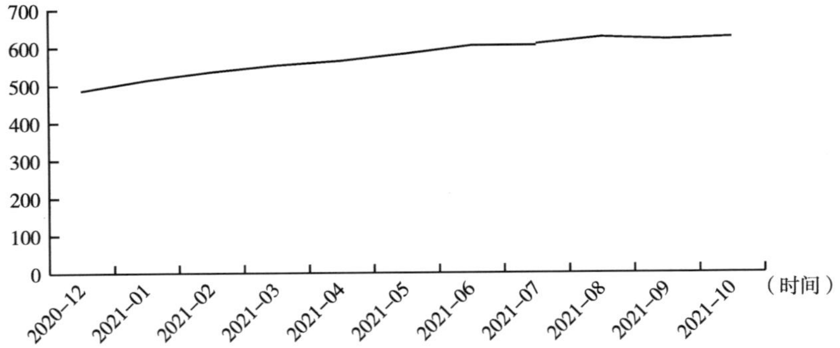

图 3　国际市场大宗商品价格 CRB 指数变化情况

数据来源：Wind 数据库。

铬等金属整体呈现上涨趋势，截至 2021 年 10 月底，重废钢、镍、铬、钴粉四种金属价格比 2019 年初涨幅分别达 54.1%、52.91%、62.52% 和 35.28%；2021 年，螺纹钢市场价格最大涨幅达到 23%，铁矿石最大涨幅达到 40%，原材料价格迅速上涨纷纷向中下游企业传导，并首先导致中游企业成本提高，其中小微企业承压更为明显。此外，化肥产量因天然气和煤炭涨价而减少，而化肥涨价推高了主要粮食作物的投入成本。同时，疫情和逆全球化影响下多国采取出口限制和贸易保护措施，导致农产品价格出现暴涨现象，2021 年 1—10 月，玉米市场价增长 14%，小麦增长 8%，黄豆增长 7%（如图 4 所示）。

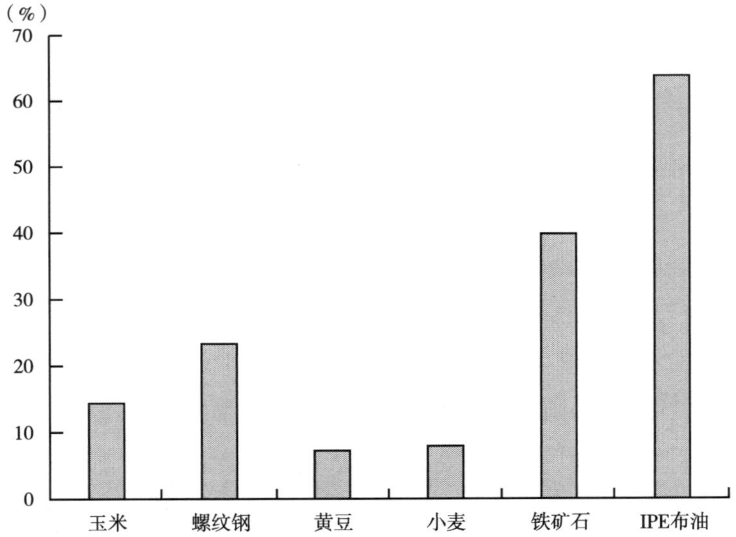

图 4　流通领域重要生产资料价格变动趋势

数据来源：Wind 数据库。

大宗商品价格上涨的原因主要有以下四点：一是后疫情时代经济复苏为大宗商品带来了良好的需求环境，但疫情加剧了投资和供应能力的收缩，短期内难以恢复到疫情前的水平，导致原材料等大宗商品的供需短期失衡；二是疫情封锁导致供应链和物流航运能力受阻，运输周期普遍增加，从供给端推动国际航运物流价格和商品价格持续上涨；三是全球低碳和绿色发展改变了大宗商品长期供应格局，储能、电动车、太阳能板、风能等技术变革对基础商品长期需求形成支撑，部分高排放行业实施强制性减产，限制供给，推动价格上涨；四是受美元持续疲软影响，截至 2021 年 11 月 9 日，美元指数从 2020 年 3 月高点 103 附近跌落至 94 以下，而大宗商品大多以美元计价，导致以美元计价的大宗商品纷纷疲软。

二、大宗商品价格变动对能源企业成本影响与应对措施

2021 年以来，大宗商品价格变动对能源企业的生产经营带来了较大的影响和冲击，导致了煤电企业、天然气供应企业的全面亏损，导致了光伏发电企业投资明显减缓，并给炼油企业、风电企业的产能投资和生产经营带来压力。能源企业在应对大宗商品价上涨方面需从自身着手，借助市场机制，并利用政策端的有效支持，保障生产经营和有效供给。

（一）煤电企业的成本压力与经营风险

为有效掌握煤电企业的成本压力和经营风险，调研组对 5 家煤电企业进行了深入调研和座谈交流，分别是国家电投集团的东方能源公司（上市公司）、中国石化集团胜利油田电厂、中国石化集团齐鲁石化电厂、江阴市利港电厂、江阴市苏龙热电厂、中国华电集团望亭电厂等六家企业。其中既有纯煤电企业，也有煤电与新能源相结合的企业；既有地方电厂，又有央企电厂；既有面向公共市场的发电企业，又有满足内部需要的发电企业，总体代表性良好。根据上述企业的调研情况，煤电企业的成本压力与经营风险情况主要包括：

第一，煤炭价格快速上涨形成了企业最大的成本压力。2021 年 3 月份以来，煤价持续上涨，目前处于频繁波动状态。10 月份上旬，由于进入冬储煤关键时期，下游电厂及供暖企业加大采购力度，各矿地销资源以及市场资源进一步紧

缺，煤炭价格快速冲高。10 月下旬，稳价政策再度增强，陕西、内蒙古地区国有煤矿陆续带头下调煤价 100 元/吨，部分煤企外购煤炭价格下调近 400 元/吨。但与此同时，多个发电企业公司原有低价煤源渠道为保障新签四季度合同兑现率，对原与发电企业签订的年度长协合同暂时停供，进一步提高了部分发电企业的煤价成本。根据调研企业的反馈，按代表性企业的平均值计算，2021 年 1—10 月，发电企业含税入厂标煤平均单价约为 913 元/吨，同比升高 354 元/吨，涨幅 63%。

受到煤炭价格上涨的推动，煤炭成本在煤电企业的主营业务成本的占比进一步提高，2020 年的煤炭成本占比约为 71%，而 2021 年则相应地上升到 84%。煤炭价格的上涨对煤电企业的生产成本上涨关联度极高，影响直接，是煤电企业生产经营的最大成本压力。

第二，电力市场价在北方和南方之间的表现并不一致。面对煤电企业的成本压力，国家发改委于 2021 年 10 月 12 日发布《关于进一步深化燃煤发电上网电价市场化改革的通知》，决定提高市场交易电价的浮动范围，有序放开全部燃煤发电电量上网电价。燃煤发电电量原则上全部进入电力市场，通过市场交易在“基准价 + 上下浮动”范围内形成上网电价，扩大市场交易电价上下浮动范围。将燃煤发电市场交易价格浮动范围由现行的上浮不超过 10%、下浮原则上不超过 15%，扩大为上下浮动原则上均不超过 20%，高耗能企业市场交易电价不受上浮 20% 限制。但受到市场需求的影响，这一政策在北方地区和南方地区的实际效果并不一致。如河北和山东的发电企业提出，市场交易电价在整个电力销售中的比例上升，但电价水平是进一步走低，带动售电均价下降约 4.25 元/兆瓦时。而江苏、浙江的发电企业则指出，市场交易电价带动企业售电价格上升约 20%，有效减少了企业的亏损，但受到政策出台较晚，全年电力合同已基本签署完毕的影响，实际政策效果受到了抑制。

参与调研的煤电企业指出，按现行基准电价，能够承受的煤炭价格（5500 大卡动力煤，下同）上限为 830 元/吨左右。这一数字受到煤电企业生产效率和设备效能的直接影响，从参与调研企业的反馈来看，最高煤价承受力也仅在 848 元/吨。按照国家发改委的市场交易电价的上限，可承受的煤炭价格上限约为 996 元/吨，按照目前的动力煤价格水平（约 1500 元/吨），仍须进一步大幅压降，才能保障煤电企业的生产积极性和合理利益。

需要指出的是，尽管自身经营压力很大，参与调研的中央企业所属电厂，仍在售电端努力降低部分用户的电价，2021 年 1—10 月约比 2020 年同期降低售电均价 1.26 元/兆瓦时。

第三，热力价格因供给结构不同而带给企业经营的影响不同。煤电企业余热一般都用于工业蒸汽和居民供暖，成为煤电企业生产经营收入的一项重要构成。从黄河以北的热电企业来看，居民用热经营受到政策的明显限制，而难以解决亏损运营的风险。如部分热电企业明确提出，现行采暖供热价格已连续十余年未调整，且部分地方政府要求对空置居民住宅暂不用热空置房不收取采暖费，导致热电企业的居民供热收入下降约 20%。而在工业用热业务上，地方发改委给予了一定的调价空间，可以实现煤电企业在工业用热端的盈亏基本平衡（需综合平衡），但国家发展改革委等部门下发了《关于清理规范城镇供水供电供气供暖行业收费促进行业高质量发展的意见》，取消北方采暖地区城镇供热企业向用户收取的接口费、集中管网建设费、并网配套费等类似名目费用，参与调研的热电企业表示，该项政策将减少工业热力贴费和采暖差别热价收入约 6000 万元/年。

而从南方的热电企业看，由于并不承担居民供暖的任务，其主要的业务对象是工业用热（汽）企业，在地方发改委的支持下，目前，江苏、浙江等地工业用热（汽）的价格都有所上调，涨幅在 20% 左右，有效弥补了热电企业的在供热业务上的经营亏损，实现了小幅盈利。

第四，企业库存增加带来了较大的资金占用成本。从数量上看，截至 2021 年 10 月底，参与调研的煤电企业的煤炭库存量相较于 2020 年同期都有所降低，平均降低幅度为 15% 左右。但受到煤炭价格大幅上涨的影响，库存总额较 2020 年同期增长 130%。如此巨额的库存增长，将导致企业的资金被大规模占用，从而形成较为沉重的资金成本，并加重融资负担。

据参加调研的某发电企业指出，2021 年 1—10 月，该企业的燃煤采购成本同比增加约 22 亿元，累计亏损约 8 亿元；随着巨额亏损的到来，资金缺口也急剧放大，9、10 月份企业的融资额度达到 9 亿元；预计 11 月份仍将大幅亏损，需继续融资 9 亿元。更为严重的是，在持续亏损的局面下，企业信用评级将面临降级风险，后续融资将更加困难，融资成本也将进一步增加。

综合来看，在不考虑环境保护等投入和成本的前提下，仅考虑煤炭等成本的上涨因素，参与调研的煤电企业 2021 年 1—10 月的生产经营总体处于亏损状态，销售收入利润率约为 -10%。根据调研企业的相关反馈，在进入到 9 月后，煤电企业基本上处于每发 1 度电就亏损 1 度电（售价）的情况，亟须进一步引导煤炭价格走低。

（二）天然气供应企业的成本压力与经营风险

我国的天然气供应主要由管道天然气和进口液化天然气（LNG）组成。受到国家政策的影响，管道天然气中的进口天然气价格不予公开，因此，课题组的调研中只包括国产管道气和进口 LNG 的价格变化及其对天然气供应企业的经营影响。

在调研企业中，国产资源占比约为 45%，主要由华北、川渝等国内油气田资源构成；进口 LNG 资源占比约为 55%，并按照长约、现货两个协议类型执行，其中，长约采购价与日本海关原油综合价格（JCC）挂钩，现货采购价和东北亚现货 LNG 价格指数（JKM）挂钩。从趋势上看，随着国家能源结构持续调整，国内天然气需求快速增加，但国产资源增量远小于国内消费增量，国内天然气市场对外依存度持续升高。

天然气供应企业具体的成本和生产经营情况如下：

第一，企业原料采购成本明显增加，进口 LNG 价格显著倒挂。从参与调研的企业数据看，2021 年 1—10 月，国产管道气的采购成本的平均价格为 1. 56 元/立方米（含税），价格较 2020 年增加约 0. 11 元/立方米；进口 LNG 的采购成本的平均价格为 2. 8 元/立方米（含税），较 2020 年增加约 0. 7 元/立方米。

但值得注意的是长约协议之外的现货价格变化，受到国际 LNG 现货价格大幅攀升的影响，天然气供应企业进口 LNG 资源的采购成本大幅增加。2021 年 1—10 月，现货 LNG 价格为 11. 09 美元/百万英热单位，较 2020 年同期增加 7. 12 美元/百万英热单位，增幅为 159%。表 1 汇总了参与调研的天然气供应企业材料成本情况：

表 1　　2021 年 1—10 月现货 LNG 采购成本表

项目	2020 年 1—10 月	2021 年 1—10 月	同比变化
JKM（美元/BTU）	3. 97	11. 09	7. 12
到岸量（万吨）	608	815	207
到岸价（元/吨）	1572	4072	2500

资料来源：根据调研企业的数据汇总而得。

第二，商品售价有所提高，企业积极调整气源结构。从商品售价看，2021 年 1—10 月管道气的销售平均价格为 2. 19 元/立方米，比 2020 年同期增加 0. 16

元/立方米，涨幅为 7.9%，略高于采购价格的涨幅 7.6%；LNG 的销售平均价格为 4060 元/吨，比 2020 年同期增加 1288 元/吨，涨幅为 46.5%，明显高于长约价格的 33.3% 的涨幅，但低于现货价格 159% 的涨幅。

在上述价格变动结构的影响下，天然气供应企业积极调整气源结构。调研企业在 2021 年 1—10 月共实现天然气销售 408 亿立方米，其中，管道气为 330 亿立方米，同比增加 62 亿立方米，增幅为 23%；LNG 为 78 亿立方米，同比增加 5.8 亿立方米，增幅为 8%。这主要是受到 LNG 增量全部需要依靠现货采购来予以满足，而在现货采购上，LNG 的价格是明显倒挂的。

经过上述结构调整，2021 年 1—10 月购销环节利润为 –29.8 亿元，每立方米综合亏损 0.07 元，其中管道气利润为 –38.2 亿元，每立方米亏损 0.12 元；LNG 利润为 8.4 亿元，每吨盈利为 153 元（主要是长约采购的影响）。

第三，天然气库存显著增加，资金成本明显提高。根据调研企业的数据，截至 2021 年 10 月末，库存管道气 25.7 亿立方米，金额 44.2 亿元；长约 LNG 库存为 50.3 万吨，金额 18.3 亿元；现货 LNG 库存为 65.7 万吨，金额 37.3 亿元。累计天然气库存约 100 亿元，较年初增加 73.1 亿元。由此而带来的直接资金成本为 2.8 亿元（按 1 年期的 LPR 利率进行折算），而 2020 年同期的直接资金成本只有 1.1 亿元，仅此一项资金成本就提高 155%。

总体上看，受到国际现货 LNG 价格大幅攀升的影响，由于国内天然气价格传导机制尚未完善，无法实现顺价销售，天然气经营面临由盈利转入巨额亏损的风险。从调研的情况看，2021 年 1—10 月，进口 LNG 资源总采购成本较预算进度增加 182 亿元，全部为现货 LNG 增加的采购成本，综合采购单价增加 0.67 元/立方米，增幅为 32%。而更为严重的是，调研企业普遍预计 11—12 月 JKM 结算价格指数将达到 30 美元/百万英热单位以上，折合到岸价为 11000 元/吨或 7.86 元/立方米。据此测算，全年进口综合采购单价增加 1.03 元/立方米，增幅达到 53%。

（三）炼油企业的成本压力与经营风险

炼油企业是我国成品油和化工材料等能源产品的供给主体，其生产成本受到原油、石脑油、煤炭和天然气的相关影响。根据调研企业的情况反映，成本压力和经营风险的情况如下：

第一，主要原材料价格均有明显上涨。调研企业反映，累计增加原材料等成本约 109.3 亿元。具体有：

一是原油成本上升约 38%。2021 年以来，受美元贬值、全球经济复苏影响，国际原油价格持续上涨。10 月 26 日，布伦特原油期货价格达到 2018 年以来最高值 86.40 美元/桶。2021 年 1—10 月，调研企业采购原油平均价格为 3293 元/吨，比上年同期 2388 元/吨高 905 元/吨，上升约 38%。按照加工原油 937 万吨测算，增加成本 75.04 亿元。

二是石脑油成本上升约 77%。受国际原油价格上涨影响，石脑油市场紧跟行情，持续上涨。2021 年 1—10 月，石脑油平均价格 4386 元/吨，比上年同期 2479 元/吨高 1907 元/吨，提高约 77%。按照消耗裂解料 185.18 万吨，增加成本 31.25 亿元。

三是煤炭成本上升约 50%。2021 年 1—10 月，动力煤平均价格 897 元/吨，比上年同期 614 元/吨高 283 元/吨，提高约 46%。按照消耗动力煤 243 万吨，增加成本 6.18 亿元。原料煤平均价格 1172 元/吨，比上年同期 724 元/吨高 448 元/吨，提高约 62%。按照消耗原料煤 43.65 万吨，增加成本 1.73 亿元。

四是天然气成本上升约 10%。根据调研企业的统计，企业生产中用存量气 2.572 元/立方米，增量气 6 元/立方米，按照日均消耗 60 万立方米天然气，其中 10 万立方米为增量气测算，每年增加成本 1.13 亿元。

五是其他原材料价格也在快速上涨。2021 年 1—10 月，液氨平均价格 4143 元/吨，比上年同期 2762 元/吨高 1381 元/吨，涨幅为 50%。按照耗 6.77 万吨测算，增加成本 0.83 亿元。原盐平均价格 302 元/吨，比上年同期 226 元/吨高 76 元/吨，上升约 34%。按照消耗 21.53 万吨测算，增加成本 0.15 亿元。

第二，市场价格机制传导顺畅，成本转移能力强。2021 年 1—10 月，炼油产品均价 5258 元/吨，比上年同期 3995 元/吨高 1263 元/吨，涨幅为 32%。按照 1—10 月商品量 935 万吨测算，增加收入 104.39 亿元。化工产品平均价格 7930 元/吨，比上年同期 5417 元/吨高 2513 元/吨，涨幅为 46%。按照商品量 286 万吨测算，增加收入 63.60 亿元。以上合计同比增加收入 167.99 亿元。

第三，库存明显增加，资金成本负担较重。截至 2021 年 10 月底，调研企业的存货资金占用 59.59 亿元，同比增加 21.62 亿元，增幅 57%。按照 LPR 利率（1 年期）折算，资金直接成本增加约 0.83 亿元；而按照企业的利润率计算，资金机会成本增加约 4.3 亿元。库存规模及资金占用的情况如下：

一是原油库存资金占用 19.70 亿元，同比增加 5.43 亿元，增幅 38%。库存量 58.28 万吨，同比降低 13.56 万吨，降幅 19%，资金占用减少 2.69 亿元；单位成本 3381 元/吨，同比升高 1394 元/吨，增幅 70%，资金占用增加 8.12 亿元。

二是燃料煤库存资金占用 3.05 亿元，同比增加 1.89 亿元，增幅 163%。库存量 23.72 万吨，同比升高 2.34 万吨，增幅 11%，资金占用增加 0.13 亿元；单位成本 1285 元/吨，同比升高 745 元/吨，增幅 138%，资金占用增加 1.76 亿元。

三是成品油等炼油产品库存资金占用 9.23 亿元，同比增加 3.94 亿元，增幅 74%。库存量 24.56 万吨，同比升高 6.59 万吨，增幅 37%，资金占用增加 1.29 亿元；单位成本 3759 元/吨，同比升高 939 元/吨，增幅 33%，资金占用增加 2.65 亿元。

四是合成树脂等化工产品库存资金占用 2.33 亿元，同比增加 0.81 亿元，增幅 53%。库存量 4.71 万吨，同比升高 0.54 万吨，增幅 13%，资金占用增加 0.20 亿元；单位成本 4947 元/吨，同比升高 1301 元/吨，增幅 36%，资金占用增加 0.61 亿元。

五是在途原油等资金占用 12.52 亿元，同比增加 5.93 亿元，增幅 90%。库存量 34.07 万吨，同比降低 2.44 万吨，降幅 7%，资金占用减少 0.44 亿元；单位成本 3673 元/吨，同比升高 1870 元/吨，增幅 104%，资金占用增加 6.37 亿元。

从上述分析来看，大宗商品价格变动对企业成本和生产经营的影响主要体现在加工费用的大幅度上升等方面。煤炭、天然气价格大幅上升，2021 年 1—10 月调研的相关炼油企业吨油完全费用、吨化工产品完全费用分别比上年同期上涨 11.76 元和 171.01 元，炼化企业与国际同类企业的竞争能力减弱。

（四）光伏发电企业的投资成本压力与经营风险

大宗商品价格对光伏发电企业的影响主要是在建设投资端，由于材料成本的快速上升将会导致光伏发电成本的实际提高，进而导致电站的投资收益下降甚至是亏损，导致光伏投资减缓。具体成本压力和经营风险情况如下：

第一，多晶硅、有色金属等原材料价格快速上升。根据调研的光伏发电企业的相关情况，多晶硅、有色金属等原材料价格上涨影响明显。多晶硅是光伏发电企业的重要的原材料，在材料成本中占有相当的比重。2021 年以来，多晶硅产品的价格有明显的上涨，给光伏产业的投资和企业生产经营带来明显的压力。

从多晶硅的情况看，2021 年初，多晶硅的价格为 63527 元/吨，而至 2021 年 11 月 12 日，多晶硅的价格上涨至 179604 元/吨，涨幅高达 182.7%（见图 5）。

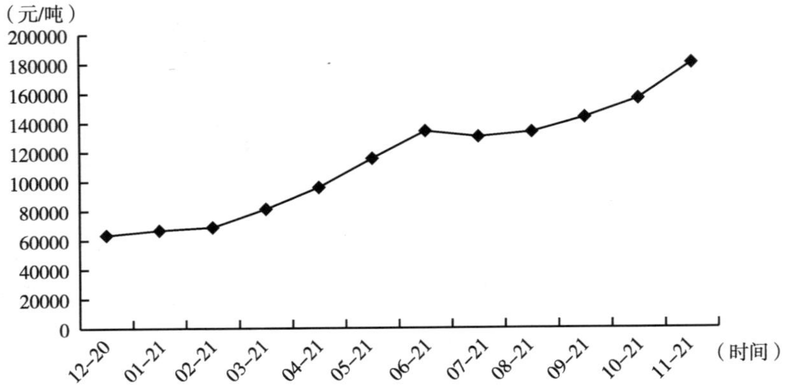

图 5　2021 年以来我国多晶硅市场价格走势图

资料来源：中国硅网数据库。

电极铜（阴极铜）是我国光伏发电企业重要的原材料，在总材料成本中也占有一定的比重，对企业的投资决策构成影响。2021 年年初，我国阴极铜的价格为 58050 元/吨，到 2021 年 11 月 12 日，阴极铜的价格为 70750 元/吨，上涨 21.9%。具体情况见图 6 所示：

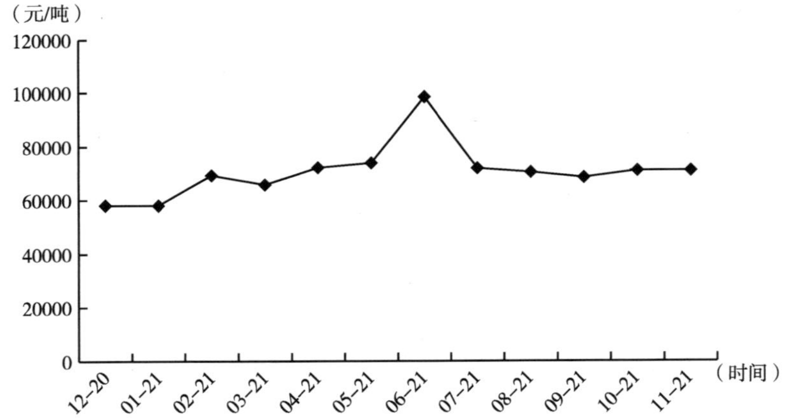

图 6　2021 年我国电极铜价格变动情况

资料来源：Wind 数据库。

第二，光伏发电企业土地使用税政策执行不连贯成为新成本压力。调研企业表示，在项目在开发建设时，均与当地政府签署了用地合同，明确土地性质为农村中的未利用地或者荒地，各项目均及时足额缴纳了土地使用税。但是，后续运营过程中部分地区税务机关提出补缴光伏土地使用税，导致许多光伏企业的税费负担加重。调研企业指出，部分地区的税务机关提出，将原已按照投影面积征缴土地使用税的项目用地，改为按照光伏占地全面积征收土地使用税，并从 2013 年开始按占地面积补缴土地使用税和滞纳金。还有部分地区原有的行政区划为乡，不属于城镇土地使用税的纳税范围，但自“乡改镇”后，要求按照合同占地面积补缴税款和相应滞纳金。

第三，新能源补贴不能及时到位导致企业资金负担沉重。被调研的企业指出，发电企业在进入国家补助目录之后，补贴资金普遍延期 2 年到账。财政部根据补贴资金的整体预算，要求电网企业及时将补贴资金按拨付顺序分批分次下拨至各发电企业。优先足额拨付光伏扶贫项目、自然人分布式项目、2019 年竞价光伏项目及 2020 年采取“以收定支”原则确定的新项目。其次是保障光伏领跑者项目，兑付应付补贴资金的 50%，剩余补贴资金按等比例拨付至各发电企业。调研的光伏发电企业整体新能源电价补贴（包含未纳入补贴目录的项目）的累计兑付结算比例仅为 25% 左右。

三、大宗商品价格变化对机电企业①的影响

2021 年 1 月至今，机电企业受大宗商品价格快速上涨影响成本迅速上升。调研企业普遍反映大宗商品价格上涨直接或间接导致原材料等生产成本全面大幅上涨是企业目前面临的最大挑战，虽然订单或销售额较 2020 年有所提升并基本恢复到 2019 年的订单水平，但企业利润率反而有所下降。调研企业同时表示，2021 年 10 月和 11 月大宗商品价格已经有所回落，政府对物价调控措施显现实效，企业经营环境不断转好，企业生产经营前景较为乐观。

（一）机电企业经营的主要情况

根据国家统计局公布的数据，2021 年 10 月，我国制造业综合 PMI 产出指数为 50.8%，比上月下降 0.9 个百分点，表明我国企业生产经营活动总体扩张步伐

① 本部分主要分析“制造业”行业分类中：通用设备制造业、专用设备制造业、电气机械和器材制造业、计算机、通信和其他电子设备制造业、仪器仪表制造业等以机电产品为主要产品的制造业企业，以下简称为“机电企业”。

有所放缓；制造业采购经理指数为 49.2%，比上月下降 0.4 个百分点，连续两个月位于收缩区间。生产经营活动预期指数 53.6%，虽较 9 月略有降低，但整体处于相对乐观区间。不同行业体现出不同的发展水平差异，高技术制造业、装备制造业逆势增长，PMI 分别为 52.0% 和 51.2%，高于制造业总体 2.8 个和 2.0 个百分点，延续扩张态势①，而高耗能行业持续收缩、行业景气度下降，高耗能行业 PMI 为 47.2%，低于制造业总体 2.0 个百分点，生产经营活动预期指数为 48.6%，低于其制造业总体 5.0 个百分点。

从国家统计局公布数据看②（见图 7），2021 年 1—10 月，制造业主要原材料价格购进价格波动频繁，在 5 月达到最高点后有所下降，全国制造业企业生产经营活动预期指数逐步走低，反映出制造业企业总体受到原材料购进价格高涨且波动频繁影响，尤其是受到出厂价格增长滞后于原材料购进价格③影响，全国范围内制造业企业经营预期有所下降。

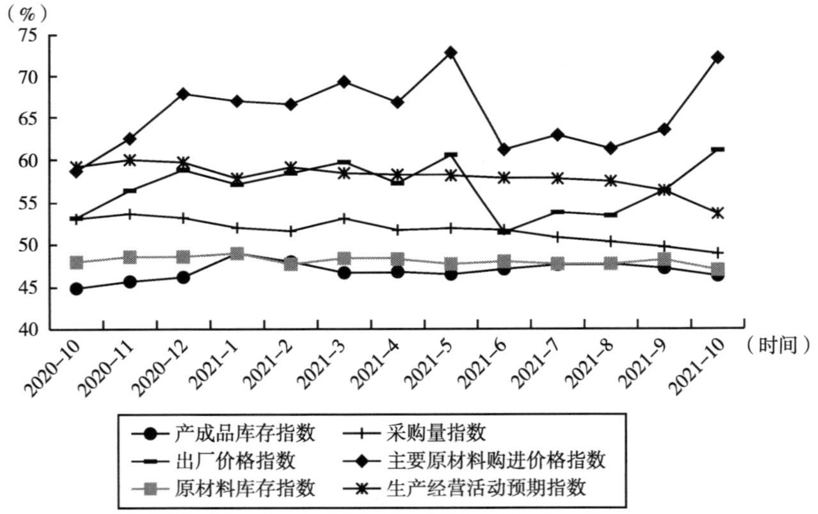

图 7　制造业企业相关指数

数据来源：国家统计局。

---

① 国家统计局：http：//www. stats. gov. cn/tjsj/sjjd/202110/t20211029_1823996. html.

② 国家统计局：https：//data. stats. gov. cn/easyquery. htm? cn = A01&zb = A0B01&sj = 202110.

③ 用主要原材料购进价格指数表示，主要原材料购进价格指数是根据企业主要原材料价格的简单平均水平月度环比变化情况编制的扩散指数。

从实际调研情况来看，我国机电企业发展态势趋稳向好：一是国际国内环境有利于机电企业的发展。目前我国新冠肺炎疫情已经得到初步控制，机电企业生产能力逐步恢复；尤其是在国外疫情仍处于失控状态的大背景下，外贸订单有所增长，部分外贸企业议价能力有所增强。二是高质量发展逐步成为共识。以高端制造业和新能源为代表的新兴企业投资不断加大，市场增长迅速；以芯片为代表的国内高新技术产业迅速发展，市场认可度稳步提升。三是政府政策执行到位，企业获得感强。一方面减税降费政策落实到位，部分中小微企业获得发展利好；另一方面稳物价政策迅速落实，企业普遍感受到大宗商品价格回落趋势。原材料价格上升导致企业成本上升的顶点在 8—9 月，2021 年 10 月后由于国家对物价管控政策逐步出台，目前原材料价格上升趋势已经有所缓解，企业反映大部分原材料价格有所回落。四是部分小微企业发展态势良好。部分小微企业尤其是“专精特新”小微企业在细分市场或产业链中建立起独有优势，在生产资料整体上涨的大背景下具有降低生产成本能力或议价能力，销售利润逆势提高。

另一方面，机电企业尤其是小微企业发展仍面临挑战。一是大宗商品价格上涨迅速，侵占企业盈利空间。调研中政府和企业普遍反映，2021 年以来机电企业盈利空间因原材料价格上涨被压缩，企业利润普遍性下降。二是企业生产经营预期尚不稳定。目前政府各项价格管控和调控措施逐步到位，平抑大宗商品价格效果初步显现，但一方面原材料价格仍未恢复 2020 年同期水平，另一方面部分商品原材料价格仍波动较大，影响了企业的生产预期。三是小微企业盈利空间进一步压缩，影响产业链稳定性。部分小微企业在成本上升和疫情等多方影响下难以经营甚至倒闭，甚至导致产业链阶段性中断。工业企业利润主要集中在大企业和产业链上游，小微企业和产业链中下游企业盈利空间被进一步挤压，影响了产业链的稳定性。

（二）机电企业成本增加原因分析

机电企业普遍反映大宗商品价格变化导致原材料等各项生产资料成本上升，这一因素是导致企业成本 2021 年快速上升的最主要因素。调研机电企业总成本中：原材料成本约占总成本 50%—80%，上涨幅度为 10%—30%；人工成本约占总成本 10%—25%，上涨幅度为 8%—10%，原材料成本和人工成本上升是企业成本上升的主要推动因素。大宗商品价格上涨导致的生产成本增加是机电企业成本增加的最重要因素，其他重要影响因素还包括存货成本上升、运输成本上升等。

1. 大宗商品价格上升是推高企业成本的最重要原因

一是大宗商品价格上升直接推高机电企业主要原材料成本。企业生产需要用到的主要原材料包括钢材、橡胶、铜、铝、锌、锡、玻璃等产品价格持续上涨，直接提高企业生产成本。机电企业处于产业链的中游和下游，议价能力相对较弱，多数企业被动承受上游企业价格转移。上游铁矿石、焦炭、焦煤、原油等原材料产品在供应紧张因素、国外输入因素、经济恢复因素等多重因素影响下，价格从 2021 年 1 月起持续走高，到 8 月左右达到最高点，部分制成品如螺纹钢、精铜等价格直接向下传导给机电企业，如矽钢片价格从 5600 元/吨最高上涨至 8300 元/吨，大大提升企业成本。

某国有机械公司反映，受国内外市场供求、疫情及通胀的影响，2020 年四季度开始，大宗商品价格迅速上涨。2021 年 1—10 月该公司采购物资共计 43 亿元，因材料涨价导致采购成本增加约 1.15 亿元。其中管线钢平板采购价格达到 6600 元/吨、钢卷采购价格达到 6100 元/吨，涨幅约 25%；合金圆钢采购价格达到 11000 元/吨，涨幅约 12%。金属元素价格是构成公司钢材、结构件、管件、合金制品、复合片、焊材焊料等主要原材料采购价格的关键因素，其涉及钢材的如重废钢、镍、铬、钼、锰等元素从 2020 年四季度开始至今上涨幅度在 23.6% 至 200%；涉及合金制品的钴粉涨幅为 53.6%，钨涨幅为 31.6%。

企业能否将价格变动顺利转嫁由企业所处的产业链位置、企业在行业中的重要程度共同决定。部分企业在产业链中重要程度不足，自身议价能力较差，无法顺利将原材料成本全部顺利转移，这就导致销量或销售额增加的情况下企业利润率反而有所下降。部分上游企业议价能力强，将自身成本全部转移给中下游企业，甚至对已经进行的订单进行回溯，弥补自身损失。而部分话语权相对较弱的企业即使能将原材料成本上涨压力传递给下游，也需要至少 2—3 个月周期①。

二是大宗商品价格上升间接提高机电企业辅料成本。某国有机械公司反映，受大宗材料涨价影响，公司材料采购成本大幅上涨，油漆材料价格达到 5800 元/吨，涨幅约 5%。其他设备部件、工具、配件类均有不同程度的涨价，涨价幅度为 0.5%—3%。调研企业普遍反映辅料价格有所提升，涨幅一般为 5%—20%（见表 2）。

① 2—3 个月周期一般默认为现有较低价格库存材料消化周期，即默认为较为合适的加价周期。

表 2　　某仪器仪表公司辅料价格变化情况

主要材料	单位	2021 年 1 月单价/元	2021 年 9 月单价/元	涨幅/%
电子元器件	个	0.62	0.70	12.63
漆包线（低温线）	千克	55.75	64.42	15.56

数据来源：调研资料。

三是大宗商品价格上升增加企业的存货成本和财务费用。首先是企业存货增加导致资金流动性下降。在大宗商品价格不断上涨的背景下，调研中的大部分企业通过主动增加原料库存的方式减小可能损失、保障生产能力；考虑到原料价格波动难以预测、部分关键材料供货周期加长、企业交货周期难以保障等因素，部分企业同时增加了产成品库存以保障订单顺利完成。其次是增加库存会增加仓储成本和人工成本，同样增加了企业成本。再次是部分企业采取套期保值的形式锁定大宗商品期货价格，套保需缴纳 8%—10% 的保证金占用企业现金并增加了财务成本。

四是大宗商品价格上升增加企业用能成本。调研企业反映，工业用电价格在国家调控下价格稳定，但工业用热价格上涨可达 20% 左右，用能成本总体上升。此部分增加企业成本 1% 左右。

2. 其他增加机电企业成本的重要因素

第一，关键零部件价格持续上涨导致企业成本上升。部分元器件供给不充分导致价格持续上涨。考虑到部分进口芯片性能更加稳定，国产芯片尚不能完全替代，企业只能接受进口芯片价格提升导致的成本上升。某仪器仪表公司反映企业所用芯片尤其是进口价格涨幅巨大（见表 3），部分芯片价格变动在年初价格的 10 倍以上。部分企业则表示目前国产芯片技术水平不断提升，企业准备用国产芯片替代进口芯片但尚需要 3—6 个月的申报期，在此期间只能暂时承担进口芯片价格上涨的压力。

表 3　　某仪器仪表公司进口芯片价格变动情况

品名规格	年初备货价格	现单价
芯片 PIC18F4525 - I/PT	28 元/片	160 元/片
芯片 OPA2333AIDR	12 元/片	20.5 元/片
芯片 ADS1251U/2K5	35.7 元/片	780 元/片
芯片 TLV5616ID/R	20.5 元/片	38.5 元/片
芯片 MSP430F2272IRHA	10.9 元/片	27.63 元/片
芯片 STM32L152VDT6	20.8 元/片	253.5 元/片
芯片 STM32F103VET6	15 元/片	150—200 元/片

数据来源：调研资料。

第二，人工成本上涨导致企业成本上升。机电企业普遍面临招技术工人困难，人员流动性大的问题。目前企业只能用每年提高工人工资 8%—10% 的方式进行解决，考虑到人工成本可能占到企业总成本 20% 左右，企业每年增加人工成本至少在总成本的 1.6% 以上。此外人员流动性大导致企业生产效率无法有效提升，企业培训员工时间成本和资金成本上升。

第三，运费上涨等多重因素导致加工贸易制造业企业成本上升。一是加工贸易制造业面临运价上升问题，目前国际海运价格增长迅速，集装箱一箱难求，增加了外贸企业运输成本。二是美元价格持续走低，人民币升值预期不断加强，企业承担很大的汇率风险并有可能增加财务费用。三是部分部件采购自国外，但受到疫情影响部分外国企业破产导致企业产业链断裂，企业需要额外的时间和成本寻找替代货源。

四、大宗商品价格变化与消费品企业经营

中国消费品制造企业约占工业企业总数的四分之一，包括食品、饮料、造纸、家电、家具、服装等 40 多个门类，总产值约占我国工业总产值的三分之一，在国民经济中占有重要的地位，是我国经济增长的重要动力源之一。消费品企业大多处于产业链的下游，对市场具有极高的依赖性，最贴近社会大众，其商品价格变动对于居民生活的获得感和幸福感影响极大。

2020 年 5 月以来，在疫情之后的全球复苏和货币宽松的背景下，大宗商品开启了一轮“超级周期”，各类商品价格普遍上涨，且涨幅较大。对于原材料成本占到企业总成本 50% 以上的消费品企业来说，对大宗商品价格变动的敏感度极高，企业普遍感受到较大的成本压力。

（一）大宗商品价格上涨推高企业原材料价格

大宗商品是指可进入流通领域，但非零售环节，具有商品属性用于工农业生产与消费使用的大批量买卖的物质商品。包括 3 个类别，即能源商品、基础原材料和农副产品。大宗商品中的原油、有色金属、钢铁、农产品、铁矿石、煤炭等是消费品企业原材料的重要组成部分，大宗商品价格波动直接影响消费品企业原材料价格和企业的成本负担。

1. PPI上涨迅速，增加企业原材料成本压力

大宗商品价格上涨导致PPI快速上涨。2021年10月，受国际输入性因素叠加国内主要能源和原材料供应偏紧影响，PPI（工业生产者出厂价格指数）涨幅有所扩大。从环比看，2021年10月国内PPI上涨2.5%，涨幅比上月扩大1.3个百分点。从同比看，PPI上涨13.5%，涨幅比上月扩大2.8个百分点。其中生产资料价格上涨明显，2021年10月上涨17.9%，比上月涨幅扩大3.7个百分点；生活资料价格变化相对温和，价格上涨0.6%，涨幅比上月扩大0.2个百分点。调研统计显示，近九成企业表示大宗材料价格上涨是企业成本上涨的主要原因。以某省服装加工企业为例，其原材料价格上涨趋势显著，甚至达到“一天一个价”，棉纱价格在2021年9月30日为26700元/吨，10月31日价格在30033元/吨，上涨12.48%，同比上涨54.02%（2020年10月31日19499/吨）；腈纶价格从年初32000元/吨，在90天内，最高涨到了38000元/吨；11月初，该原材料采购价格是40000元/吨（见表4）。原材料价格上涨一方面是因为美国为全球棉纱产量大国，棉纱产量占全球总量的47%，掌握着原材料的定价权和话语权；另一方面是因为纺纱行业均为高能耗企业，受9月份“限电限能”用电约束的影响，国内棉纱的供应量大幅度下降。

表4　　某省服装企业原材料成本变化情况　　单位：元/吨

原材料成本	2020年底	2021年6月	2021年9月	2021年11月	年涨幅/%
涤纶	9000	11000	11000	11500	27.78
棉纱	22000	26000	26700	31000	40.91
腈纶	32000	38000	38000	40000	25.00
锦纶	17200	20100	20150	22000	27.91
氨纶	56500	85000	99500	97000	71.68
染色费	6000	7000	7000	8000	33.33

数据来源：根据调研数据整理得出。

2. 原材料价格波动明显，增加企业运营的不确定性

按品种分类，大宗工业品可以分为石化、有色金属、黑色系商品、软商品（棉花、橡胶）几大类。其中，多数商品定价权在海外市场，如Brent原油、LME铜等便是国内相关品种定价的重要的价格指引。相比之下，由钢材、煤炭构成的黑色系商品则属于国内定价，目前并无相对应的海外参考价格。价格自主度高的特点，也为螺纹、板材、动力煤和焦煤等细分产品价格的运行赋予了极大

弹性。每当行业供需关系发生改变，抑或是市场预期扭转时，这类商品价格上涨、下跌速率都会表现十分突出。如图 8 所示，2021 年 5 月 10 日，国内铁矿石市场价格达到 1573. 1 元/吨，较 10 天前上涨 231. 2 元/吨，涨幅高达 17. 23%，而到了 9 月 20 日，铁矿石市场价格突然下跌，较 10 天前下跌 239. 2 元/吨，跌幅达到 21. 69% 。巨大的市场波动增加对产业链的冲击，加剧市场的混乱程度，也给企业原材料采购和投资带来极大的不确定性。

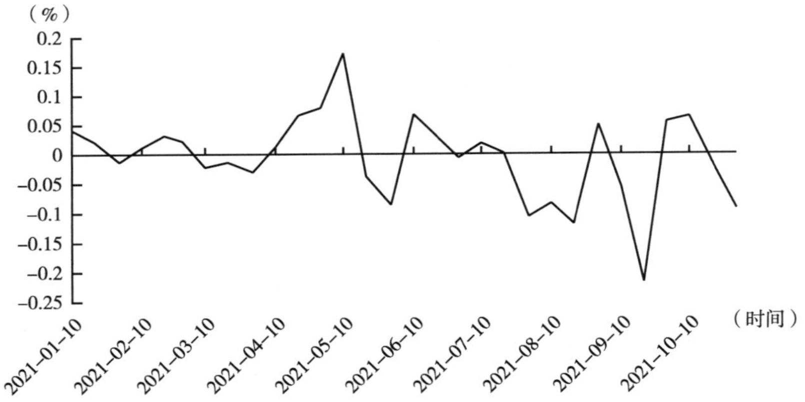

图 8　2021 年铁矿石现货价格涨幅变化情况

数据来源：Wind 数据库。

（二）大宗商品价格变动对消费品企业运营的影响

大宗商品价格上涨不仅给大中制造企业带来过多压力，而且影响小微企业和个体工商户经营，向下游传导还对商品消费端产生巨大影响。消费品生产行业大多处于供应链中下游，相对于其他行业，市场需求变化快，产品种类繁多，供应链较长，价格弹性相对较大。调研数据显示，消费品行业原材料成本占企业总成本结构的 60% 以上，油脂行业原材料成本占企业总成本比重更是达到 90% 以上，原材料价格上涨对消费品生产行业产生冲击较大。

1. 原材料价格上涨，压缩产品利润空间

以家电企业为例，家电企业成本结构中原材料占比约为 50%—60%，占比较大的主要材料是铜和钢。在冰箱成本中，铜和钢占比分别为 12% 和 9%；空调成本中，铜和钢占比分别为 22% 和 12%；洗衣机成本中，铜和钢占比分别为 6% 和 29%。截至 2021 年 11 月 10 日，沪铜主力上涨到 70040 元/吨，创九年新高，比

2021 年初上涨 20.9%。原材料价格上涨导致下游冰箱等多个家电产品涨价超 10%。

相关研究表明，行业越靠近原材料端，成本对盈利能力和行业定价的解释力越强。行业越靠近消费端，需求和行业竞争格局对盈利的影响力越强。在汽车、家电、机械等产成品行业，毛利率相对于原料价格的弹性更低，销量对行业毛利率的拉动效果强于原材料，钢铁价格每上涨 1%，家电毛利率降低 0.059 个百分点；家电销量每上涨 1%，行业毛利率上升 0.072 个百分点。原因在于家电行业产业链越长，产品差异化程度越高，行业抵御成本上涨的方式更多元。而在纺织行业，企业出于维持老客户的需要，需要尽可能地控制产品价格涨幅，通过拉动消费来稀释原材料价格上涨带来的成本压力，导致原材料价格的涨幅无法有效传导至产品销售终端，产品利润空间被进一步压缩，一些中小企业资金实力不强，面临着生存困境。

2. 完全竞争行业向供应链下游价格传导的路径不畅

不同类型的企业，由于其商品价格黏性不同，向供应链下游传导价格上涨压力的畅通程度是不同的。对于上游行业而言，成本对盈利的冲击更大，行业更有动力提价来转嫁成本压力，我们测算煤价每上涨 100 元，螺纹钢、水泥价格分别上涨 87 元/吨、2.29 元/吨，原料价格对产成品价格的解释力度很高。此外，一些具有市场独占性的头部企业，拥有核心技术，掌握市场话语权和定价权，价格上涨可以较为顺畅地向下游客户传导，对原材料价格上涨的压力痛感较小。而以家电企业为代表的终端消费品企业，参与国内外竞争激烈，在市场上话语权较弱，价格较难向下游转嫁，通常只能通过优化产品结构、调整销售政策等方式转嫁上游成本压力维持利润。外贸型纺织服装企业多为劳动密集型企业，国外大型零售商订单数占企业订单总数的 70% 以上。这类企业产品技术含量较低，企业替代性较大，产品价格上涨会导致订单纷纷向东南亚国家流失，其原材料价格上涨的压力向下游传导的边界值为 5%。此外，外贸型企业产品以出口为主，通常采用以销定产的生产方式，公司与国外客户一般提前两至三个月签订订单，生产周期约为 30—40 天，接单时就已锁定销售价格。在这种背景下，一方面原材料价格上涨不断压缩加工企业的利润；另一方面则是成本的上涨并不能完全传导至下游客户，原材料价格压力只能在企业内部消化。

3. 物流成本上涨提高企业仓储成本

除了原材料价格上涨外，自 2020 年下半年以来，疫情封锁导致供应链和物流航运能力受阻，国际物流供应紧张，航运价格居高不下，集装箱供应持续紧张。2021 年 10 月 7 日，波罗的海干散货指数（BDI）飙升至 5650，比 1 月 4 日的 1374 上涨了 311.21%。也令下游客户提货速度放缓，运输周期明显变长，企业成品库存积压。电工产品、礼品包装等体积大货值小的行业受到影响较大，出现了货值低于海运费而被迫取消订单的情况。另外，航运价格的大幅上涨，也在一定程度上促使采购商由原先的多批次分散式采购向少批次集中型采购方式转变，仓储滞留期限增加，仓储费用也随之增加，严重挤压企业的现金流，如机械零配件和电机行业表现尤为明显。

4. 原材料价格剧烈波动降低企业投资意愿

原材料价格的剧烈波动增加了企业投资的不确定性，叠加国际航运价格的上涨，以服装纺织企业为代表的外贸消费品行业难以转嫁上游成本压力，利润空间被严重挤压，企业扩大投资的意愿遭到抑制。2021 年 10 月，制造业 PMI 为 49.2%，比上月下降 0.4 个百分点，连续两个月位于收缩区间。分企业类型来看，不同企业 PMI 走势表现出明显分化。具体表现为：大型企业运行稳定，中小企业持续位于收缩区间。2021 年 10 月，大型企业 PMI 为 50.3%，比上月略降 0.1 个百分点，仍高于临界点，大型企业继续保持扩张。中型企业 PMI 为 48.6%，比上月下降 1.1 个百分点，连续两个月位于收缩区间。小型企业 PMI 为 47.5%，与上月持平，已连续 6 个月位于收缩区间。中型企业 PMI 指数呈现较快回落的特征，或反映出原材料价格上涨、生产成本增加、限电错峰生产等影响，逐步向更大规模的企业蔓延。多家企业反映，原材料价格上涨叠加用工和运输成本攀升，生产利润趋于微薄，一些企业被迫选择放弃订单即停工停产来止损。

五、大宗商品价格变化对汽车与建材全产业链运行的影响

2020 年暴发的新冠肺炎疫情给全球经济带来了巨大冲击，为了应对疫情冲击，以美国为代表的发达经济体纷纷采取大规模量化宽松政策。在此背景下，全球流动性泛滥导致美元大幅贬值，进而使得以美元计价的大宗商品价格大幅上涨。大宗商品价格的快速上涨，给汽车产业链与建材产业链的平稳运行带来了新的风险冲击。尤其是原材料成本的上升，导致汽车行业与建材行业盈利能力下降，企业生产经营承压。在此过程中，中小企业由于缺乏产品定价权，难以向产业链两端转嫁成本上涨压力，面临更大的经营风险。

（一）大宗商品价格变化对汽车和建材全产业链的影响

大宗商品价格上涨致成本上升，汽车行业盈利能力下降。尤其是钢、铝等金属涨价冲击汽车产业链，铜与钴价格上涨推高新能源汽车成本。在此过程中，汽车零部件生产商受到的冲击较大，拥有领先技术的企业受到冲击较小。同时，大宗商品价格提高带动原材料成本上涨，建材企业利润下滑明显，建筑工程企业生产经营进一步承压。

1. 大宗商品价格上涨致成本上升，汽车行业盈利能力下降

2020 年暴发的新冠肺炎疫情给全球经济带来了巨大冲击，为了应对疫情冲击，以美国为代表的发达经济体纷纷采取大规模量化宽松政策。在此背景下，全球流动性泛滥导致美元大幅贬值，进而使得以美元计价的大宗商品价格面临较大的上涨压力。与此同时，在供给方面，巴西、印度等大宗商品出口国疫情的反复使得全球大宗商品供给收缩；在需求方面，在刺激政策与疫苗接种加速的作用下，美国、欧洲、日本、英国等经济体经济逐步复苏，推动全球大宗商品需求上涨。全球流动性泛滥叠加供需不平衡，共同推动全球大宗商品价格快速上涨。受其联动效应影响，自 2021 年 2 月以来，国内原材料价格一路走高。截至 2021 年 10 月，国内铝、阴极铜、钢材价格相较年初分别上涨 48.9%、21.5%、26.7%。对汽车产业链来说，钢、铝、铜等金属以及橡胶等非金属是其重要的原材料，原材料价格在短期内快速上涨，势必带动汽车整车和零部件生产成本陡升，进而导致行业盈利能力下降，如图 9 所示。

2. 钢、铝等金属涨价冲击汽车产业链，铜与钴价格上涨推高新能源汽车成本

汽车底盘、发动机和车轮的制造需要大量钢材，再加上随着全铝发动机、车用高强度钢、全铝车身等先进技术的逐步普及，钢与铝已成为汽车及零部件制造不可或缺的原材料。一般来说，一辆汽车平均所需钢材约为 3 吨，铝材数十公斤。2021 年以来，钢和铝的价格已经或者正接近历史高点，较高的原材料价格给汽车产业链带来了较大的冲击。同时，2021 年以来，橡胶价格持续大幅上涨，也不利于轮胎价格的稳定。据咨询公司 Wood Mackenzie Ltd. 的数据显示，由于电动汽车内部的布线量更大，其对铜的消耗量是传统汽车的近 3.5 倍。因此，2021 年以来铜价的持续上涨，同样增加了新能源汽车的成本。另外，截至 2021 年 11 月 1 日，动力电池原材料金属钴的国内价格已从 2020 年 4 月每吨不到 24 万

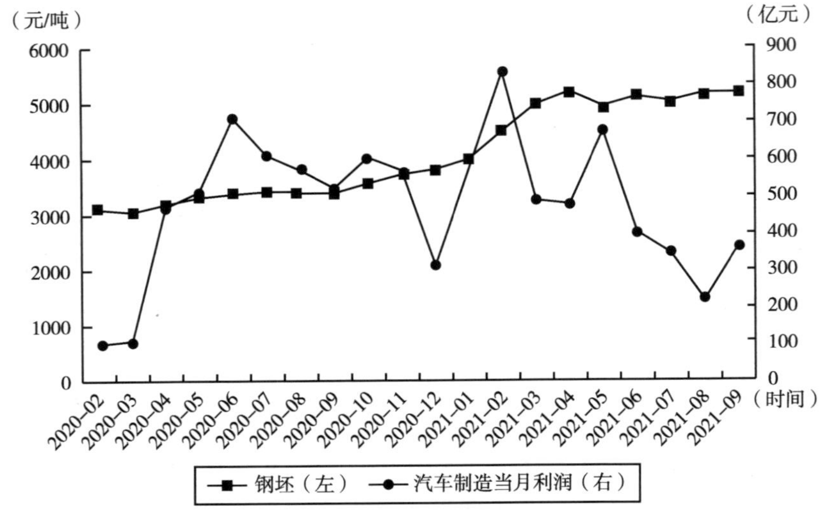

图 9　2020 年以来汽车行业利润与钢坯价格走势

数据来源：Wind 数据库。

元，上涨至每吨超过 40 万元，涨幅超过 66%。动力电池原材料金属钴价格的快速上涨，势必带动电池价格上升，推高新能源汽车生产成本，如图 10 所示。

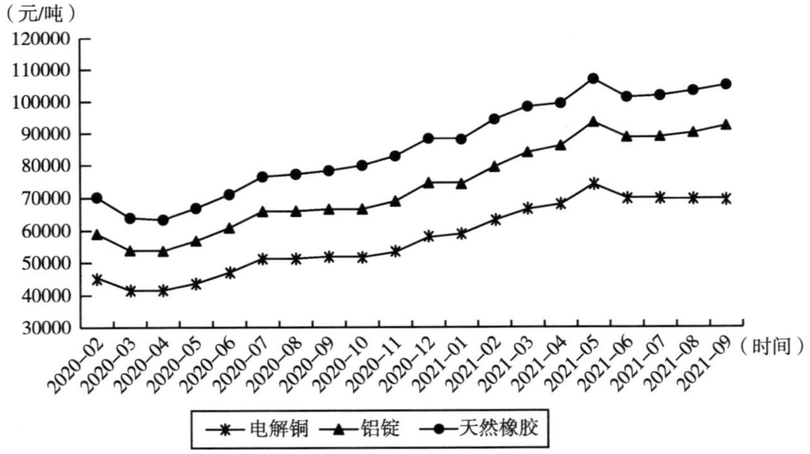

图 10　2020 年以来汽车主要原材料价格走势

数据来源：Wind 数据库。

3. 汽车零部件生产商受到的冲击较大，拥有领先技术的企业受到冲击较小

2021 年以来，反映企业生产成本的工业品购进价格指数（PPIRM）同比涨幅持续高于生产者物价指数（PPI）涨幅。2021 年 1—9 月，PPIRM 同比上升 9.3%，

其中，黑色金属材料类同比上升 20.9%，有色金属材料类同比上升 20.1%；同期 PPI 同比上升为 6.7%。就汽车产业链来看，这反映出汽车及零部件企业成本持续提升，盈利能力却被压缩的现状。浙江某汽车电子有限公司表示，原材料价格持续飙升的直接后果就是，汽车零部件生产成本较 2020 年同期上升超过 10%，利润空间被大幅压缩。部分汽车零部件企业的利润与产量甚至出现倒挂现象，即产量越高利润反而越低。再加上受 2021 年以来海运与陆运费用的上升以及芯片短缺问题影响，一些汽车零部件生产商的部分产品已经处于零利润甚至亏本状态。不过，拥有领先技术的企业由于具备产品定价权，可以向产业链其他环节转嫁成本，大宗商品涨价对其造成的冲击较小。例如，在国内汽车零部件企业中，长三角、珠三角地区的部分企业，不仅能生产供新能源汽车使用的“三合一”电驱系统、永磁同步电机的高速轴承等技术含量较高的零部件，其产品价格还较同类进口品更低，因此，其生产的产品不可替代性较高，从而可以通过转嫁成本的方式实现稳定收益，如图 11 所示。

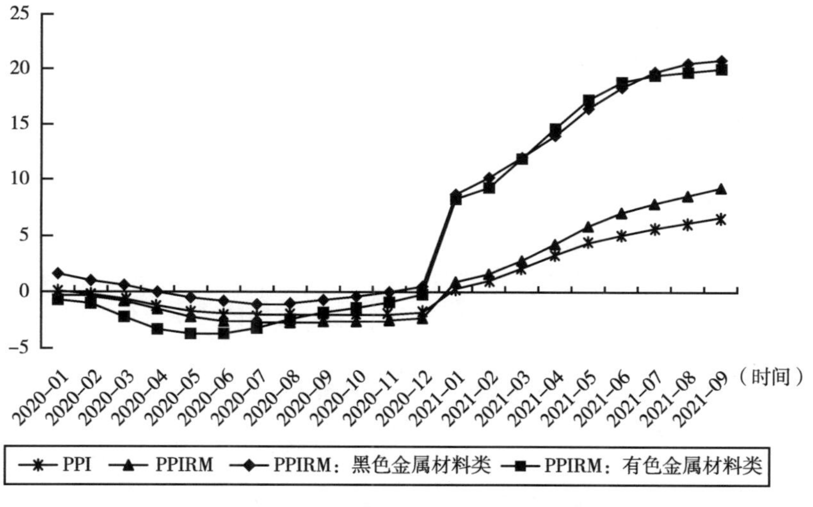

图 11　2020 年以来与汽车相关的工业品购进价格指数

数据来源：Wind 数据库。

4. 大宗商品价格提高带动原材料成本上涨，建材企业利润下滑明显

大宗商品价格上涨带动了水泥、钢材、铝材、铜、沥青、涂料、砂石、砂浆、玻璃等材料价格持续走高，进而推高了建材行业成本，并导致建材企业利润水平大幅下降。江苏某建材生产企业表示，其向铝厂采购原材料的定价方式为铝锭期货价格加上加工费，如果铝锭期货价格上涨 7%，企业原材料价格的涨幅会

更高，达到 20% 左右。对此，企业可以通过提高建材价格对冲增加的成本，但产品涨价幅度不会超过 10%，否则就会面临订单大量流失的风险，因此，另外 10% 的成本上升压力需要企业自行消化，这导致建材生产企业的利润明显下滑。实际上，在 2021 年十一假期后，已有多家水泥、玻璃、陶瓷等上市企业发布调价通知。例如，华鹏陶瓷就发布公告表示，受原材料涨价影响，其全系列产品价格将上涨 5%—10%。值得注意的是，原材料价格上涨对中小型建材生产企业的影响更大，因为其不掌握产品定价权，难以通过提高产品价格向产业链下游企业传递成本上涨压力。一旦原材料价格上涨导致产品成本超过市场售价，中小型建材生产企业就会面临订单流失问题，从而导致生产经营陷入困境，如图 12 所示。

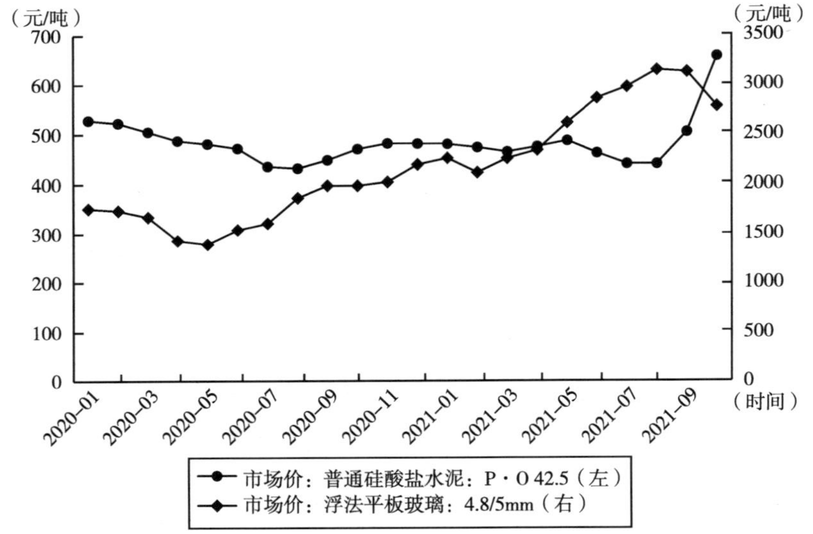

图 12　2020 年以来水泥与玻璃市场价格大幅上涨

数据来源：Wind 数据库。

5. 原材料价格上涨推高建材成本，建筑工程企业生产经营承压

大宗商品价格上涨推高了建材行业成本，这不仅使得建材生产企业承受较大的成本压力，还导致建筑工程企业生产经营进一步承压。从业务角度来看，一般来说，原材料价格上涨对建筑企业施工业务的影响相对较小，对销售业务的影响则较大。这是因为与销售合同不同，施工合同中带有材料调差条款，能在一定程度上减少原材料价格上涨带来的冲击。尽管如此，调研发现，原材料价格的上涨仍然带动了建筑企业施工成本的大幅上扬。浙江义乌某建筑施工企业表示，材料成本占到施工总成本的 60% 左右，近期钢材、水泥等建材价格的上涨，导致企

业施工成本上涨了 20%—30%，企业生产经营压力明显加大。河北某建筑工程企业也表示，以钢材、水泥、沥青及砂石料为代表的原材料价格上涨，严重侵蚀了企业的利润。该企业表示，其目前的净利润率水平约为 4%，高于行业平均水平，不过，原材料成本占企业总成本的 50%，一旦原材料价格上涨超过 8%，就会导致企业陷入亏损的困境。

（二）汽车产业链与建材产业链在应对大宗商品价格上涨中面临的主要问题

1. 中小汽车零部件供应商承压更甚，面临上游涨价与下游压价的双重压力

尽管汽车产业链各环节共同分摊成本上升压力，但是不同环节、不同类型企业分担的压力是不同的。那些规模不大、议价能力不强、实力较弱的中小零部件供应商承担的压力更大，面临着原材料价格上升与整车企业压价的双重压力。山东某电机厂表示，现在车企压价很厉害，对于他们这样的中小企业来说，为了订单的稳定，只能承担更多成本上涨的压力，因为有订单比没订单好，利润微薄比没有利润好。同时，现有很多提价的零部件企业，虽然表面上发了涨价通知，但在实际操作中，为了不损害整车客户的权益，会提供一些补偿性的政策优惠，并不会因涨价获得更多利润。从这一角度来说，原材料价格上涨可能会加速汽车零部件行业洗牌。因为原材料价格上涨在短期内会增加汽车供应链运营管理成本，从长期来看弱势供应商将加速消失，有实力的供应商则会获得强劲增长。

2. 部分汽车产业链企业供应链管理方式存在缺陷，抵御外部冲击能力不足

存货是企业最重要的流动资产之一，其管理好坏将直接影响企业经济效益和生产运营效率。低库存、零库存供应链管理方式是现有国内整车和零部件配套企业推崇的方式。需要指出的是，零库存并不是等于不要储备和没有储备。所谓的零库存，是指物料（包括原材料、半成品等）在采购、生产、销售、配送等一个或几个经营环节中，不以仓库存储的形式存在，而均是处于周转状态。对企业来说，低库存、零库存供应链管理方式可以减少资金占用量、优化资源结构、提高企业的经济效益。但是在原材料价格持续上涨的情况下，这种供应链管理方式会使企业成本陡升，进而对企业的生产经营带来不利影响。

3. 建材行业材料调价条款运行不畅，影响成本共担机制的发挥

通常情况下，建材合同中的材料调价条款多盯住各地价格部门公布的信息

价。但是在市场价格持续上涨的情况下，信息价往往低于市场实时价格，这导致调价条款的生效时间滞后、调价幅度低于实际涨幅，进而使得调价条款的效果打了折扣。同时，各地价格部门公布的多是水泥、混凝土等主要建材价格，这使得并非所有建材都有信息价，进而导致部分建材即使有调价条款也无法顺利调价。另外，对于沙子、碎石等原材料，其购买方式为工程施工地就近购买，价格则是当地市价，因此，也无法运用材料调价条款，进而影响了成本共担机制的发挥。

六、创新思路和方法，应对大宗商品价格变动的成本压力

总体上看，调研所涉及的企业在应对大宗商品价格变动上，除增强自身的产品竞争力和提升产业链竞争力外，均采取了有效调度自身资源、优化管理和提升效率等举措，以减轻大宗商品价格变动的直接冲击。

（一）能源企业应对大宗商品价格变动的举措

为有效应对大宗商品价格的变动所带来的成本压力和经营风险，能源企业应从生产效率、资源统筹、库存管理和资金运营等方面做好自身的应对策略。具体措施有：

1. 准确研判大宗商品市场走势

抓住市场低价的“窗口期”迅速决策增加外储、快速提升库存，在大宗商品涨价前加大采购力度，有效控制大宗商品采购平均价格。东方能源公司通过上述操作，在 2021 年 1—9 月，公司平均入厂标煤单价 835. 34 元/吨，低于区域平均值 10. 95 元/吨，在河北省的煤电企业中成本控制排名第二。中国石化通过加强原油市场研判，一体化优化原油采购结构、品种和节奏，抢抓市场机遇，有效降低了原油采购成本。1—10 月，中国石化进口原油采购价差和运保费合计 1. 58 美元/桶，比年初预算降低 0. 61 美元/桶，增效 51 亿元。

2. 加强库存管理，综合发挥库存效应

通过适当增加库存的方法，可以有效平抑大宗商品的价格变动，平缓波动幅度，为能源企业有效调整生产和销售赢得时间。但在库存管理上，不同能源企业

的原料市场特点不同，企业的资金承受力不同，表现出来的库存策略也不同。胜利油田通过强化预付款采购降本优势，提前锁定资源，实现价值采购最大化。2021 年 1—10 月，胜利油田与阳泉、晋城、潞安等三家国有煤企实施深化战略合作，加大预付款采购煤炭的力度，共采购煤炭 95.06 万吨，实现降本收益 805.68 万元。齐鲁石化按照冬煤夏储要求，积极采取措施，落实煤炭保供降本。主要措施包括：一是适时扩建煤场容量至 20 万吨，使储煤量可以保障生产 45 天左右；二是冬煤夏储提库存，在装置检修期间提前布局组织煤炭进厂，库存由 7 月底的 9.48 万吨涨至 9 月末的 22.83 万吨，累计涨库 13.35 万吨。节约采购金额 13156.8 万元。

3. 发挥市场机制效力，锁定资源供给保障

能源企业的大宗商品原材料往往都建立了较为成熟的市场机制和配置方法，可以支持企业在不增加库存的情况下，有效稳定资源价格、保障资源供给。主要措施有：一是持续强化与大型资源企业的战略合作，充分发挥中长期合同在控制大宗商品价格中的“压舱石”作用。如东方能源公司在 2021 年 9 月底前，实现了中长期电煤合同 100% 全覆盖；中长期煤炭（较市场煤价格低约 400—500 元/吨）采购量占全部采购煤量的 97%，同比提升 6 个百分点，大幅高于国家发改委 75% 要求。二是强化资源统筹，锁定低价资源。如中石化天然气分公司建立以中长期协议为基础、短期及现货资源合理搭配的进口 LNG “资源池”，实现 LNG 资源来源多元化、贸易方式多样化，降低采购成本，切实保障供应安全。

4. 利用市场交易机制，做好套期保值业务

能源类大宗商品的原材料多数具有标准化的期货产品和期货交易市场，可以利用期货市场进行套期保值，以有效规避价格波动风险（或降低风险程度）。在调研中，调研企业普遍都开展了上述业务，而且取得了较好的效果。中石化天然气分公司表示，该公司积极开展了套期保值操作，提前锁定采购成本。在操作中，紧盯国际原油和现货 LNG 价格走势，把握市场回调机会开展中长约、现货 LNG 趋势性保值，择机买入 brent、JKM、TFU 纸货产品，并将剩余敞口中的 JKM 浮动价现货、TFU 浮动价现货以及中长约转为固定价，减少资源风险敞口。目前，已将采购的 48 船 JKM 浮动价现货中的 20 船锁定固定价，剩余 28 船现货 LNG 由 JKM 浮动价转为 TFU 浮动价，规避东北亚现货 LNG 价格 JKM 指数在冬季被“挤兑”的风险。

5. 优化材料投入，强化战略协作

由于能源企业具有一定的垄断性，调研组并不将非机制性的价格转移作为有效作法来予以推荐，但能源企业通过优化材料投入，强化内部的协同协作值得我们关注和总结。参与调研的东方能源公司指出，面对煤炭价格的大幅上升，企业积极调整煤源结构，优化入炉煤质，经济煤种掺配比例同比提升 1 个百分点，预计节约燃煤成本 2100 万元；此外，该企业还积极与石家庄主要药企沟通，推动药渣掺烧工作，降低燃料成本。而中国石化则发挥公司产研一体化的优势，从产品设计、生产、使用、售后等多方面共同发力，加快推进钻井液处理剂、油井水泥外加剂和酸化压裂用化学剂产品产业化，打通上下游之间的成本和产品联系，分担风险和压力。

6. 系统优化成本结构和生产安排

调研企业在大宗商品价格上涨的压力下，都开始对自身的成本结构和生产安排进行审检，根据企业运营的具体情况，来系统优化成本结构和相应的生产安排，缓冲直接的价格冲击。值得典型推荐的是齐鲁石化的操作安排，该企业积极响应国家相关政策要求，充分发挥炼化一体化企业优势，深挖企业内部潜力，统筹优化公司燃料和制氢原料平衡。按照 11 月份天然气预计价存量气 2. 572 元/立方米、超量气 6 元/立方米，石脑油时点价 5600 元/吨、净化瓦斯气 2968 元/吨、原料煤 1800 元/吨测算，净化瓦斯气制氢成本 8987 元/吨 < 存量天然气制氢成本 10081 元/吨 < 煤制氢成本 15221 元/吨 < 石脑油制氢成本 16372 元/吨 < 超量天然气制氢成本 22804 元/吨。根据以上测算，该公司首先充分利用存量天然气资源，仅作为制氢原料，不再安排天然气做燃料。其次煤制氢保持最低负荷运行，压减燃料煤用量，同时打通石脑油制氢流程，丰富制氢原料品种，弥补制氢原料缺口。最后用部分液化气和甲烷气补燃料管网，实现公司燃料结构多元化。通过以上措施，为公司安全平稳生产提供保障。

（二）机电企业自身应对大宗商品价格变动的举措

为有效应对各项成本上升，尤其是大宗商品价格变动引起的材料成本上升所带来的压力和经营风险，机电企业从前端采购环节、中端生产环节、末端销售环节共同发力，通过锁定原材料价格，提升自身产品竞争力，紧盯市场调整风险策略等方式化解危机，做好自身的应对策略。具体措施有：

1. 前端采购：紧盯市场，降低原材料采购价格

一是强化资源统筹，通过大量采购、直接采购、长期协议价采购等方式降低企业采购成本。二是预付定金等方式分步锁定原材料价格。三是期货市场和现货市场相结合实现原料供应稳定。充分利用金融市场，利用大宗商品期货套期保值方式提前锁定价格，应对企业所需大宗原材料价格变动，规避价格风险冲击。四是对市场进行充分调研，预判涨价趋势，看准价格较低时机增加原材料库存。五是与供应商建立战略合作关系，有效降低采购成本。

2. 中端生产：提质增效，增强企业创新能力

一是创新人力资源管理方式盘活人力资源。通过完善激励机制，加强员工培训，有效提升企业员工生产效率。努力降低人工成本，通过减少业务层级、提升机械化水平等方式降低用人成本。二是企业不断提升品质提高产品议价能力。提高产品科技含量，增强产品竞争能力和议价能力，转嫁成本上涨影响。三是积极投入研发资金尽力降低企业原材料成本。研究关键零件国产替代化，通过实施国产化替代方案降低采购资金，尽量抵消成本上涨影响。

3. 末端销售：审慎灵活，做好企业风险管理

一是企业及时间协定调价条款，降低原材料成本上涨风险。合同条款灵活化，增加价格波动处理条款。企业通过适时与上下游企业重新商议价格，对部分成本敏感产品加入调价机制，以减少亏损预期。二是外贸企业紧盯国际国内市场适时调整风险策略。通过提前锁定汇率、降低物流成本、适时转型等方式保障企业盈利能力。第一是提前判断汇率走势，通过汇率套期保值方式降低企业汇兑风险；第二是通过小批量、多批次运输尽力降低企业外贸物流成本；第三是在原材料成品上升，外贸加工产品议价能力减弱的情况下，外贸企业做好由外循环转为内外双循环的准备，进军国内市场以保障企业盈利能力。

（三）消费品企业应对原材料价格上涨采取的措施

大宗商品价格上涨助推消费品制造企业的原材料成本，根据调研，原材料价格上涨给企业生产成本带来的上涨压力均在 25% 以上，构成了部分企业难以承受之重。尤其是中小微企业影响更甚，利润总额、利润率的下滑均为 20% 以上。为了应对成本压力，企业从内部、外部、前端、后端等多个角度采取应对措施：

1. 与销售商形成价格联动，向消费端传导涨价压力

提高产品售价是消费品企业应对原材料价格上涨的最直接方式。目前来看，

此轮原材料涨价已经传导到终端产品的价格提升，家电行业开始以终端提价方式来应对成本上涨，各家电产品价格体系上调 10%—15% 不等。2021 年 1—8 月，我国白电中冰箱、洗衣机、空调均价同比 2020 年分别提升 655 元、311 元、235 元；厨电中油烟机、燃气灶、消毒柜均价分别提升 317 元、154 元、244 元；小家电中清洁电器、扫地机器人、电饭煲均价分别提升 411 元、575 元、34 元。

2. 通过长期协议锁定原材料价格，利用套期保值对冲风险

面对大宗商品涨价，不少实体企业选择用价格锁定或者期货工具套期保值来应对部分风险敞口。为了避免被原材料不足问题牵制，一些规模企业依靠资金优势，和上游原材料生产商或者供应商签署长期采购合同，锁定上游环节好几年的供应链。但是期货套期保值所需的大额保证金及追保压力对于中小企业来说较为困难，中小企业碍于资金面情况，若采用期货套期保值的方法，则无法兼顾企业自身生产现金流的需要；此外，中小企业普遍缺乏专业人才对原材料价格进行管理，因此，对于所面临的原材料阶段价格上涨风险，企业有时只能“硬扛”。

3. 通过智能化转型实现降本增效

位于供应链下游的消费品企业大多处于完全竞争市场，原材料价格上涨难以向下游传导，解决路径一方面可以寻找原材料替代品，另一方面要通过数字化、智能化转型和技术进步提升资源利用率，实现降本增效，才有更多的底气应对原材料上涨带来的不稳定性。例如，家电企业普遍通过加大力度开拓新渠道、新市场，积极探索新零售，通过产品创新提高议价能力，促进销售实现较好增长；同时，持续推动精细化管理，降本增效，并优化产品结构，进一步增强公司的综合盈利能力。江苏省某能源公司数据显示，2021 年，该公司通过技术优化节约成本 3000 万元，为公司贡献 0.5 个点的毛利率。

4. 整合资源，改变采购方式

为了应对原材料价格剧烈波动带来的极大不确定性，企业纷纷选择在原材料价格较低时加大原材料和中间品的采购量，以平衡好存货成本与涨价成本之间的关系。例如浙江某塑料制品企业，其主要原材料聚丙烯的市场价格最高达到 8800 元/吨，为了降低原材料购入成本，企业选择在市场价为 8200 元/吨时以销售订单预算材料的用料进行期货购入主要材料，提前采购导致该企业 2021 年 1—10 月原材料库存比 2020 年同期增加 16.67%；此外，为加大订货量，一些中小企业会选择实施企业间联合采购，通过“抱团求生存”，来节约采购成本，提高采购时的议价空间。

（四）汽车与建材产业链应对大宗商品价格上涨的举措

面对大宗商品价格上涨带来的成本压力，汽车产业链各环节协同发力，共同分摊成本压力。新能源汽车产销两旺带来的规模效应，也在一定程度上助力企业抵御电池成本上升压力。由于原材料价格上涨幅度远超企业承受能力，建材生产企业在自行消化部分原材料涨价压力的同时，不得不提高建材价格，进而将部分成本上涨压力转嫁给下游建筑企业。对此，建筑企业采取了一系列举措消化上游成本上涨压力。

1. 汽车产业链各环节协同发力，共同分摊成本压力

面对原材料上涨带来的成本压力，汽车产业链上下各个环节选择共同分担。对零部件环节来说，由于目前国内汽车零部件企业多为中小企业，除部分拥有高精尖产品的企业以外，多数零部件企业在与整车企业的合作过程中是缺乏定价权的。这使得其无法自行决定是否提高零部件价格，而是需要与整车企业协商确定零部件价格。实际上，汽车零部件企业在很多时候需要遵从整车厂的意见。因为现在国内汽车零部件多为通用型零部件，一旦零部件供应商擅自提价，整车厂不接受的话就可以中止采购合同，选择其他未涨价的供应商即可。因此，为了保持订单的稳定，汽车零部件企业多不敢轻易涨价。对于整车企业来说，在国内市场有合资、外资、自主品牌汽车同台竞争的情况下，一旦整车企业选择提高终端汽车售价，无疑会降低产品市场竞争力，进而对企业利润造成不利影响。在此背景下，整车企业也不愿意提高产品价格。受上述两方面因素影响，2021 年以来，除了轮胎等相关零部件之外，国内多数汽车零部件还没有出现大面积提价，汽车整车的销售价格也较为稳定。这背后的根本原因在于零部件企业与整车企业共同消化了原材料价格上涨带来的成本压力。

2. 新能源汽车产销两旺，规模效应助力企业抵御电池成本上升压力

原材料价格不断上涨，使得电池企业面临巨大的成本压力。据高工产研锂电研究所（GGII）发布的数据显示，当前动力电池各部分原材料价格普遍上涨，部分涨幅超 100%。据此测算，电芯和电池系统的理论成本上涨幅度均超过 30%。成本短期内大幅上涨，显然超出了动力电池企业正常的承受能力，进而使得其不得不通过提高电池价格向下游企业转嫁成本压力。实际上，2021 年 10 月以来，包括比亚迪在内的多家动力电池企业均相继发布“涨价函”或表示正考虑涨价事宜。其中，有的企业明确提出将按照原材料价格波动情况实时更新产品报价。

此外，部分企业提出要通过对已有订单重新议价、取消或暂停欠款订单、缩短账期等方式缓解原材料成本上涨压力。

不过，从目前的情况来看，新能源汽车产业链上游成本抬高尚未向下游大面积传导，国内新能源汽车并未因此出现涨价的趋势。这是因为电池成本的增加虽然会向下游传导，但 2020 年下半年以来，新能源汽车的产销量上升，使得新能源汽车的整车成本可能因规模效应等因素而有所下降，从而在一定程度上减弱甚至抵消电池成本上升带来的影响。根据中国汽车工业协会发布的数据显示，2021 年 9 月中国新能源汽车产量再创新高，分别达到 35.3 万辆和 35.7 万辆。同比增长均为 1.5 倍；2021 年 1—9 月，新能源汽车产销分别达到 216.6 万辆和 215.7 万辆，同比增长 1.8 倍和 1.9 倍。不过，需要指出的是，新能源汽车销量扩大带来的规模效应虽然能“减弱甚至抵消电池成本上升带来的影响”，但这亦是有条件的。因为随着规模效应的减弱，新能源汽车销量提升会推动动力电池需求量大幅增加，导致供应紧张，从而进一步刺激上游原材料涨价。因此，在动力电池需求仍处于上涨期的情况下，如果电池原材料价格仍然高居不下，甚至持续上涨，电池成本将进一步提升，进而导致电池企业与整车企业均面临较大成本压力，而这显然不利于新能源汽车行业的持续健康发展，如图 13 所示。

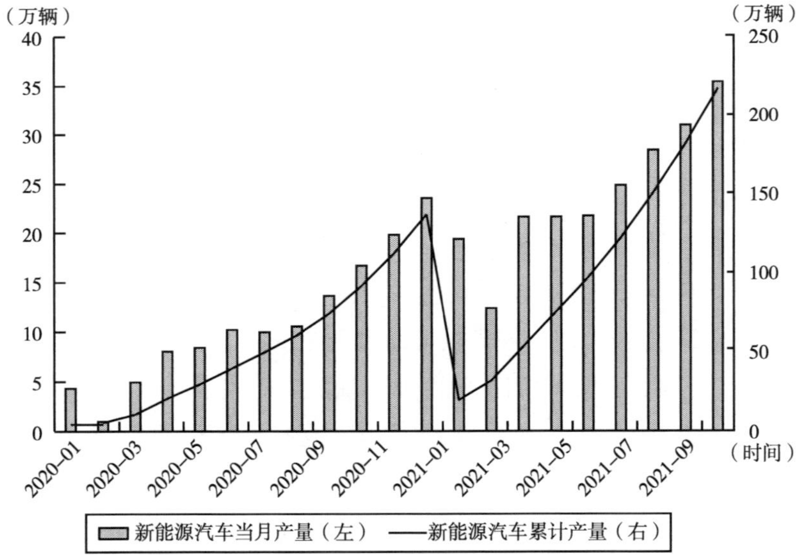

图 13　2020 年以来新能源汽车产量快速增长

数据来源：Wind 数据库。

3. 建材企业涨价向下游转嫁成本压力，建筑工程企业多措并举消化成本上涨压力

2021 年以来，建材行业原材料价格大幅上涨，远远超出建材生产企业的承受能力。在此情况下，一方面，建材生产企业通过自身内部挖潜，消化部分原材料涨价压力；另一方面，建材生产企业不得不提高建材价格，进而将部分成本上涨压力转嫁给下游建筑企业。对此，江苏某建设企业表示，2021 年原材料价格的上涨幅度与波动幅度在历史上均是罕见的，这对企业的正常经营带来了巨大冲击。面对建材价格的持续上涨，激烈的市场竞争环境迫使建筑施工企业不敢轻易涨价，而是多选择自行消化成本上涨压力。河北某建筑工程企业表示，其主要通过精细化管理、转变原材料购买策略等方式降低生产经营成本，以抵御原材料上涨的压力。具体来说，一是通过精细化管理，从企业内部挖掘降低成本的潜力；二是将原材料购买方式从集中大批量购买转为分段小批量购买，降低市场价格大幅波动的冲击；三是加强市场价格研判，通过期货价格预估现货价格波动情况，选择合适的购买时点；四是加大集采力度，通过和厂家建立集中采购合同，降低原材料成本。浙江某涂料企业表示，原材料 2021 年年初至今涨幅已翻倍，综合成本上涨超过 50%，但企业并不敢悉数传导至下游，目前涂料企业普遍涨幅为 10%—20%，极少数能达到 30%。

4. 建材产业链相关企业加大库存管理，缓解成本上涨压力

面对原材料价格上涨带来的经营压力，建材产业链相关企业纷纷加大了库存管理力度。具体来说，一是通过加快原材料库存的消耗，降低原材料成本上涨压力；二是践行合理备货策略，即企业根据自身的生产周期、运输周期、客户销售高峰点做出理性判断，将自己单位时间内的库存保持在一个相对合理的区间；三是在高价时减少采购、在低价时增加囤货的方式调节库存，以更好控制原材料成本，从而缓解成本上涨压力。尽管如此，建材产业链相关企业仍无法完全对冲由原材料价格剧烈波动给企业成本和盈利造成的巨大冲击。

七、发挥政策效力，遵循市场规律，协同化解风险

在企业奋力创新经营方式、加强成本管理和开展库存管理的基础上，政府的宏观政策也应予以支撑，遵循市场规律，在关键的政策需求端予以放量，将结构

性调控与局部的总量性扩张相融合，形成应对大宗商品价格变化冲击的主要政策措施和安排。

（一）支持能源企业应对大宗商品价格变化的政策建议

尽管能源企业已经在应对大宗商品价格上涨上做出了经营调整和应对安排，且具有较好的价格转移能力，但对于发电企业和天然气供应企业而言，受到下游价格管制和成本倒挂等因素的影响，在企业自助性应对措施之外，必须在宏观政策予以支持和合理补偿，以确保宏观经济的稳定运行。

1. 加快推进成品油消费税改革

近年来，国内成品油市场化步伐加速推进，市场活力显著增强。但成品油市场化改革的“放”，与市场监管的“管”没有完全同步，部分违法违规经营的企业扰乱市场秩序、破坏公平竞争，严重冲击依法合规诚信经营的主营单位，同时产生环境污染和潜在安全隐患。为促进成品油市场健康可持续发展，落实平等准入、公正监管、开放有序、诚信守法的要求，在广泛征求调研企业意见的基础上，建议加快推进成品油消费税改革，强化成品油生产、流通环节税收监管，做好成品油消费税中央、地方基于生产、流通环节的合理分配，保障零售环节征收下的销售地区的税收收入，进而激励并营造公平的成品油市场竞争环境。

2. 国家层面设立能源资源的风险勘探基金

我国能源资源总量很大，但由于地质条件复杂和成分构成条件等因素，勘探难度越来越大，勘探成本不断升高。国家每年公益性能源资源地质调查投资很少，几大国有石油公司、能源企业新区勘探投入也有限。为促进新区新领域勘探，国家应加大煤炭和油气资源风险勘查前期投入，以公益性煤炭、油气等勘探拉动商业性油气勘探。建议每年从探矿权使用费、资源税中提取一定比例的资金，设立国家层面风险勘探基金，对低勘探程度区能源资源勘探，以及非常规油气和致密油气勘探开发技术攻关等方面给予支持。

3. 制定致密油气田勘探开发扶持政策

致密油气田属于低品位的特殊类型资源，勘探开发难度大，难以实现效益开发。为增加后备储量，保障国家能源安全，调研组提出以下建议：一是对致密油气田勘探开发企业实行增值税先征后退政策；二是对从事致密油气田勘探开发企业进口国内不能生产或性能不能满足要求，并直接用于勘探开发作业的设备、仪器、零附件、专用工具，免征进口关税和进口环节增值税。

4. 加大天然气储备库建设资金支持

储气库项目作为国家战略和民生保障项目，对冬季保供、平衡成本具有重要的意义。近年来，按照国家冬季保供要求，天然气供应企业加大天然气储备库建设，其实提升天然气保供能力。建议国家参照“十一五”“十二五”的原油储备支持政策，研究制定所得税返还政策，定向支持天然气供应企业建立天然气储备。同时将地下储气设施及 LNG 储罐项目纳入专项建设资金财政贴息的范围，并增加贴息投资比例。

5. 对“垫底气”的天然气增值税留底进行退税

为保证储气库正常运行，需在储气库中保存相当部分的天然气作为垫底气。由于垫底气在储气库运行期间无法销售，将造成垫底气对应的增值税长期留抵，大量占用企业资金。同时，由于增值税税率倒挂和前期国家价格调控等因素影响，国内天然气生产及销售企业均存在较大金额的增值税留抵。根据调研企业的反映，截至 2021 年 9 月底，中国石化境内天然气生产及销售企业留抵增值税达 119 亿元，严重占压企业资金。鉴于上述情况，为鼓励境内天然气勘探开发和储气库建设，减轻天然气资源对外依存度和稳定供应，建议国家对储气库垫底气增值税进项税以及境内天然气生产、销售企业长期留抵增值税予以退税。

6. 由国家财税部门明确光伏等企业土地税政策

由于发电企业受煤价上涨等影响较严重，加之国家新能源电价补贴长期不到位，大额可再生能源补贴未收回，资金链承压、财务费用大幅上升，若按照租地全面积缴纳土地使用税，将进一步加重企业经营负担。国家财税部门应明确光伏企业土地使用税优惠政策，减免光伏发电企业城镇土地使用税，或明确按照光伏阵列基座面积计算征税，减轻企业负担。

7. 创新光伏等新能源补贴运作方式

针对新能源补贴不到位问题，建议在加速国家财政兑付补贴欠款的同时，积极创新企业的融资工具，积极探索行之有效的新方式、新方法，破解新能源电价补偿拖欠难题。被调研企业提出，可以将上述补贴规模转换成企业发行融资的“绿贷”或“绿债”，由商业银行给予优惠利率和债券发行上的便利，降低企业“两金”资产占用，纾解企业经营压力。

（二）支持机电企业应对大宗商品价格变化的政策建议

从调研的情况看，机电企业面对大宗商品价格上涨呈现出明显的苦乐不均的情况：产品竞争力强、行业成长性好的机电企业，往往能够通过正常的调价机制，向产业链内的企业转移、转嫁，从而使自身受到的影响极为轻微；而产品竞争力弱、行业饱和度高的机电企业，则需要承担较大的材料成本压力和库存压力。因此，支持政策的建议要从两个角度推进：一是支持部分机电企业的正常经营，以承担成本压力；二是促进机电企业竞争能力的提高和产品创新（如推动数字化转型），从而增强其承受成本压力的能力。

1. 稳定大宗商品价格，帮助企业做好价格预测

一是对国内原材料市场进行必要的监督。建立价格预警体系，跟踪大宗商品价格变化趋势。限制恶意炒作、囤积居奇等行为，防止大宗商品价格反复剧烈波动。二是建立行之有效的大宗商品价格发布机制，建立权威信息发布渠道，帮助企业提前判断了解原材料价格变动趋势。三是做好中小企业价格辅导工作，帮助中小企业预判价格变动情况，及时补充或消化库存。四是做好国家大宗商品战略储备，对大宗商品价格进行合理干预，在必要时进行托市救市等调节工作，防止市场追涨杀跌行为引起的价格剧烈波动。五是引导企业建立战略合作联盟，畅通供应渠道，强化保障能力，协同应对市场价格波动风险。

2. 加大研发投入实现节能降本，推动企业数字化转型

一是继续执行增值税研发加计扣除政策，鼓励企业投入研发资金，研究实现重要零部件的国产化替代方案，突破卡脖子技术，逐步减少对进口重要零部件的依赖。加快国产芯片进口替代，稳定国产芯片供应。二是充分利用财政补贴资金引导鼓励企业实现技术创新突破，优化生产流程，提高能源和原材料利用效率，节约能源和原材料成本。三是充分利用财政资金对机电企业尤其是小微企业进行补贴，推动机电企业进行数字化改革；鼓励小微企业加入工业互联网平台，提升企业数字化生产水平，促进企业技术共享和信息共享。

3. 加强金融对实体企业支持，保障企业流动性

一是通过供应链、产业链金融方式增加企业的流动性。积极拓展供应链金融模式，推动大、中、小企业协同发展；发展产业链金融模式，降低产业链上、中、下游企业综合融资成本。提升金融支持机电行业全链条发展能力，加强对创新型企业的金融支持力度，保障企业现金流水平，降低企业财务费用。二是保障小微企业融资能力。淡化消除金融机构对小微企业设置的隐形门槛，努力破除银行贷款所有制歧视障碍。通过建立融资担保分担机制，推行信用贷款、无本续贷，保障小微企业融资能力。

（三）支持消费品企业应对大宗商品价格变化的政策建议

1. 提高政策的连续性，降低企业运营的不确定性

消费品制造和销售位于产业链的下游，市场竞争激烈，原材料成本和产品定价受市场行情波动影响显著。大宗商品作为可以在金融投资市场被广泛交易的商品，政策的波动和调整会对其价格产生不可预估的影响，甚至会出现原材料价格“一天一个价”，从而抑制了企业的投资和生产，给企业的短期应对和中长期运营增添了不确定性，对经济增长、投资、消费、出口等宏观经济层面造成负面影响。赋予企业稳定的、可预期的产业政策和财税政策成为消费品企业的普遍诉求。因此，一是要加强对企业的政策引导和政策透明度，使企业从可靠渠道了解政府的政策走向，不受市场和非官方途径的炒作影响；二是坚持短期刺激政策和中长期稳定政策的协调配合，在新冠肺炎疫情的冲击下，短期的支持政策对于修复受损经济、恢复市场活力具有不可或缺的作用，但短期支持政策不具有可持续性，中长期的经济决策对于企业提升投资水平、平稳经济运行同样必不可少。

2. 有效应对汇率变动，加大政策支持力度，引导企业树立“风险中性”理念

以服装纺织为代表的消费品企业大多是外向型企业，生产经营面向国际市场，并受国际市场变化影响较大。近年来，我国汇率波动幅度明显加大，2021 年 8 月，央行发布《2021 年第二季度中国货币政策执行报告》指出，未来人民币汇率双向波动将是常态，没有任何人可以准确预测汇率走势。在综合成本上涨的背景下，人民币升值成为直接影响出口企业利润的因素。如果外贸企业没有做汇率套期保值或是外汇远期合约，极有可能出现因汇率出现亏损的情况。因此，有效应对汇率变动，加强对外向型消费品企业的政策支持就成为当务之急。一是进一步降低专业性外汇市场的准入门槛，推动专业金融机构为外贸企业提供便捷、高效的外汇交易服务，使外贸企业可以借助现行掉期、期权市场来实现互换和套期保值，实现更有效率也更加平衡的汇率管理；二是推动外贸企业收汇融资的便利化，为包括非信用证业务在内的外汇收汇凭证和票据等，提供更好的贸易押汇和质押融资服务；三是深化推进跨境人民币结算，鼓励进口企业用人民币支付，扩大海外银行人民币储备量，解决结算瓶颈。

3. 着力降低融资成本，延长融资期限，优化债务结构

受到企业生产制造链条和国际运输周期较长的影响，消费品企业的融资成本

与其他类型企业相比一直较高，尤其是外向型消费品企业。根据调研情况，服装纺织行业大多是依赖自身的资金储备进行投资和扩大再生产，不敢也不愿意通过金融机构融资来解决现金流问题。因此，小微企业受到原材料成本压力，很容易出现资金链短缺和现金流断裂问题。为解决该问题，一是强化对小微消费品企业的政策支持和金融服务，采取减税、定向降准等手段，激励金融机构进一步加大对小微企业的支持；二是坚决清理整顿小微企业融资过程中的各种不合理收费，支持金融、融资担保机构优化绩效考评指标，为小微企业减费让利；三是鼓励金融机构创新大额存单、可转换票据、集合债券等产品，引导更多社会资金投向消费品企业，拓宽直接融资渠道。

4. 推进技术创新，增加企业市场定价权和话语权

调研发现，企业竞争力不同会导致其成本转嫁能力不同。从国际市场来看，我国消费品企业的原材料很多都是从国外进口，例如家电行业的铜材、钢材和服装行业的棉纱，这些原材料的定价权被国外操控，国内企业无法预测其价格走向。以棉纱为例，美国为全球棉纱产量大国，棉纱产量占全球总量的47%，掌握着该原材料的定价权和话语权。从国内市场来看，部分具有自主品牌或创新能力的企业，市场竞争能力和议价能力较强，成本增加压力能够通过与中间商和消费者共担成本部分或者全部转嫁；而市场竞争力较弱、产品可替代性偏强的企业，无法转嫁新增的原材料成本。因此，推动技术创新，提高国产品牌的竞争力和市场话语权变得尤为迫切：一是要强化企业创新主体地位，破除制约企业创新的体制机制障碍，加强知识产权保护，激发人的创新活力；二是鼓励企业加大研发投入，对企业开展前沿性创新研究实行财税支持，推动企业研发费用税前加计扣除、合理扩大加计扣除范围等优惠政策落地；三是发挥大企业的引领作用和带动效应，借助重大科研专项，吸收产业链上中下游的大中小企业积极参与，协同创新发展。

（四）支持汽车与建材产业链应对大宗商品价格变化的政策建议

汽车产业链与建材产业链存在共同的终端压力特点，即建筑企业和汽车整车企业很难将成本向项目单位和消费者转移，产业链内的成本几乎都需要在产业链内消化。从产业链内部看，标准化的原材料生产企业和小微企业是承受成本压力的主要载体，并且承受力弱、风险承受力差，是政策支持的重点。

1. 推进汽车产业链调整全供应链管理方式，提高抗冲击能力

汽车产业链相关企业应充分汲取此次大宗商品价格上涨带来的经验教训，根

据经济形势的变化及时完善供应链管理方式，政策端要着力对库存资金占用等进行缓解。对于国内整车和零部件配套企业来说，不应再过度推崇低库存、零库存供应链管理方式，而是要根据市场需求、经济形势等变化适时调整供应链管理模式。尤其是在原材料价格大幅波动的情况下，企业唯有以合理成本保障库存备货，方能尽可能减少经营损失，甚至可以因此把握行业洗牌机遇，提高企业竞争力。

2. 完善建材行业材料调价机制，发挥调价机制的成本共担效应

材料调价机制可以有效防止原材料价格波动给建筑施工企业带来的不利影响，但在实际执行过程中，其存在履行不严格、价格标准不统一等问题。因此，政策端的着力点在于进一步完善材料调价机制，发挥调价机制的成本共担效应。尤其是政府投资项目要发挥带头示范作用，在编制招标文件时，明确建筑材料差价的取定方式、可调差的建筑材料种类、不同工程类型的调整周期、施工周期材料指导价的计算公式，并切实履行材料调价条款。同时，在原材料价格波动幅度加大时，各地政府部门应加强对主要建材市场行情监测力度，增加建材价格信息发布频次和预警信息，为建设各方应对原材料价格波动提供参考依据。

3. 利用市场机制放大政策效果，用市场化方法稳定大宗商品价格

要注重利用市场机制放大政策效果，并更多地用市场化方法稳定大宗商品价格。具体来说：一是完善大宗商品价格监测平台，加强对铁矿石、铜等大宗商品原材料的价格监测力度，构建大宗商品价格预警指数，及时捕捉价格异常情况；二是在原材料价格大幅上升的特殊时期，运用财税政策鼓励上游企业适当增产增供，加强原材料市场调节，提高预期引导效果；三是进一步完善大宗商品多元化进口供应体系，确保国内供应链安全和稳定；四是政策端要更加注重打通产业链、供应链的堵点，加强产业链协作，促进上下联动，引导大型龙头企业带动中小企业需求，形成大中小企业融通发展的产业生态，提高产业链应对外部冲击的能力。

4. 加强宏观调控力度，用“有形之手”降低原材料成本上涨冲击

要发挥政府宏观调控在价格调节方面的作用，降低原材料成本上涨对企业的不利影响。具体来说：一是有序推进“碳达峰、碳中和”工作，对煤炭、钢铁、水泥等主要工业品产能控制做出灵活安排，合理释放先进产能，不搞运动式减排；二是加强大宗商品进出口调节，适当限制出口，扩大进口，优先保障国内供

给，同时，分批次、不定期、不定量地投放国家储备，稳定市场供应；三是强化对国内大宗商品期现货市场的联动监管举措，打击囤积居奇、哄抬价格等炒作行为，引导商品价格更多回归基本面；四是加大对中下游行业与中小微企业的政策帮扶力度，严格落实“减税降费”各项税收优惠政策，对符合条件的困难企业、中小微企业，落实延期缴纳税款等税收帮扶措施，通过减税降费、贷款贴息等系列政策减轻困难企业、中小微企业的成本上涨压力。

2021年企业成本专题调研报告三：“有序用电”对企业运营成本的影响及应对

“‘有序用电’对企业运营成本的影响及应对”专题调研组
负责人： 赵福昌
成　员： 孙　维　林　颖　周尚思

2021 年第三季度以来，经济下行压力明显，“有序用电”叠加大宗产品价格上涨，对企业成本和利润空间带来巨大冲击。以有效的治理措施对冲对企业的不利影响，避免“有序用电”成为压倒企业的最后一根稻草，对于企业有序运行、经济稳定发展具有重要的现实意义。2021 年 10 月至 11 月，中国财政科学研究院“‘有序用电’对企业运营及成本影响”调研组对广东、山东和辽宁等省份的部分地区和企业进行了集中调研，主要采取与政府部门、行业协会、代表性企业进行线上座谈、电话访谈、书面函询等形式，向基层政府和企业一线管理者了解企业的成本负担情况和实际需求，全面收集“有序用电”对企业运营及成本影响的一手资料。此次“有序用电”在地方的不同表现及其原因，地方政府出台的应对措施手段有哪些，作为实体经济主体的工业和制造业企业感受如何，“有序用电”问题的风险和不确定性如何，都是这次调研的重要关注点。

本文是在调研的基础上完成的研究报告，旨在通过研究“有序用电”问题的出现及原因，剖析“有序用电”对企业运营及成本的影响，从多维度治理、多主体参与、长短期结合的角度提出有效应对“有序用电”的若干建议。

一、“有序用电”的认识及原因

（一）关于“有序用电”的认识

“有序用电”本身并没有“好与不好之分”，主要看用电的调度是主动调控还是被动限电。如果是出于生态环保要求或能耗双控要求对高能耗企业的有序调整，又不影响整体经济或社会的正常生产生活，这种调控是积极的、主动的，是我们政策发挥作用的体现，应该充分肯定，属于推行供给侧结构改革以来生态环保方面调整的范畴，促进了企业的主动转型，作用积极。

但是如果是因为电力供应不足或相关指标限制导致的限制性用电情况，并在较大程度上对经济、社会正常的生产活动带来干扰和冲击，那么就是一种被动出现的情况，应该尽量避免。其中，电力供求矛盾或生态环保控制目标与经济生产目标不协同，都会导致这种情况。2021 年，我国多地出现“有序用电”现象，覆盖范围广，涉及江苏、浙江、山东、广西、云南、广东等多个省份，严重影响企业生产和人民生活安全，主要就是上文所说的被动出现的情况。

（二）被动“有序用电”的表现

主动调控用电是发挥政策作用的要求，这里不多做讨论。被动限电是我们应该高度重视和尽量避免的。

“有序用电”的表现，从程度上看，可以分为“限制但有序”和“一刀切”限制两种情况。如果理解“限制但有序”是“有序用电”的常规情况的话，“一刀切”则是有序用电的极端情况。在 2021 年的“有序用电”中，两种情况都有。在初始阶段因协同应对不足，曾出现过极端“拉闸限电”的情况，后续时间不断加大调控力度、强化协同等，多表现为“限制但有序”的状态。

1. “限制但有序”的情况

“限制但有序”限电的最常见形式是部分时段停止企业供电、要求企业错峰避峰用电、分级分类停限产、高能耗企业限产等。调研中发现，东部某省 A 市 5 月以来，每月都有错峰用电情况，截至 10 月底累计错峰 64 天（见表 1），其中 5 月、9 月错峰用电天数达 20 多天，最大负荷缺口在 9 月 22 日达 307 万千瓦。“限制但有序”限电强化“有序用电”的方式，突出根据企业需求、电网不同时段的负荷科学合理安排，尽量减少对企业生产的不利影响。

表 1　5—10 月东部某省 A 市错峰用电统计表

月份	5 月	6 月	7 月	8 月	9 月	10 月
错峰天数	21	4	7	10	20	2

数据来源：调研地区相关部门。

2. “一刀切”拉闸限电

部分调研地区早期的限电，存在“拉闸限电”一刀切的方式，给企业经营带来比较大的扰动给予冲击。这种“拉闸限电”的情况，虽只在初期出现，但也给经济社会和生产生活带来比较大的影响，冲击企业的正常生产，部分用电紧张地区，限电波及居民、公共设施和非实施有序用电措施企业，限制或断供景观、照明、电梯、地下停车场乃至居民用电。如 2021 年 9 月 23 日，国家电网东北电力调度中心全网频率调整手段已经用尽，辽宁、吉林、黑龙江三省仅 23 日 16 时 30 分至 21 时 30 分限电合计 100 万千瓦，给居民生活带来严重不便，个别地区甚至出现红绿灯停工、电梯停运的现象，有些地方一天停几次电，有些地方停电超过 12 小时，甚至还出现了影响供水的情况。此次“拉闸限电”覆盖范围广，截至 10 月，已经有江苏、湖南、浙江、广东、云南等 20 余个省份采取了不同程度的限电措施（见表 2）。

表 2　各省市"有序用电"举措一览（截至 2021 年 9 月底）

序号	省市	有序用电措施
1	江苏省	分级停限产，超 1000 家企业"开二停二"
2	广东省	开二停五，只保留 15% 以下总负荷
3	云南省	9—12 月月均产量不高于 8 月份产量
4	安徽省	电力存 250 万千瓦缺口，启动全省有序用电方案
5	陕西省	限电至年底
6	浙江省	化工厂等关停至 9 月 30 日
7	广西壮族自治区	对电解铝等高耗能企业实行限产
8	新疆维吾尔自治区	明确产能总量
9	内蒙古自治区	严格控制企业限电时间，电价上浮不超过 10%
10	山东省	全省电力紧张，启动限电措施
11	贵州省	合理安排有关企业错、避峰生产
12	宁夏回族自治区	高耗能企业停限产一个月
13	湖南省	执行迎峰度夏有序用电
14	四川省	暂停非必要性生产、照明、办公负荷
15	河南省	部分加工企业限电三周以上
16	重庆市	部分工厂 8 月初限电停产
17	辽宁省	9 月 10 日至 22 日，辽宁共启动 6 轮Ⅲ级（负荷缺口 5%—10%）和 3 轮Ⅳ级（负荷缺口 5% 及以下）有序用电措施，期间涉及 23196 户次企业，最大错避峰 243.67 万千瓦，用电影响范围限制在部分工业企业。9 月 23 日至 25 日，由于风电骤减等原因，电力供应缺口进一步增加至严重级别，辽宁启动 3 轮Ⅱ级（负荷缺口 10%—20%）有序用电措施，个别时段在实施有序用电措施最大错避峰 416.92 万千瓦的情况下，电网仍存在供电缺口
18	吉林省	按照国家电网要求，执行东北电管局和吉林省能源局有关有序用电的精神，不定期、不定时、无计划、无通知停电限电，此种情况将持续到 2022 年 3 月份，停电、停水变为常态
19	黑龙江	首先对非居民执行有序用电，为了不扩大停电范围，造成大面积停电，采取了对居民限电的措施。电力供需紧张情况缓解后，会优先恢复居民用电

资料来源：各省官网与通知文件。

（二）“有序用电”问题的原因

“有序用电”的原因，既有供求问题，也有调控因素。

1. 供求因素：煤电价格倒挂，电力供求矛盾突出

（1）燃煤短缺影响电力供给。

多因素导致煤炭价格成倍增长，影响电力供给。去产能背景下煤炭产能与需求背离，市场化因素导致煤炭价格“V”形走势，叠加市场炒作等因素，煤炭价格成倍增长，影响发电积极性。同时用电需求还在不断增长，加剧电力的供求矛盾，导致需要“有序用电”甚至限电。

一是去产能背景下煤炭产能与需求背离，煤炭短缺影响发电供给。供给侧结构改革以来，叠加生态环保的考量，我国煤炭产能在“十三五”时期一直呈去产能态势，全国累计退出煤矿 5500 处、退出落后煤炭产能 10 亿吨/年以上。到 2019 年底全国煤矿数量减少到 5300 处左右，到 2020 年底，全国煤矿数量减少到 4700 处；2020 年全国 30 万吨/年以下煤矿数量及产能较 2018 年下降均超 40%。从煤炭产量看，供给侧结构改革以来，虽然 2016—2018 年三年产量较 2015 年有所下降，但 2019 年产量已恢复并超过 2015 年的水平。并且据测算，我国燃煤发电量将从 2020 年的 28 亿千瓦增长到 2035 年的 35 亿千瓦水平，产量的恢复一定程度上说明需求也超过 2015 年的水平。需求由降转升并超过改革前水平的同时，产能却一直处于去产能的态势，导致产能与需求日益背离，尽管有煤炭质量提升的成分，但这种背离既为后期的煤炭快速涨价埋下隐患，也造成燃煤短缺，影响电力生产。

二是市场化因素导致本年煤炭价格“V”形反转，并一路飙升，影响电企的发电积极性。2021 年初，煤炭价格呈现一波快速上涨，但很快价格又快速回落，如国内原煤产量 3—6 月同比增速分别为 -0.2%、-1.8%、-0.6%、-5.0%，产量也随之下降（见图 1）；同时，进口煤炭也呈下降趋势，1—6 月份原煤进口量仅为 1.39 亿吨，相较 2018—2020 年同期进口量分别少了 663 万吨、1493 万吨、3443 万吨。供求关系很快导致价格反转，其实早在 5 月份有的地方就出现供电紧张，带动煤价上涨，虽然市场预计主产地的原煤供给将在 7 月 1 日后放量，但高频数据显示主产地的产量并未大幅扩张；保供政策下港口加快煤炭通关，6 月煤炭日均进口量增加了 10 万吨，但供给增量也仅占全年需求的 1% 左右①。这

① 数据来源：国家统计局、功夫财经网。

种情况下，叠加市场炒作的因素，导致煤炭价格大幅上涨、翻倍（见图2）。

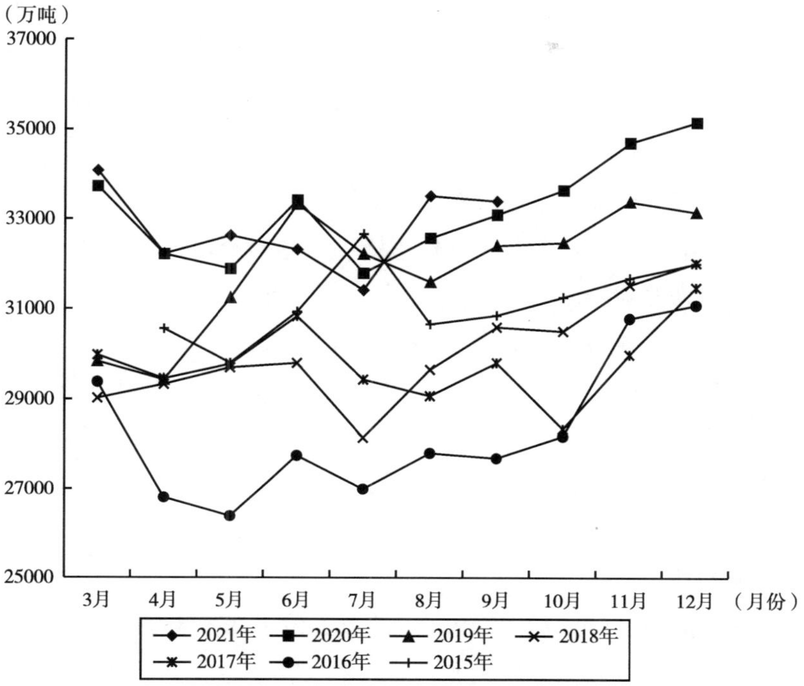

图1　中国原煤月度产量

数据来源：国家统计局。

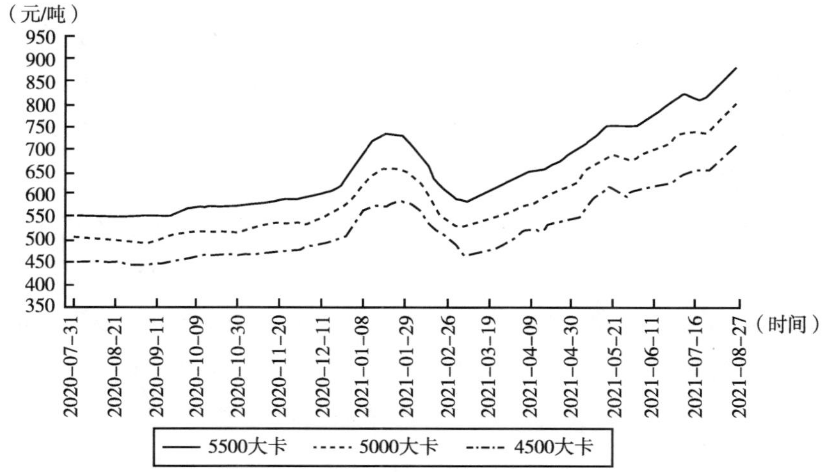

图2　秦皇岛港煤炭价格走势图

资料来源：秦皇岛煤炭网。

煤电价格倒挂，发电意愿不足。“市场煤”遇上“计划电”，煤电价格倒挂，电力生产企业发电意愿不足。尽管国家发改委已明确提出将进一步深化电力价格的市场化改革，自 2021 年 10 月 15 日起，燃煤发电电量原则上全部进入电力市场，扩大市场交易电价上下浮动范围，但是仍无法完全对冲煤炭涨价对电企的影响，导致电企宁可受罚，也不愿生产。调研中东部某省 A 市的行业协会反映，由于煤炭和天然气的价格上涨，该市发电企业的综合成本急速上升，企业越发电越亏。在全力保供的要求下，企业一台机组停机，电网要罚款 28 万/天，但如果不停机，每天亏损远超 28 万，企业干脆停机受罚。

（2）疫情以来用电需求增速超过 GDP 增速。

从电力消费总量增速上看，2019 年电力消费增速低于 GDP 的增速，但 2020 年以来电力消费增速逐步高于 GDP 的增速（见图 3）。尤其 2020 年下半年至今，我国的电力消费增长持续高于 GDP 的增长，其中，第二产业用电量占比大幅提升，显示出疫情以来经济和贸易复苏过程中的产业结构新特点，以及制造业和高能耗企业用能的抬头。

总而言之，燃煤是电“源”，源端短缺或涨价带来发电的供给问题，而需求端又快速增长，供求两方面因素叠加，导致供电紧张的情况日益突出，最终形成“有序用电”乃至限电情况。

2. 政策因素：节能减排等多目标治理不协同导致被动限电

一是政策的制定与调整的预期性、前瞻性不够。在不影响整体经济社会生产生活前提下促进企业转型降能耗是发展的必然选择，而且，适应偏紧的状态更有利于政策的调控机制。但是，运行中受到供求矛盾、煤炭产能矛盾等短期剧烈冲击，导致电力供求矛盾突出。政策机制和调整适应这种冲击而应变的及时性、预期性不足，导致被动限电局面，反映出宏观治理的短板和弱点。

二是政策制定和执行中多目标不协同，导致被动限电。国家治理是“五位一体”的多目标协同治理，政策制定和执行是国家治理能力的重要体现。由于一些政策在制定或执行中协同程度不够，导致出现“个体理性、合成谬误”的问题。

如在制定政策时，单独看治理煤炭“超采”和实现“保供”都是正确的，但是叠加下达往往就会带来各种矛盾，“增产保供”难以达到预期的效果，因此，必须在制定政策前就在掌握充分信息的前提下考虑如何协同二者目标。目前煤矿的产能需要符合核定产能、煤管票以及后期的审计等多层次的监管，煤炭企业为了“保供”而超产，难以通过环保、审计部门的监管；按照核定产能生产，

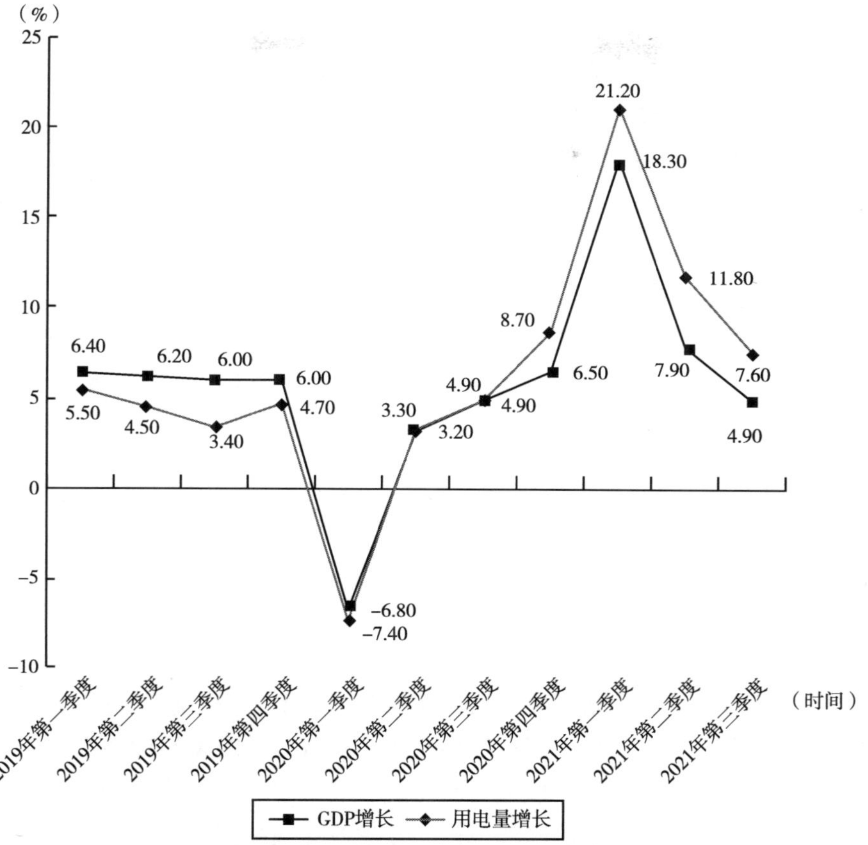

图 3　2019 年以来我国用电量和 GDP 季度增速对比

数据来源：国家统计局。

又难以达到"保供"要求。调研中发现内蒙古、山西煤炭企业普遍存在"超采"20% 的情况，个别企业超采达 40%，"保供"或利益动机因素在里面，但是后续又面临环保、审计问责等风险。

又如，在政策执行过程中，一些地区为了追求短期经济利益，默许能耗高的企业和产业满额开工，造成能耗指标超标，为了应付中央的能耗双控监管而采取简单粗暴地一刀切"拉闸限电"等应付性举措，这是基于减排目标的被动限电。

上述情况还导致宏观调控信息失真。特别是 2020 年，内蒙古、山西出于生态环保考虑，对高耗能的煤炭企业采取倒查 20 年或 10 年的严格措施，过去煤炭企业在核定产能之外，还有一定幅度的超采，现在严格的倒查机制下，超采得到有效遏制，核定产能没有变化的情况下，实际产量则有大幅下降，这种核定信息和实际信息不匹配，导致宏观调控的信息失真，可能也是煤炭供应紧张的重要因素。

3. 技术因素：系统设备制约电力供给

除市场和注册因素外，还有技术因素制约。9 月以来，波及全国 20 省的停限电事件暴露了我国当前以煤电为主体的电力系统存在的诸多问题——在“源”端煤炭燃料短缺或价格过高的情况下，其他的“源—网—荷—储”方案未能发挥作用，包括现行电力市场交易和电价机制的不健全、区域间电网互济和需求侧响应机制的不完善、电力系统灵活性欠缺、储能技术亟待发展等问题。主要体现在两方面：一是电力系统有效装机容量不足。导致用电高峰负荷需求难以满足，必须限电错峰。比如 2020 年冬季湖南江西的限电就是上述这个因素造成的。部分错峰的地方不是电量生产能力不足，而是有效容量“吃紧”的集中体现，即装机容量不能满足最大负荷和合理运行备用，这个问题会随着新能源大比例并网更加突出。据测算，考虑来水不确定性，我国水电有效容量一般也只有 40%，我国 8 个电力现货市场试点地区，风电有效容量为 10% 左右。二是新能源与传统能源系统调峰调频调压矛盾突出。新能源发电的出力曲线往往与负荷曲线相背，“极热无风、极寒无光、晚峰无光”。传统电源通过发电机发电，能够为系统提供转动惯量，而风、光等新能源通过逆电器并网，无法为系统提供转动惯量。在受到极端天气事件、意外火灾事故等导致的扰动时，易因耐频性能不足，导致频率发生大幅变化而脱网，或扩展为大面积的停电事故。加之我国新能源开发与电力负荷逆向分布，灵活调节电源占比低，系统调峰调频调压矛盾突出，保障时间与空间上的电力供需平衡难度明显增大，这种不断突出的供求矛盾体，最终导致一些地方采取限电措施。

二、“有序用电”对企业运营及成本的影响

限电措施会造成企业正常生产销售流程的中断，涉及企业对客户履约、营收保障、支付供货商货款、员工收入发放等一系列生产环节，如果限电停产持续，还可能危及企业的生存。“有序用电”对企业运营及成本的影响，可归纳为四个方面。

（一）“有序用电”叠加大宗产品涨价，使企业成本“雪上加霜”

此次限电对企业生产造成较大冲击：一是用能涨价直接增加企业成本；二是

用能成本涨价叠加大宗产品价格上涨，对企业成本影响突出。

1. “市场煤、计划电”的体制矛盾导致发电企业巨亏

在我国现有的能源结构中，煤炭消费量占能源消费总量依然高达 50% 以上。现有的电力供应体系中，火电占据最大比例，并且这种态势仍将持续一段时间。对于发电端企业来说，“市场煤”和“计划电”的矛盾机制在此次市场煤价格上涨的背景下尤为突出。煤炭价格的大幅上涨推高了火力发电行业的生产成本，然而电力价格却不能根据市场供需关系调整，造成发电企业生产成本增加。火电企业亏损，发电积极性受影响。根据中国电力企业联合会数据，2021 年 7 月的电煤成交价相较于 2019 年同月的价格成交价涨幅近一倍，进口煤价格指数由 2020 年的 497 元/吨上涨至 2021 年的 1885 元/吨，上涨远超过一倍（见图 4）。煤炭价格上涨直接导致企业发电或用电成本上升。

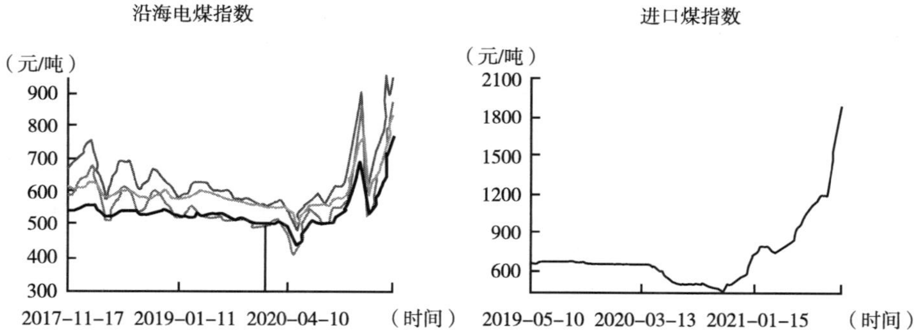

图 4　我国煤炭价格历史变动趋势

数据来源：中国电力企业联合会。

调研中发现，东部某省 A 市某发电公司煤炭燃料成本占该厂总燃料成本的比重达 70%—80%，加上生产链传导的扩大效应，煤价波动的成本叠加传导效应超过 80%。另一热电公司表示，煤价过去占其成本 60%，此轮涨价后提升至成本的 80%，每发一度电，企业就相当于亏损 0.4—0.5 元。可见，对于燃煤发电企业来说，煤炭价格的上涨大大加剧了它们的生产成本。

2. 用能与原材料涨价叠加，企业成本“雪上加霜”

大宗产品价格上涨，叠加用电成本上升，使中下游企业经营困难叠加，“雪上加霜”。一是对于用电成本占比高的企业，限电对成本影响比较大，不少企业反映成本提升 30% 以上。二是叠加大宗产品价格上涨对企业成本带来不利影响。东部某省 A 市建材行业协会反映，2021 年第三季度，原材料价格上涨、限电措

施等因素，导致东部某省 A 市建材企业生产成本整体上涨幅度较大。如建材用的水泥、铝等，受大宗产品价格上涨等影响大，同时叠加用电成本上升，相关企业成本普遍上涨 30%—40%。有些企业尽管可以通过提高产品价格向下游传导，但由于市场话语权不同，转嫁能力也不同，调研企业反映，原材料涨价 30%，只能向下游传导 10%，其余部分只能自己消化，原来毛利率 30%—35% 的企业，现在盈利率只有 10% 左右，原来盈利率只有个位数的企业，只能通过改用边废料等替代原来的生产资料，内部挖潜以降成本，在激烈的市场竞争中以求生存。

3. 上游产品涨价向下游企业传导，导致成本上升

工业生产者价格指数由工业生产者出厂价格指数和工业生产者购进价格指数两项组成，一定程度上反映了产品价格向下游传导的情况。从 2021 年的生产者价格指数变化，可以看出前端大宗产品的价格上涨向中下游企业传递的端倪。生产者购进价格自 2021 年 3 月一路上涨，生产者出厂价格指数也相应上涨，一定程度上说明价格向中下游企业传导的情况。图 5 和图 6 反映的是广东省和山东省工业生产者购进价格指数，自 2021 年 3 月以来涨幅呈扩大趋势，表明企业经营压力增加，利润空间被进一步压缩。

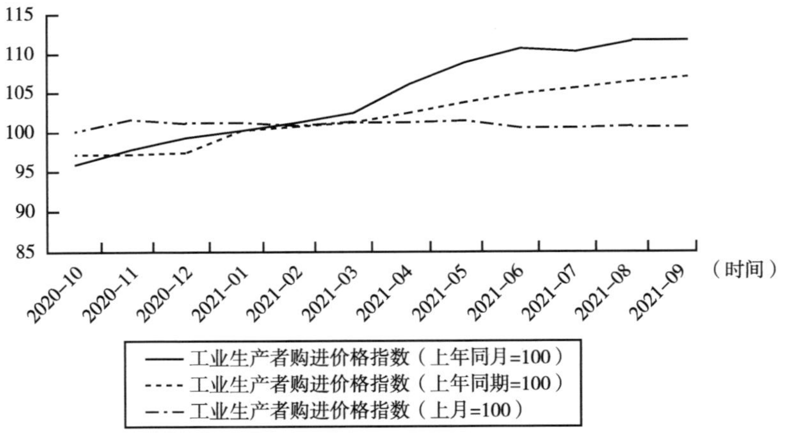

图 5　广东省工业生产者购进价格指数（2020 年 10 月—2021 年 9 月）

数据来源：国家统计局。

限电还通过受影响的上游企业的原材料价格抬升传导扩散至下游相关企业，导致下游企业因上端生产材料价格的上涨而被迫增加用料成本。以某生产瓷砖粘贴辅料的高新技术企业为例，企业本身用电能耗占比不高，但是由于上游原材料提供商，例如水泥生产商等属于高能耗企业，受到产业链上游原材料的大幅涨价

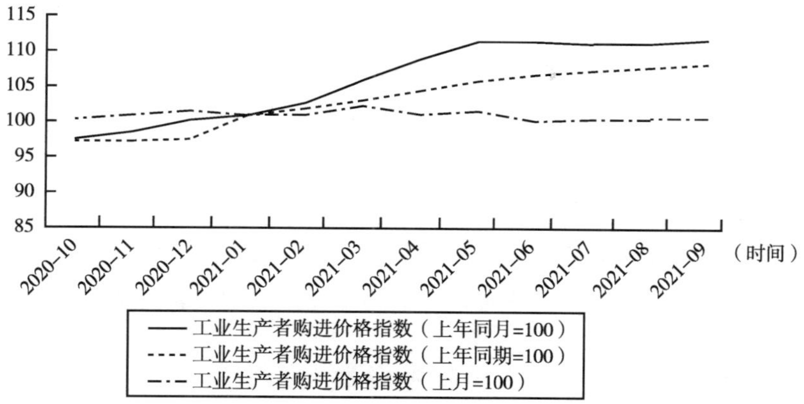

图 6　山东省工业生产者购进价格指数（2020 年 10 月—2021 年 9 月）

数据来源：国家统计局。

的影响，间接导致下游企业购买的原材料成本增加。例如水泥与去年同期四百多元一吨的价格相比，今年上涨至七八百元，原材料价格涨幅近一倍多，而水泥涨价的原因就是"有序用电"影响产能或提升成本。

（二）影响企业正常生产，变相提高企业成本

1. 限制企业开工，生产不能正常进行

一是"有序用电"导致企业直接限产，加大企业生产成本与负担。"有序用电"与错峰用电，导致企业生产被迫中断，产能利用不足。调研中企业反映，曾一度被要求"开三停四"，甚至"开二停五""开一停六"错峰用电，对企业的正常生产经营活动带来较大影响，有的企业直接减产能 20%。

二是供应链受阻，影响企业正常生产。根据东部某省 A 市一家纺织企业的反映，虽然错峰用电时，企业自身有发电设备可以维持基本生产，但其在市内的多家上游供应商都受到限电措施影响，造成供应迟滞，影响订单生产。此外，"有序用电"也加深了许多企业生产的顾虑，降低了企业的生产积极性。一些企业在此次调研中反映，突发性的限电政策严重影响了企业原本的生产计划，一些企业面临的违约风险增多，安全生产风险和质量问题也同步增加，从而最终增加了企业的生产决策成本，使得企业的生产积极性也受到打击。

2. 特殊企业用能约束造成更大损失

一是增加企业生产流程启动成本。对于传统制造业来讲，以此次调研的陶瓷和玻璃制造企业为例，窑炉从关停到再次启动投入生产的启动周期高达 24 小时，

错峰用电导致部分陶瓷企业停产。

二是停电直接导致企业设备或原材料报废。调研中，玻璃制造企业反映生产窑炉需要持续运转，一旦停止运转玻璃溶液将会固化，一定程度损坏窑体，加大了企业生产风险，也带来了经济利润损失。而一些生物制药、电子行业反映，限电可能会导致企业前功尽弃或原材料浪费。例如东部某省 B 市经济开发区内的一家生物企业，在开展临床前的动物实验时，一旦发生断电/停电，就会导致整个屏障环境系统无法正常运行，导致实验动物窒息，前功尽弃浪费巨大。

（三）企业变通应对，引致相关成本大幅提高

1. 适应错峰用电而“错时生产”，增加人工成本

为应对“有序用电”、企业错峰用电的影响，企业不得不错时上班，提高了企业人工成本。调研中某陶瓷企业反映，为适应错峰用电要求，企业不得不安排员工在夜间生产，需对晚班员工发放额外的补贴，人工成本增加约 10%；更有甚者，受报酬收入不稳定和作息时间调整影响，员工流失比重增大，也增加了企业招工以及培训成本。也有企业反映，由于是用的劳务合同，之前早就定好的，临时限电限产，工人到岗却不能生产，白白增加企业的用工成本。

2. 部分企业为按时履约被迫变通运输方式，大幅提高物流成本

限电政策提高了物流成本。调研中东部某省 B 市开发区一家行业协会反映，由于限电影响生产工期，面临违约甚至失去市场份额的风险。企业为了不违约，只好改陆运、海运为空运方式，大幅提高了企业运输成本。

（四）加剧生产、质量和违约风险

1. 使企业面临违约与丢掉市场份额的风险

调研中了解到，企业因“有序用电”政策不能按期完工，导致订单转走，等生产恢复正常时，订单难以全部转回，造成市场份额损失。东部某省 A 市一家企业反映，拉闸限电导致其 30% 的产品市场份额被动转走，当企业恢复正常生产时，只有 10% 的订单能转回。东部某省一家外贸企业也反映，目前企业碰到的最大的困难是由限电导致的企业无法按照正常产能生产从而导致无法按期交货的违约情况。不少企业宁可电费涨价也不希望由于限电而导致被迫限产甚至停产，因为这会进一步削弱企业在国内和国际产品市场上的竞争力，因市场竞争力不足而被迫淘汰出局将对企业是绝对的打击。

2. 增加企业生产的安全和产品质量风险

此次“有序用电”还在一定程度上增加了企业日常经营中的安全风险。调研中东部省省 B 市某开发区企业反映，被迫“有序用电”将影响企业生产中所使用设备的寿命，这些设备往往造价昂贵，中途不能冷却停机，否则只能报废。同时，错峰限电导致企业有时须安排员工夜晚倒班工作，对安全生产带来一定风险。

三、强化“有序用电”治理，对冲企业成本影响

当前经济下行压力凸显的背景下，无论是宏观稳经济，还是微观稳企业、保就业，强化“有序用电”治理对冲击企业成本影响意义重大。根据前文分析，“有序用电”的用能约束，既有大宗产品的价格上涨、政策执行不科学等短期因素影响，也有生态环保和经济目标协同的中长期影响。因此，有效对冲对企业成本的影响，需要针对不同情况分别施策，既要注意中长期国家治理能力和效能提升，促进生态、经济、社会目标的有序协同；也要注意采取有效措施，对冲短期因素冲击，助力稳经济、稳企业、保就业。同时，企业也可以从自身出发，与政府共同努力，形成对冲有序用电对企业成本不利影响的合力。

（一）中长期：强化多维度治理统筹，提升宏观治理效能

强化“有序用电”治理，对冲相关风险因素对企业成本影响，从中长期来看，需要协调生态与经济、社会治理目标和手段，统筹煤炭、电力市场治理，提升宏观治理能力和效能。

1. 强化多目标治理统筹，避免“一刀切”硬限制

国家治理体系是“五位一体”（或者加上安全考量的“六位一体”）的有机整体，目标统一到提升治理效能、增进人民福祉上。治理体系各领域各主体的积极性是毋庸置疑的，但也存在治理的短板效应或“个体理性、合成谬误”的问题，导致一个领域的治理要求成为另一个领域的短板制约，影响整体治理效能的发挥和治理目标的实现。如 2018 年以来新一轮“猪周期”中的环保与生猪生产、“有序用电”中的生态与发电生产之间矛盾，最终都影响到治理效能和治理目标的实现。未来我国双碳目标已经明确，“十四五”、2035 年及第二个百年目标也

已明确，两者能否协同，对于未来政策制定至关重要。根据学者的推算，要实现“两个一百年”目标，经济增长要在4.8%以上；而考虑到双碳目标和能耗双控政策，在2021年第三季度经济增速已达4.9%，固然其中有短期冲击的因素，但中长期能否在符合双碳和能耗双控的目标下，能够实现4.8%以上的经济增长，确实面临比较大的挑战。因为如果两者目标不能协同，那么对于生态和经济目标而言，无论如何厚此薄彼，都不能实现总体的治理目标。因此要强化多目标统筹治理，不断提升治理能力。

一是要切实提升基于“问题导向”的治理能力，做到“吃一堑”，必须“长一智”。近日，国务院已就保供问题强化协调统筹、明确不能因环保要求制约供电而影响居民生产生活，等等，已对电力供应发挥了积极效果。

二是要基于“治理效能”自觉提升治理能力，争取做到不用“吃一堑”，就能“长一智”。问题导向的治理能力略显被动，进一步讲，应该自觉提升能力强化国家治理体系各维度的统筹，着力提升治理体系和治理能力现代化，增强政策的预见性、预期性、调整的及时性，防止多维治理中的“短板问题”和“个体理性、合成谬误”的问题，避免“一刀切”式的政策限制。调研中发现一些地方在生态环境治理过程中注意统筹考虑经济、社会等其他维度的治理目标和效能，通过日常节能减排的监督管理和动态跟踪能耗双控目标执行情况，分类施策遏制“两高”项目盲目发展，避免完成生态环境治理阶段性目标出台临时管控措施，保证经济实现较快增长、产业链供应链稳定，以及人民群众人身和财产安全。

2. 加强“市场煤、计划电”治理统筹，完善体制机制，有效落实保供

我国电力能源以煤为主，保障电力供应，需要深入把握煤炭和电力市场治理规律，统筹煤电保供体制机制，完善电力价格调控指导措施等。

一是继续深化电力市场化改革，完善体制机制。在保障民生、公用事业和公益性服务场所用电成本不增加的前提下，逐步扩大市场交易电价上下浮动范围，完善市场化电价形成和交易机制或解决电力供求矛盾问题。

二是统筹煤电保供体制机制，向承担保供任务的中小型煤电企业增加“长协煤”的供应。煤炭价格主要依靠市场交易形成，电力价格则受市场交易和发改、物价等部门价格调控共同影响，调研中发现能够以长期协议价格购买动力煤的主要是大型央属、省属煤电企业，中小型地方煤电企业主要以市场价格购买动力煤，发电成本受煤炭市场价格波动影响大。2021 年 10 月出台的深化燃煤发电上

网电价市场化改革措施有利于缓解煤电企业经营压力，但是长期"市场煤、计划电"的体制机制导致部分煤电企业尤其是一些中小型煤电企业早已负债累累、亏损严重，难以继续履行保供任务。建议统筹煤电保供体制机制，向承担保供任务的中小型煤电企业增加"长协煤"的供应，避免煤、电价格"打架"带来的煤电企业"越发越亏"现象。

三是加强煤电市场监管。在政策执行过程中应特别注意杜绝地方政府对市场交易电价合理浮动进行行政干预，及时查处违法违规行为，维护良好市场秩序，以更好发挥市场治理效能，有效落实保供。

3. 企业主动谋划，积极应对用能约束影响

降低电力供求矛盾对企业生产经营和成本的不良影响，不仅需要政府提高治理能力和效能，企业作为用能主体，也可以通过内部挖潜和技术改造等途径，积极应对用能约束影响。

一是企业通过自我强化边、废料利用，减少对传统高能耗原材料的依赖。东部某国家高新技术企业的主要产品是瓷砖黏合剂，面对高能耗原材料水泥价格翻番增长，该企业研发利用尾矿砂作材料变废为宝，以及减少水泥用量或者不用水泥的零碳型瓷砖胶，从而大幅减少能源利用。有调研企业反映 30% 的成本上涨中，有 20% 可以通过向内挖潜消化。

二是主动改造设备，降低能耗。企业通过淘汰落后设备，引进新设备，或更换旧设备电机，可以极大减少用电成本。如有的企业改造设备，利用晚上进行混合生产，研制大型储料装置，白天进行打包分装，实现错峰用电。还有企业通过安装轮管系统，实现能耗管理日常化和系统化，有效降低企业能耗。

三是改进生产流程，加强用能管理。如有的汽车配件生产企业在改善原材料气味时，从传统的分散式小型机械加工改进为集中式一体化加工，同时培养员工节电意识，做到人走机停、灯关等，降低了企业用电成本。

（二）短期：强化政策引导，提升治理的科学化和精细化

1. 提高政府治理的科学化和精细化程度，稳定企业预期

政府治理的科学化和精准化有利于稳定预期，避免"拉闸限电"，强化"有序用电"，最大程度降低对企业正常经营的不良影响。

一是加强科学预判，精准掌握，合理调度。政府相关部门对用供求以及相应要素的市场走势要提前预判，做到未雨绸缪；确需限电，则要深度把握特殊企业

的特殊用电需求和一般企业对“有序用电”的承受力，并强化限电安排的统筹性和预期性安排，让企业心中有数，有效应对，避免意外冲击。同时做好统筹，保障高效益低能耗的重点支柱产业和高新技术企业的生产用电，限制双高企业用电。

二是细化“有序用电”安排。针对早午晚峰的不同负荷缺口分时段精细化安排，并明确不同“有序用电”安排场景和用户群体的通知要求和内容，做好精准通知。通过实施大数据监控密切关注每个“有序用电”企业的错峰执行情况，对未执行到位的用户第一时间进行电话、短信督促，尽可能避免采取强制措施。同时对用户的应急用电需求快速响应，将错峰轮休安排与企业实际需求相结合，尽全力最大化保障企业的利益。如东部某省的 C 区通过对优保 A 类企业调整错峰时间，每天给企业延长 4 小时生产时间，为该区每天带来约 1.2 亿元产值，较大程度减少了电力短缺对制造业企业减产的影响。

三是加强区域间电网互济，合理接收区域外来电力。由于资源禀赋、经济发展水平的差异，电力供求结构在区域内往往也呈现不同状态。拓展区域内其他电力富余地区送电本地区的电力通道容量，有序合理增加接收外来电力规模，可以有效缓解本地区的用电紧张难题。

2. 强化施策针对性，对冲企业成本影响

缓解电力供给短缺导致的企业成本上升和对生产经营的不良影响，可以从政策引导电力供求两侧“双管齐下”——支持发电企业减少发电亏损和用电企业降低用能成本，同时注意创新政策执行机制，提升企业利用政策降低用能成本的效率。

一是为煤电企业纾困解难，保障电力供给。在以煤炭作为发电主要能源的背景下，为煤电企业纾困解难、提高发电企业发电积极性，有利于保障电力供给。包括对煤电企业新增顶峰电量给予财政补贴，鼓励煤电企业多发电、满发电，缓解错峰用电压力；对煤电价格倒挂导致亏损较大的发电企业采购煤炭及天然气产生的银行贷款利息部分进行财政贴息，缓解发电企业经营困难；积极为纳入“电力保供”税收扶持的煤电和供热企业落实“减、退、缓”税优惠政策。

二是适度补贴用电企业，降低用能成本。随着燃煤发电上网电价市场化改革进一步深化，市场交易电价上下浮动范围扩大，多地、多行业企业表示用能成本呈上升趋势，在大宗商品价格上涨、国际物流成本高企等外部因素不可控的背景下，有选择、适度地补贴用电企业，可以避免用电成本上升成为压倒企业的“最后一根稻草"。东部某省的 A 市作为制造业大市，为降低企业用电成本，对全市规模以上工业企业新增用电、工业企业使用管道天然气以及大工业企业变压器容量基本电费等方面进行补贴，2019—2021 年累计安排企业用电补贴约 8.4 亿元，缓解了电力短缺对企业正常经营和成本的不良影响，2021 年 1—9 月，全市完成规模以上工业增加值 3807.86 亿元，增长 15.6%，增速分别比全国、全省高 3.8 个和 3.5 个百分点。

三是创新政策执行机制，加快降低企业用能成本的政策落地。高效的政策执行机制可以极大提升企业利用政策降低用能成本的效率。佛山"扶持通"平台就是一个典型案例，该平台汇聚查政策、报项目、拿资金等功能，在全国首创"秒报秒批秒付"服务改革。目前已实现企业用电、用气补贴项目申报"零材料、秒申报"，企业只需手机扫码登录佛山"扶持通"平台，核对确认用电、用气数据及银行账户信息，即可一键申报政府补贴，全程零材料、零跑腿、零接触，有效帮助企业轻松便捷享受降低用能成本的政策红利。

3. 企业主动响应"有序用电"要求，缓解电力紧缺影响

企业作为电力系统的需求侧，积极与调度端互动响应，可以有效缓解电力紧缺的企业正常生产经营和成本的不良影响。具体包括主动配合供电部门关于用户的生产特性和用电负荷特性摸查，在负荷缺口紧张时段紧急避峰压减负荷；在网供指标调增或有盈余情况下快速恢复生产，以用足用好网供指标等。如东部某省 C 区的大多数工业企业在"有序用电"时期，合理调整生产班次，主动在白天高峰时段减产，安排在晚上开展生产，削峰填谷，提高负荷利用率，拉平峰谷负荷差近 10 万千瓦，约占工业总负荷的 1/10，既保障了生产时间，又节约了用电成本。

2021 年企业成本专题调研报告四：

用能约束和能源价格机制改革对企业成本的影响

“用能约束和能源价格机制改革对企业成本的影响”专题调研组

指　导：傅志华

组　长：樊轶侠

成　员：樊轶侠　覃凤琴　李默洁　武　威

一、2021 年用能约束下企业成本出现的新情况和新问题

2021 年第三季度，全国超 20 省采取有序用电措施，其中国家电网日负荷最高降低 3900 万千瓦，南方电网降低 4200 万千瓦。与近期全国最大负荷相比（截至 2021 年 2 月）降低 7.53%。如图 1 所示，无论沿海或内陆、经济水平高低、电力消费基数大小、都出现了明显的电力缺口。

本次有序用电存在以下特点：一是电力缺口大，全国最大电力缺口超过 8000 万千瓦。二是突发性强，本应是用电低谷的 9—10 月份突发电力紧张。三是多因叠加，煤炭价格上涨、用能指标偏紧、企业准备不足等均加剧了本次有序用电局面。四是全时段影响，调研地区反映单日峰、谷、平和单周每日都有出现错峰用电。

有序用电明显加重了企业成本负担。调研的浙江某市 2021 年 1—9 月规上工业实现利润 1275.6 亿元，同比增长 17.9%，增速较 1—8 月回落 3.2 个百分点；9 月份当月实现利润 141.1 亿元，同比下降 2.7%。每百元营业收入中的成本 83.1 元，环比提高 0.1 元，高于去年同期 0.7 元。据辽宁省沈阳市反映，限电对该市工业产生较大影响，9 月 23 日以来沈阳市累计限电量 1.2 亿千瓦时，影响 9 月份工业产值约 40 亿元；若限电持续，四季度将影响 160 亿元；限电使得沈阳近九成的工业项目受到影响，工业投资进度放缓。此外，有序用电将能源供应的不确定性放大传导到下游行业，让企业不敢接单、不敢排产、不敢招工，企业正常经营节奏被打乱。

结合国家政策和调研结果，可以将样本企业分为一般制造业企业和高耗能企业。一般制造业企业以电网购电为主要能源，有序用电等短期用能约束对企业直接和间接成本影响很大，电力市场能源价格改革对企业成本影响预计较高。高耗能企业通常直接购入煤、油和天然气作为化工原料或动力来源，它们对短期用能约束感受相对较弱，对化石能源市场价格波动感受强烈，对政府规划的中长期用能指标约束更为关注。

（一）制造业企业电力成本可控，生产经营不确定性显著提高

根据调研，制造业企业主要表现出以下用能特征：能源成本占比适中；主要

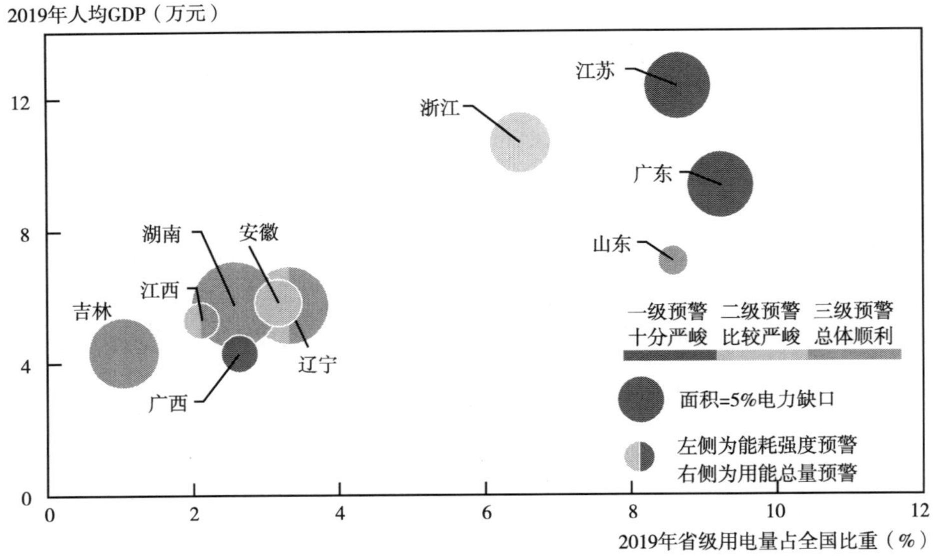

图 1　2021 年三季度各省最大电力缺口，能源双控情况截至 2021 年 6 月①

依赖电网电源；有一定的生产弹性，但调整空间有限。制造业企业成本受用能约束的影响具体为：

企业生产成本上升，产能利用率和生产效率下降。基于三省调查问卷分析，如图 2 所示，认为企业用能成本上涨在 25% 以内的企业占 72%，上涨 25%—50% 的占 18%，上涨 50% 及以上的占 10%。用能成本上涨幅度和企业能源效率有一定关系：绝大多数能源效率领先国内行业平均的企业能源成本集中在 25% 以内的涨幅区间，能源效率和行业平均差别不大的企业在各个区间均有分布。这表明，能源效率越是领先的企业，受本轮能源价格上涨的影响则相对较小。

在有序用电的要求下，大部分企业能够响应政府号召，避峰生产，但产能小了、利润少了，员工工资还需正常发放，延期交货还面临违约赔偿，市场供应不足又导致原材料价格上涨等，都增加了企业运营成本。如浙江某汽车部件表示好不容易采购了一批芯片，原计划 10 月份冲量，但受限电影响，每月减少产能 5.3 亿元左右，而成本不减反增。

① 国家发改委．关于印发《2021 年上半年各地区能耗双控目标完成情况晴雨表》的通知［EB/OL］．https：//www.ndrc.gov.cn/xwdt/tzgg/202108/t20210817_1293836.html，2021-08-17.

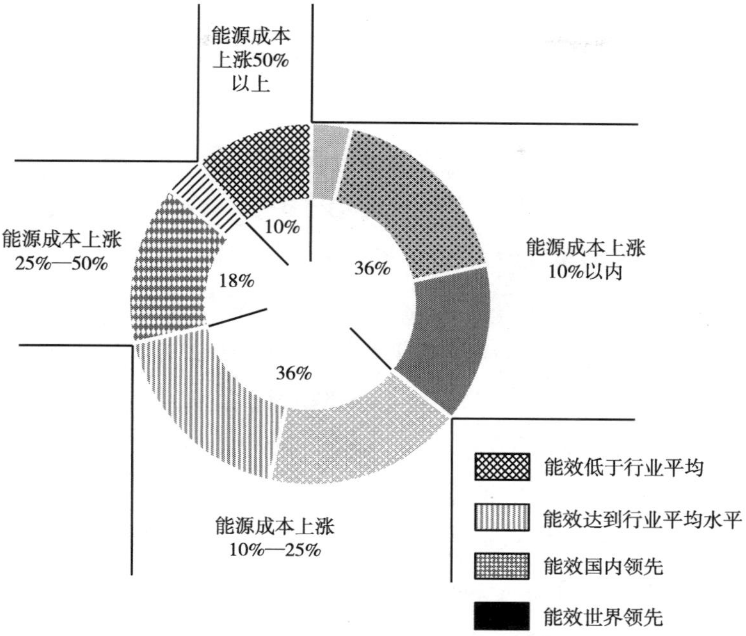

图 2　基于三省调查问卷的企业用能成本上涨及其原因分析

根据浙江某市工作人员反映，有序用电关停方案是 2010 年左右制定的，之前已经有 10 年没有更新，自 2021 年 6 月陆续开始出现用电缺口后，旧方案与新情况的不适应逐渐凸显。该市某注塑机企业表示，该企业能源成本主要为电费且占企业全部成本比例较低，2021 年前三季度约为 5.2%。但有序用电对企业开工率有加大影响。部分设备需要暖机、启动，启动一次需要花 2—3 个小时，频繁断电打乱了生产计划。如果安排在用电尖峰停产，虽然只是错峰 2 小时，但是算上设备启动时间，实际停产超过半天。浙江某市企业多次遭遇突然断电，精密刀具、材料等损失数额巨大。广东某智能制造企业表示，该企业使用的精密机床对电流稳定性有极高的要求，如果被通知今日有错峰用电需求，则往往选择停产一天。柴油发电机由于电流不符合设备要求，也不能满足该厂的生产供应。原本两个流程可以完成的产品，由于生产间断，现在需要额外的检查工序方可保证产品质量。

有序用电造成的停工导致需要连续作业的设备频繁启停，增加了能源和设备检修费用。广东某无人机厂商表示，有序用电导致加工到一半的生产模具报废，不得已将大功率工序关停。造成模具费大幅上涨。广东某印染企业表示，该厂是全国印染龙头企业，环境指标名列前茅。但由于统一规划，不得不放弃原有的生产基地搬迁到新的工业园区。该企业的主要用能品种为热力蒸汽。2019 年 1 月，该厂原有的生产线正式停工，新厂房的调试周期为 1.5 年，总投资 5 亿元。投产以来，仅有 2 个月实现盈利。第一，原厂址用水成本为 1.5 元/吨，新园区为 24 元/吨。第二，原厂址有自备锅炉供气，新园区要外购蒸汽，购买价格为 230 元/吨，上涨了 87.5%。第三，该厂的设备需要保持温度，一旦停电停工，必须重新加热达到工况温度才可正常运转。2021 年第三季度，该厂已经陆续遣散了 200 名工人，占全部工人的 24%，经营状况非常困难。

根据本次调研问卷，有 24% 的企业为了应对有序用电购买了柴油发电机。其中既有大型上市公司，也有中小企业；既有已经被错峰生产的企业，也有没被涉及的企业。柴油发电机成本为 100 万—200 万元，发电成本约为上网电价的 2—3 倍（视企业柴油成本不同）。广东某制药企业反映购买发电机是由于该厂是国家无菌环境认证企业，断电则导致失去认证，使企业产品失去销路。该制药厂起初从市场租用发电机，成本约为 6 万元/月。由于成本过高且担心断电继续扩大，10 月份企业花费 100 万元购买了 2 台 500kw 柴油发电机（较平时市场价高 40% 左右），其他线路改装费用为 100 万元，合计 200 万元。该机组每天消耗柴油 2 吨。企业表示，有序用电导致市场上柴油非常稀缺，已经不得不用一些擦边球的方式购买。该制药厂反映，为了保持发电机运作，企业每天保持 2—10 吨的柴油储备，但企业不具备任何储存危险化学品的经验和资质，非常担心柴油危及安全生产。该厂自 10 月购买和改造安装柴油发电机、储备柴油以来，由于有序用电逐渐解除，还没有一次开机，造成柴油和柴油机组全部浪费。

第二，企业生产经营不确定性增强，生产和运输违约率上升。有序用电导致企业产能下降，为了优先保住大客户、大订单，企业不得已将小客户毁约，并支付了不菲的违约金。广东某内衣企业是集设计、织布、生产、销售为一体的世界一流内衣企业。2020 年我国率先从疫情中复苏，导致原本在越南、印度和东南亚的生产的订单受阻，该企业趁机拿下从国外转移出的订单。该企业近三年用电成本占全部成本的 2.7%，比例一直在低位运行。但有序用电政策导致企业排产困难快速上升。为了保住与国外知名企业的合同，放弃了由于疫情复苏吃下的小订单，并额外支付了违约费用。

受海外疫情扩散影响，2021 年二三季度海运集装箱供应十分紧张，价格从年初的 6000 美元上涨到 20000 美元，且一箱难求。同时，中国疫情复苏良好，企业生产保障得力，拿到了来自印度、东南亚等抗疫情况较差国家的订单。为此，国内外贸企业在拿下生产订单的同时，以高价提前锁定了大量海运集装箱以确保按合同发货。2021 年三季度的有序用电措施，打乱了企业的生产节奏。根据广东某制衣企业反映，该公司 80% 订单来自海外。有序用电开始实施以来，企业无法判断自己下个月甚至下周的开工情况，不得已取消了已经锁单的海运集装箱，向海运公司支付了高额违约金。广东某电器生产企业表示，该公司 65% 订单来自海外，但近期能源成本上涨，能源供应不确定性大幅提高，叠加运力紧张，导致企业有产品的时候没集装箱，有集装箱的时候没产品。根据企业核算，在运力极其紧张的情况下，公司仍有 30% 发往美国西海岸的集装箱未装满，12% 的集装箱载荷不足六成。该企业表示，目前海外订单的利润极其微薄，已经低于内贸订单。但是企业缺乏内贸销售渠道，且对国内市场营销形象尚未建立，企业目前还是以维持海外大客户订单为主勉强运转。

第三，企业人力成本增加，熟练工有所流失。有序用电导致企业用工成本增加来自三方面，一是加班费增加，二是企业夜间生产效率下降，需要新的培训成本，三是停工却不停发基本工资。由于工种不同，部分企业员工为计件工资，企业限电停工期间只给适当的生活补贴，不计发工资，导致企业员工流失率增大。如浙江某机电制造企业反映正常生产时为四组轮班、持续生产，现每周周一、周二停产，员工计件工资大幅减少，员工工资已降至最低工资标准，目前已流失数十人。浙江某数字制造企业反映企业数字化水平较高，培养技能人才周期长，由于工作不饱和，员工收入下降，部分员工开始流失，有车间员工流失率达到 50%；某医疗器械反映智能化车间熟练技工已出现批量流失情况，对企业后续发展影响较大。广东某印制板公司表示，由于错峰用电需要企业将生产计划排在晚上等用电低谷时段，工人注意力、精力和体力都有所下降，对生产效率已经产生了影响。该企业对照明有一定要求，工人夜间加班意愿不高，企业需要额外加班费才能说服工人“两班倒”。

根据本次调查问卷，48% 被访企业表示员工不稳定性增加。被调查的制造业企业员工多以计件工资为主，当企业错峰停产时，员工工资普遍下降，熟练工维护难度上升。广东某制药企业表示 2021 年 10 月员工工资有 30% 左右的降幅，导致企业留住工人的难度大幅度增加。浙江某注塑厂商表示，企业自动化水平已经很高，普通车间工人比例较低，在职操作员大多具备相对较高学历和技术水平。这部分熟练工在求职市场上有一定的竞争力，如果企业因有序用电停工，很有可能导致工人流失。根据调研，企业工人一旦流失，招工困难程度就会更高。江苏某建工企业表示，目前企业直招的工人普遍以同乡介绍为主，若离职也一起走。

若企业口碑变差，再想从原乡村招工就非常困难。该企业也曾从劳务公司雇用工人，但成本比直招高 20% 以上。

第四，产业链上下游影响大，上游企业用能约束传导到下游企业。由于有序用电由具体属地具体执行，导致产业链供应链关联企业停开工时间不协同、每周限电天数有多有少，上下游企业交叉影响增大。如浙江某石化反映因上游企业被限电，上游水煤浆辅料供应紧张、目前靠库存在保供，而下游企业产品需求锐减，企业产成品库存增加，即将出现涨库现象，由于设备不能停，降负荷生产能耗不减反增。浙江某生产汽车配件企业技术先进，但因是亩均评价 D 类企业，虽经协调每周仅周二、周五停电 2 天，但累计停工的 4 天也导致主机厂停工 1 小时。目前企业六套装置已关闭两套，其余四套反应装置是上下游配套关系，若降负荷生产，每降 10% 的负荷就需要降 20%—30% 的产能，目前四套装置已处于工艺操作安全下线，再降负荷只能全线停工。

制造业企业依赖上游原材料和零部件供应，上游企业能源成本将直接反映在原料价格提高上。同时，上游企业受影响时交货时间不稳定性增大，下游企业受影响时采购意愿下降，都导致企业正常生产经营受到影响。以广东某变压器厂为例。该厂用能成本占比并不高，仅为 4.6%。主要成本是铜材，占比超过 50%。由于上游铜材企业能源成本上升、国际铜材价格上涨和能源双控政策导致的产能下降，供应该企业的铜材价格从 2020 年 3 月份的 35000 元/吨上涨到 78000 元/吨，使企业生产成本大增。

第五，企业库存成本快速上涨，项目投产时间延后。根据本次调研问卷，有 18% 的企业选择增加库存以应对有序用电带来的生产不确定性，它们主要是化工、新能源材料和水泥生产等企业。以广东某锂离子电池材料厂商为例，受订单增加和有序用电两方面的影响，企业选择在有电的时候加班加点生产。为了防止上游企业断供，企业选择额外加购原材料扩大库存。总体来看，企业 9/10 月份的库存比 2021 年一二季度平均水平上升了 15% 左右，占用了企业储备资金。

因续存企业用电负荷紧张，在有序用电承压的情况下，对已竣工试运营的项目进行了控电，导致年底前拟正式投产的项目进度滞后。如浙江某炼化 120 万吨乙烯项目（年新增产能 180 亿元）、某新材料 300 万吨 PTA 改扩建项目（年新增产能 150 亿元），未按期投入试生产、影响产出。另外，浙江某电厂反映因上游企业受限电影响无法正常供应，导致原计划年底竣工并网的光伏发电项目进度滞后。短期有序用电措施让企业开始权衡委托加工和违约金的利弊，问卷中 14%

的企业选择转移订单。长期用能指标约束让企业观望情绪上升，能源供应条件成为企业选择新厂址的首要条件。广东某化工企业反映，厂房所在的工业园只有一个热电厂。由于煤炭价格上涨，该厂国有股份决意退出，民营股份为了避免损失决定关停。导致该工业园中200多家企业蒸汽供应中断。该厂计划将手中订单交给安徽、广西的部分加工企业进行生产，宁可赔一部分利润也好于赔违约金。广东某市财政局表示，由于目前该市用能"十四五"指标用尽，给该市下一步招商引资带来极大的困难。该市承接的石化、钢铁项目是国家统一规划、投资、建设的，但用能指标却划在地方，也影响了已经开工的企业项目运转。

（二）高耗能企业能源成本负担显著提高，能耗约束效果明显

根据调研，高耗能企业主要表现出以下用能特征：用能总量大、能源成本占比高、对一次能源价格敏感；对煤、油、气等一次能源依赖高；电网购电不是主要的能源来源；对生产连续性和供能稳定性要求很高。高耗能企业成本受能源约束的影响具体为：

第一，能源价格上涨直接推高了企业用能成本，产业链上游原料价格同步上涨。广东某乳胶企业反映其电能负荷并不高，有序用电对企业生产影响不大。2020年企业总成本2.19亿元，能源成本占总成本2.6%。这一指标在2021年前三季度上涨到4.6%，到2021年10月上涨到12.6%。企业生产乳胶主要依赖进口天然气，企业所在地天然气到岸价格已经从去年的2.6元/立方米上涨到3.98/立方米。同样由于能源价格上涨，企业生产依赖的硅油从13500元/吨上涨到80000元/吨。能源价格上涨不仅推高了本企业的生产成本，还将上游企业生产成本推高并传导至自身，企业对能源价格波动感受极为强烈。

第二，能耗指标对企业发展约束作用明显，企业承担了高额设备空转成本。以广东某钢铁企业为例，该企业2021年三季度用能成本与2019年相比涨幅在10%左右，用能成本占主营业务收入的比重从2019年的26%下降到2021年前三季度的22%。由于该企业是长流程钢铁厂，对电网输电需求不高，因此，有序用电对企业生产影响不大。但用能指标不断压缩给企业和当地能源和经济发展带来巨大的浪费。该钢铁厂建有三座高炉，其中一、二号高炉正常运转，三号高炉今年5月份建成。广东省分配该市的用能指标为83万吨标煤，若三号高炉开始生产，每年用能量将新增270万吨标煤，严重超过省里下达的指标。同时，为了保证设备不损坏，还需要对三号高炉加热保温。从试产到保持炉温至今，预计每

年增加 50 万吨标煤能耗量。这些能源没有产生任何价值，不仅浪费了能源，增加了企业成本，还占用了该市宝贵的用能指标。这类企业规模较大，一般占据产业链中游偏上，一般具有较强的竞争能力，可以将能源价格上涨带来的成本部分传导到下游企业。

（三）有序用电的主因是火电企业成本高企、传导不畅

2021 年前三季度，全国规模以上工业企业全口径非化石能源发电量 2.17 万亿千瓦时，占全口径发电量比重为 34.7%，虽然同比提高 0.1 个百分点，但化石能源发电仍占主导地位。其中，全口径煤电发电量 3.74 万亿千瓦时，占全口径发电量的比重为 59.8%。化石能源发电所占主导比重决定了有序用电与煤炭供应量存在紧密关联，并对能源生产与消费成本带来传导影响。

第一，国际市场波动带动国内煤炭价格不合理上涨，导致火电企业发电成本倒挂。在国际煤炭进口总量方面，前三季度原煤进口量为 2.3 亿吨，虽然从印度尼西亚、俄罗斯、美国等国的煤炭进口量增势强劲，但前三季度累计进口煤炭仍同比下降 3.6%。整体上，受煤炭进口降幅、全社会煤炭库存量偏低等多重因素制约，煤炭市场价格高位运行。9 月 28 日动力煤期货合约的价格已突破 1300 元/吨。同时，世界主要经济体今年以来宏观经济逐渐复苏，国际能源和煤炭需求旺盛，而市场供应偏紧。9 月印度尼西亚动力煤出口指导价 150.03 美元/吨，比 8 月上涨 14.5%，同比上涨 203.6%；9 月 24 日，澳大利亚峰景矿硬焦煤中国到岸价 436.00 美元/吨，比 8 月末上涨 60.6%，同比上涨 203.8%。国际煤炭价格的显著抬升，使得国内煤炭价格也受到传导影响持续急剧上涨。

在国内煤炭产量供应方面，2021 年前三季度，原煤产量为 29.3 亿吨，同比增加 3.7%，在有关各方扎实推进煤炭增产保供工作基础上，煤炭产量稳中有增，但受煤矿安监、环保督察常态化、内蒙古倒查二十年、极端天气频发、双控指标压力的短期冲以及多年去产能政策下煤炭产能释放缓慢因素影响，3 月份之后原煤产量同比增速持续下行，相比上半年增速仍回落 2.7%，煤炭市场供需总体偏紧，各环节煤炭库存量偏低。截至 9 月末，全国煤炭企业存煤 4800 万吨，环比下降 2.3%、同比下降 25.0%；全国火电厂存煤约 0.8 亿吨，环比下降 18.4%、同比下降 44.5%，存煤可用约 13 天；全国主要港口存煤 5234 万吨，环比增长 0.2%、同比下降 18.4%。

第二，火电上网电价受管控，无法向下游转出成本，巨额亏损导致火电供应全

面下降。在《国家发展改革委关于进一步深化燃煤发电上网电价市场化改革的通知》（发改价格〔2021〕1439 号）发布实施之前，我国燃煤发电标杆上网电价机制实施“基准价 + 上下浮动”的市场化价格机制，基准价按当地现行燃煤发电标杆上网电价确定，浮动幅度范围为上浮不超过 10%、下浮原则上不超过 15%。但现行电力市场交易和电价机制无法体现电力的真实价值、还原其商品属性，电价管理仍以政府定价为主，电价调整往往滞后于成本变化，原料—电力—用户间价格传导机制不顺畅，在煤炭等燃料成本大幅攀升情况下，燃煤价格上涨幅度远超煤电上网电价浮动比例，使得煤电企业发电成本陡峭增加，加之社会需求高增，电力板块整体呈现收入增长但盈利下滑的局面，整体亏损逐步扩大、发电动力普遍不强，停机检修机组明显增多。在 2021 年三季度，电力板块实现营业收入 3997.36 亿元，同比增长 9.65%；实现归母净利润 144.01 亿元，同比减少 70.43%；实现毛利率 12.25%，同比下降 15.89 个百分点。受访对象中，广东省一家发电企业负责人表示，目前火电每度亏损七八分，如果机组全开，电厂一天亏损上百万元。

同时，当前我国电力系统面临着能源结构转型速度和低碳发展目标不相适应的发展挑战，由煤电主导转向以可再生能源发电为主体的电力系统的配套政策机制和解决方案尚不完善，包括光伏发电等新能源产业设备制造产能和建设、运营、消费需求不匹配，尚未形成研发、生产、利用相互促进的良性循环，可再生能源发电保障性收购制度尚未有效落实，新能源和可再生能源发电无歧视、无障碍上网问题也未得到有效解决，这些因素均制约了新能源的稳定扩展与高效运用，给新能源企业的成本负担及盈利空间带来不利影响。以光伏发电为例，据国际能源研究中心研究报告指出，2020 年下半年至今，多晶硅等光伏产业链材料、设备价格呈现明显上涨，加之光伏电站储能设备配置要求、新能源并网投资需求以及光伏平价电价执行标准等因素影响，整体上今年光伏电站投资回报率急剧下滑甚至出现亏本状况。

二、2021 年能源价格机制改革对企业成本的影响

2021 年下半年，国际能源价格不断上涨。如图 3 所示，2021 年 12 月与 2021 年 3 月份相比，国际煤、原油和天然气期货的近期高位价格分别上涨了 189%、42% 和 127%。国际能源市场波动导致国内煤炭价格飞涨。2021 年 3 月环渤海动

力煤价格指数（BSPI）约 580，10 月初已接近 850。火电行业出现全面亏损，火力发电出力连续下降，电网安全受到严重影响。在严峻形势面前，国家果断作为，要求国有煤炭集团释放产能，严打煤炭行业投机炒作行为；要求发电集团保发、满发，坚决杜绝直接影响居民的拉闸限电行为；开启新一轮能源价格机制改革，打通关键堵点。

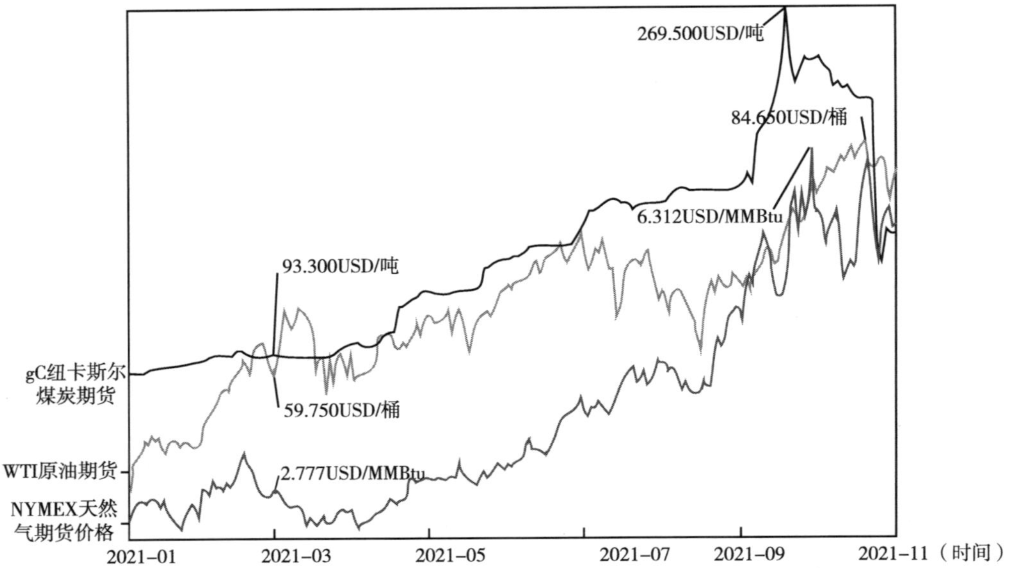

图 3　2021 年能源期货价格变化

数据来源：tradingeconomics. com.

（一）售电全部市场化，煤电价格浮动范围扩大至 20%

根据国家发改委电力市场价格改革方案，本次能源价格体制改革将燃煤发电电量原则上全部进入电力市场，通过市场交易在基准价 + 浮动范围内形成上网电价。浮动范围由现行的上浮不超过 10%，下浮原则上不超过 15% 扩大为上下浮动原则上不超过 20%，高耗能企业市场交易电价不受上浮 20% 限制，电力现货价格不受幅度限制。目前，尚未进入工商业用户（占 56%）全部进入电力市场，取消工商业目录销售电价，对暂未直接从电力市场购电的用户用电网企业代理购电。居民、农业用电保持不变。

中国火力发电机组总体是过剩的，2020 年全部火电机组平均利用时间不足 4000 小时。2021 年一二季度经济复苏加快，气温升高，是全年的用电高峰，尚且没有出现电力缺口。但三季度随着天气转凉，用电负荷下降，反而出现了电力缺口。调研的浙江某市能源局表示，浙江全省电网在高峰时可满足 1.1 亿千瓦的负荷，到 9 月份时全网负荷仅有 6000 万千瓦，却出现了 300 万—500 万千瓦的缺口。可见这不是发电能力和发电技术问题，而是关键要看如何理顺“煤炭—发电—输电—用电”各环节的成本和利润。实施能源价格机制改革对市场各参与方积极性有极大影响。

调研反映，浙江某市能源局对本地高耗能企业暂定了 50% 的上浮上限，新的电价政策 11 月开始执行，但由于合同每月一签，新电价合同生效开始供电要到 2022 年 1 月。广东某市供电局表示，根据广东电力市场改革已有的做法，用电企业需要首先与售电公司签订合同。以往电力不紧缺的时候，售电公司会根据企业规模，给予每度电 2—6 分钱的优惠，即市场电价比指导电价低。只有找不到售电公司或有其他限制的企业才会找供电局按照较高的指导价购买电力。由于 2021 年三季度用电紧缺，售电公司已经全部取消了电价优惠。

（二）火电行业亏损短期难以扭转，用电紧张局面有所缓解

本次调研涉及 7 家大型火电厂和 3 家供电公司。根据火电企业反馈，目前上网电价在 0.45—0.47 元/度左右，煤炭价格 650—700 元可以勉强维持成本平衡。从调研结果和行业分析角度考察本次能源价格机制改革对火电企业运营的影响分别为：

第一，从调研结果看，新价格机制售电合同将于 2022 年 1 月生效，并将火电行业盈亏线提高到 850 元/吨煤左右。被调研的发电企业反映，他们受到的是“反向用能约束”：目前发一度电亏损 0.2 元以上，却被要求多发、满发。发电企业承担保供任务，已经难以为继。广东 A 火电企业反映，该企业前两季度约盈利 1.6 亿元，三季度亏损 1 亿元，10 月份亏损 9500 万元。预计煤炭价格 2022 年初也不会降到 800 元以下，企业亏损面继续扩大。广东 B 火电企业反映，企业在 2021 年初和印度尼西亚煤炭出口公司签订了长期协议，提前锁定了较低的煤炭价格，因此，在前三季度实现盈利 4.6 亿元。但十月份企业库存下降，并按照国家 10 天库存要求进行补仓。最高补仓价格达到 2600 元/吨（还是将所有 36 小时内能进厂的煤炭都算作库存的情况下勉强达标）。仅 10 月单月补充煤炭造成的损失就达到 1.1 亿元。该企业表示，如果没有签订协议，按照企业发电量算，亏损额将达到 16 亿元左右。浙江某供电公司表示，目前企业成本 60% 来自购电费用，用于新能源电力上网的改造费用和原电网折旧费用上升，因此，企业运营成本也有

所抬高。总的来看，本次用电紧张造成火力发电企业和输电企业成本均有所抬高。

广东 A 火电公司表示，若按照上网电价上浮 20% 的政策，企业发电盈亏线为 820—850 元/吨煤。按照国家电网调查，全国平均火电企业盈亏平衡线为 856 元/吨煤。按照广东 B 火电公司表示，该企业按照 6：4 的比例，混烧国产煤（2000 元）和印度尼西亚煤（1100 元，热值较低）。目前广东火电企业煤炭成本约为 1600 元/吨，浙江大部分火电企业为 1100—1300 元/吨，少部分企业报告有 900—1000 元/吨煤炭进厂。浙江某火电企业表示，新的电价改革措施下形成的购电合同实际要到 2021 年底才能开始生效。按照目前电价 550 元/吨煤的盈亏线来看，火电企业无法在 2022 年前扭转亏损局面。

第二，从行业分析看，2022 年火电上网电价若从 5% 提高到 15%，盈利大约可以上涨 4 倍，利润约为 2900 亿元。根据《中国电力统计年鉴 2020》，可得 2019 年全国火电发电量为 5.04 万亿千瓦时，按照“十三五”时期火电发电量增速和“十四五”对火力发电行业的规划，设定 2019—2022 年火电发电量平均每年增长 3%，在此情境下，2022 年火电全行业发电量约为 5.51 万亿千瓦时。根据《中国电力年鉴》，可得 2015—2017 年平均火电上网电价约为 377 元。根据 2019 年、2020 年和 2021 年全国平均火电上网指导价合理估计，估计 2022 年全国火电平均上网电价约为 385.5 元/mwh。结合全国煤电机组的平均发电经济效益，设定在煤价在 704 元/吨的条件下，2022 年平均度电成本为 0.3905 元。据此计算，如表 1 所示，2022 年火电行业发电板块在电价不变的情境下，可能出现亏损，亏损额为 248 亿元。根据电价改革政策，火电上网电价允许在上下 20% 范围内浮动，预计火电行业发电板块在上浮 20% 电价的情境下，可能实现 4003 亿元利润，在下浮 20% 电价的情境下，可能实现 4500 亿元的亏损。电价上浮 5% 时火电行业发电板块可以实现盈利，若平均上网电价上浮至 15%，则利润可扩大四倍至 2941 亿元。

表 1　　能源价格机制改革下 2022 年火电行业发电板块经营情况

能源价格改革情景	燃煤电厂售电价格（元/mwh）	2022 年火电发电量（亿 kwh）	2022 年火电行业售电营业收入（万亿元）	煤炭情景价格（元/t）	平均度电成本（元）	2022 年火电发电成本（万亿元）	2022 年火电行业利润（万亿元）
上升 20%	462.6	55144.5	2.55	704	0.39	2.15	0.40
上升 15%	443.3	55144.5	2.44	704	0.39	2.15	0.29
上升 10%	424.1	55144.5	2.34	704	0.39	2.15	0.19

续表

能源价格改革情景	燃煤电厂售电价格（元/mwh）	2022 年火电发电量（亿 kwh）	2022 年火电行业售电营业收入（万亿元）	煤炭情景价格（元/t）	平均度电成本（元）	2022 年火电发电成本（万亿元）	2022 年火电行业利润（万亿元）
上升 5%	404.8	55144.5	2.23	704	0.39	2.15	0.08
电价不变	385.5	55144.5	2.13	704	0.39	2.15	-0.02
下降 5%	366.2	55144.5	2.02	704	0.39	2.15	-0.13
下降 10%	347.0	55144.5	1.91	704	0.39	2.15	-0.24
下降 15%	327.7	55144.5	1.81	704	0.39	2.15	-0.34
下降 20%	308.4	55144.5	1.70	704	0.39	2.15	-0.45

第三，能源价格机制改革对有序用电有所缓解，警惕可能形成新的火电依赖。广东和浙江的地市能源管理部门表示，在供电充裕时期，市场价显著低于指导价。新政策将燃煤电价浮动空间扩大到 20%，在供电紧张时，火电盈利空间有所上浮。但根据中国火力发电发展情况，本身火电机组就较为过剩，若煤炭价格下跌，燃煤电价跌幅可能大于以往，火电企业经营风险已经有所放大。本次缺电是由煤炭价格上涨为主，能耗检查和煤炭减产多因叠加造成的。能源价格机制改革将火电上网价格浮动空间调整到 20%，并允许交易双方以市场化方式形成合同，有助于火电企业降成本疏导到下游，对有序用电有所缓解。我国 2008 年时也由于煤炭价格上涨造成过电力紧张，并持续到 2012 年才逐渐好转，期间造成煤炭行业利润上涨，火电行业萧条。应谨防本次煤炭上涨导致冲击“双碳”工作布局，放开电价浮动空间不应该成为煤炭获取不合理利润的传导链条。要警惕各级政府为了防缺电再上火电厂，最终导致电价下跌幅度扩大，影响新能源电力企业的竞争优势，妨碍新能源产业发展。

（三）高耗能行业用能成本与持续发展矛盾凸显

在燃煤发电市场交易价格分类调节施策影响下，高耗能行业因能源强度高、煤电依赖程度大，成为此次能源价格机制改革的重点施压对象，不设上限的燃煤发电市场交易价格浮动范围，将使得高耗能行业面临难以预期的用能成本上涨压力。在实际耗能规模上，高耗能行业 2019 年累计用电量达 32553.53 亿千瓦时，占全社会累计用电量比重 45.05%，预计受上游发电企业经营纾困、改善盈利状况等因素推动，高耗能行业的燃煤发电市场交易价格将会大幅上升，庞大的电力能耗规模将使得高耗能行业面临前所未有的用能成本抬升冲击。

在假定高耗能行业燃煤发电市场交易价格浮动范围处于 20% 这一分类调节标准情况下，进行实际测算可知，整体高耗能行业每亿元营业收入因燃煤发电市场交易价格浮动所增加的用能成本估算数额为 46.48 万元。细分行业类型，“有色金属冶炼和压延加工业”“电力、热力生产和供应业”“黑色金属冶炼和压延加工业”“化学原料和化学制品制造业”“非金属矿物制品业”“石油、煤炭及其他燃料加工业”因燃煤发电市场交易价格浮动所增加的用能成本估算数额依次为 63.17 万元、61.55 万元、48.67 万元、43.97 万元、37.23 万元、13.21 万元。各高耗能行业用能成本所受影响不容忽视，在电价信号引导下，高耗能行业持续、稳定发展与节能转型间矛盾关系将呈现持续紧张状况。

（四）制造业行业影响范围较广，但影响程度行业间差异显著

制造业行业依托实际耗能规模将承担能源价格机制改革半数以上的比例影响，整体行业被波及影响范围广泛，具体影响效果在行业间存在显著差异。在实际耗能规模上，制造业 2019 年累计用电量达 38108.53 亿千瓦时，占全社会累计用电量比重 52.74%，整体经济支撑作用明显，使得相比于其他行业，制造业行业企业用能成本受燃煤发电市场交易价格浮动影响更为广泛。在实际耗能效率上，2019 年制造业及全社会单位国内生产总值耗电量依次为 0.1443 千瓦时/元、0.073 千瓦时/元，制造业整体能源耗用效率远高于全国平均水平，凸显出制造业行业的经营发展与利润空间对燃煤发电市场交易价格浮动比例的影响也更为敏感。据实际测算，在假定燃煤发电市场交易价格浮动范围达到 20% 比例情况下，因能源价格机制改革，整体制造业行业每亿元营业收入增加用能成本估算值为 21.76 万元。

排除 6 大高耗能行业所带来的实际影响，针对高耗能行业以外其余制造业行业，单位营业收入成本增加值排在前五位的行业为“其他制造业”“纺织业”“橡胶和塑料制品业”“造纸和纸制品业”及“化学纤维制造业”，实际用能成本增加数额依次为 188.67 万元、39.02 万元、29.90 万元、29.68 万元、28.30 万元，排在后五位的行业为“金属制品、机械和设备修理业”“酒、饮料和精制茶制造业”“仪器仪表制造业”“文教、工美、体育和娱乐用品制造业”“烟草制品业”，实际用能成本增加数额分别为 6.61 万元、6.04 万元、5.48 万元、3.74 万元、2.54 万元。制造业行业用能成本受能源价格机制改革所带来的涨幅具有普

遍性，且行业间呈现显著的差异性（见图 4）。受此影响，制造业行业企业节能增效意识将得到明显增强，加大节能改造、提升能效水平将成为制造业企业转型发展的必然选择。

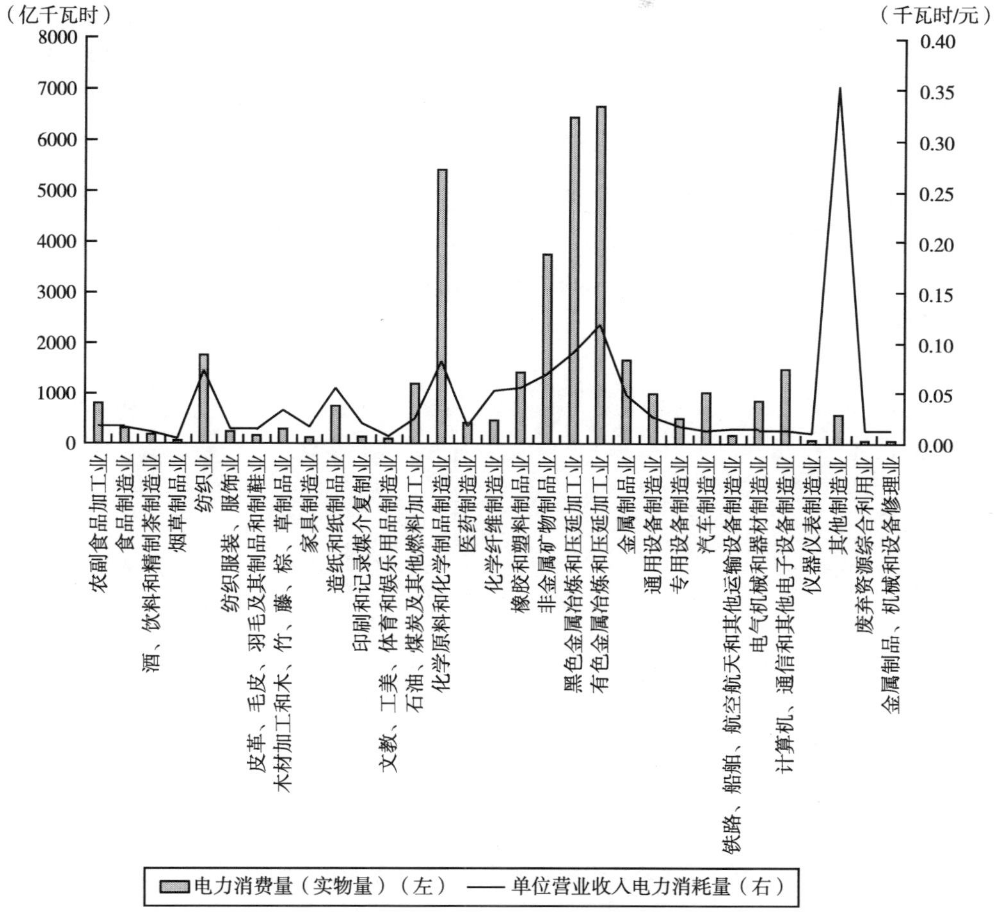

图 4　制造业行业能源耗用规模及耗用效率分析

（五）能源禀赋是导致各省用能成本差异化的主因

因能源禀赋结构差异，各地区在推动经济社会发展过程中对火力发电的依赖程度不一，地区间受能源价格机制改革的实际影响也存在显著差异。从全国整体情况来看，“十三五”时期，全国全口径发电量年均增长 5.8%，其中非化石能源发电量年均增长 10.6%，占总发电量比重从 2015 年的 27.2% 上升至 2020 年的 33.9%，提升 6.7 个百分点；煤电发电量年均增速为 3.5%，占总发电量比重从

2015 年的 67.9% 下降至 2020 年的 60.8%，降低 7.1 个百分点。非化石能源发电比例递增，煤电发电虽逐步递减，但仍占据主导地位，使得此次能源价格机制改革对全国整体用能成本的冲击影响不容忽视。

地区资源禀赋不同，各地对火力发电依赖性存在明显差异。细分地区构成，依据国家统计局发布地区发电量数据，2020 年全国各地区火力发电量占总发电量比例排名前五的地区为上海、天津、北京、安徽、山东，所占比例依次为 98.81%、98.43%、97.52%、95.23%、92.54%，火力发电依赖突出；排名后五位的地区则为福建、广西、湖北、四川、云南，所占比例依次为 58.44%、56.47%、50.64%、13.69%、9.51%。其中，此次调研的浙江、江苏及广东三省总体发电量依次为 3366.5 亿千瓦小时、5049.5 亿千瓦小时、5009.9 亿千瓦小时，火力发电占比依次为 72.13%、86.95%、71.38%（见图 5）。

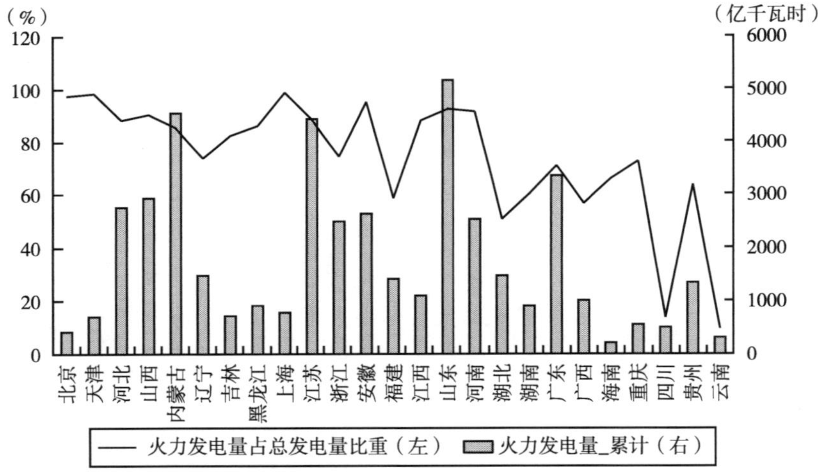

图 5　2020 年全国各地区火力发电量及占比情况

由于对火力发电的依赖程度不同，在能源价格机制改革进一步放开燃煤发电市场交易价格浮动范围等举措的推动下，全国各地整体经济主体发展所面临的用能成本上升压力将存在较大分化。如何结合地区禀赋来推动转型能源结构、强化地区共济、均衡地区用能成本负担将成为高质量发展的重要挑战。

三、2021 年制造业企业降成本的主要痛点

各地高度重视“完善能源消费双控制度”，并依据地区经济社会发展水平、

发展定位、产业结构和布局、能源消费现状、节能潜力等，提出了一系列政策举措。然而，调研发现，有序用电等用能约束下制造业和高耗能企业面临一些困难和困惑，还有诸多政策诉求。

（一）用能约束预期不明，用能需求存在刚性缺口

用能约束缺乏足够预判性，方案精准性、政企交流充分性有待提高。从调研的江苏、浙江及广东三省开展有序用电情况来看，依据 9 月发布的相关通知，江苏省针对重点用能企业无序用能、违规用能等因素所引发的能源供应紧张局面，对部分地区实行了为期 15 天的限电举措。广东省部分地区根据政府批复的有序用电方案，执行每周“开二停五”的五级有序用电方案。浙江省继启动 2021 年 B 级有序用电方案，重点限制违规用能项目、高耗能高排放企业及其他重点监测工业企业等之后，又于 10 月将限电等级提升至 C 级。据调研的浙江某市情况看，全市执行有序用电企业占企业总数的 77%，C 级限电等级下企业影响范围约为 30%，B 级限电等级下约为 20%。企业因生产特性不同，有序用电下时限、负荷都存在差异，但部分地区有序用电方案是数年前制定的，政策储备不足，只能在执行过程中针对新情况调整方案，政企沟通交流不够及时有效。

用能约束预期不明引发企业担忧。从调研情况看，企业普遍反映当前在手订单相对饱满，但有序用电对企业生产经营冲击较大，尽管调研省份已暂停有序用电方案，仍有不少企业担心政府会重启有序用电，对 2022 年生产如何安排、产品如何核价、何种方式签协议、要不要扩大投资等问题较为迷茫。

不同类型的企业对用能约束痛感差异较大。调研地区普遍出于保增长、保优质企业、保产业链、保就业的目标，依据单位产值能耗、亩均产值、税收、就业等指标，梳理出有序用电黑、白名单，向能源部门精准提供有序用电企业名单。对于白名单企业，未来用能确定性较大，主要痛点在于产业链供应链断链断供风险可能增加。而黑名单企业对于限电的担忧相当突出，调研中不少企业表示现在是有单不敢接，由企业反映部分海外客户有意将生产订单转移至印度等地区。一些中小企业采用购买或租用发电机的方式准备自行发电，以解决用能约束问题，既存在排放高、噪声大、有安全隐患等突出矛盾，也会增大企业实际用能成本，据测算实际用电成本约是市场电价的 2—3 倍。

用能需求存在刚性缺口。不少地区存在能耗基数小、增量指标少，新增用能需求大的现实问题。从浙江某市了解到，“十四五”期间全市已批复项目计划用

能 3600 万吨标煤左右，经技术可行性评估，预计可压减至 1800 万吨标煤左右。根据国家和省里两级规划，浙江该市“十四五期间”用能指标约为 360 万吨标煤，指标空间和项目用能的巨大差距，意味着该市不仅无法引入任何新项目，已批复建设的项目也难以投产。还有一些完全符合产业、环保和能耗政策的央企大项目用能指标无法单列，受地方用能指标制约，有序投产和释放产能都面临用能困境。还有个别地方反映，由于新旧动能转换存在时间周期，当前能源保供工作与能耗“双控”工作存在一定矛盾和冲突。

（二）供应链产业链安全隐患仍存

供应链生产能力和订单交付要求偏紧导致本次有序用电对企业成本影响很大。获利于国内疫情防控迅捷有效，2021 年以来国民经济保持积极恢复态势，带来社会用电量快速增长，整体上需求侧用电需求拓展与约束凸显并存，企业恢复加工生产同步抬升了能源消耗成本，同时也使得企业面临较大的保订单压力。2021 年前三季度，全社会用电量 6.17 万亿千瓦时，同比增长 12.9%，两年平均增长 7.4%，高于 2019 年同期增速 3.0 个百分点。东、中、西部和东北地区全社会用电量同比分别增长 13.6%、13.8%、12.1%、8.2%，两年平均增速分别为 7.8%、6.5%、8.1%、4.3%，各地区用电量同比增速、两年平均增速也均超过 2019 年同期增长水平。

产业链上下游供需失衡的风险仍存。有序用电等用能约束往往不能充分考虑各类企业行业特性、规模特征等，使得限电安排与企业实际正常生产运营需求存在紧张矛盾，加大了企业的实际生产运行成本负担。如某石化企业反映，因其上游企业被限电，上游水煤浆辅料供应紧张、只能靠库存在保供，而下游企业因限电对其产品需求锐减，企业产成品库存增加，即将出现涨库现象，由于设备不能停，降负荷生产能耗不减反增，库存成本、融资成本都有所上升。调研中，某 A 企业主要生产汽车配件，为一家知名主机厂独家配套某冲压部件，但因是亩均评价 D 类企业，虽经协调每周仅停电 2 天，但累计停工的 4 天也导致主机厂停工 1 小时。

能耗“双控”下的上游原材料限产可能影响新能源等新兴产业发展。由于有序用电由具体属地具体执行，导致产业链供应链关联企业停开工时间不协同、每周限电天数有多有少，上下游企业交叉影响增大。能耗双控政策下，部分地方将硅材料视为高耗能行业，限制新建产能，甚至通过限电限制生产，但硅材料是光伏产品的主要原料，若上游原材料供给不足或因供需失衡导致价格暴涨，将不利于整个能源供给体系优化。再如调研的某石化企业，拥有自主知识产权，生产产品为绿色建材等不可或缺的原材料，国际市场占有率达30%左右、国内市场占有率约60%，2021年9月比10月用能成本上升22%，且因化工生产用煤被计入能耗指标，实际用能缺口较大，产能无法充分释放。

用能成本提高带来的上游产品价格上涨，可能带来供应链阶段性“断供”。如调研的一家养殖企业，2021年1—10月电费占主营业务成本的20.3%，明显高于2019年的13%、2020年的12.1%，认为能源双控加码影响饲料的平稳供应，继而影响畜牧水产等农业生产，将会导致养殖场（户）面临饲料供应紧缺的局面，甚至出现阶段性“断粮”“断供”，既影响农民收入，又影响“菜篮子”产品稳定供应。

外资企业面临产业转移风险。国外供应链中断、产能释放不足，国际订单回流致使国内工业产品产销两旺，社会用电需求显著增加，能源供需平衡略显艰难。2021年前三季度，按美元计价，我国进出口额4.37万亿美元，增长32.8%。其中，出口2.4万亿美元，增长33%；进口1.97万亿美元，增长32.6%；贸易顺差4275.36亿美元，扩大31.1%。调研中江苏、广东多家具有海外贸易业务的企业负责人均表示，受国际订单回流影响，企业用能成本显著上升，但同时有序用电则使得外贸订单难以按时交工，企业预计下一阶段订单可能流失，且一旦产业转移就很难重新拿回来。

对于外贸外资企业而言，由于发达经济体加大了对战略产业与敏感行业的限制与保护，国内保障供应链的韧性与稳定愈发紧迫。受到全球经贸环境的制约，许多高新技术企业正在扩大关键零部件的多元化供应来源，高新技术产业地域格局的调整，将影响长期的供应链安全。疫情导致的产业链供需错配短期本就难以缓解，若用能约束政策较紧，可能会加剧产业链供应链安全风险，亟须从国家的产业链安全考虑，国内与国外同步布局，加快布局构建相关产业上游原材料和关键零部件国产化自主研发和制造能力。

（三）高耗能企业转型成本高，有序退出难度较大

重点高耗能行业企业成为有序用电关注的重点对象，整体面临较大的用能成本负担。浙江从行业能耗对经济发展的支撑效率出发，将有序用电作为纠偏的重要举措，2021年1—8月省内八大高耗能行业产能大幅释放、用电大幅增长，相

关行业用电增幅达 20% 以上，整体行业能耗约占全省能耗 43%，给全省带来了较大的能源安全保障压力。但浙江省内八大高耗能行业产出却仅占全省 GDP 总量的 13%，能耗强度达全社会平均水平的 4.8 倍。江苏省高度重视重点用能企业无序用能、违规用能问题，纺织业、钢铁、水泥等高耗能的企业成为重点限电约束对象。广东省多地多次开展限电行动，部分地区工业用户面临着“开一停六”的限电模式，高能耗企业同样成为重点关注对象。浙江省发改委、省能源局《浙江省关于建立健全高耗能行业阶梯电价和单位产品超能耗限额标准惩罚性电价的实施意见》（征求意见稿）已征求意见，出台后将提高高耗能行业企业的用能成本。

高耗能企业改造升级中减污降碳成本高，技术研发投入大。由于地方环保要求硬约束，不少高耗能企业近几年大量增加环保设备，这些设备用电的负荷大幅度增加了用能成本。为了加快升级改造步伐、避免被淘汰，不少企业不断加大绿色技术和低碳减排的研发投入，加强通过数字技术推动节能低碳，在融资约束下加剧了企业资金周转难度。

产能置换、僵尸产能处置、淘汰落后产能仍面临不少困难。随着“双碳”目标进入实质进展阶段，信贷结构也开始不断调整，高耗能、高排放的企业和项目越来越难获得金融机构的信贷供应与融资支持，也进一步提高了项目运营风险。煤炭、钢铁等传统能源和“双高”资产面临巨大的转型压力，可能形成巨量不良资产，经济结构偏重的地区难以应对转型风险。

高耗能企业有序退出的标准不明确，缺乏相关政策支持。实操中，地方普遍严控“两高”行业新增产能，并严格执行环保、能耗、质量、安全等法律和标准，将落后产能淘汰出局，但企业普遍反映对高耗能、高污染的标准不明确。此外，对于主动开展节能改造、低碳技术研发和增加碳汇等工作的“两高”企业，政策支持手段较少，尚未通过绿色采购、税收减免等方式，使企业能够充分享受政策红利。为高耗能企业提供专项资金以支持其开展绿色过渡转型的“转型金融”目前仍处于起步探索阶段，还不具备普适性。企业期待地方政府及时出台高耗能企业分批改造和升级细则及相关配套支持政策，如设立高耗能行业淘汰专项基金，以引导高耗能项目合法有序退出。

（四）节能改造投入大，亟须政府加大支持力度

一些地方已经出台了节能激励政策。如调研地区中仅有浙江某市于 2020 年

出台《节能专项资金管理办法》，对企业实施的 500 吨标准煤以上节能改造项目及节能服务公司实施的 200 吨标准煤以上的合同能源管理项目，按 300 元/吨标准煤补助（不超过项目实际投资额的 50%），单个单位年度补助总额不超过 300 万元。其他地区暂未实行节能改造的相关财政支持措施。不少规上企业反映，通过强化内部挖潜、加大设备节能技改力度等应对能耗“双控”，通过大力发展新能源实现节煤降碳，累计投资和预计投资规模都比较大。对比政策，发现目前已有的节能专用装备、技术改造、资源综合利用等税收优惠政策力度还较为有限，且新能源相关支持政策有待优化跟进。如调研中一家新能源企业反映到，参股的一个海上风电项目目前有超过 2 亿元的新能源补贴暂未拿到，政策到位有一定时滞，且海上风电项目补贴在 2021 年底就关门叫停，企业对精准、有效的新能源财政支持政策较为期待。

四、应对企业用能新挑战的政策建议

完成能源消费总量指标，既要尽力而为，又要实事求是，对于能耗强度达标而发展较快的地区，能源消费总量控制要有适当弹性。针对调研中企业的问题和诉求，调研组提出如下政策考虑：

（一）推进实现用能指标精细化管理，扩大用能权交易范围

1. 科学分解能源双控指标，推动央地用能指标科学管理

为了完成能源双控目标，省、市、县三级对中央分解的达标任务层层加码。如中央分配给浙江省能效提升 13.5% 的任务，分解到某市变为 14.5%，到该市的区县任务就提高到 15.5%，到企业层面就更加严格。完成能耗和能效控制指标任务是国家统一考虑、科学规划的结果，但地方为了给本省“十四五”规划留出调整余地，往往不加论证、不讲科学地将指标任务“加一码”分给下级。目前，用能指标已经成为非常稀缺的经济发展要素，再用过去的“压末端”管理思维开展能源双控工作，将会为新的“运动式减碳”埋下伏笔。

应当以国家发改委分解的能源消费双控任务为总目标，尽快建立省级能源使用预算制度，以科学合理、企业认可、国际通行的原则确定企业的基础用能量；用亩均产出、能源强度、碳强度等效率指标为标准，促进经济发展和能源双控目

标的有机结合。

建议对国家级重大项目用能指标进行单列，适当缓解地方项目用能指标缺口较大的问题。为了满足国防安全和战略发展需求，中央会在地方设立各类工业项目，项目也为地方经济发展贡献了宝贵力量。但随着能源消费约束逐渐收紧，如何平衡中央项目和地方能源的承载能力，成为逐渐凸显的问题。应当尽快建立中央和地方的用能指标分配制度，由中央项目的出资人承担中央项目的能源总体监督职责，按照约束为主、央地认可、合理高效的原则，划分任务比例。既给地方以能效改进的压力和约束，也给地方能源可持续发展留出空间。

2. 构建多种要素参与的用能权长效交易机制

在双碳背景下，用能指标作为稀缺的生产要素，已经和土地、设备等资产要素一样，源源不断地产生价值，具备可交易的逻辑基础。中央已经将推进用能权交易列为双碳工作和能源双控工作的重点探索方向。一般而言，用能指标的交易主体是行政区，以省、市政府为主。用能权一旦售出，相当于将部分发展权出让，因此“一锤子买卖”是出让方不愿接受的。用能权交易不仅要公平、公正、可核查，还必须具备长效机制，让体现发展权的用能指标源源不断地为出让方产生效益。

用能权交易不能局限在指标和资金之间的交易，应当建立合理机制，促进用能指标与新能源消纳量、用能指标与股权、用能指标与产业转移、用能指标与技术帮扶等一系列要素之间的交换关系。其中，允许受让省在出让省建设新能源机组，并以发电量或消纳量为核证量交换用能指标的方式难度最小，可以先行先试。在合理评价用能指标的经济价值和发展权价值之后，可以推进用能指标与其他经济要素之间的交换关系，以用能权交易推进“双碳”工作和共同富裕目标的协同发展。

（二）分类推动高耗能产业产能置换和淘汰落后产能

伴随着中国经济的韧性发展，未来碳排放压力将集中于能源及工业领域，比如钢铁、石化、水泥等高耗能产业。在“双碳”目标、用能约束等国家战略下，高耗能产业要想进一步发展，必须进行绿色低碳转型。

1. 分类推动高耗能企业提效达标

首先，明确高耗能行业能效标杆水平。对标国内外生产企业先进能效水平，参考国家现行单位产品能耗限额标准，根据行业实际情况、发展预期、生产装置整体能效水平，统筹考虑碳达峰目标、生产供给平稳、企业便于操作等因素，科学合理地按行业划分能效基准水平，而且在后期根据企业的发展情况进行补充完善和进行动态调整，保持其灵活性。其次，分类提效达标。对于拟建、在建项目，根据相对应的能效标杆水平进行建设，最大限度提高能效水平；对于存量项目，能效低于本行业基准水平的，合理设置过渡期，引导企业有序开展节能降碳技术改造提高能效水平，如不能按期进行改造，限制其用能。能效高于本行业标准，按照行业标准进行技术改造，努力达到标杆水平，在三年内无法升级改造和淘汰的，要强制淘汰。

2. 分类推动高耗能企业人员分流

高耗能行业在一定程度上专业性较强，特别是在我国经济高速发展阶段，高耗能企业的人员结构与企业发展方式也是一致的，这也就导致在企业转型中有大部分人员是传统黑色金属、有色金属以及化工等专业型人才，随着企业绿色低碳转型，会出现原有员工与转型后岗位不匹配的现象，所以需要推动企业人员结构转型优化。为此，财政可考虑成立产业低碳转型专项基金，其中一部分用来支持地方组织产业转型培训和安置分流人员。

3. 分类处置高耗能企业资产

传统高耗能行业的资产专用性强，特别是在能耗双控的限制下，无法再利用，就会造成资产大幅度缩水，甚至带来局部金融风险。可根据最新的高耗能行业基准，分类处置高耗能企业的资产。一是对可以通过技术改造再利用的资产，给予一定的补偿；二是对于已经改造但受能耗限制不能使用的，可以进行一定的折旧补助，一定程度上弥补成本；对可以使用的资产进行再利用，避免不必要的资产闲置和浪费；三是针对高耗能、落后产能、落后工艺相关的设备等资产，依规进行淘汰。

（三）协同推动制造业节能提效与高质量发展，实现产业链稳定与竞争力提升

1. 有序推动节能提效，保障产业链安全稳定

保持制造业基本稳定是壮大发展实体经济的重要条件，也是维持我国产业链供应链安全的基本需求，但同时制造业节能低碳转型也是全球绿色低碳发展的必然要求，并成为新发展阶段我国重要经济转型的政策方针。兼顾提质增效与绿色发展，制造业节能减碳应放在积极应对全球国际竞争格局变化、加快构建“双循

环”新发展格局、推动制造强国建设的整体背景下深入推进，做到节能减碳与产业高质量发展和现代产业体系建设相协调，有效保障制造业国际核心竞争优势地位，有力促进产业链供应链稳定性和竞争力提升。

应综合利用产业结构调整、技术改造升级、绿色产品创新、耦合循环发展、清洁能源替代等多种方式，充分考虑能源结构、碳排基数、技术路线、治理成本、国际竞争力等影响因素，聚焦制造业耗能突出的重点领域和产业链关键环节，结合地区工业化发展进程差异、行业用能结构特征，制定合理的分地区、分领域、分行业节能减碳转型发展策略与政策。在地区节能减碳转型方面，应充分考虑东部、中部与西部的地区资源禀赋差异，重点关注落后产能淘汰、新上项目能评环评以及节能减排技改资金安排等；在行业节能减碳转型方面，应密切关注行业耗能结构及转型发展需求，重点细化能源消耗和主要污染物排放总量控制等方面要求。

2. 加大政府节能服务和政策引导，推动企业节能改造

考虑节能减碳改造投资规模大、建设周期长、运营风险高，能够持续运营的商业服务模式尚未成熟，应在科学评估制造业产业发展实际和未来趋势基础上，加大政策协同支持来保障制造业有序、有效实现节能改造。

其一，应注重运用法规标准手段，优化强化能耗标准管理，明确节能改造技术标准，逐步淘汰能耗过高、效率偏低的落后制造业企业和低效产能。

其二，应逐步完善财税、金融、电价等配套政策、措施和手段，充分调动企业、资本、科研、社会等力量参与节能改造的积极性，重点支持推进钢铁、石化、建材、有色等高耗能行业的节能减碳改造。

其三，应引导支持制造业企业加强内部能源运行动态监控，鼓励利用 5G、物联网、人工智能、大数据、区块链、系统管理等技术优势，推动新兴信息技术与制造业节能改造的深度融合，实现制造业生产过程能源消耗的动态监测和精细化管理。

其四，借鉴部分地区的先进经验，以节能专项资金推动企业节能改造。如一些地区成立节能专项资金，对企业实施的 500 吨标准煤以上节能改造项目及节能服务公司实施的 200 吨标准煤以上的合同能源管理项目，按标准煤补助（不超过项目实际投资额的 50%），单个单位年度补助总额不超过一定数额。

其五，优化政府节能服务。通过建立市级节能公共服务平台，强化节能监测、管理和服务。积极推行合同能源管理，推广节能咨询、诊断、设计、融资、

改造、托管等“一站式”综合服务模式。搭建智慧能源平台，集中化解企业在能源管控中监测成本升高的问题。

3. 支持中小企业降低用能成本，综合施策推动节能减碳

中小企业数量多、涉及行业广、社会影响大，使得中小企业极为容易受到用能成本高企所带来的不利冲击，也是制造业节能减碳的重点关注对象。将重点行业中小企业节能降碳放在积极应对国际竞争格局变化、推动制造强国建设的整体背景下深入推进。

一方面，应加大政策支持降低中小企业用能成本。综合利用税收优惠、财政补贴等财税、金融、电力政策支持手段，有效落实对小微企业和个体工商户用电实行阶段性优惠的政策实施安排。并结合不同行业、不同阶段、不同地区的中小企业实际耗能结构及经营发展状况，制定合理的政策支持标准，保持政策实施稳定性及妥善处理政策退出安排。

另一方面，应综合施策支持中小企业有效开展节能减排改造。加大力度推动重点行业中小企业向专精特新转型。遴选重点行业能效水平突出企业，发布能效“领跑者”名单，进行宣传推介，并实施财政奖补、融资支持等政策。充分发挥中小企业发展资金、淘汰落后产能资金、技术改造专项资金等各类财政资金的引导和带动作用，加大对中小企业节能降耗、清洁生产和资源综合利用技术研发、技术改造的资金支持，关注中小企业节能改造服务平台建设和培训教育、节能诊断、清洁生产审核、资源综合利用等方面政策支持需求，并建立完善中小企业节能减排融资机制，落实中小企业节能减排税收优惠政策等。重点关注节能减排服务中小企业的发展状况，基于实际发展需求提供合理的政策支持。

4. 突出行业及地区差异，深入实施差别化政策

结合地区工业化发展进程差异、行业用能结构特征，制定合理的分地区、分行业的企业节能降碳政策。充分运用差别化政策倒逼落后产能退出、低效企业整治提升，通过差别化用能将评价结果作为能源“双控”重要依据。密切关注不同行业企业转型发展需求，重点细化能源消耗和主要污染物排放总量控制等方面要求。

（四）加强市场机制与政府引导相结合，实现能源保供

近期国际市场能源价格大幅上涨，造成过国内电力、煤炭供应持续偏紧，一些地方出现拉闸限电，给正常的国民经济运行特别是企业的正常生产带来了企业

成本上升甚至停工停产等负面影响。2021 年 10 月发改委出台《关于进一步深化燃煤发电上网电价市场化改革的通知》，很大程度上推动了市场机制发挥其作用，有利于进一步理顺煤和电的关系，保障用电企业的电力供应。

1. 完善区域能源互济机制，全力保障电力供应

一是发挥市场机制作用，通过市场化改革，更好地释放供给侧的产能，更好地保障供应，价格的波动也会使需求侧的用电企业节能、提效以及转型升级，特别是会倒逼高耗能企业节能减排降耗。二是储存和消纳。从储存角度来说，主要是对煤炭的存储，10 月以来国家加强对煤价的调控，煤炭产量持续增加，煤炭价格回落到目前供应比较充足，各企业特别是发电企业要提高存煤水平，加大存煤数量，保障企业的正常生产。从电力消纳角度来看，主要是光伏、风电、太阳能等绿电的消纳，要继续推进发电基地的建设，促进可再生能源发电的快速发展，进一步完善绿电消纳机制。三是运用行政手段进行区域统筹协调，破除“地区壁垒”。加强电力统筹规划，促进区域协同供应。区域间可以有差异，但总体要协调互补。特别是对于广东、浙江等地区，能源对外依赖性强，在进口煤价较高的情况下，要打通国内煤炭资源等能源的循环，构建完善的能源供应体制机制，保障企业正常生产的能源供应。因地因行业制定相关政策，精准施策。特别是一部分比较有地域性差异的政策，要结合当地行业的实际情况，设置一定的“缓冲期”，避免政策“一刀切”“一个样”带来的企业成本上升。

2. 构建一套科学、精准、及时、动态的新能源补贴机制

在经历了前期煤价上涨、电力供应紧张的阶段，下一阶段要构建更加科学的补贴机制，加快构建现代电力系统，加快清洁能源电力发展。

一是提高对新能源技术研发的补贴。引导企业利用光伏发电、风电和储能系统，也包括各种虚拟电厂和微电网技术，强化能源科技创新，实现能源结构优化。

二是完善相关的补贴机制。在调研中发现有些海上风电项目的补贴有一定的滞后性，在完善监督机制的同时，需督促相关项目补贴资金及时到位。

三是构建动态补贴机制，支持企业新能源微电网建设和综合智慧能源园区建设。近年来我国对光伏等绿电给予了大量的补贴，部分税收优惠和补贴政策即将到期，下一步的政策应尽早出台，以稳定市场预期。同时可根据企业的情况研究制定动态补贴机制，支持建设一批新能源微电网示范项目和综合智慧能源园区典范。

（五）完善配套支持政策

1. 发挥政府采购的绿色需求导向作用

及时完善政府绿色采购标准体系，细化预留采购份额、价格评审优惠、降低投标成本、优先采购等中小企业支持举措，进一步加大面向中小企业的绿色低碳产品采购力度，将减碳目标与公共消费挂钩。

探索扩大政府采购订单融资政策的试点实施范围，通过搭建新型政银企关系平台，强化订单融资对中小企业节能改造及绿色环保转型融资需求的支持力度，并在适当条件下上升形成国家层面政策。注重发挥大型企业尤其是国企采购支持中小企业节能降碳转型，借助采购交易活动给予中小企业必要的创新、就业、融资等支持。

2. 防范风险，因地制宜推动地方绿色低碳发展

现阶段，高耗能、高排放的行业仍是支撑部分地区经济增长的重要来源，随着对高耗能、高排放行业的限制性措施落地，其地区短期增长受抑制明显，进而地区财政收入、就业、投资等宏观指标造成冲击。对产业结构偏重、能源结构偏煤的地区，应密切关注其财政风险，适度把握产业转型的节奏。

3. 深入实施差别化金融政策

一是鼓励各地政府牵头设立天使投资和创业投资基金，通过结构化设计，推动财政资金与金融资本、社会资本的深度融合，形成支持中小微企业发展的资本合力。

二是深入实施差别化金融政策。充分运用差别化政策倒逼落后产能退出、低效企业整治提升，通过差别化用能将评价结果作为能源“双控”重要依据，将评价结果纳入人民银行征信系统，实施差别化金融。

4. 其他配套政策

一是建立相关的政策、法律、法规。全面清理现行法律中与绿色低碳、能源双控、“双碳”目标等工作不相适应的内容，加强法律间的衔接协调，同时研究制定“双碳”相关的转型法律，比如电力法、煤炭法、可再生资源法等。

二是建立相关的体制机制。建立和完善绿色电力生产、消费证书制度，助力构建新型电力市场价格机制；逐步改进、完善的能耗标准，更加精准地对企业进行分类，以便于更加精准施策；加快节能标准更新升级，提升重点产品能耗限额要求，扩大能耗限额标准覆盖范围；积极推进生态保护、环境治理和气候变化等

领域的国际交流与合作，积极参与相关国际标准制定，开展与绿色低碳有关技术方法等的联合研究；健全电力等行业领域能耗统计监测和计量体系，加强重点用能单位能耗在线监测系统建设。

三是研究税收政策对企业节能改造的支持方式。可考虑适当提高企业节能技术研发投入的所得税税收优惠力度。

2021 年企业成本专题调研报告五：

用能约束的成本效应及应对策略分析

"用能约束的成本效应及应对策略分析"专题调研组

指　导： 傅志华

组　长： 周　孝

成　员： 张　行　黄亦炫　林　琳

执　笔： 周　孝　张　行　黄亦炫　林　琳

当前，我国经济发展从高速增长时期进入中低速增长的新常态时期。其中，相互交织、日益凸显的能源和环境约束是我国经济增速下行的重要原因，也是实现经济社会可持续高质量发展必须攻克的难题。2020 年，党中央、国务院作出力争 2030 年前实现碳达峰、2060 年前实现碳中和的重大战略决策①，并将其纳入生态文明建设整体布局。实现“双碳”目标是破解能源和环境约束的根本途径，其关键在于优化能源结构、降低能源特别是传统化石能源的消耗强度。相应地，必须不断加强对煤炭、火电等传统能源的使用约束，即强化用能约束。

从能源约束到用能约束，意味着微观主体将面临更加直接、更加普遍的制约。特别地，各级政府主动施加的行政性约束将逐步成为用能约束的主要来源，有序用电、能耗双控等便是典型代表②。用能约束如何影响经济社会发展，中长期应如何应对用能约束等，都需要我们进行深入研究和思考。而在基于廉价劳动力的成本优势日渐丧失、企业成本压力日益凸显的背景下，用能约束是否以及如何作用于企业成本更值得高度关注和深入思考。

2021 年第三季度，全国超过 20 个省市启动有序用电方案，部分地区甚至频繁实行拉闸限电③，给企业生产经营和经济社会发展施加了较大冲击。同期，大宗商品价格上涨、原材料价格迅猛上升等现象也引发了极大的社会关注。毫无疑问，这给我们考察用能约束问题提供了现实场景。为此，本文以 2021 年全国普遍实施的有序用电为案例，综合采用多种调研方式，深入剖析用能约束对企业生产经营成本的直接与间接影响，并探索可行的应对策略。调研发现，以有序用电为代表的用能约束将从多个方面增加企业的生产经营成本，并给经济社会发展带来多重负面冲击。中长期，我们应当从创新政策工具、优化方式方法、增强政策效能、减少政策不确定性等多个方面着手，加快促进企业高质量发展和产业结构转型升级，积极应对日益趋严的用能约束。

---

① 2021 年，党中央、国务院相继印发《中共中央 国务院关于完整准确全面贯彻新发展理念 做好碳达峰碳中和工作的意见》《2030 年前实现碳达峰行动方案》等政策文件，进一步明确实现“双碳”目标的阶段性工作安排。

② 本文使用“用能约束”而非“能源约束”，目的在于强调微观主体在能源使用所受约束方面出现的变化，凸显政府政策调控和干预的作用。

③ 所谓有序用电，是指在电力供应不足、突发事件等情况下，通过行政措施、经济手段、技术方法，依法控制部分用电需求，维护供用电秩序平稳。“有序用电”不同于“拉闸限电”，它包括错峰、避峰、轮休、让电、负控限电等一系列措施，后者仅是前者的一种极端形式。当然，两者的本质相同，即给企业施加用能约束（主要是限电）。

一、基本情况与调研对象说明

在我国经济高速发展过程中，电力供需缺口的出现并不鲜见。为此，国家发展改革委于 2011 年印发《有序用电管理办法》，统筹加强电力需求侧管理，确保电网安全稳定运行，保障社会用电秩序。随后，有序用电偶尔出现于同高温或高寒紧密相关的用电高峰期。然而，2021 年第三季度，全国超过 20 个省市启动有序用电方案，且实施等级不断提高①。如表 1 所示，有序用电覆盖范围很广，既有广东、浙江、江苏等发达地区，也有宁夏、广西、云南等欠发达地区，东部、中部、西部和东北地区均有涉及。同时，此轮有序用电持续时间之长也较为罕见，因而是考察用能约束之成本效应的重要场景。

表 1　　2021 年第三季度主要地区有序用电实施情况

地区	具体措施
内蒙古	8 月 24 日，内蒙古电力（集团）有限责任公司印发《关于内蒙古电网 2021 年 8 月有序用电分解指标的报告》，提出 8—12 月期间各盟市有序用电压限负荷分解比例。
吉林	9 月 10 日全省启动有序用电方案，并于 9 月 26 日延长有序用电负荷缺口预测时间和预警等级发布时间。
云南	9 月 11 日，省发展改革委印发《关于坚决做好能耗双控有关工作的通知》，要求加强重点行业生产管控，包括确保绿色铝企业 9—12 月份月均产量不高于 8 月份产量。
山东	自 9 月 12 日起启动有序用电预案，主要组织限制类、淘汰类、高能耗、高排放企业按照先错峰、后避峰、再限电的顺序安排电力平衡。
湖南	9 月 15 日起，全天 24 小时执行有序用电，除少数特殊行业维持保安负荷外，其余工业行业大多处于停产让电状态。
广东	从 9 月 16 日起执行每周“开二停五”的五级有序用电方案，且在错峰日，保安负荷保留在总负荷的 15% 以下。
江苏	实施《2021 年 9 月 19 日能耗双减控制方案》，要求企业按照分级进行限产。其中，A 类不得超过去年同期用电；B 类要下降 10%；C 类企业全部按照“开二停二”的措施进行限产，分为两批，轮流生产；D 类地块上的企业进行全部停产。
安徽	省能源局会同国网安徽电力公司印发《关于做好有序用电工作的紧急通知》，自 9 月 21 日晚启动有序用电方案，并优先安排高耗能企业避峰让电、错峰生产。

① 随着等级由低到高，有序用电的实施覆盖面扩大、强度提高，且主要措施从错峰变为拉闸。

续表

地区	具体措施
辽宁	9 月 23 日起实施有序用电，并于 9 月 27 日起相继对电熔镁砂、水泥等高耗能行业的生产用电实行第一序列有序用电，期间相关企业停止生产。
福建	9 月 27 日下发《福建省工业和信息化厅关于启动有序用电方案的通知》，9 月 28—30 日、10 月 4—16 日期间，采取错峰、避峰用电等措施。
浙江	省发改委和能源局于 9 月 27 日联合下发《关于启动有序用电方案的通知》，从 9 月 28 日起启动 2021 年度 B 级有序用电方案。以诸暨市为例，在 B 级方案下，全市钢铁、水泥行业在用电高峰期仅保留保安负荷，供电容量 2000 千伏安及以上的高能耗用户或者避错峰限荷 50% 以内，或者仅保留保安负荷。
宁夏	9 月 29 日发布《自治区发展改革委关于进一步做好重点企业错避峰用电生产工作的通知》，将铁合金、电石、碳化硅、电解锰、电解铝、钢铁、水泥制造等高能耗企业纳入电力用户避错峰方案以及轮休轮停范围。
广西	9 月 30 日印发《关于 10 月份加强部分高耗能行业节能调度的通知》，10 月份持续对水泥、钢铁、铁合金、石灰等高耗能企业实行限产措施。

注：根据公开资料整理所得。

由于产业结构不同，各地面临的用能约束以及地方政府实施有序用电的原因都可能存在较大差异。在有限的时间内，为更加全面地了解实际情况，我们根据如下两个原则挑选调研地区：一是兼顾能耗大省和能源大省；二是兼顾发达地区和欠发达地区。最终，我们选择在本轮有序用电中具有一定代表性的三个省区，分别是江苏（实施有序用电的发达地区）、湖南（实施有序用电的欠发达地区）、内蒙古（能源大省）。2020 年，三个省区的经济发展情况如表 2 所示，从中可知，三者之间存在显著差异，具体包括：一是江苏的人均 GDP 远高于湖南和内蒙古；二是虽然第三产业占比最高，但江苏的工业增加值占比也最高，为 36.7%，分别比湖南和内蒙古高出 7.02 个、4.73 个百分点；三是江苏和湖南的能耗双控工作进展顺利，万元 GDP 的能耗特别是电耗都在减少，而内蒙古的能耗仍然在增加，2020 年其万元 GDP 能耗和电耗分别同比提高了 6.89 个、6.61 个百分点；四是江苏的能源消费总量仍然在快速增长，2020 年同比增幅高达 7.1%，而湖南和内蒙古都处于低速增长状态；五是在用电方面，江苏和湖南均存在电力缺口问题，分别为 1156 亿千瓦时、375 亿千瓦时，相反，内蒙古是我国重要的电力等能源输出大省，其电量盈余高达 1911 亿千瓦时。

表 2　2020 年江苏、湖南和内蒙古经济发展相关数据

维度	江苏	湖南	内蒙古
GDP 增速/%	3.7	3.8	0.2
人均 GDP/万元	121202.4	62886.06	72182.12
工业增加值占比/%	36.70	29.68	31.97
第三产业占比/%	52.5	51.7	48.8
居民可支配收入/元	43390	29380	31497
万元 GDP 能耗变动/%	-3.1	-1.98	6.89
万元 GDP 电耗变动/%	-1.84	-0.27	6.61
能源消费总量增速/%	7.1	0.51	1.7
发电量/亿千瓦时	5218	1554	5811
用电量/亿千瓦时	6374	1929	3900
电量供需差额/亿千瓦时	-1156	-375	1911

数据来源：根据公开资料和国家统计局数据整理所得。

正因为区别较大，三省区实施有序用电的主要原因或目的也截然不同。其中，江苏实施有序用电范围较广，主要是为了推进能耗双控工作；作为资源输入型地区，湖南实施有序用电是因为用电供需增速不同步、用电缺口快速扩大；内蒙古实施有序用电的原因，主要是因为煤炭价格高涨后发电企业缺乏积极性、电力供给规模缩减。

考虑到各省区的实际情况，我们重点考察江苏的工业大市——徐州市（以钢铁、焦化、水泥、热电、装备制造业、新能源等为主导产业），湖南的经济核心区——长沙市（以新材料、工程机械、食品、电子信息、汽车及零部件等为主导产业）和株洲市（以冶金、机械、化工、新材料、生物医药、绿色食品和陶瓷等为主导产业），以及内蒙古的能源重镇——鄂尔多斯市（以煤炭、化工、羊绒、天然气等为主导产业）。如此，确保主要调研地区具备较好的代表性，涵盖发达地区和欠发达地区、能源输入型地区和能源输出型地区。为规避样本选择偏差问题，我们还对山西、辽宁、四川等省市进行了相应考察，并结合公开可查的统计数据进行相关分析。

受疫情防控影响，我们主要以线上座谈、提交书面材料、问卷调查等非接触方式开展调研。在调研中，我们重点考察或访谈两类主体：一是地方政府部门，主要包括发展改革、财政、工业和信息化、科学技术、能源、生态环境、自然资源等领域的行政主管部门；二是各地区的代表性企业。考虑到有序用电等用能约

束主要影响原材料等高耗能行业，并进而可能对产业链上下游产生影响，我们重点聚焦三类行业：一是能源行业；二是原材料或高耗能行业；三是以高端制造业为核心的中下游产业。

二、用能约束的成本效应与负面溢出效应

调研发现，以有序用电为代表的用能约束直接或间接提高了企业的生产经营成本。同时，通过产业链上下游的传导，用能约束的成本效应波及整个产业体系，进而产生了不利于经济社会发展的溢出效应。

（一）有序用电的多重成本效应

用能约束的核心，是直接或间接限制经济社会主体对能源的使用。作为用能约束的重要形式，有序用电主要通过两种形式对企业用电施加影响：一是降低用电负荷，使其不能根据生产经营需要自由使用电力；二是减少用电时长，使其必须根据相关要求停工停产。总之，有序用电的实施导致企业可用电量不足，只能选择减产甚至停产。随着有序用电方案的实施，关联企业的成本压力进一步凸显，主要表现为如下几个方面：

一是提高用电成本。在电力价格尚未完全市场化之前，用电紧张并不会直接提升企业的购电成本。但是，为解决用电缺口、实现稳定市场，企业必须通过其他方式获取电能，最终导致了实际用电成本的提高。例如，为了保证订单能够及时交付，株洲某机械制造公司等企业购买或租赁发电机自行发电。由于缺乏规模效应，自行发电的成本显著高于购买工业用电，且存在输出功率不稳定等问题。部分企业选择安装分布式风电、使用光伏发电设备、购置储能设施设备，但这些方式并不具有普遍适用性，且同样会大幅增加企业的成本投入。

二是增加生产成本。有序用电对企业最直接的影响，是生产线或生产设备不能正常运转。为了减少用电负荷，企业必须大幅降低产能利用率，因而无法实现单位生产成本的最小化。与限电减产相比，停电停产对企业的成本冲击更大。一方面，由于需要预热、升温或投料，生产线或生产设备的启停导致生产成本大幅增加。以湖南某化学建材有限公司为例，2021 年 10 月期间，该公司共经历了两次拉闸限电及停产，而一次启停会直接增加 10 多万元的成本。另一方面，频繁

启停生产线容易引发生产安全事故、加大产品质量风险，进而增加企业在生产安全和质量风险控制方面的投入。例如，湖南某陶瓷公司表示，由于临时性停电所导致的突然降温，其窑炉可能会因为冷却水供应不足、材料氧化等问题而发生垮塌或爆炸。

三是提高管理成本。有序用电给企业带来了外部制约，使其无法按照既定计划组织生产经营活动。而在政策执行方面，一些地区往往只提前一天或数小时告知企业要限电或停电，这使得企业根本无法对生产计划和业务管理进行妥善调整。某地工信部门反映，有序用电打乱了企业的生产节奏。在缺电的情况下，企业生产线大范围停产、产能得不到有效利用，这导致其已有订单积压严重、无法及时交付，经营管理的难度和成本都大幅提升。对于处于生产旺季的日用消费品、消费类电子产品等传统行业来说，企业因为缺电只能被迫选择轮休或停产，但又必须维持员工队伍的稳定，这进一步增加了其管理成本，且实质性提高了单位产值的人工成本。

四是增加经营风险。有序用电降低了企业的实际生产能力，使其无法正常完成订单，因而面临更大的合同违约风险。一些受访企业表示，即使下游客户有非常稳定的需求，囿于可用产能不足，他们不敢轻易接受订单，只能保持观望。对于拥有在建或新建项目的企业而言，有序用电引发的经营风险更加突出。具体地，除弱化市场预期外，有序用电通过限制产能而提高了原材料、零部件等的采购难度和成本，最终加大了项目建设周期的不确定性。特别地，在疫情全球蔓延背景下，有序用电是否会再次发生尚不明确，这进一步增加了企业面临的风险。

（二）用能约束的负面溢出效应

不管是有序用电还是能耗双控，用能约束的主要作用对象都是高耗能产业，特别是其中的原材料产业①。例如，作为典型的高耗能企业，内蒙古某原材料公司在 2021 年 7 月至 10 月期间共经历了 73 次限电，直接经济损失高达 7.2 亿元。由于煤炭、电力等使用规模较大，高耗能产业的用能成本和成本压力因用能约束

---

① 我国高耗能产业主要包括石油、煤炭及其他燃料加工业，电力、热力生产和供应业，化学原料和化学制品制造业，非金属矿物制品业，黑色金属冶炼和压延加工业，有色金属冶炼和压延加工业等六大产业。其中，前两者主要属于能源行业，不在本轮有序用电实施范围；其余行业属于至关重要的原材料行业，覆盖基础化学原料、合成材料、塑料制品、水泥、建筑材料、玻璃、陶瓷、钢材、合金等生产最终产品必不可少的原材料和中间投入品。

而显著提高。例如，电费约占普通钢材价格的十分之一，而电解铝行业的电费占其生产成本的比重更是高达30%—40%。同时，用能约束削弱了高耗能企业的能源可得性。有序用电实施期间，高耗能产业阶段性停产十分常见。受此影响，高耗能产业的产能利用率大幅降低，多数原材料的产量出现负增长（见表3）。

表3　2021年9月部分工业产品产量同比增长情况　单位：%

名称	同比增长	名称	同比增长
磷矿石	-4.2	生铁	-16.1
合成橡胶	-6.1	钢材	-14.8
化学纤维	-2.0	铁合金	-25.5
合成纤维	-2.2	氧化铝	-1.4
塑料制品	-4.1	锌	-2.5
水泥	-13.0	电解铝	-2.1
钢化玻璃	-1.2	铜材	-5.2

数据来源：国家统计局月度数据库，网址：https：//data.stats.gov.cn/easyquer-y.htm？cn=A01。

与能源行业不同，原材料行业的市场化程度较高。同时，相比于中下游企业，原材料企业的议价能力更强，因而更有能力将部分或全部成本上涨压力转嫁给中下游企业。例如，在有序用电期间，水泥企业多次提高水泥售价，煤炭和电力价格上涨所带来的成本增加基本被传导给了其中下游客户。在基础性原材料价格快速上涨的情况下，中下游企业也会通过提高产品价格来转嫁部分成本。也就是说，通过在产业链上下游的传导，有序用电的成本效应最终波及整个产业体系。

有序用电与不断加强的能耗双控、环境规制等一道，显著强化了企业特别是高耗能企业所面临的用能约束。而由于产业链上下游之间的相互依存关系，用能约束的系统性成本效应给经济社会发展带来了较大冲击，主要表现如下：

一是加快原材料价格上涨，加剧物价上涨压力。疫情冲击、宽松货币政策等推动大宗商品价格猛涨，使得通货膨胀持续凸显成为全球性问题。而在我国，有序用电与能源供需失衡一道，进一步推动大宗商品特别是原材料的上涨。2021年10月，我国生产资料价格同比增长17.9%，增幅比9月提高3.7个百分点。其中，原材料工业价格更是同比增长25.7%（见表4），增幅显著高于中下游加工工业和生活资料。原材料价格的大幅上涨，又会传导至中下游行业和居民消费领域，进一步加剧价格上涨压力。例如，2021 年 10 月家用电器及音像器材类、文化办公用品类、建筑材料及五金电料类商品的零售价格分别同比增长 2.0%、2.7%、3.4%。特别是由于传导机制不畅通，生产资料的物价上涨尚未完全传导至消费领域，这意味着后期我们将面临较大的物价上涨风险。

表 4　2021 年 6—10 月工业生产者出厂价格指数和购进价格指数

指标	10 月	9 月	8 月	7 月	6 月
原料业生产资料工业生产者出厂价格指数（上年同月 = 100）	125.7	120.4	118.3	117.9	118.0
原料业生产资料工业生产者出厂价格指数（上年同期 = 100）	114.5	113.2	112.3	111.5	110.4
工业生产者购进价格指数（上年同期 = 100）	110.1	109.3	108.6	107.9	107.1
燃料、动力类购进价格指数（上年同期 = 100）	116.7	114.1	112.1	110.2	108.1
黑色金属材料类购进价格指数（上年同期 = 100）	121.1	120.9	120.6	119.8	118.4
有色金属材料和电线类购进价格指数（上年同期 = 100）	120.7	120.1	119.8	119.5	118.9
化工原料类购进价格指数（上年同期 = 100）	113.5	112.3	111.3	110.0	108.7

数据来源：国家统计局月度数据库。

二是企业生产经营受限，工业经济增长放缓。作为煤炭和电力的主要消费部门①，工业无疑是用能约束加大下首当其冲的领域。例如，2021 年 9 月 15 日起，湖南全天 24 小时执行有序用电，工业企业受影响的范围和程度均显著扩大。9 月 30 日，全省平均工业用电负荷为 547.69 万千瓦，仅为政策执行前（9 月 13 日前后）相应负荷的 58.5%。同时，当日执行有序用电的工业企业占规模以上工业企业总数的 46.2%。其中，除危化品生产企业、连续性生产企业因行业特殊性需维持保安负荷外，其余多数处于停产让电状态。全国层面，全国工业产能利用率为 77.1%，比二季度降低 1.3 个百分点，仅比去年同期提高 0.4 个百分点。2021 年 9 月，工业增加值同比增长 3.1%，增速同比降低 3.8 个百分点、环比降

① 2018 年，工业的煤炭消费量与煤炭消费总量之比高达 95.8%。2020 年，第二产业用电量与全社会用电量之比约为 68.2%。

低 2.2 个百分点①。

三是降低经济运行效率，加大民生保障难度。用能约束不断加大，能源价格和原材料价格不断上升，成本在产业链中不断传导，使得行业间和上下游必须进行利润再分配，明显降低了整体运行效率。调研过程中，很多企业都表示用能约束提高了原材料等物资采购和价格调整的难度。同时，处于中下游行业的企业面临利润锐减的困境。事实上，由于受影响程度不同，用能约束还可能进一步加剧区域发展失衡。另外，除提高居民生活成本外，有序用电等用能约束还加剧了就业保障等民生问题。虽然各地在实施有序用电时坚持“保民生”原则，但用能约束增加了企业特别是中小微型企业的生产经营风险。正如部分受访者所反映的，企业受损甚至出现倒闭，最终也会波及民生。例如，2021 年 9 月，我国规模以上工业企业平均用工人数累计值同比减少 0.2%，其中，非金属矿物制品业、黑色金属冶炼和压延加工业、有色金属冶炼和压延加工业同比减少 0.3%、1.9%、0.3%②。

三、用能约束的产生原因与未来演变

不管是有序用电还是能耗双控，用能约束都是多重因素共同作用下所引致的。在实现“双碳”目标的背景下，用能约束将进一步演变，进而对经济社会发展施加更加全面、深入的影响。

（一）实施有序用电的直接原因

长期以来，以避错峰用电、拉闸限电等为主要形式的有序用电并不鲜见。但与以往相比，本轮有序用电的覆盖范围更广、持续时间更长、影响程度更深。之所以出现这一情况，是因为多重因素导致电力供需矛盾加剧，地方政府只能通过启动有序用电方案来予以化解。

一方面，疫情防控进入常态化，企业恢复正常生产经营，全社会用电量快速

① 数据来源：国家统计局。

② 值得强调的是，这三大产业的平均用工人数占制造业平均用工人数总量的 12.0%。数据来源：国家统计局。

增长。随着疫情形势逐步好转，经济社会系统加快重启，企业和居民的用电量均迅速回升。如图 1 所示，2021 年全社会用电量保持高速增长态势，1—6 月每个月的同比增速均接近或大于 10%。2021 年 1—2 月，全社会用电量为 12588 亿千瓦时，已超过 2019 年同期水平。2021 年 1—8 月，全社会用电量同比增速高达 19.3%。即便有序用电导致用电量增速放缓的情况下，2021 年全年用电量同比增速仍有 10.3%，比 2019 年增加了超过 10000 亿千瓦时。

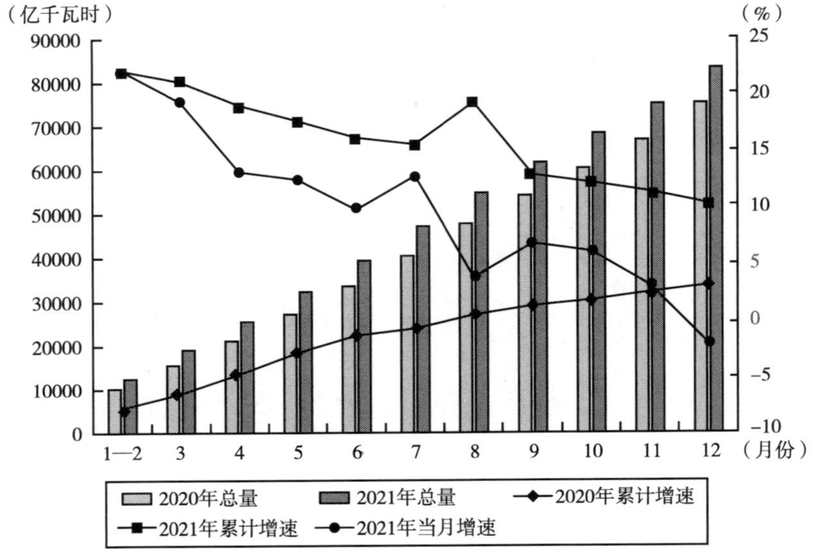

图 1　我国全社会用电量及其同比增长速度

数据来源：中国电力企业联合会电力消费情况月度报告，https：//www.cec.org.cn/。

另一方面，受煤炭供给紧张、煤炭价格高涨、水电和风电增量有限等多重因素影响，我国发电量增速无法匹配需求增长。一是国内产量增速减缓和国外进口减少导致煤炭供给不足。受多重因素影响，2020 年我国原煤产量同比增速仅有 0.9%，2021 年 1—9 月规模以上企业的原煤产量仅同比增长 3.7%。同时，煤炭进口量大幅减少，2021 年 1—8 月同比减少约 10.3%①。二是供给不足引发煤炭价格大幅上涨，火力发电企业积极性严重不足。2021 年燃料、动力类购进价格保持高位增长，2021 年 5 月当月同比增速超过 20%。同样地，煤炭进口价格（规格品 7000）高速增长，从 2021 年 3 月的 750 元/吨左右提高至 9 月的 1200 元/吨左右，到 11 月 12

① 数据来源：海关总署统计快讯。

日更是高达 2196 元/吨①。煤炭价格高涨但电价上涨有限，火电企业发电越多、亏损越大，因而缺乏积极性。如图 2 所示，虽然 2021 年规模以上企业火力发电量整体增速高于 10%，但却呈现明显下滑趋势，且高增速很大一部分是因为疫情冲击下 2020 年同期基数较小。三是水电严重不足、风电总量有限，我国发电量增速明显低于需求增长。受气候因素影响，2021 年我国水力发电量大幅锐减。2021 年 6—8 月，规模以上企业的水力发电量当月均出现 4% 以上的负增长，与往年形成鲜明反差，导致累计发电量同比增速自 7 月份起由正转负。与此同时，风力发电量虽然高速增长，但其总量规模有限，增量部分仅能够弥补水电的减少。相应地，我国发电量虽然增速高于 10%，但仍然低于全社会用电量的增长速度。

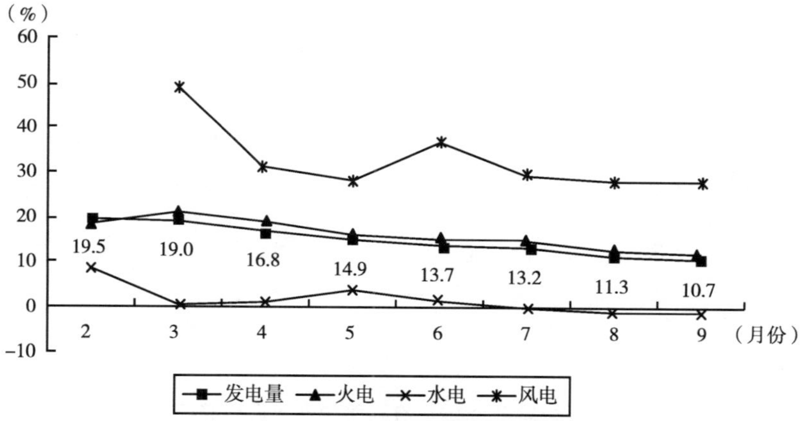

图 2　2021 年我国发电量累计同比增速

数据来源：国家统计局月度数据库。

注：统计范围为规模以上工业法人单位。

电力供需缺口不断扩大，各地区特别是电力输入型省市不得不启动有序用电方案，且其实施等级随着供需矛盾加剧而不断提高，拉闸限电、“开二停五”等现象大范围出现。

（二）用能约束产生的根本原因

当前，我国企业遭遇的用能约束存在于两个领域：一是一次能源特别是煤炭；二是电力特别是火电。这些普遍性用能约束直接源于市场供需失衡和相应的

① 数据来源：中国电力企业联合会《中国电煤采购价格指数（CECI 进口指数）》，https：//www. cec. org. cn/detail/index. html？3－303219。

政府调控，而根本原因在于产业结构转型升级滞后。能源结构偏煤、产业结构偏重、产业高端化发展不足，从多个方面引发或强化了用能约束。

第一，能源行业对化石能源依赖度过高，煤炭供给不足和价格上涨直接引发用能约束。长期以来，我国积极发展新能源和可再生能源，推进能源结构优化，2020 年非化石能源消费占比提高至 15.9%。但是，化石能源特别是煤炭仍然是我国能源消费的主要构成。如图 3 所示，在 2020 年我国一次能源消费中，原煤、原油、天然气的占比分别为 56.8%、18.9%、8.4%；同时，在 2020 年的电力消费中，火电占比高达 67.9%。由于能源结构偏重，煤炭进口不足和国内产量有限，导致火电企业和工业用电企业所受约束增强。

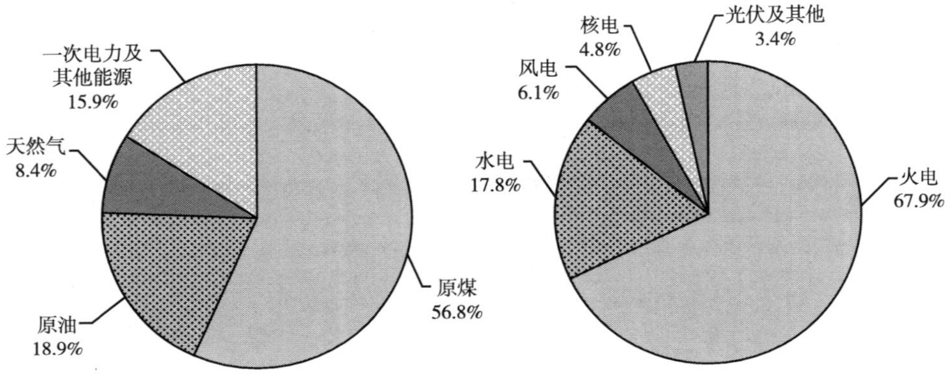

图 3　2020 年我国一次能源和电力消费结构

数据来源：《中国统计年鉴 2021》、国家能源局。

注：左侧为一次能源消费结构，右侧为电力消费结构。

第二，工业特别是高耗能行业生产加快，其煤炭和电力需求快速增加，进一步加剧了煤炭和电力供需矛盾。受疫情全球大流行影响，大量海外订单回流，出口需求增加带动生产规模迅速扩大。2021 年 1—8 月，我国规模以上工业企业增加值同比增长 13.1%，增速比 2020 年同期高出 12.7 个百分点。其中，高耗能行业增速更快，黑色金属冶炼和压延加工业、有色金属冶炼和压延加工业、化学纤维制造业、金属制品业的营业收入同比增速分别高达 43.3%、37.3%、35.7%、30.0%（见图 4）。工业生产加快，其对煤炭和电力的需求急剧增加。例如，2021 年上半年建材行业的用煤量同比增长 12.0%①；2021 年 1—8 月，四大高耗

① 数据来源：《国家能源局举行新闻发布会介绍 2021 年上半年能源经济形势等情况》，http://www.gov.cn/xinwen/2021-07/29/content_5628146.htm。

能行业用电量同比增长 11.0%，增速比 2020 年同期高出 10.1 个百分点①。由此，电力行业同时面临煤炭供给量减少和用电需求增加双重压力，电力供需矛盾更加尖锐。

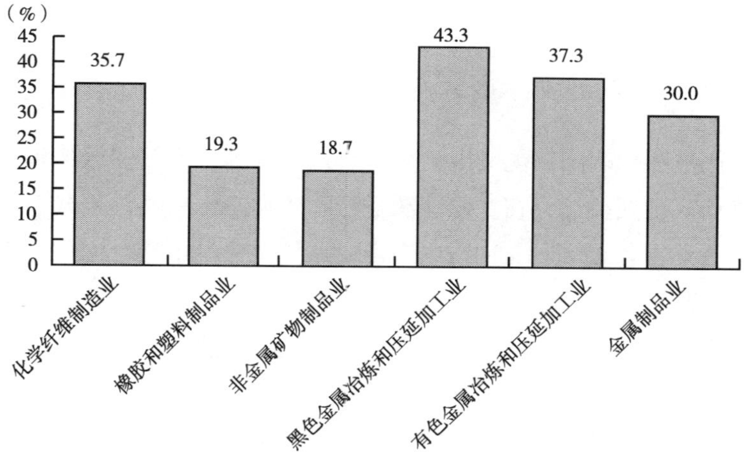

图 4　2021 年 1—8 月高耗能行业营业收入累计增长

数据来源：国家统计局。

第三，地方政府既要加强能耗双控，也要调节电力供需矛盾，强化用能约束成为必然选择。工业特别是高耗能行业过快增长，部分地区能耗指标出现紧缺。其中，广东、江苏、福建、陕西等 9 个省份 2021 年上半年能耗强度同比不降反升，另有 10 个省份的能耗降低率未达到进度要求②。事实上，这些地区 1—8 月的用电量增速大多都高于全国平均水平③，普遍面临用电缺口扩大问题。在双重压力下，部分地方政府只能扩大有序用电实施范围，加大对企业特别是高耗能企业生产的限制力度。其结果是，2021 年三季度，我国非金属矿物制品业、黑色金属冶炼和压延加工业、有色金属冶炼和压延加工业等行业的产能利用率分别比去年同期减少 1.8 个、4.6 个、1.0 个百分点④。

用电缺口扩大、用能约束增强，是供需矛盾、环境恶化等多重因素共同作用

① 数据来源：中国电力企业联合会《2021 年 1—8 月电力消费情况》。

② 参见《国家发展改革委办公厅关于印发〈2021 年上半年各地区能耗双控目标完成情况晴雨表〉的通知》（发改办环资〔2021〕629 号）。

③ 参见：中国电力企业联合会《2021 年 1—8 月电力消费情况》。

④ 数据来源：国家统计局《2021 年三季度全国工业产能利用率为 77.1%》，http：//www.stats.gov.cn/tjsj/zxfb./202110/t20211018_1822961.html。

的结果。但是，产业结构转型升级滞后无疑是根本原因。在能源结构偏煤、产业结构偏重的情况下，经济增速加快必然导致煤炭和火电消费齐升，同时伴随能耗强度提高、污染物排放增加。能源供需矛盾叠加经济发展与环境保护之间的矛盾，使得市场性和行政性用能约束同时出现。

（三）用能约束的未来演变及其影响

以有序用电为代表的用能约束更多属于短期问题，但产业结构转型升级滞后将使得用能约束长期持续存在。除能源危机不断加剧、环境污染日益严重所引致的市场性约束外，各级政府在加强生态环境保护、建设生态文明的过程中也必然给企业施加行政性用能约束。实现碳达峰、碳中和，是解决资源环境约束的根本保障，但这必须通过主动加强用能约束、减少化石能源使用来实现（见表 5）。只有全面建立绿色低碳循环发展的经济体系和清洁低碳安全高效的能源体系，我们才能真正消除用能约束，实现用能自由。

表 5　　实现碳达峰、碳中和的阶段性目标

时间节点	能耗强度目标	碳减排目标	能源结构目标
2025 年	单位 GDP 能耗比 2020 年下降 13.5%	单位 GDP 二氧化碳排放比 2020 年下降 18%	非化石能源消费占比达到 20%左右
2030 年	单位 GDP 能耗比大幅下降	单位 GDP 二氧化碳排放比 2025 年下降 65% 以上	非化石能源消费占比达到 25%左右
2060 年	能源利用效率达到国际先进水平	实现碳中和	非化石能源消费比重达到 80%以上

资料来源：《中共中央国务院关于完整准确全面贯彻新发展理念做好碳达峰碳中和工作的意见》。

在实现“双碳”目标背景下，我国经济社会主体所面临的用能约束将呈现如下变化趋势：

一是范围更加广泛。到目前为止，用能约束主要作用于煤炭和电力需求较大的企业，其中高耗能企业是重中之重，较少波及居民生活和公共领域。而要实现“双碳”目标，政府、市场和社会任何一方都必须积极参与。随着“双碳”战略的推进，用能约束将逐步覆盖到社会各界，使其主动或被动减少对煤炭、石油、天然气等化石能源和火电的使用。

二是刚性更加突出。相比于发达国家，我国实现“双碳”目标的时间更紧、难度更大、困难更多。特别是我国仍处于工业化发展阶段，化石能源消耗和二氧化碳排放量还将刚性增长，并不断推高碳排放峰值。为此，我们必须从现在开始不断提高用能约束的刚性和强度，确保 2030 年达到一个较为合理的峰值，为实现碳中和增加腾挪空间。这一过程中，经济社会主体在能源使用上必然面临日益强化的制约。

三是形式更加多样。现阶段，企业面临的用能约束形式较为单一，主要是市场供需失衡引致的用能成本提高和政府调控引致的用能可得性降低。但在中长期，不管是市场层面还是政府层面，各种新型的用能约束都将不断涌现，以便督促经济社会主体切实减少碳排放。例如，征收碳税已经在全球多个国家出现，我国也正在研究制定中。各种形式的用能约束都将大幅提高市场主体使用化石能源以及火电的相对成本，使得节能减排降碳成为其内生动力和约束。

正如习近平总书记所言，实现碳达峰、碳中和是一场广泛而深刻的经济社会系统性变革。实现“双碳”目标将使得用能约束长期存在且不断趋严，使得用能成本不断提高、环境污染外部性进一步内部化，这将从方方面面推进经济社会的重构。如图 5 所示，产业特别是工业，是能源消耗和碳排放的绝对主体。在 2020 年的综合能源消费中，工业的能源消耗量占比高达 66. 2% 。因此，工业必然也是用能约束的主要受体。用能约束将全方位改变产业发展面临的环境和条件，其中主要包括以下四个方面：

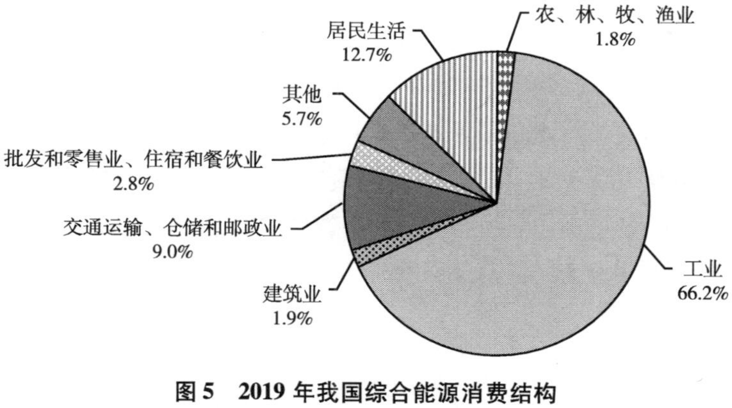

图 5　2019 年我国综合能源消费结构

数据来源：《中国统计年鉴 2021》。

一是生产经营成本不断提升，比较优势将发生根本性变化。用能约束将促使能源价格不断提高，并从能源、原材料、设施设备、排放物处理等多个方面推高企业特别是传统企业的成本压力。相应地，我国企业长期具备甚至赖以生存的低成本优势将加快消失，参与国际市场竞争的能力面临极大挑战。虽然传统化石能源的主导地位短期内难以改变，但减少对化石能源的使用是节能减排降碳的根本途径①。这意味着，企业要想适应全新的生存条件和环境，就必须加大技术和工业创新投资力度，这在增加成本的同时也会彻底改变企业和产业的比较优势。

二是资源禀赋加快调整，产业空间布局将发生系统性变革。用能约束扩面和趋紧，使得以化石能源和电力为核心的资源禀赋加快变化。相应地，主要基于资源禀赋的产业布局也必然进行调整。中西部地区的资源劣势可能转变为资源优势，进而成为未来产业布局的重点。同时，高耗能行业向清洁能源和可再生能源富集地区转移必将加快推进。另外，中低端制造业可能进一步向资源能源和生态环境约束相对较弱的国家或地区转移，进而显著改变和冲击我国产业体系，引发产业空心化、产业链断层等潜在问题。

三是国家公共政策体系深度调整，传统产业发展空间进一步受限。用能约束趋严将改变各个产业的相对重要性，传统产业特别是高耗能产业的地位将逐渐弱化。在实施“双碳”战略过程中，公共政策体系必将向绿色低碳产业倾斜。例如，《2030 年前碳达峰行动方案》中明确提出，要“完善有利于绿色低碳发展的财税、价格、金融、土地、政府采购等政策”“引导企业、高等学校、科研单位共建一批国家绿色低碳产业创新中心”“鼓励社会资本以市场化方式设立绿色低碳产业投资基金”。传统产业既要应对不断趋紧的用能约束和成本压力，也将逐步丧失政府优惠政策的支持，发展空间将日益缩减。

四是市场需求结构加快演变，转型升级外部压力不断凸显。在日益全面的用能约束下，各行各业所面临的市场需求都将加快将向绿色化、低碳化、智能化转型。除能源行业必须转向清洁能源和可再生能源外，原材料行业、中下游制造业等都必须向用户提供环境友好型产品，直接或间接帮助其降低能耗强度和碳排放量。例如，随着用电价格的提高，居民将更加注重产品和服务的节能效果。市场需求的系统性变化，将进一步改变产业发展面临的环境，强化其实现转型升级的内在动力。

四、应对用能约束的思路与多重权衡

在实现“双碳”目标过程中，供需结构变化引致的市场性约束和政府施加

① 2020 年，我国二氧化碳总排放量达到 102 亿吨，其中约 99 亿吨与能源相关，煤炭是碳排放的核心来源。

的行政性约束相互交织，将对经济社会发展产生深层次、全方位影响。要推进经济社会可持续高质量发展，必须理顺思路，妥善做好多个层面的权衡，为处理应对用能约束趋紧所带来的冲击与挑战奠定坚实基础。

（一）基本思路

如前所述，我国实现“双碳”目标并非易事。这一过程之中，政府、市场和社会等多方主体都必须发挥积极性和主动性，协同推进节能减排降碳工作。因此，《2030 年前碳达峰行动方案》明确提出要“重点实施能源绿色低碳转型行动、节能降碳增效行动、工业领域碳达峰行动、城乡建设碳达峰行动、交通运输绿色低碳行动、循环经济助力降碳行动、绿色低碳科技创新行动、碳汇能力巩固提升行动、绿色低碳全民行动、各地区梯次有序碳达峰行动等‘碳达峰十大行动’”。相应地，源于政府调控或干预的行政性用能约束将逐渐成为用能约束的主体。

产业结构转型升级滞后，高端化、绿色化、低碳化发展不足，对化石能源依赖度过高，是我国遭遇市场性用能约束（供需失衡）和行政性用能约束（能耗双控、有序用电）的根本原因。不管是有序用电还是能耗双控，政府主动施加用能约束的根本目的在于提高企业特别是高耗能企业的能源使用成本、内部化其生产经营中产生的负外部性，进而倒逼企业走绿色低碳发展道路、加快产业结构转型升级。换句话说，产业结构转型升级滞后是我国遭遇普遍且不断趋严的用能约束的根本原因，也是中长期有效破解用能约束的关键着力点，即通过强化行政性用能约束来加快产业结构转型升级，进而化解自然性、市场性用能约束。

当然，值得强调的是，强化用能约束必然对产业发展产生不利影响。对于产业结构转型升级而言，用能约束趋严既是机遇也是挑战。其中，挑战主要包括三个方面：一是能源行业清洁化、低碳化发展的难度将因为腾挪空间缩减而大幅增加；二是高耗能行业的生存与发展环境将不断恶化；三是制造业高端化发展将因为内外制约的增加而面临更多风险。例如，如图 6 所示，我国单位 GDP 的能耗和碳排放量大幅高于全球平均水平，与美国等发达国家之间还存在非常大的差距。受用能约束影响，我国产业特别是制造业必须从化石能源转向价格相对更高的新能源和可再生能源，其成本优势可能转变为成本劣势。同时，能否依靠技术创新建立新的竞争优势将成为各行各业、各个企业生死存亡的关键。要成功实现产业结构转型升级、建立起低碳绿色循环发展的产业体系，我国就必须妥善应对好这些挑战。为此，必须建立起政府、市场与社会之间的高效协作机制，整合全社会力量和资源，共同应对经济社会发展遭遇的困难和挑战，协同推进产业结构转型升级和经济社会高质量发展。

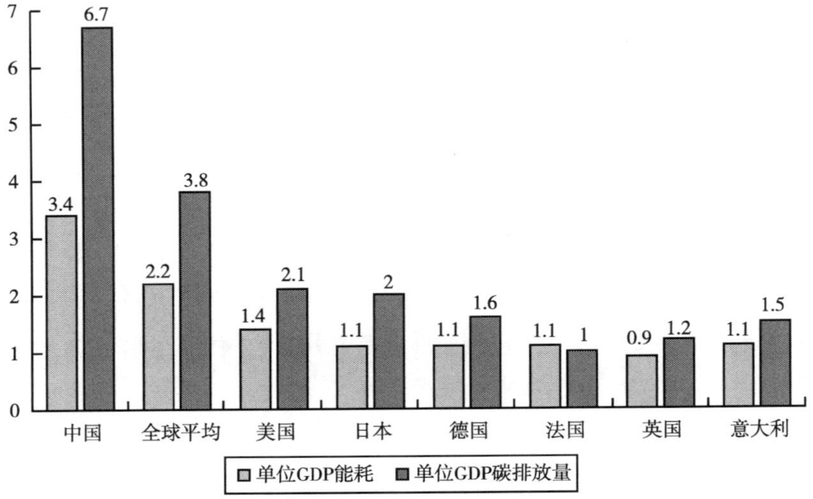

图 6　2020 年单位 GDP 能耗和碳排放量国际比较

数据来源：国家统计局《2020 年国民经济和社会发展统计公告》。

注：单位 GDP 能耗、单位 GDP 碳排放量的单位分别为“吨标准煤/万美元”“吨二氧化碳/万美元”。

（二）多重权衡

不管源于市场还是政府，用能约束都将不可避免地出现并不断增强。但是，我们可以通过优化施加行政性约束的方式方法、构建有利于增强经济社会主体应对能力的制度和政策体系等，最大限度地消除用能约束的负面冲击。事实上，行政性用能约束是实施“双碳”战略的一部分或自然结果。在做好碳达峰碳中和工作中，我们必须正确处理好三个方面的多组关系。

基本目标方面，应权衡好节能减排降碳与经济发展、产业低碳发展与产业安全稳定、产业稳定发展与基本民生保障、清洁能源发展与能源稳定供应之间的关系，不能只顾其一，而是要统筹兼顾并把握主要矛盾。节能减排降碳是为了实现更持续、更高质量的发展，而不是为了损害和阻碍经济发展。因此，必须以创新体制机制、优化产业结构、加快技术创新和转型升级等促进经济高质量发展，进而实现节能减排降碳，而不是通过降低经济发展速度来实现节能减排降碳目标。

在优化产业结构方面，不能为了实现低碳绿色发展就不顾产业链的安全与稳定，不能为了追求低碳绿色产业而对传统产业特别是高耗能产业实行一刀切。应以加快技术创新和科技成果转化为核心，推动新兴产业和传统产业的同步发展，保障产业体系的安全与稳定，避免出现产业链断层、产业空心化等问题。

工作安排方面，一是处理好短期与中长期的关系，必须将中长期目标融入短期发展规划和实施中来，强化中长期目标的约束和指导作用，以此为基础做好短期工作。不能追求“毕其功于一役”，将中长期目标执行短期化。也不能仅仅关注短期的经济发展和社会稳定问题，否则将因为碳排放峰值过高而导致后期减排压力过多。二是处理好整体与局部的关系，在推进节能减排降碳全国一盘棋的过程中，也必须兼顾地区之间的差异，注重调动各个地区的积极性和能动性。例如，在设定年度目标方面，东部发达地区的产业结构相对合理，且经济总量更大，可以承担相对较多的任务。以此为基础，给予落后地区相对更大的调整空间，确保其具备持续发力的能力和动力。

制度设计方面，一是兼顾制度的刚性与柔性，制度体系既要有足够的刚性，确保各方都参与节能减排降碳工作，也要有适当的柔性，允许各地、各行业实现碳达峰的时间节点有先有后。过于刚性的制度政策必然会引发一刀切问题，甚至导致部分地区盲目冒进，制定远超出当地承受能力的减碳目标。因此，必须让制度保持一定程度的柔性，确保各方主体的激励与约束平衡，引导其积极参与“双碳”战略的实施。二是兼顾政策的确定性与灵活性，政策措施既要有较强的规则性、确定性，便于市场主体建立稳定预期，也要有一定的灵活性，以便应对日益增加的风险与不确定性。要实现政策之确定性与灵活性的平衡，各级政府及相关政府部门必须大幅提升治理能力特别是政策能力，提高政策制定的前瞻性和政策执行的精准性。

五、对策建议

当前，必须以做好上述多重权衡为基础和准则，加快推进制度创新和政策调整，以促进产业结构转型升级为着力点，整合资源、统筹行动、形成合力，有效应对日益普遍、多元、趋严的用能约束。结合调研中企业表达的诉求和建议，我们认为现阶段应当着重做好如下工作：

（一）健全协同推进体制机制

围绕实现“双碳”目标的需要，加快深化各个领域的体制机制改革和优化调整，为协同、系统推进节能减排降碳工作提供有力的制度支撑。一是进一步深化价格、资源、事业单位等领域的体制机制改革，加快推进全国和区域一体化要素市场的建设，推进各类资源、各种要素的跨地区、跨区域、跨行业自由流动，为市场机制发挥资源配置作用奠定基础。二是加快推进政府职能转变，进一步厘清政府与市场的关系，明确政府在实现碳达峰、碳中和战略中的职能定位和作用边界，引导各级政府从微观干预转向宏观调控、从行政管理转向公共服务，为政府、市场与社会协同参与扫除制度障碍。三是强化顶层设计和规划引领，有效提升中长期发展规划和行动方案的约束性、引领性。四是完善跨部门、跨地区统筹协作机制，理顺部门间权责划分，有效做好全国减排目标的细分，协调好部门间、地区间、行业间的关系，使得各地区、各部门、各行业拧成一股绳、力往一处使。

（二）有效提升政策实施效能

加快推进国家治理体系和治理能力现代化，提高政策制定的科学性、政策执行的合理性、政策调整的规范性，并充分发挥市场和社会主体的作用，全方位提升政策实施效能，有效推动产业结构转型升级。一是以中长期规划为指引，充分发挥各领域专家委员会和高端智库的作用，在广泛调研和征求意见特别是吸收产业界诉求的基础上，针对各行业、各领域出台更加具体的行动指南，指导各部门统筹制定节能减排降碳相关政策，切实提高制度政策体系的科学性。二是以推进数字政府建设为契机，以加快推进政府数据开放共享和整合利用为基础，充分发挥数字技术降低成本、提高效率、加强匹配等作用，提高政府运行和施策的智能化、精准化，在减少支出压力的同时提高政策效能。三是多措并举提高政策调整的规范性、可预见性，避免政策不确定性扰乱市场主体的预期。四是充分发挥行业协会等社会主体的决策咨询、统筹协调、资源整合、沟通联络等作用，为提高政策效能创造更好的社会环境。

（三）加快完善能耗双控政策

创新施加行政性用能约束的方式方法，提高政策的针对性、适用性、系统性，避免出现政策成本大于收益的困境。根据企业反映的问题，现阶段应当重点完善能耗双控政策，引导和督促各地区、各行业切实降低能耗强度，为实现“双碳”目标奠定坚实基础。其中，重点是提高能耗指标管理的弹性、增强能耗双控政策的协调性、提升能耗双控管理的精度。在提升精度方面，可以考虑对企业的能耗进行周期管理。例如，企业在进行数字化改造过程中，大量新设施设备的引入会增加其前期能耗，但会显著降低其后期能耗。如果简单地进行年度管理和考核，则会大幅增加企业的数字化转型成本。相反，周期管理可以更好地发挥企业的主观能动性。另外，应当以“一企一策”原则为基础进行能耗指标分配，不搞行业性歧视，不搞一刀切和突然袭击，确保企业有时间、有机会、有能力通过市场化手段和技术创新来实现转型发展。

（四）构建全面支持政策体系

在施加约束的同时，各级政府也应当从人才、金融、土地、科技创新等各个方面予以系统支持，激励与约束并重，促进企业绿色化、低碳化、数字化、智能化发展，加快实现产业结构转型升级。一是整合利用政府投资政策，不断完善企业转型发展的基础条件，在侧重于清洁能源开发等新兴产业发展的同时，也要为高耗能行业等传统产业的低碳绿色发展创造有利环境。二是完善国家中长期人才发展规划纲要的实施机制，强化地区间、行业间人才政策的统筹协调，确保人才配置结构符合产业转型发展需要。三是提高金融政策的普适性、公平性，有效降低企业转型发展的融资成本。四是建立健全公共资源统筹利用机制，切实提高土地等资源分配的有效性和协同性。五是完善科技创新公共服务体系，加快促进企业科技创新。

2021 年企业成本专题调研报告六：

中小微企业成本上升超预期，经营形势不乐观

"中小微企业发展与成本情况"专题调研组

组　长：赵治纲

成　员：何　平　洪金明　高颖超

执　笔：赵治纲　何　平　洪金明　高颖超

中小微企业是稳住我国经济基本盘的重要基础，是稳定就业、繁荣经济、促进创新的重要保障，其生存发展状况不仅事关“稳就业”，事关构建“新发展格局”，更事关中国经济发展的未来。自 2020 年新冠肺炎疫情冲击以来，各级政府持续出台了系列财税金融政策，大力推进优化营商环境、创新创业等政策，来着力支持和全面推动中小微企业的发展。然而，在今年疫情持续、多点、反复冲击下，特别是在大宗商品价格大幅上涨、国际航运费飙升、出口严重受阻、大面积拉闸限电等多种因素综合影响下，当前中小微企业经营和发展总体上成本上升、效益下滑、经营处境艰难。特别是当前中小微企业的发展遇到了哪些新挑战，营业成本出现了哪些新情况，经营预期和未来发展信心如何等问题，值得深入调查和研究。为此，财科院 2021 年“企业成本”大型调研之“中小微企业发展和成本情况”专题调研组开展了实地调研、书面调查和线上问卷调查。

一、当前总体形势：宏观经济尚可，中小微企业已弱

从宏观经济指标来看，2021 年我国三季度经济增速呈现了“前高后低”的整体走势。第一、第二和第三季度 GDP 同比增速分别为 18.3%、7.9%、4.9%，其中第三季度同比经济增速跌至 5% 以下，第三季度的两年平均增速也跌至 5% 以下，第三季度经济增速的下降幅度超出了各界预期。

从下降的关键因素来看，这主要是各地疫情持续反复、部分地区的罕见汛期，叠加大宗商品价格上涨、国际海运紧张、关键零部件短缺、互联网平台和房地产行业持续严监管，尤其是 9 月份开始的大面积拉闸限电严重影响了工业生产等多种因素集中所致。由此可见，尽管我国经济增速依然高于全球经济增速，也高于发达经济体经济增速，但当前经济面临新的下行压力，经济整体形势不太乐观，值得高度警惕。

（一）PPI 持续上涨 PMI 下滑，中小微经营处境较为艰难

2021 年 1—9 月全国工业生产者出厂价格指数（PPI）持续上涨，9 月份 PPI 指数同比上涨了 10.7 个百分点，涨幅创下有史以来的新高（见图 1）。PPI 的持续上涨，对于处于产业链中下游的中小微企业而言，意味着原材料价格的大幅上涨和原材料成本的持续攀升，经营成本上升、流动资金缺口扩大，在多数中小微

企业的销售端价格无法有效提高情况下，经营效益下滑甚至大幅亏损，整体经营处境较为艰难，部分企业经营举步维艰。

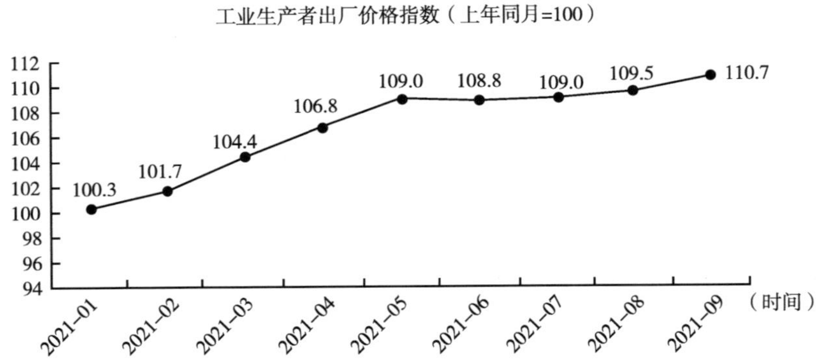

图 1　2021 年 1—9 月工业生产者出厂价格指数（PPI）

从部分省来看，江苏省和浙江省 9 月 PPI 比上年同月分别上涨了 12. 2 个和 8. 2 个百分点，河南省和湖南省 9 月 PPI 同比分别上涨了 10. 6 个和 7. 5 个百分点，宁夏回族自治区和四川省 9 月 PPI 同比上涨了 30. 5 个和 7. 7 个百分点，辽宁省和黑龙江省 9 月 PPI 同比分别上涨了 16. 3 个和 14. 1 个百分点（见表 1）。

表 1　　2021 年 1—9 月全国及主要省份 PPI 情况

地区		2021 - 01	2021 - 02	2021 - 03	2021 - 04	2021 - 05	2021 - 06	2021 - 07	2021 - 08	2021 - 09
全国		100. 3	101. 7	104. 4	106. 8	109. 0	108. 8	109. 0	109. 5	110. 7
东部	江苏	102. 1	103. 1	104. 6	106. 4	108. 3	109. 7	110. 7	111. 5	112. 2
	浙江	98. 9	99. 9	103. 3	105. 6	107. 2	107. 2	107. 5	107. 7	108. 2
中部	河南	100. 6	101. 2	103. 5	105. 7	108. 9	108. 4	108. 0	108. 9	110. 6
	湖南	101. 1	102. 2	104. 1	105. 0	106. 4	106. 2	106. 5	106. 5	107. 5
西部	四川	101. 1	102. 1	103. 3	104. 3	106. 1	106. 4	106. 5	106. 9	107. 7
	宁夏	105. 5	108. 0	110. 1	112. 1	116. 1	117. 1	119. 1	122. 9	130. 5
东北	辽宁	101. 2	104. 1	110. 0	112. 3	115. 5	115. 9	116. 0	116. 5	116. 3
	黑龙江	94. 5	100. 1	108. 2	115. 5	119. 1	115. 3	115. 2	114. 3	114. 1

从制造业采购经理指数（PMI）来看，10 月份 PMI 已经下降至 49. 2%（见图 2），已经连续两个月低于 50% 的荣枯线以下，而中型和小型企业分别为 48. 6% 和 47. 5%（见图 3），均处于荣枯线以下，尤其小型企业低于临界点 2. 5 个百分点，这意味着中小企业的生产意愿大幅下降。

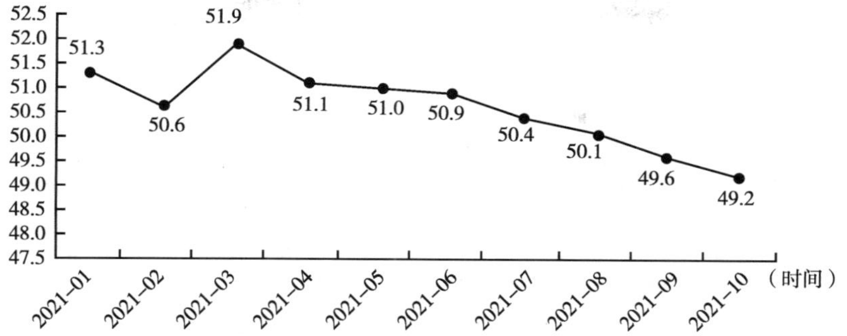

图 2　2021 年 1—10 月制造业采购经理指数（PMI）

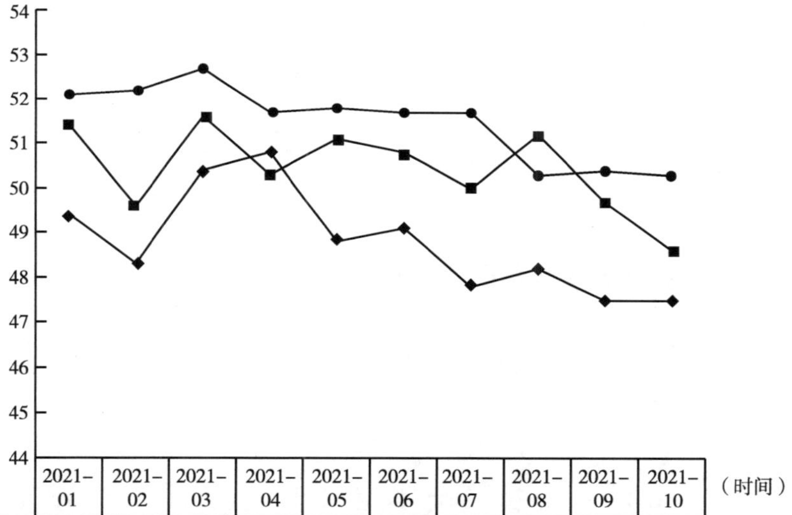

	2021-01	2021-02	2021-03	2021-04	2021-05	2021-06	2021-07	2021-08	2021-09	2021-10
大型企业	52.1	52.2	52.7	51.7	51.8	51.7	51.7	50.3	50.4	50.3
中型企业	51.4	49.6	51.6	50.3	51.1	50.8	50.0	51.2	49.7	48.6
小型企业	49.4	48.3	50.4	50.8	48.8	49.1	47.8	48.2	47.5	47.5

图 3　2021 年 1—10 月大型、中型、小型企业的 PMI 指数

2021 年 5 月以来，小企业生产指数始终保持在 50% 以下，5—9 月小企业生产指数分别为 49.6%、49.7%、47.6%、48.6% 和 47.7%，尤其是三季度下降明显。这表明小企业生产活动持续放缓，经营情况极不乐观。

此外，今年以来几乎所有工业行业的大宗商品价格都同比上升，且部分工业行业价格同比大幅上升，如 2021 年 11 月主要大宗商品价格出现大幅上涨（见表 2）。

表 2　2021 年 11 月主要大宗商品价格涨幅情况

品种	市场	1 月价格	11 月价格	规格	涨跌幅（%）
尿素硝酸铵	FOB 美国	140.53	592.44	美元/吨	321.58
硅铁	郑州商品交易所	6399.36	12748.72	元/吨	99.22
汽油	新加坡市场 FOB 价，95 号无铅	55.5	103.28	美元/桶	86.09
柴油	日本东京市场 C&F 价，含硫 0.2%	59.4	96.33	美元/桶	62.17
原油	伦敦市场 FOB 价，英国北海布伦特原油	52.8	84.13	美元/桶	59.34
铝	长江有色金属现货市场价	14698	20230	元/吨	37.64
锰铁	伦敦战略金属市场，鹿特丹仓库交货，75%—76%	1050	1380	美元/吨	31.43
铜	长江有色金属现货市场价	57284	71370	元/吨	24.59
锌	长江有色金属现货市场价	21075	24325	元/吨	15.42

数据来源：中华人民共和国商务部商品价格网。

（二）营业成本呈普遍上涨趋势，部分省份第三季度上涨更为明显

从国家统计局公布的规上企业营业成本数据来看，前三季度营业成本均大幅上升，尤其是第三季度部分省份的营业成本上升幅度较大。2021 年 1—9 月全国企业的“营业成本”持续上涨，截至第三季度营业成本累计值为 763321 亿元，同比上涨了 21.3%；第三季度全国营业成本总值为 267963.2 亿元，比上年同期上涨了 12.9%。江苏省和浙江省前三季度营业成本同比分别上涨了 25.1% 和 29.4%，第三季度江苏省和浙江省营业成本同比分别上涨了 15.2% 和 20.7%；河南省和湖南省前三季度营业成本同比分别上涨了 18.4% 和 16.1%，第三季度河南省营业成本同比上涨了 19.1%；宁夏回族自治区和四川省前三季度营业成本同比上涨了 29.1% 和 16.3%，第三季度宁夏回族自治区和四川省营业成本同比分别上涨了 31.5% 和 11.7%；辽宁省和黑龙江省前三季度营业成本同比分别上涨了 21.2% 和 17.1%；第三季度辽宁省和黑龙江省营业成本则同比分别上涨了 14.4% 和 13.9%（见表 3 和表 4）。

表 3　　2021 年 1—9 月全国及主要省份企业“营业成本”情况

地区		1—3 月		1—6 月		1—9 月	
		累计值	增长率（%）	累计值	增长率（%）	累计值	增长率（%）
全国		229126.7	36.5	495357.8	26.4	763321	21.3
东部	江苏	27141.9	44.3	59015.9	31.1	91135.2	25.1
	浙江	16728.4	47.2	37098.6	34.9	58310.7	29.4
中部	河南	10289.3	25.7	22045.5	18.0	33188.8	18.4
	湖南	6995.1	27.5	15723.9	21.8	23796.8	16.1
西部	四川	9892.0	27.8	20557.6	18.8	30983.1	16.3
	宁夏	1054.4	28.2	2302.9	27.8	3714.4	29.1
东北	辽宁	6817.4	21.5	14592.7	24.9	21943.0	21.2
	黑龙江	2051.0	20.2	4334.1	18.8	6608.6	17.1

表 4　　2021 年前三个季度全国及主要省份企业“营业成本”情况

地区		第一季度（1—3 月）		第二季度（4—6 月）		第三季度（7—9 月）	
		总值	增长率（%）	总值	增长率（%）	总值	增长率（%）
全国		229126.7	36.5	266231.1	18.8	267963.2	12.9
东部	江苏	27141.9	44.3	31874.0	21.7	32119.3	15.2
	浙江	16728.4	47.2	20370.2	26.2	21212.1	20.7
中部	河南	10289.3	25.7	11756.2	12.1	11143.3	19.1
	湖南	6995.1	27.5	8728.8	17.6	8072.9	6.4
西部	四川	9892.0	27.8	10665.6	11.5	10425.5	11.7
	宁夏	1054.4	28.2	1248.5	27.4	1411.5	31.5
东北	辽宁	6817.4	21.5	7775.3	28.1	7350.3	14.4
	黑龙江	2051.0	20.2	2283.1	17.5	2274.5	13.9

二、中小微企业发展瓶颈与成本负担：调研主要发现

为深入了解当前我国中小微企业经营发展遇到的新瓶颈和成本负担新情况，财科院 2021 年“企业成本”大型调研之“中小微企业发展和成本情况”专题调研组开展了实地调研、书面调查和线上问卷调查。在组长赵治纲研究员的带队下，专题调研组一行 4 人于 10 月 25—26 日赴湖南省湘西自治州，与州政府相关

部门和 15 位企业家进行了座谈交流，并实地走访了州高新区、泸溪高新区 8 家企业的生产经营现场。此外，因疫情防控要求，专题调研组向重庆市合川区草街镇的 13 家企业发送了调研提纲、调研问题和数据调查表，提供了非常翔实的书面调查反馈报告；与此同时，专题调研组还设计了“2021 中小微企业发展与成本情况”线上调查问卷，截至 11 月 12 日，共回收 110 份有效问卷。专题调研的基本情况如下：

（一）实地调研和书面调查的基本情况

专题调研组实地调研了湖南省湘西州 20 家企业，通过书面调查方式调查了重庆市合川区草街镇的 13 家企业，共包括中型企业 12 家，小型企业 16 家，微型企业 5 家（见表 5）。

表 5　实地调研和书面调查样本企业的基本信息

省份	调研对象	企业性质	企业规模	行业
湖南	HN1	民营	中型	有色金属冶炼和压延加工业
湖南	HN2	民营	中型	医药制造业
湖南	HN3	民营	小型	科技推广和应用服务业
湖南	HN4	民营	中型	其他制造业
湖南	HN5	国有	小型	酒、饮料和精制茶制造业
湖南	HN6	民营	微型	房地产业
湖南	HN7	民营	中型	汽车零售业
湖南	HN8	民营	中型	纺织业
湖南	HN9	民营	中型	印刷和记录媒介复制业
湖南	HN10	民营	中型	房地产业
湖南	HN11	民营	小型	其他制造业
湖南	HN12	民营	小型	农副食品加工业
湖南	HN13	民营	小型	医药制造业
湖南	HN14	民营	小型	金属制品业
湖南	HN15	民营	微型	建材批发业
湖南	HN16	民营	小型	计算机、通信和其他电子设备制造业
湖南	HN17	民营	中型	有色金属冶炼和压延加工业
湖南	HN18	民营	微型	计算机、通信和其他电子设备制造业

续表

省份	调研对象	企业性质	企业规模	行业
湖南	HN19	民营	中型	计算机、通信和其他电子设备制造业
湖南	HN20	民营	中型	有色金属冶炼和压延加工业
重庆	CQ1	民营	小型	通用设备制造业
重庆	CQ2	民营	小型	通用设备制造业
重庆	CQ3	民营	小型	汽车制造业
重庆	CQ4	民营	小型	非金属矿物制品业
重庆	CQ5	民营	微型	计算机、通信和其他电子设备制造业
重庆	CQ6	民营	中型	铁路、船舶和其他运输设备制造业
重庆	CQ7	民营	小型	汽车制造业
重庆	CQ8	民营	小型	其他制造业
重庆	CQ9	民营	微型	通用设备制造业
重庆	CQ10	民营	中型	零售业
重庆	CQ11	民营	小型	汽车制造业
重庆	CQ12	民营	小型	通用设备制造业
重庆	CQ13	民营	小型	汽车制造业

（二）实地调研的主要发现——湖南省湘西州

1. 湘西州中小微企业总体特征：“散、弱、小”

湘西州实体经济总体特征是“散、弱、小”，尤其是“四上”企业总量少、规模小，税收、就业贡献较弱，对经济发展支撑作用有限，特别是十大重点产业龙头企业不多，带动力还不强，新兴产业总体规模较小，产业链条不长，支撑能力较弱，抗风险能力不强。

当前工业高速增长近一半增量来自白酒、电解锌行业，后期波动风险较大；环保安监压力持续加大，高载能企业用电紧张，后期电解锰、锌产能释放承受较大压力。近几年新引进的电子信息类、锂电类等企业绝大部分没有自主研发能力，产品受下游市场制约，难以形成较大的增长动能。

2. 中小微企业生产成本上涨过快，企业亏损面扩大

从中小微企业的成本结构看，中小微企业缴纳的税费成本平均占比，低于原材料成本及员工薪酬成本占比。中小微企业最大的挑战来自原材料成本和人工成

本上涨的压力，以及市场订单和产品销售的压力。可见，单纯通过“减税降费”政策来降低中小微企业成本、缓解中小微企业成本与经营压力的空间已经有限。

今年以来，随着大宗商品需求明显增加、价格大幅上涨，部分原材料购进价格不断抬升，中小微企业的经营成本快速增加。今年前三季度 PPI 上涨 10.7%，其中生产资料价格上涨14.2%，煤、石油和黑色、有色等工业原材料价格大幅上涨。今年锰原矿、锌精矿、五氧化二钒、铝锭较年初分别上涨 100%、30%、20%、50%，导致湘西州规模工业企业营业成本增长 40.1%。湘西州的规模工业企业 93.3% 为“小微企业”，普遍存在“议价能力不强、抗风险能力不够”的问题。原材料价格的过快上涨，导致中小微企业的生产经营成本大幅上升，由此中小微企业的经营利润被进一步摊薄甚至严重亏损，进一步加剧了中小微企业的“经营风险”。

7 月下旬以来，受到新一轮新冠肺炎疫情影响，湘西州服务业特别是涉旅企业营业收入明显下降，而营业成本因抗疫反而有所增加，规模服务业营业成本增长 24.3%，导致涉旅企业的盈利大幅下降，甚至出现亏损。湘西州规上服务业 20 个行业大类中，有 13 个行业亏损。111 家规上服务业企业中，亏损企业 56 家，企业亏损面达 50.5%。今年前三季度，湘西州“四上”批发零售业、服务业中小微企业营业利润同比下降 62.8%、18.8%，建筑业、住宿餐饮业中小微企业亏损额比上年同期增大。

座谈会上企业家反映：第一，外贸海运费一直居高不下。已是正常价格的六倍甚至十倍，还一船难求，货物滞留码头司空见惯，陷入巨大的成本费用的泥淖中。第二，大宗原材料（电解锰片）价格几乎是背离市场供需规律地一路飙升，目前价格同比涨幅达到 400%，还未见顶。年内公司签下的很多待执行外贸订单价格远远低于目前的原材料采购价格，因此公司现在经常要在订单履约与亏损上作出选择。第三，原材料受贸易纠纷影响，由加拿大、澳大利亚进口转向法国与俄罗斯，成本涨幅达 10%—15%。第四，油价持续上涨，造成运输成本大幅提高，每吨原材料与产品运费要比以往多出 50—100 元。第五，期货价格疯涨，带动现货价格上涨，造成采购难的局面。第六，受到欧美贸易制裁，整个终端市场都缺芯片和显示屏，导致芯片和显示屏的价格比去年同期翻了三到五倍左右。因缺货造成整个行业订单萎缩，而客户也需要大量的资金来囤货购买芯片和显示屏，造成给其他供应商付款有所延误，导致公司资金比较紧张。第七，通货膨胀导致原材料价格上涨，且需要现金交易，无法做账期。目前原材料采购价格比

2020 年同期增长 100% 以上，且市场供货还不是很稳定。原材料的上涨也吞噬了公司的利润，原材料在我司所有的成本中占 15% 左右，目前价格翻了一倍。造成公司的盈利能力降低，面临亏损的风险。第八，政府监管加强，合规成本也大幅度提升，各种第三方评价、检测、监督、检查日益频繁，每年办证、检测与评价成本高达 48 万元。

3. 拉闸限电导致用电形势严峻，停工停产企业增多

今年 9 月底以来，国网湖南省供电公司下达湘西州有序用电负控指标 11 万千瓦，湘西州内企业的生产经营受到较大影响，初步估算已直接减少产值 1.8 亿元左右。

9 月以来，受工业限电和国外贸易成本增长等不利因素影响，湘西州工业企业对外出口产品下滑明显，其中锰矿石产量同比减少 39.7%、铝材产量同比减少 95.5%，服装产量同比减少 59.8%。锰矿石成品矿产量同比减少 91.7%，环比下降 79.8%；锌金属产量同比减少 14.3%，环比下降 17.5%。

实地调研企业反映：第一，上下游企业多数在沿海，所在城市均有限电，首先是供应商因限电以及原材料涨价导致制造成本提高，交货时间延长，最终是采购成本大幅度上升；另外，下游客户因限电影响，订单产品不能及时出货给客户，造成大量产品库存，不能及时回款，占用大量库存资金，导致流动资金严重不足。第二，下游企业大部分在广州、江苏等地，在限电停产之列，导致下游企业的用纱需求量减少。第三，拉闸限电造成上游原材料生产厂家纷纷停产或检修，导致货源不充足、品种规格不齐全、价格趁机上涨，一样造成了中下游的中小微企业原材料采购成本大幅上升。第四，长三角及珠三角地区限电对整个市场造成了很大的波动，主要客户集中在这两个区域，终端客户限电减产，导致整个市场的订单量萎缩，目前公司订单也不是很饱和。第五，受碳达峰、碳中和大环境及双控限电影响，企业正常生产受到影响严重，作为连续生产的电解锌来说，由于低产，致使生产成本、人员管理成本将大幅增加，进一步增加企业压力。据调查湘西电价优惠政策取消，并且电价加价，企业面临的压力将增大。

4. 企业管理方式落后，人才结构性短缺突出

湘西州中小微企业大多是民营企业，湘西州 890 户中小微企业中，民营企业达 807 户，占比高达 68.2%，且相当一部分民营企业是以“家族式管理”为主，企业家往往是凭经验进行经营管理，缺乏相应的“制度化、规范化、数字化”的现代企业管理经验，无暇顾及企业的长远规划和发展，企业生存周期较短。

湘西州部分企业受产业转型压力的影响，对技工人才的需求强劲，企业用工需求变成以熟练的技能型人才为主，简单劳动者需求减少；特别是部分高新技术产业需求更是以较高层次人才为主，专业对口和较高层次实用技能型人才短缺，无形中增加了企业用工成本。对于中小微企业在人才引进与开发中遇到的主要问题，56.9%的企业认为主要是经济待遇偏低，41.6%的企业认为主要是投资环境差，39.7%的企业认为主要是社会保障体系不完善，此外招聘渠道不广、人才短缺、人才流失的问题普遍存在。

实地调研企业反映：第一，公司面临外贸人才断代和短缺困难。第二，人工成本不断上升，雪花啤酒湘西分公司员工 85 人，人工成本却高达 1200 万元/年。第三，招工难问题一直存在，招到的工人技术与文化水平都会低于国企和大型企业，大部分只能招生手进行培训，新员工工作一段时间技术成熟之后，要不就是去做 300 元/天、500 元/天的临时工，要不就是跳槽到国企大企，造成招工既难、招工成本又高。虽然公司也想了很多办法，提升了员工福利待遇，更采取了人性化的管理，但用工缺口还是一样存在，而且招到的工人近年来平均年龄趋向越来越大，大部分年轻人都不愿选择当一线生产工人。第四，受区位条件限制及县域企业规模小发展空间不大这一实际，导致高端技术人才引进难。

5. 企业融资“难”和“贵”问题，仍然未能根除

当前，随着金融服务实体经济要求的推进，中小微企业的金融信贷利率得到了有效降低，且银行主动服务中小微企业的积极性有所提高，从一定程度上缓解了中小微企业融资难和融资贵的问题，但是，普惠小微企业信贷等金融产品的政策限制性太强，大部分小微企业整体实力不强，缺乏必要的抵（质）押物，或者无法提供符合会计制度要求的财务报表等资料，很难达到银行机构信贷的准入门槛。加之银行在为企业办理贷款延期业务时效方面并未显著提高，融资难的问题未彻底解决。一是湘西州目前暂无一家银行能够线上提供贷款延期办理操作，影响政策落实效率。二是贷款审批节奏也难以匹配企业资金需求特点。小微企业、民营企业资金需求特点大多为“短平快”，表现为资金需求频繁、节奏快，但每次所需资金可能并不多。银行机构在贷款审批时不论金额大小在程序上完全一致，导致可能出现在企业提出贷款申请时有资金需求，但无法等待银行审批，在银行完成审批流程后已通过其他渠道获取资金。三是担保增信能力不强。虽成立湘西融资担保有限责任公司，注册资本也达 3 亿元，但根据“担保公司单一客户在保余额不得超过净资产 10%”的监管规定，其单笔最大担保额度不得超过

3000 万元，担保增信能力有限。

实地调研企业反映：急需解决的是资金问题，目前银行只做不动产抵押贷款，不做动产抵押，但是目前产业转移企业都是租赁厂房，主要投资在设备上，没有不动产抵押，所以融资比较难，急需贷款、融资解决资金流动不足。

6. 政策门槛高变化快，企业“获得感”不高

当前，国家为支持中小微企业发展，给处于经营困境中的中小微企业纾困，出台了一系列财税优惠政策，给广大中小微企业度过经营困难发挥了较大作用。但是，由于部分优惠政策的门槛高、配套政策不足，尤其是政策频繁更新，再加上小微企业财务管理人才普遍缺乏，导致中小微企业的政策“总体获得感”大受影响。少数民族地区大多受自然条件和历史等因素影响，经济基础薄弱，中小微企业发育不充分，但国家政策同一标准，相对落后地区而言，申报门槛过高，市场主体受惠无望。此外，减税降费政策的更新变化给中小微企业财务管理提出更高要求，中小微企业由于经营规模较小、管理不够规范、资金较为紧张等原因，会计人员素质相对不高，且存在一位从业人员兼任多家企业财务人员的情况。面对频繁出台和不断调整的税收政策，企业财务人员往往理解不到位，没有完全掌握政策。比如，疫情期间新成立的湘西惠康医疗器械有限公司在年初率先投入医疗防护用品生产，在国内疫情防控稳定后，产品出口到美、英、日等国家。首次开展出口业务，财务人员对出口退税相关业务不熟悉，出口账务处理不清，不能及时提请退税申报，导致无法及时获得退税资金的循环支持。又如，某些企业在纳税申报时，误将减免税额填写至计税依据栏中，导致出现多缴教育费附加和地方教育附加的情况。

在优惠政策的落实方面也存在政策落实不及时，如疫情防控期间房产税、城镇土地使用税减免政策规定，因疫情影响遭受重大损失的交通运输、餐饮、住宿、旅游等困难行业企业，缴纳两税确有困难的，纳税人可即时向主管税务机关提出申请。符合减免条件的纳税人，需提供《纳税人减免税申请核准表》、减免税申请报告、证明纳税人困难的相关资料，其中包括本季度财务报表。实际上，本季度财务报表需下一季度才能提供，虽然税务部门为了能让纳税人及时享受优惠，能够提供容缺办理业务，但是财务报表关系到纳税人缴纳困难的真实性，政策落实及时性和准确性需要得到平衡。

（三）线上调查的主要发现——110 份样本企业

专题调研组设计了线上调查问卷，截至 11 月 12 日共收回有效问卷 110 份，

其中小型企业 54 家，占比 49.09%，中型企业和微型企业均为 28 家，各自占比 25.45%。样本企业的所属地和行业如图 4 和图 5 所示。

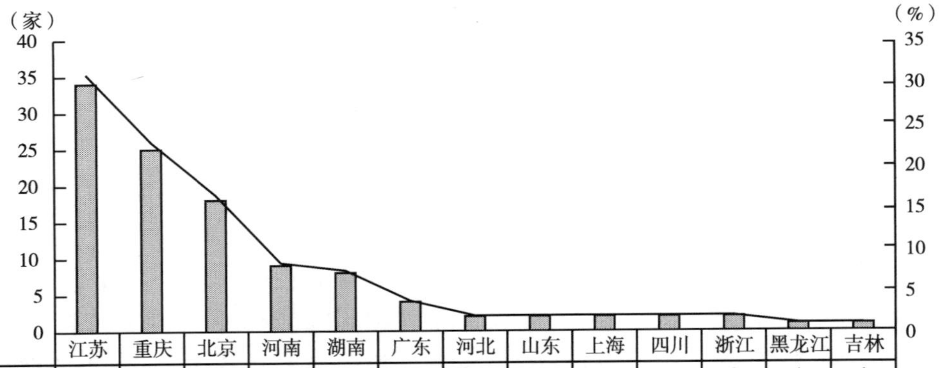

	江苏	重庆	北京	河南	湖南	广东	河北	山东	上海	四川	浙江	黑龙江	吉林
数量	34	25	18	9	8	4	2	2	2	2	2	1	1
占比	30.91%	22.73%	16.36%	8.18%	7.27%	3.64%	1.82%	1.82%	1.82%	1.82%	1.82%	0.91%	0.91%

图 4　样本企业所在地情况

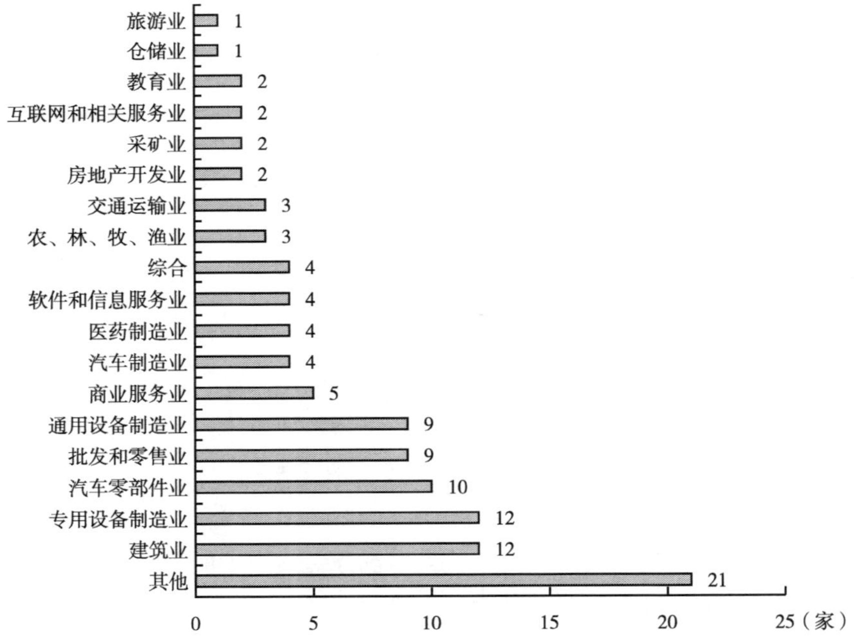

图 5　样本企业的行业分布情况

从样本企业的所有者性质来看，民营企业 83 家，占总样本的 75.45%，具体情况如图 6 所示。

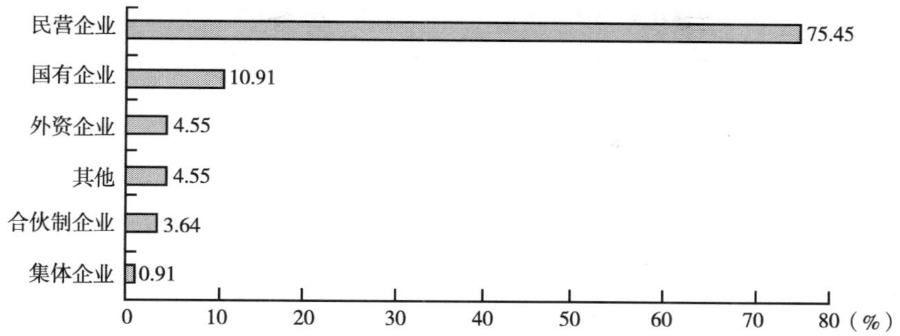

图 6　样本企业的所有者性质

从样本企业的规模来看，小型企业 54 家，占总样本的 49. 09%，中型和微型企业各 28 家，分别占总样本的 25. 45%，具体情况如图 7 所示。

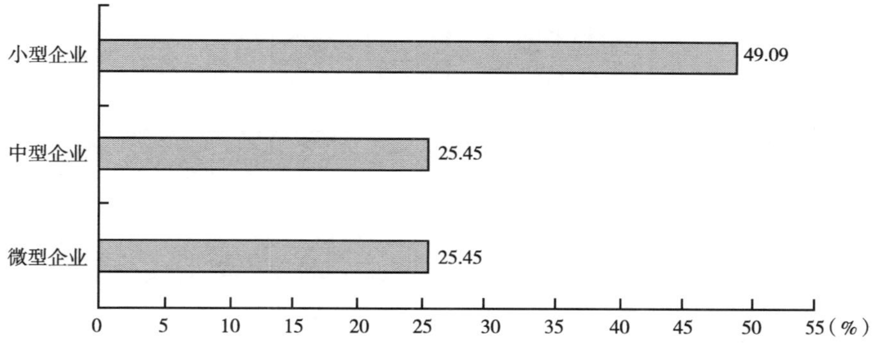

图 7　样本企业的规模大小

通过针对中小微企业设计专门的调查问卷，对 110 份有效样本企业反馈的问题进行统计分析后，主要发现如下：

1. 中小微企业的经营总体不乐观

今年前三季度生产经营总体情况依然不乐观，样本企业中 20. 91% 的企业经营同比去年大幅改善，经营形势较好。33. 64% 的样本企业反映经营同比去年有所恶化，其中，23. 64% 的样本企业经营同比去年有所恶化，经营依然困难，特别是 10% 的样本企业经营同比大幅恶化，经营陷入严重困难（见图 8）。

尤其需要引起注意的是，60% 的样本企业对 2022 年上半年经营反映不太乐观，经营勉强能够维持，具体见图 9 所示。

2. 原材料成本大幅上涨，是当前最大经营困难

线上调查数据显示，今年前三季度中小微企业的经营出现了较大困难，反映

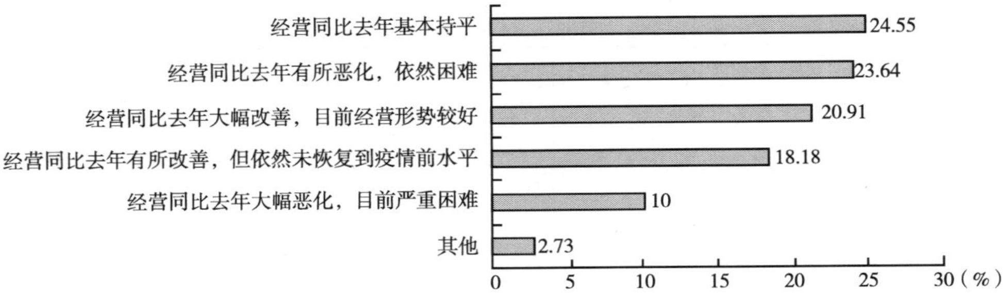

图 8　样本企业的经营总体情况

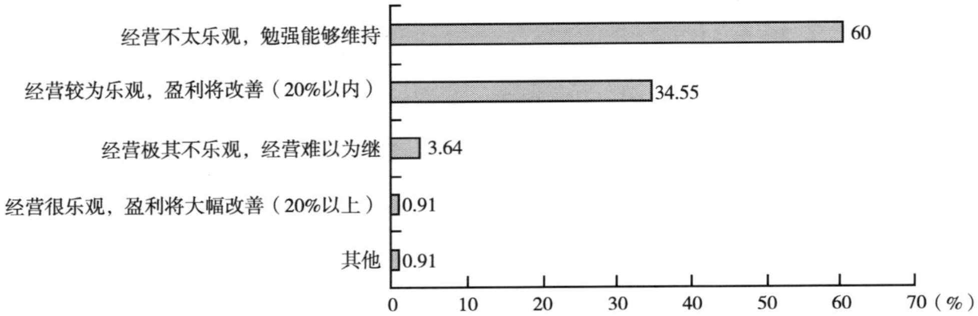

图 9　样本企业对 2022 年上半年经营的预期情况

最强烈的“五大困难”是：65.45% 的企业原材料价格大幅上涨、营业成本大幅上升；51.82% 的企业资金回款太慢或者被客户长期拖欠；34.55% 的企业工资和社保支付压力大；30.91% 的企业获得流动资金难度大；29.09% 的企业市场订单或业务量急剧减少（见图 10）。

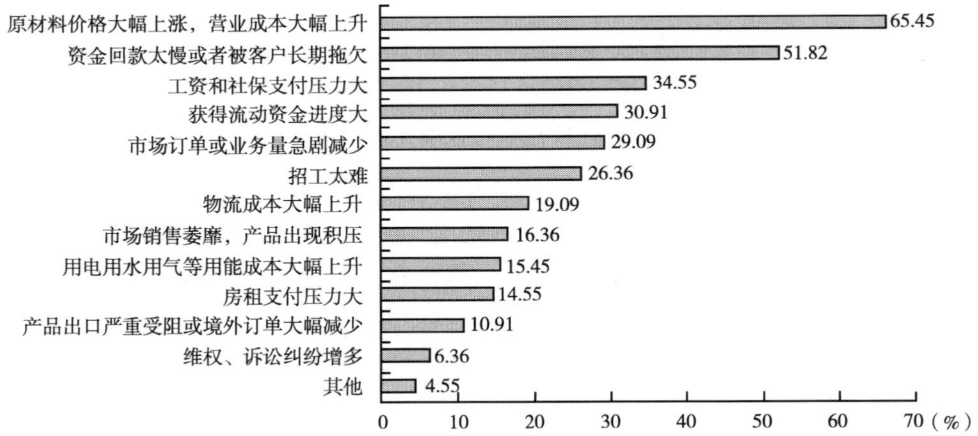

图 10　样本企业的经营困难情况

从原材料价格的涨幅情况来看，因大宗商品涨价，78.18%的企业反映今年前三季度原材料的平均采购价格与去年同期相比出现了上涨，其中，53.64%的样本企业原材料价格同比去年涨幅为10%—50%，12.73%的样本企业原材料价格同比去年涨幅在50%以上（见图11）。特别值得关注的是，75.46%的样本企业预计四季度原材料价格依然呈上升态势，原材料涨价趋势何时出现拐点，将事关中小微企业的生存。

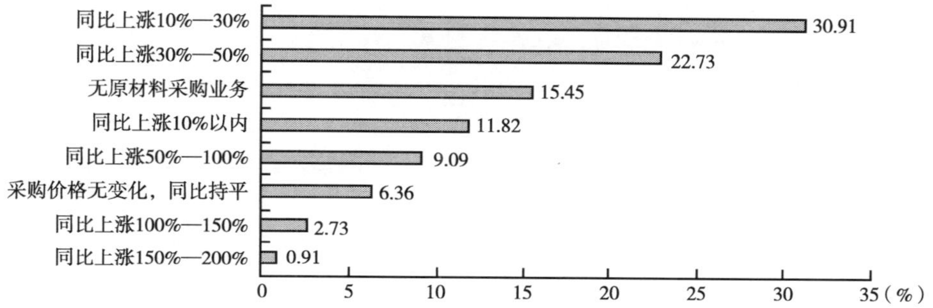

图 11　样本企业前三季度原材料价格涨幅情况

3. 原材料成本、用工成本、物流费用的涨幅居前三

受疫情反复冲击、大宗商品涨价、出口航运费大涨、拉闸限电半生产等内外部经营环境变化的综合影响，91.82%的样本企业反映今年前三季度成本费用同比去年上升，其中涨幅位居前三的分别是原材料成本、用工成本和物流费用，占比分别为75.45%、68.18%和27.27%（见图12）。

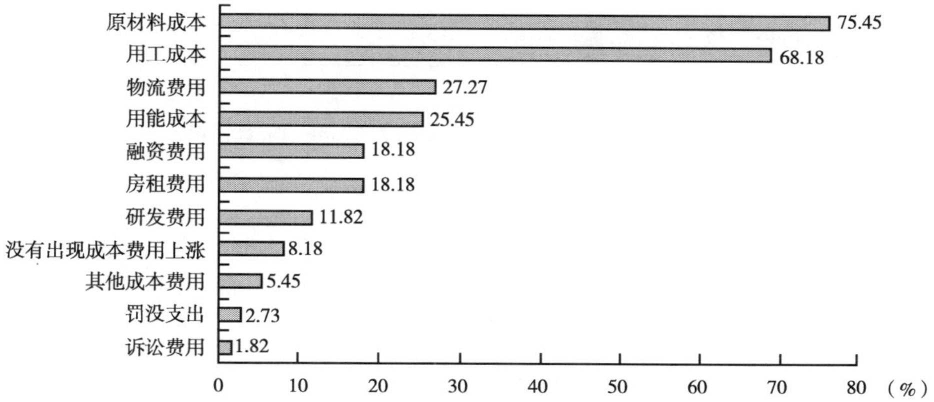

图 12　样本企业前三季度成本费用上涨情况

4. 增值税、社保缴费和企业所得税在税费支出中居前三

线上调查数据显示，样本企业反映今年前三季度缴纳的税费中居前三的分别是增值税、社保缴费和企业所得税，占比分别为 83.64%、51.82%和 44.55%（见图 13）。

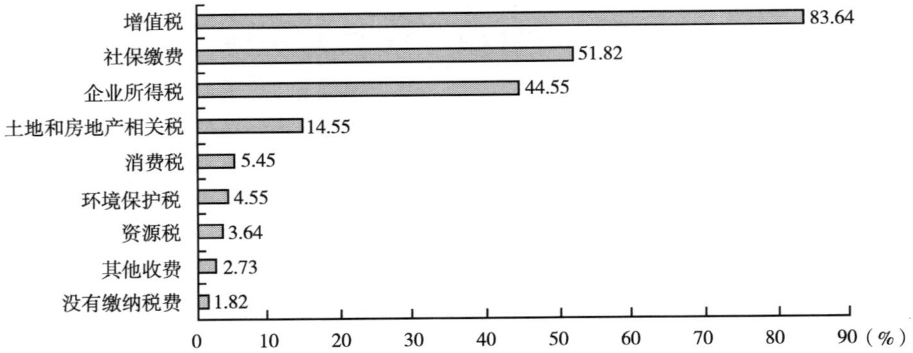

图 13　样本企业前三季度税费支出情况

但是，从税费负担来看，大部分中小微企业税费负担没有增加，只有 35.46% 的样本企业反映今年前三季度税费负担同比去年有所上升（见图 14）。

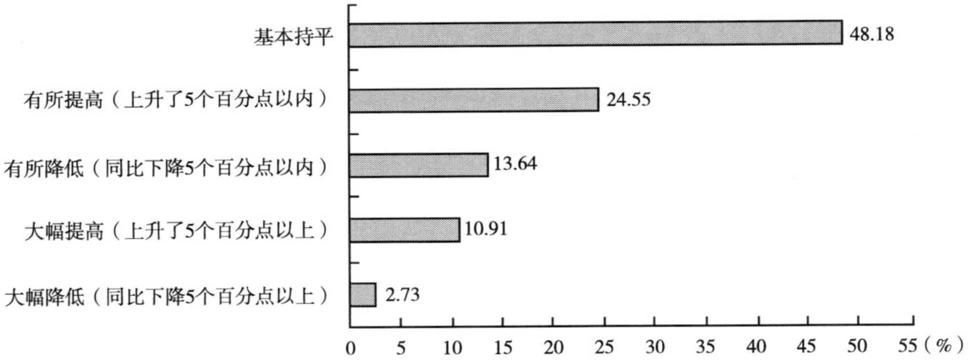

图 14　样本企业前三季度税费负担同比去年增长情况

5. 流动资金极为紧张，银行信贷融资依然困难

90.91% 的样本企业今年前三季度在资金方面遇到困难，其中，55.45% 的企业流动资金极为紧张，53.64% 的企业应收账款等被客户严重拖欠、资金回收难，22.73% 的企业业务发展急需信贷资金而无法获得银行信贷支持（见图 15）。

此外，中小微企业取得银行信贷融资依然比较困难。其中，32.73% 的样本企业无银行信贷融资，21.82% 的样本企业取得银行信贷融资比较困难，11.82% 的样本企业认为取得银行信贷融资更加困难（见图 16）。

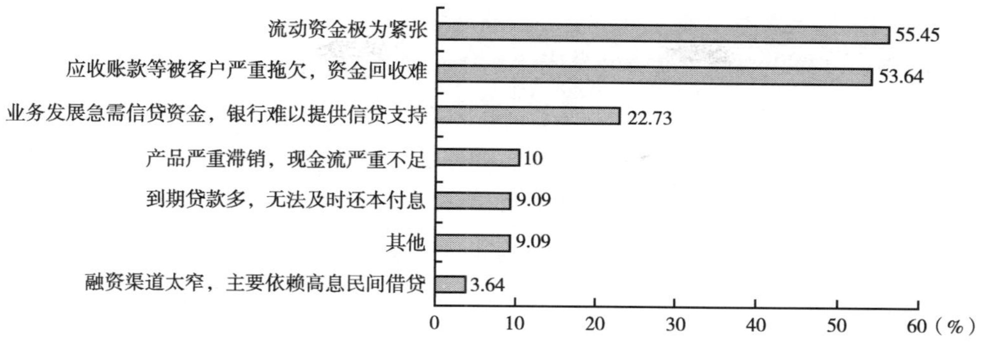

图 15　样本企业前三季度资金困难情况

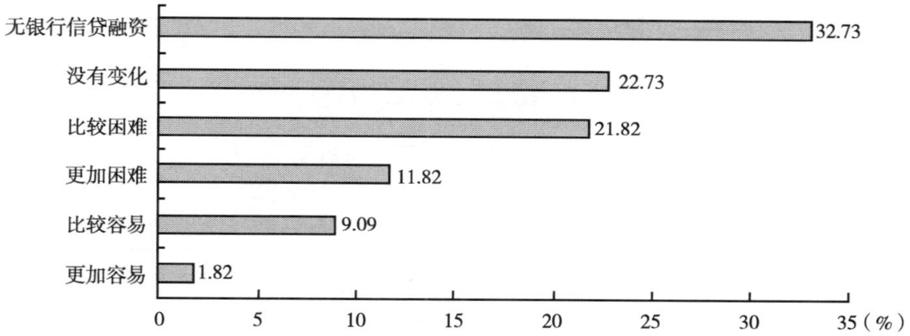

图 16　样本企业今年银行信贷融资情况（与去年相比）

特别值得注意的是，中小微企业的资金被客户拖欠情况相比去年有所恶化。问卷调查数据显示，34.55%的企业今年前三季度资金被拖欠在去年账期基础上有所延期，其中，延期在 90 天以内的占比 20%，延期在 90—120 天的占比 7.27%，延期超过 120 天的占比 7.27%（见图 17）。

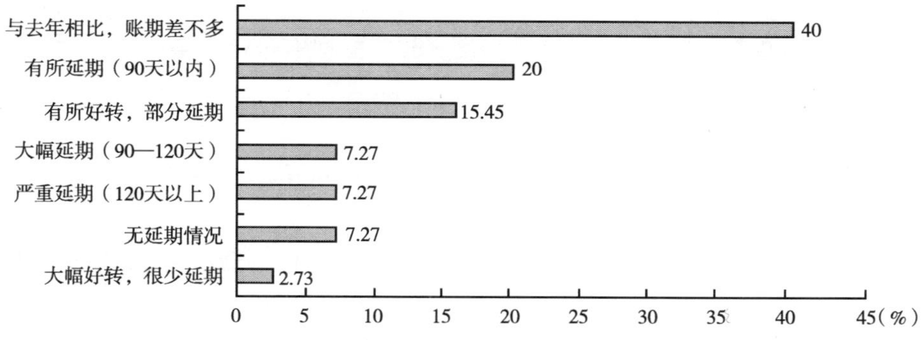

图 17　样本企业前三季度资金被拖欠情况（与去年相比）

6. 政策门槛高享受难，政策总体获得感一般

对当前已经出台的惠企好政策，中小微企业认为因政策享受的门槛高，直接享受难，政策总体获得感一般。线上调查数据显示，只有 40% 的样本企业认为政策力度强，政策获得感高，而 60% 的样本企业对政策总体“获得感”不太满意，其中，28. 18% 的企业感觉政策力度一般，获得感一般；16. 36% 的企业感觉部分政策享受难，获得感一般；15. 45% 的企业感觉大部分政策享受难，获得感很差（见图 18）。

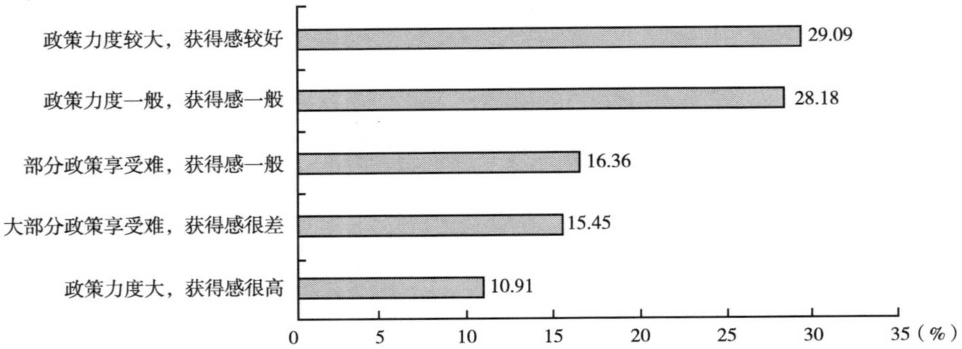

图 18　样本企业对当前惠企政策的评价情况

7. 信贷支持、解决资金拖欠、降低政策门槛是最大期待

中小微企业期待政府及相关部门最希望出台的支持政策是进一步加大信贷支持、着力解决资金被拖欠难题和降低惠企政策门槛，主要包括：48. 18% 的样本企业希望推动银行进一步加大对中小微企业信贷支持力度，32. 73% 的样本企业希望对恶意拖欠中小微企业资金的行为加大监管和惩罚力度，32. 73% 的样本企业希望进一步提高政策的针对性和降低政策享受的门槛，30. 91% 样本企业希望加大技工招聘和技术人才引进的补贴力度，30% 的样本企业希望出台灵活用工方面的配套服务政策（见图 19）。

（四）书面调查的主要发现——重庆市合川区

因疫情防控原因，专题调研组联系了重庆市合川区财政局，安排了草街镇 13 家企业填报了调查数据表和调查问卷。通过对 13 家调查企业提交的数据和反馈的问题进行总结，这些企业存在的主要经营和成本情况如下：

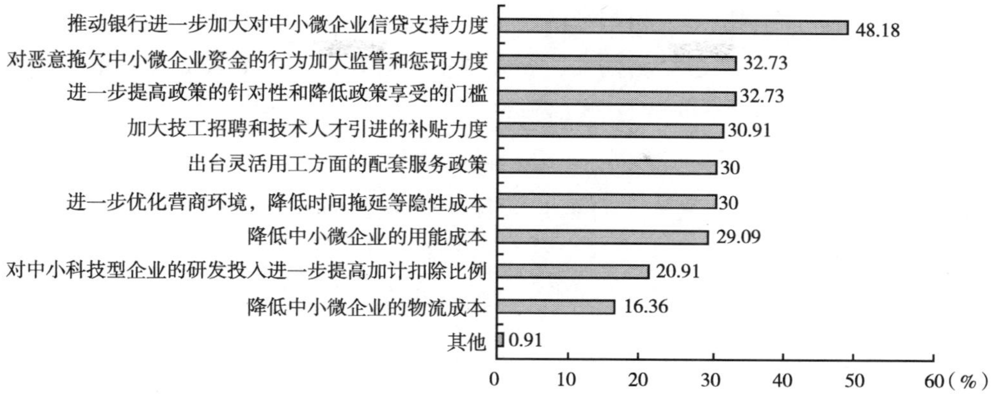

图 19　样本企业对惠企政策的期盼

1. 原材料成本大幅上涨，效益大幅下滑

在接受书面调查的 13 家企业中，100% 的企业均反映原材料成本上涨。其中，原材料成本涨幅在 30% 以内的企业有 6 家，原材料成本涨幅在 30%—50% 的企业有 5 家，原材料成本涨幅在 50%—100% 的企业有 2 家。

与去年同期相比，尽管企业的产量和销量总体呈现出上升趋势，但受产品市场竞争激烈、供应商原材料价格的大幅上涨、员工工资上涨等多重因素影响，企业产品毛利率大幅下滑，盈利能力恶化甚至严重亏损。

2. 销售受到疫情冲击，市场订单数量减少

受原材料涨价和疫情因素影响，大多数企业反馈订单受到影响。尤其是某企业的书面材料反映："公司原来主要产品为外销订单，因受海外疫情和国际航运影响，出口订单数量缩减了一半左右"。

3. 企业的流动资金压力增大，资金周转困难

由于原材料价格的大幅度增长，供应商要求现款结算，采购原材料需要大量资金投入，很多企业面临资金周转紧张的局面。另外，下游客户垫款不断增加，有企业表示应收账款较去年同期上涨 26. 33%，目前约为月销售收入的三倍。应收账款延期现象比较普遍，更加剧了企业资金链维系的难度。

4. 企业用工成本上升，招工留人均难

13 家书面调查企业均反映用工成本同比去年上升，且部分企业存在招工难。首先是招聘难。在制造业企业中，很多工种都存在招聘难的现象，尤其是技能型员工招聘更是难上加难。另外，招聘渠道虽多，但招聘效率较低并且招聘成本很高，新员工招聘成本一般超过 500 元/人。其次是留人难。大多数制造业企业位

于离城市较远的偏僻位置，相对城区而言交通受限，员工基本生活不方便，不愿意长留。再次是员工年龄结构偏大。企业即使能招到人，大多数工人的年龄也较大。有家企业反映，企业职工平均年龄超过 40 岁，30 岁以下职工比例仅为 18%，年轻人进入制造业意愿降低。最后是薪酬上涨压力太大。由于职工生活成本上升，薪酬上涨压力增大。有家企业反映企业目前人均薪资 5500—6000 元，为 1 年前的 1.3 倍。

三、中小微企业经营总体处境艰难，面临“四大难题”

“中小微企业发展与成本情况”专题调研组通过实地调研、线上调查和书面调查，共调研调查了 143 家中小微企业，调研发现：“经营难”“融资难”“出口难”“用工难”成为当前中小微企业经营发展面临的最为突出的“四大难题”。

（一）原材料成本大幅攀升，“经营难”问题最为普遍

今年以来，随着大宗商品涨价，原材料价格普遍上涨。实地调研发现：“原材料涨价是中小微企业反映最为强烈的经营困难，中小微企业原材料成本大幅攀升，成本与售价严重倒挂，导致企业不敢轻易接单，越生产越亏损，现金流严重恶化，经营信心严重受挫。特别是被调查企业负责人普遍对原材料价格何时见顶，无法预期，深感无奈。”线上调查 110 家企业数据则显示：“75% 的中小微企业反映所有成本中上升幅度最大的是原材料成本，且 65.45% 的中小微企业认为原材料价格大幅上涨导致的成本上升是当前面临的最大困难”。某市的三季度景气调查结果也显示，80.5% 的企业存在原材料成本压力，78.1% 的重点企业认为原材料成本是企业面临的主要压力。

1. 原材料成本大幅上涨，形成“三大影响”

原材料成本上涨对不同企业的影响和冲击存在一定差异。原材料成本上涨对中小微企业的影响呈现“三大特征”，即对中小微企业的“杀伤力”、产业链生态的“破坏力”和产品竞争力弱的企业“冲击力”更大。

（1）从企业规模来看，对中小微企业“杀伤力”更大。

在当前原材料价格大幅上涨的背景下，大型企业可以通过期货交易和签订长期供货合同提前锁定原材料价格，或者通过提前大量囤积原材料、延伸产业链、

提高产品销售价格的方式对冲原材料价格上涨，在应对和化解原材料成本上涨方面更具综合优势。与大型企业相比，原材料成本大幅上涨对中型企业尤其小微企业的影响则更具“杀伤力”。

（2）从产业链来看，对处于中下游的中小微企业“破坏力”更大。

中小微企业大多处于产业链的中下游，消化成本大幅上涨的能力和抗风险能力普遍较弱。当前，处于上游的原材料生产商由于资源垄断具有绝对议价优势，而本轮原材料大幅涨价没有伴随货币政策的同步扩张导致下游消费者没有能力消化价格上涨。调研地某企业负责人反映：“上游企业躺着赚钱，下游企业严重亏损，这种极不公平的盈亏局面严重挫伤了中小微企业发展的积极性”。可见，中小微企业成为本轮原材料涨价的直接受冲击者，企业经营由此陷入严重困境，对中下游企业产业生态具有严重的“破坏力”。

（3）从产品竞争力来看，对产品竞争力弱的中小微企业“冲击力”更大。

大多数中小微企业生产的都是科技含量不高、市场竞争力较弱的产品。产品本身因缺乏竞争性而具有需求弹性大、可替代性强的特点。企业一旦为了消化原材料成本上涨提价销售产品，就会造成客户转向购买科技含量更高的同类产品，或者选择品质较差甚至是假冒伪劣的产品。调研中就有一家科技企业反映：“企业受芯片涨价影响，原材料成本提高 30%，企业压缩自身利润空间仅将产品售价提升 20%，但仍然损失一部分客户。目前同类产品市场上，一些小工厂通过采用不合格的芯片代替，以低廉的价格抢占了市场，让企业产品无法涨价，发展空间进一步受到挤压。”

2. 原材料成本大幅上涨，造成“三大后果”

原材料成本大幅上涨，对中小微企业造成的直接后果就是营业成本大幅上升，对大多数中小微企业的生产经营造成严重困扰和后果，即：“订单量下降、现金流恶化和利润大幅亏损。”

（1）市场订单大幅减少，企业不敢轻易接订单。

原材料成本大幅上涨后，中小微企业订单持续萎缩。中小微企业订单大幅减少，要么是企业提价后客户不能接受而被迫减少订单，要么是企业担心越生产越亏损而主动减少订单。调研中某纺织企业负责人反映：“棉花现价比去年同期增长了 10000 元/吨，下游企业对布匹价格的上涨难以接受，部分客户根本不下单，企业订单量大幅下降。”某钢结构企业负责人反映：“原材料涨价让我们加工订单只能选择性地接受，有的订单都不敢接”。

（2）现金流雪上加霜，流动资金周转极为困难。

原材料价格大幅上涨导致中小微企业采购资金增加，使其本就捉襟见肘的现金流面临“雪上加霜”。一方面中小微企业在上游企业面前处于弱势地位，而当前原材料价格的快速上涨又进一步强化了上游企业的卖方市场地位，使中小微企业在原材料采购环节只能采用现金结算。现金结算叠加涨价因素，加剧了中小微企业的流动资金压力。另一方面，下游企业因销售不畅资金回款周期延长，进一步恶化了中小微企业的现金流。由此可见，中小微企业需要筹备比以前更多的流动资金来支撑正常经营。调研中有企业表示，企业营运资金比以前增加了 50% 以上。线上问卷数据显示，有 55% 的中小微企业今年前三季度流动资金极为紧张。

（3）盈利水平大幅恶化，亏损面进一步扩大。

2021 年以来，全球大宗商品价格持续上扬，中小微企业营业成本大幅攀升，调研地区规模以上中小微工业企业营业成本与年初相比增长 40.1%。成本的大幅上涨导致企业生产意愿低迷，产品产量下滑明显。从制造业采购经理指数（PMI）来看，10 月份中型和小型企业分别为 48.6% 和 47.5%，均处于荣枯线以下，尤其小型企业低于临界点 2.5 个百分点，意味着中小企业的生产意愿较低。某合金出口企业负责人反映：“原材料价格大涨，几乎一天一个价，出口订单已完全不挣钱，在考虑出口转内销”。调研地区一些主要产品如锰矿石成品、铝材产量、服装产量同比分别减少 91.7%、95.5% 和 59.8%。叠加新冠肺炎疫情等其他因素影响，调研地区有 32 家工业企业停产歇业，占当地全部规模以上中小微工业企业数量的 10.8%。线上调查问卷数据也显示，65% 的企业认为今年盈利水平低于去年。对 2022 上半年总体经营预期的判断中，选择“经营不太乐观，勉强能够维持或难以为继”的企业比例占 64%。

（二）资金被拖欠回收太难，“融资难”问题依然突出

近年来，在财政与货币政策的大力支持下，中小微企业的“融资难”问题有所缓解，然而，随着今年以来原材料价格的大幅上涨，造成中小微企业的流动资金需求增加，特别是应收账款被客户拖欠的周期大幅延长，现有资金难以满足正常的周转需求，导致当前中小微企业被迫式融资问题极为突出。

1. 应收账款拖欠周期延长，中小微企业被迫式融资问题进一步加剧

资金回收意味着中小微企业产品或服务的价值得到及时实现，也是扩大再生产的起点。近年来中小微企业的资金被拖欠问题得到了高度重视，国家出台了

《保障中小企业款项支付条例》来解决中小微企业的资金拖欠问题，取得了一定成效，然而，实地调研表明，中小微企业的资金回收问题依然比较严重，存在被客户长期拖欠，导致产生被迫式融资问题。某铝业科技企业的负责人反映："企业客户往往是规模较大的建筑公司，预留 5% 的质保金，期限至少 2 年，每年预计近 2000 万元的资金被客户占用，资金紧张时只能通过银行贷款来满足流动资金需求"。某药业企业的财务负责人则抱怨："公司应收票据中约有 90% 为银行承兑汇票，而这些票据承兑的银行信誉参差不齐，多为地方农商行和中小银行，无法及时对这些票据进行贴现"。特别是今年房地产企业资金紧张，给恒大等头部房企供货的中小企业，拿到的多为无法兑付的"商业承兑汇票"，加剧了这些中小企业的资金危机。

2. 库存积压盈利大幅下滑，中小微企业的流动资金状况进一步恶化

受新冠肺炎疫情、拉闸限电等多种因素影响，中小微企业的产品销售不顺畅而出现积压。某企业负责人反映："企业电子产品的销售客户主要是广州、江苏等地区，因拉闸限电的影响订单产品不能及时出库，造成大量产品库存，流动资金被占用，增加了融资需求"。某出口企业负责人反映："全球疫情形势异常严峻，外贸海运费一直居高不下，已是正常海运价格的 6 倍甚至是 10 倍，还一船难求，货物滞留码头司空见惯，产品出口面临严重困境"。线上问卷数据也显示："64. 55% 的中小微企业经营没有恢复到疫情前的水平，继续陷入困境，尤其是 40. 91% 的中小微企业盈利出现大幅下滑甚至严重亏损"。

3. 原材料价格大幅上涨，中小微企业的流动资金信贷需求进一步增加

随着大宗商品价格的大幅上涨，部分原材料购进价格不断提升，极大地增加了中小微企业流动资金的需求。湖南某地企业负责人非常担忧地表示："近几个月主要原料价格几乎是背离市场供求规律而一路飙升，从每吨 1 万元上升至 5 万元，至今还未见顶，银行原来流动资金贷款授信额度远不能满足，流动资金缺口将近 1 亿元"。此外，原材料价格的上涨还会给后续的销售带来负面影响。某光电企业的财务负责人反映，"原材料约占产品所有成本的 15% 左右，目前价格翻了一番，由于没有什么定价权，造成盈利能力大幅下降，甚至是面临亏损的风险"。在这种情况下，原材料占用的资金无法通过销售完全补偿，为维系正常的资金周转，企业被迫向银行进行信贷融资。

（三）航运费大涨物流不畅，"出口难"加剧企业困难

自新冠肺炎疫情暴发以来，港口因疫情防控的影响出现严重拥堵、延迟，整

个供应链效能明显降低，国际往来运输船只数量显著减少，海运价格多持续走高，很多出口企业无法承受高额的海运费，只能取消或者拒绝海外订单，将销售的重点转移至国内市场。

1. 国际海运价格飙升，出口企业航运物流成本陡增

波罗的海航运价格指数（BDI）是市场上最具代表性之散装航运运价的晴雨，反映了国际海运的成本。自 2020 年 1 月初新冠肺炎疫情暴发以来，BDI 指数从 2020 年 1 月末的 487 点上升至 2021 年 11 月末的 3519 点，涨幅高达 6.3 倍（见图 20），意味着航运价格出现大幅上涨。这给从事出口仅获得微利的中小微企业加大了经营负担，甚至导致亏损。

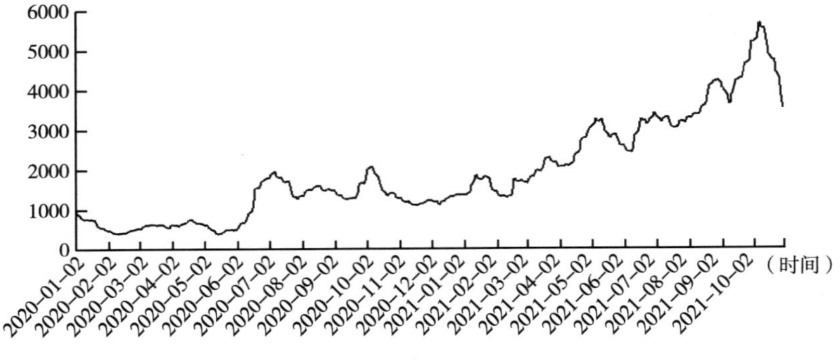

图 20　波罗的海干散货指数（BDI）

2. 集装箱价格一路飞涨，物流成本甚至超过出口收入

新冠肺炎疫情暴发以来，上海出口集装箱运价指数（SCFI）从 2020 年 1 月末的 1002 点上升至 2021 年 10 月末的 4567 点（见图 21），甚至出现“一箱难求”的结构性矛盾。主要是因为国外没有足够的货物可以运回，船运公司不愿空船回到中国，出现大量的船积压在国外港口、大量空箱滞留海外，集装箱周转效率变低，集装箱在中国供不应求等一系列现象。国内货物出口和物流成本直线拉涨，中小微企业出口货值甚至无法覆盖物流成本。

3. 国际出口受阻，“出口难”导致有海外订单不敢接

三季度央行调查显示，企业出口订单指数相比于二季度下滑了 1.2 个百分点，同时国内订单指数下滑了 4.9 个百分点。湘西州某合金企业负责人反映，“外贸海运费一直居高不下，已是正常价格的 6 倍甚至 10 倍，还一船难求，货物滞留码头司空见惯。出口占公司业务的 90% 左右，海运费高企，加上出口到港后无法及时交付客户，导致海外的高价值订单都不敢接了”。重庆某电脑配件有

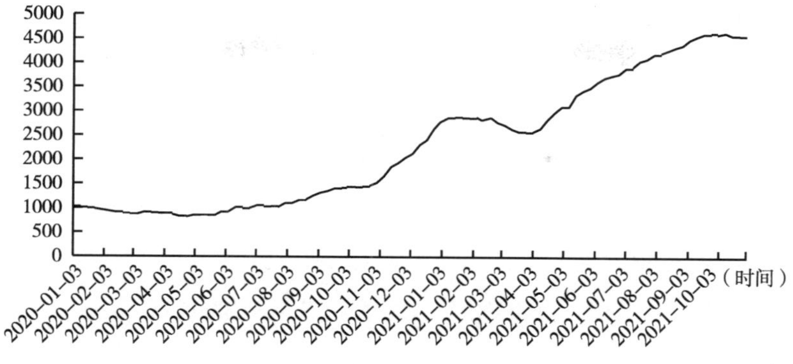

图 21　上海出口集装箱运价指数（SCFI）

限公司反映，“因公司订单主要为外销，受疫情影响，期间订单数量缩减一半左右，今年下半年主转至内销。”线上问卷数据表明，10.91%的企业产品出口严重受阻或境外订单大幅减少。某进出口有限公司业务总经理表示，“目前我们在手的订单非常充足，欧美复苏出口订单大幅增长。但目前遇到的困难是集装箱紧缺、运输费用增加，货品交付时间大受影响”。

（四）技能型人才短缺，“用工难”严重困扰企业

由于当前社会经济形势的快速变化，年轻人就业观念的大幅改变，叠加中小微企业自身受制于就业环境、薪酬支付能力和人力资源管理制度的滞后，总体而言，中小微企业面临供需错配的用工难题。实地调研和线上调查发现：“中小微企业用工难主要集中在当地技能型人才大幅外流，成熟技工严重短缺，农民工、退休再聘、灵活就业等特定群体的社保缴纳难”。可见，“用工难”“留人难”已经严重困扰中小微企业，成了广大中小微企业经营发展的一块“心病”。

1. 技能型人才不足，高级技能型人才更是严重短缺

当前，我国制造业转型升级加快，大部分制造业企业对技能型人才需求强劲，企业用工需求主要以熟练的“技能型人才”为主，对传统的“简单劳动者”需求则有所减少；此外，当地职业技术教育学院培养的职业技能型毕业生，绝大部分流向经济发达的东部地区，特别是企业引进外地较高层次的专业技术人才和管理人才又极为困难，当地“高级技能型人才”严重短缺，这不仅加剧了企业用工难题，无形中也增加了企业的用工成本。

2. 外部用工环境大变，年轻人“就业观”改变

由于人口老龄化的加快和新生代就业观的大幅改变，尤其外部整个宏观经济

形势的急剧变化，中小微企业的外部用工环境发生了巨变，用工问题也发生了质变。特别是年轻人就业观大幅改变，喜欢不受过多约束且灵活的就业方式，不太愿意进企业当技术工人。在某高新区实地调研时，某企业负责人就反映："公司是从深圳产业转移过来的，今年前三季度订单充足，但园区熟练技术工人相当缺，并感叹说如今年轻人都不愿意干技术工人，技术人才真是太少了"。

3. 社保缴纳负担大留人难，用工成本总体上升

员工社保费支出影响企业的用工总成本。去年疫情期间，国家出台了一系列社保缴费免交和缓交政策，极大地减轻了中小微企业的用工负担，但是今年社保缴费优惠政策大多取消恢复正常缴纳，在当前经营困境下，中小微企业对社保缴费负担同比上升就会感受很明显。线上调研数据显示：今年前三季度中小微企业经营存在的主要困难中，中小微企业反映用工成本上升仅次于原材料成本上升，68.18%的样本企业反映今年前三季度用工成本大幅上升。此外，今年前三季度中小微企业支付的税费中，社保缴费仅次于增值税，51.82%的样本企业反映今年员工的社保缴费负担大。

四、出台新举措，注入发展确定性，增强中小微企业发展动力和活力

尽管我国宏观经济指标当前仍处于增长态势，但在疫情反复、多点和持续冲击下，尤其在大宗商品价格持续上涨、国际航运费大幅上涨、拉闸限电等多种因素影响下，中小微企业原材料成本大幅上升，市场订单下滑，资金回收困难，经营效益大幅恶化，部分中小微企业生产经营甚至举步维艰，面临破产倒闭的风险。

为此建议：一要尽快出台"稳中小微企业"的系列政策措施，加快完善大宗商品市场的保供稳价机制，加力打击期货市场恶意炒作行为；二要"政银企"合力破解中小微企业被迫式融资难题，进一步强化对中小微企业的资金监管，进一步提高金融机构对中小微企业的信贷支持力度和服务能力；三要加快建设国内大市场，着力稳外贸，加大"出口转内销"政策支持力度；四要建立健全"动态化、精准化"用电调控政策机制，稳定能源供应，确保中小微企业用能需求；五要全面提升中小微企业的经营管理水平、成本管控能力和产品综合竞争力。这

些措施从而稳定预期，稳定市场，稳定价格，稳定外贸，稳定能源，给中小微企业经营发展注入确定性，提振中小微企业发展信心，切实增强中小微企业发展的动力和活力。

（一）出台“稳中小微企业”新政策，增强发展信心和注入确定性

面对当前中小微企业的严重经营困境，建议加快出台“稳中小微企业”的政策和配套措施。一要加快出台对中小微企业减负效果直接且明显的系列措施，如：房租减免、融资担保费减免、出口业务国际航运费补贴、研发创新投入或技术改造专项信贷支持等政策；二要立足现行惠企政策进行调整和优化，提高政策的精准性和有效性，对去年疫情期间一些行之有效的好政策及时恢复，并加大政策支持力度；如社保缓交、所得税减免、信贷优惠利率等政策；三要全面降低惠企政策的享受门槛和便利程度，对中小微企业的惠企政策实现“普惠、直达、透明、公平”。线上问卷调查显示：60% 的样本企业认为现行惠企政策要么享受难、要么政策力度一般，总体获得感不高。实地调研也发现，中小微企业由于自身财务管理落后和当地中高级财会人才严重不足，对已出台的税收减免、出口退税、信贷支持等优惠政策，不能及时申请而实际享受不到；四要进一步优化“营商环境”，深入推进“放管服”改革，进一步破除制约中小微企业发展的准入限制和各种不合理障碍，确保对各类所有制的中小微企业一视同仁和公平竞争。

（二）着力稳定大宗商品期货和现货市场，改变原材料价格上涨预期

当前，国际期货和国内期货市场价格联系紧密，特别是大宗商品现货市场和期货市场价格高度关联，部分炒房资金和国内私募资金流入期货市场并通过炒高期货价格进行非法获利，甚至配合国际资本联合炒高期货价格，由此助推原材料价格居高不下，中小微企业叫苦不迭。为此应采取有效措施稳定大宗商品市场，改变原材料价格上涨预期。一是加强对大宗商品价格的动态监测和预警分析，对原材料价格脱离市场供需基本面且非正常波动的情形及时采取干预措施，改变市场炒作预期；二是强化油、钢、铝、铜、水泥、玻璃等主要原材料的保供稳价措施，多措并举增加市场供给，稳定市场对大宗商品的价格预期；三是加快构建大宗商品采购的国家战略体系，充分利用各种渠道，积极拓展海外资源，实现进口

渠道多元化，尽快提升我国对关键大宗商品定价的话语权。

（三）着力强化政府的资金监管，有效解决资金循环拖欠难题

中小微企业在市场中大多处于弱势地位，出于维系合作关系的需要，即使资金被客户长期占用也不愿采取诉讼或仲裁等手段来解决。政府需要进一步强化资金监管，着力解决中小微企业的资金被政府相关部门、中央企业、地方国有企业和大型民营企业长期拖欠问题。一是健全中小企业应收款项投诉处理机制。加快完善数字化管理平台，将平台受理投诉的处理结果与央行征信系统相连接，对于拒不还款的单位和个人纳入征信“黑名单”。二是建立银行承兑汇票开具的银行“白名单制”。部分中小银行尤其是农商行不顾自身的信用以及企业的偿债能力，乱签发银行承兑汇票，中小微企业作为票据的主要持有者，其资金安全受到严重影响，扰乱了票据市场。在评估银行的资金实力、资质和信誉的基础上明确可开具票据的银行机构，从而倒逼地方农商行和中小银行强化业务管理。三是加大投诉受理的法律援助力度。为引导中小微企业通过法律手段解决资金纠纷，提高受理和办理的进度，将资金欠款的相关投诉纳入当地营商环境的考核内容，通过运用考核的指标棒，切实加大相关部门对《保障中小企业款项支付条例》监督和落实。

（四）着力加快银行数字化转型，提高精准信贷服务水平和综合能力

中小微企业所需资金多为“短平快”的周转资金，传统的金融服务难以满足。银行需要加快数字化转型，利用金融科技手段，提升对中小微企业精准信贷服务的综合能力。一是建立“政银担企”的集合信贷模式，让银行直接为企业提供融资服务，即以“政银担企”四方风险共担机制为基础，实行集合授信、无抵押担保、四方风险共担、企业即申即贷的服务中小微信贷模式。二是加快信贷相关数据整合。深入挖掘整合中小微企业的客户信用信息，利用相关的数据信息对中小微企业进行分级管理，及时更新信贷数据，对信用资质良好、发展前景不错的中小微企业采用“预授信”，实现随时支取，切实满足中小微企业信贷需求。三是加快创新地方金融机构服务中小微企业的信贷审批流程。借助数字化技术，优化信贷审批流程，推行线上信贷审批，及时提供高效、便捷的网上信贷融资服务。加快推动金融科技服务中小微企业，提高与中小微企业金融需求的匹配度，不断提升中小微企业的信贷服务水平。

（五）着力深化职业教育改革加快人才培养，缓解用工结构性矛盾

在疫情持续反复、原材料成本大幅上涨和中小微企业经营困难加大综合影响下，中小微企业用工出现了新情况，也面临新困境。职业人才短缺也一直是我国中小微企业经营发展面临的现实难题，为此，深化职业教育改革，加快技能型和创新型人才的培养已迫在眉睫。一要实施职业教育质量提升行动，完善专业评估、统筹专业设置和调整专业结构，鼓励校企合作建设一批产教融合型企业，推动职业教育现代化，着力培养高质量的技能型人才；二要鼓励符合条件的企业实施“新型学徒制”“农民工职业技能提升计划”“技师培训”等项目，对员工开展岗前培训和岗位技能提升培训，按规定给予职业培训补贴和职业技能鉴定补贴；三要加大用工支持的优惠政策力度，加力做好相关支持专技人才向中小微企业流动的政策准备工作，出台相关配套政策，如：制定和出台外贸人才引进和培养政策，支持外贸中小企业引进和培养外贸人才队伍。四要加快建设“中小微企业灵活用工数字化平台”，充分利用大数据、人工智能、区块链等数字技术，全面整合劳动力市场、行业用工趋势、当地企业用工需求、员工就业状态、就业意愿等大数据，真正运用数字技术挖掘供需双方的信息来精准撮合就业，帮助中小微企业解决长期存在的“用工难题”。

（六）着力改进企业经营管理水平，提高产品总体竞争力

当前，我国中小微企业经营发展遭遇困境，除了疫情反复冲击、全球大宗商品涨价、国际航运受阻、拉闸限电等外部因素外，与中小微企业长期在经营管理存在的问题，尤其跟产品竞争力较弱、盈利水平较低分不开，如：自身组织架构不合理，家族式管理和管理不规范不精细，产品选择不合理、产品技术含量低等。中小微企业要顺利度过当前经营困境，实现可持续发展和高质量发展，更需要中小微企业自身主动作为，加快转变企业的传统发展思维，与上下游企业抱团发展，切实提高经营管理水平、成本控制能力和产品竞争力。为此，一要积极引导中小企业家在战略上大胆升级，在产品上主动创新，在管理上谋求精细，在销售上利用数字化手段实现线上线下一体化；二要针对大部分中小微企业财务管理不规范、财务管理能力不足的现实，为其提供统一的财务共享服务和申报优惠政策的免费顾问服务；三要建立与供应商长期稳定的合作机制，优化生产与库存的

有效衔接，加强精细化管理，着力提升库存管理水平；四要主动关注和跟踪宏观经济、政策变动以及市场形势的变化，提高对市场的预判能力，及时调整生产和销售策略；五要着力提高产品的总体竞争力，加大产品升级的研发投入力度，提高产品的科技含量和竞争优势；六要着力强化与上下游企业的协作能力，着力打造与上下游企业“共享、共生、共赢”的产业链新生态。

2021 年企业成本专题调研报告七：

企业经营复苏缓慢，亟待推进降本增效

——对中小微电商企业成本情况的调查研究

"中小微电商企业成本情况"专题调研组

指　导： 徐玉德

组　长： 谭　静

成　员： 刘天琦　范亚辰　李　尚

中小微企业是促进我国经济发展和解决居民就业的重要市场主体。在新冠肺炎疫情冲击下，以电商企业为代表的中小微企业对稳定我国经济运行和居民就业更是起到了重要作用。疫情暴发以来，我国数字经济发展势头迅猛，越来越多的中小微企业向电商企业转型，有效抵御了疫情风险并促进了企业恢复发展。2020 年，随着我国统筹疫情防控和经济社会发展成果的持续巩固，加上一系列惠企纾困政策的支持，中小微企业经营状况回暖，取得了量稳质升的效果。2021 年以来，物流成本上涨、大宗商品价格上涨、原材料成本上涨、电力供应紧张等不断推高中小微企业运行成本，企业利润空间受到挤压。国内外消费需求的增长乏力也加大了企业发展的不确定性，企业生存面临严峻挑战。中国中小企业协会发布的三季度中小企业发展指数（SMEDI）为 86.7，比上季度下降 0.5 点，处于去年三季度以来的最低点，且低于去年同期和 2019 年同期水平，显示出中小微企业经营恢复缓慢。本课题以中小微电商企业为代表，通过问卷调研和电话访谈等形式，总结梳理当前中小微企业面临的主要成本问题，从外部制约因素和企业内部瓶颈两方面深入剖析中小微企业成本高企的根源，进而提出优化调整惠企政策和促进企业降本增效的着力点。

一、调研样本企业总体情况

为更好地了解 2021 年一至三季度中小微电商企业的生产经营情况和助企纾困政策效果，课题组通过阿里研究院分别在 4 月、6 月和 9 月向阿里巴巴旗下的淘宝、天猫两大零售电商平台企业发放在线问卷（问卷应答者均为店铺拥有者或主要负责人）。3 次问卷调查分别回收有效问卷 2946 份、2763 份、2349 份。课题组在 10 月末和 11 月初通过线上座谈、电话访谈、发放问卷等形式调研了义乌、嘉兴、广州、黄山、潍坊、烟台等市的 40 家企业，获得了更加鲜活翔实的调研材料。梳理阿里研究院提供的调研问卷，发现样本企业呈现以下特征：

一是样本企业覆盖的地理位置和圈层较为全面且具有代表性。样本企业覆盖一线、二线、三线和四线及以下城市的零售电商企业，合计占比分别为 23%、24%、20% 和 33%。分季度看，一至三季度各圈层企业占比相对稳定。

二是样本年企业类型以小微型企业为主。课题组依照企业在淘宝、天猫平台的年成交额进行了分层抽样，确保不同规模企业都具有一定占比（见表 1）。结

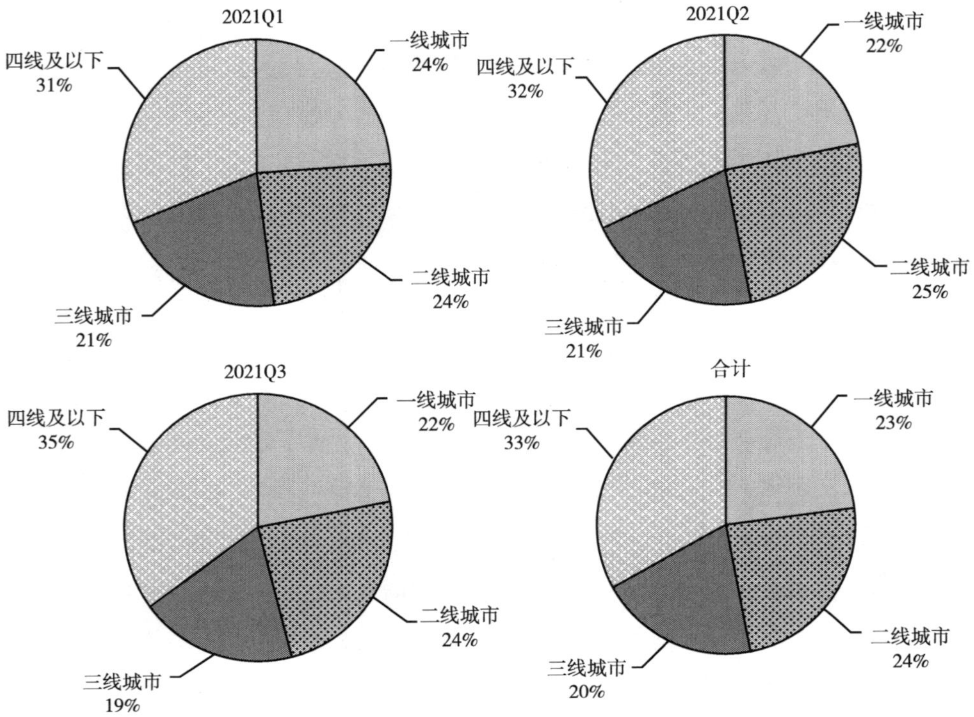

图 1　样本企业圈层分布

数据来源：2021 年一至三季度中小微零售电商企业调查数据。

果显示，样本企业中小微型企业占比始终保持在 80% 以上。企业类型以有限责任公司和个体工商户为主，另有少量的合伙企业、独资企业和农民合作社等，也有部分个人店铺（即以个人身份证注册经营的店铺）。

表 1　样本企业规模分类①　单位：%

企业规模（万元）	2021Q1	2021Q2	2021Q3	合计
小微型企业（≤500）	84.40	84.80	83.50	84.27
中型企业（500—2000）	15.60	15.20	16.50	15.73
其他	0	0	0	0

数据来源：2021 年一至三季度中小微零售电商企业调查数据。

① 根据国家统计局《统计数大中小微型企业划分办法（2017）》，微型、小型、中型和大型零售企业的年营业收入划分标准分别为，低于 100 万元、100 万—500 万元、500 万—2 亿元、2 亿元以上。

三是样本企业以纯线上销售模式为主。从经营模式上区分，共有 68. 34% 的企业仅采用线上经营模式，剩余 31. 66% 的样本企业拥有线下实体店。从生产制造和批发零售的性质来区分，合计有 42. 13% 的样本企业具有自有自主的生产、加工、制造环节，57. 87% 的样本企业为纯粹的批发和零售企业（见表 2）。从经营品类来看，受访企业以服装鞋帽、日用品、食品等为主，家装、五金、办公、娱乐等品类也均有覆盖。

表 2　样本企业行业和经营特征

单位：%

	2021Q1	2021Q2	2021Q3	合计
具有生产环节的销售企业	38. 00	40. 00	49. 80	42. 13
纯批发和零售企业	62. 00	60. 00	50. 00	57. 87
线上 + 线下	30. 00	31. 60	33. 80	31. 66
纯线上	70. 00	68. 40	66. 20	68. 34

数据来源：2021 年一至三季度中小微零售电商企业调查数据。

四是样本企业经营年限普遍在 3 年及以上。七成的受访企业在阿里巴巴各平台的开店时间超过 3 年，属于较为成熟的线上企业，经营具有连续性，对平台的规则较为熟悉，代表性较强（见图 2）。

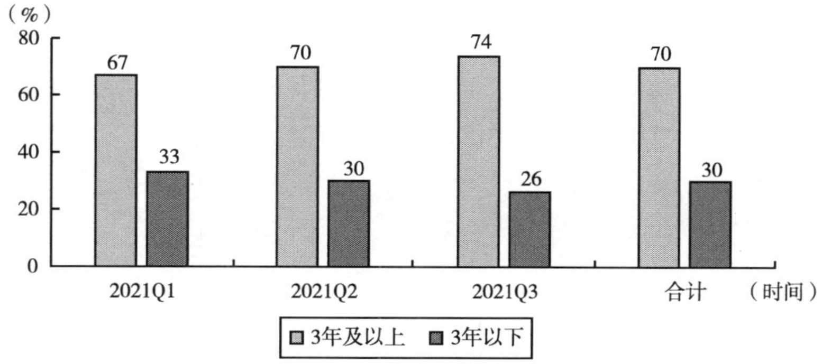

图 2　样本企业经营年限分布

数据来源：2021 年一至三季度中小微零售电商企业调查数据。

二、中小微企业经营困难加大，成本上涨挤压利润空间

根据阿里问卷调研和企业电话调研发现，2021 年前三季度，中小微企业经历了经营短暂恢复到逐步放缓的过程。人力成本、原材料成本高涨是电商企业面

临的最为突出的问题，海外物流成本高企加剧了外贸电商企业的经营困难；融资难、融资贵、融资慢问题仍然凸显。此外，国内疫情局部散发、能耗双控等不确定性因素也加重了企业的成本负担。

（一）企业经营恢复放缓，中型电商企业经营困难加剧

2021 年一至三季度，多数企业经营恢复呈现了加快改善到逐步放缓的态势。第三季度，销售额下滑的企业比重从一季度的 50.3% 上升至 56.2%，上升了 6 个百分点；销售额上升的企业比重也从 31.5% 下滑到 25.9%，下降了 6.4 个百分点（见图 3）。不同企业规模来看，小规模企业反映销售额下滑的比重最高，中型企业销售额下降的幅度最为明显。第三季度，中型、小型、微型电商企业反映销售额下滑的企业比例分别达到了 53.1%、58.1% 和 61.7%，较一季度增长了 13.5 个、7.2 个和 8.6 个百分点，较二季度增长了 5.3 个、3.7 个和 2.8 个百分点（见图 4）。

案例 1：企业经营销售额下滑明显

企业 A 是一家当地特色农产品生产和“线上 + 线下”销售企业，重点以线下销售为主，主要为当地旅游商店、高铁、公路休息站商店供货。疫情以来，当地旅游业受影响比较明显，尤其是疫情的局部暴发，企业的线下销售额直线下降，企业销售额下降了 40% 以上。随后企业转为线上销售，但由于线上销售时间短、价格缺乏优势，目前经营十分困难。

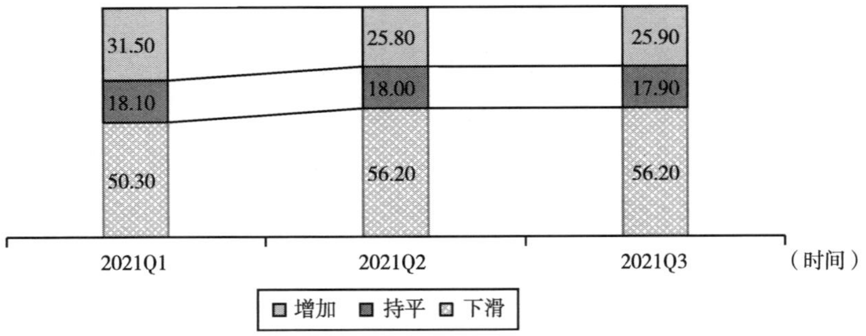

图 3　2021 年三个季度样本企业销售额变化情况

数据来源：2021 年三季度中小微零售电商企业调查数据。

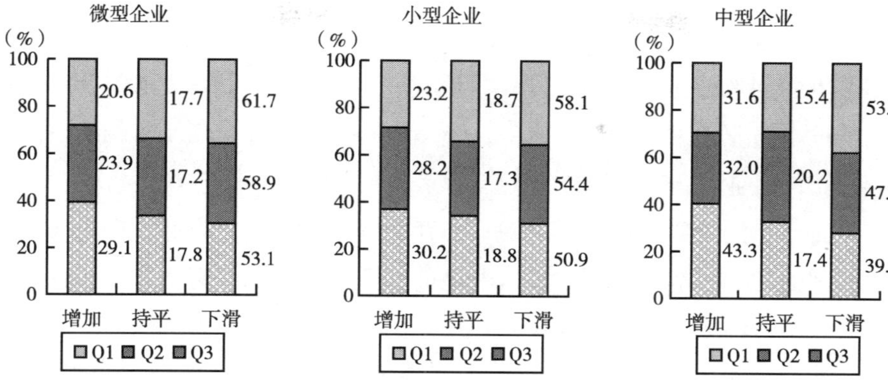

图 4　2021 年不同规模样本企业销售额变化情况

数据来源：2021 年三季度中小微零售电商企业调查数据。

（二）人力和原材料成本高企，制造类企业复苏缓慢

1. 人力成本高企，企业裁员压力加大

一是供需错配矛盾凸显，招工难与就业难并存。国家统计局数据显示，2021 年全国城镇新增劳动力仍在 1500 万左右，其中高校毕业生高达 909 万人。但是，今年二、三季度全国 16—24 岁人口城镇调查失业率均高于 13.6%，两个季度平均失业率较 2019 年同期高出 2.5%。三季度，100 个城市公共就业服务机构市场求人倍率为 1.53，同比上升 0.13。这反映出青年就业人群的“就业意愿”在下降。有招工意愿和计划的企业，更倾向于招聘有经验的社会人士和灵活就业人员。但中小微企业普遍薪酬待遇偏低、劳动保障不完备、企业经营不稳定、发展空间有限，要想招到合适的人不得不加大成本投入。一家纺织品企业负责人说：“我们这种民营小厂经不起风险、不稳定，高学历高水平的人才更愿意奔着机关单位和国有背景的企业去。即便高薪招聘到合适的人，也很难留住，这与企业及其所在区域的创新创业环境、配套建设与服务有很大关系。”这种高价招聘后离职的机会成本大大加剧了企业的人力成本。一家音响制造及销售企业负责人说：“工厂的工作程式化、比较枯燥，多是一些年龄 50 岁以上的中老年叔叔阿姨。我们非常需要年轻的熟练技术工人加入，但是他们宁愿去开网约车、去做直播、开网店，也不愿来工厂上班。他们更看重的是工作场所的体验感和互动感。”还有些企业反映，用工高峰期，同一区域内的相同或相似行业的企业间“内卷”严

重，有的人力中介还借机“砍一刀”，进一步加剧了企业的招工难题。适应中小微企业用工特点的多层次灵活就业劳动力市场和第三方服务体系尚不健全，用工难、用工贵的问题短期内仍难以根本性解决。问卷数据显示，2021 年三季度，38.8%的样本企业超过 1 年没有招工，56.6%的企业超过半年没有招工，近一个月内招过工的企业仅占 18.5%。

二是时空错配矛盾凸显，需求缺口与存量闲置并存。一方面，中小微企业用工需求的弹性化和季节性特征明显，普遍面临旺季用工缺口与淡季用工闲置并存推升用工成本的问题。有的企业反映在用工旺季为了招聘到合适员工，不得不提高成本，而淡季还要为部分闲置的人工“埋单”。在部分地区拉闸限电政策下，中小微企业面临开工时间不足、生产周期拉长，人力资源使用不饱和以及人力成本支出刚性下的隐形成本加大问题。另一方面，劳动力市场的区域分化和结构性矛盾也加剧了部分地区中小微企业的用工成本。调研显示，东南沿海地区中小微企业盈利能力普遍比中西部和东北地区强，对技能型和管理型劳动力更具有吸引力。而中西部和东北地区中小微企业的技能型和管理型用工需求则高于发达地区。受疫情对劳动力跨区域流动的影响，劳动力市场区域错配的问题进一步凸显，导致东南沿海地区一线普工“用工荒”和中西部及东北地区技能型、管理型人才“招工难”。而人力资源服务市场的区域分割又加剧了时空错配的结构性矛盾。

三是人力成本高企侵蚀企业利润空间，导致部分企业缩减用工。2021 年前三个季度，人力成本高涨是中小微企业面临的最突出问题，其中微型企业人力成本负担最重。部分靠近沿海城市地区的企业普遍反映，当地的人员流动性更大，人员往往更倾向于向距离较近、更为发达的地区转移，“这些发达地区的工资水平高，生活环境会更好”，为了招聘到年轻甚至其他员工，多数企业反映会通过提高企业的用工成本来招聘员工，在企业原材料成本增加、价格竞争压力较大的情况下，企业用工成本的增加将小微电商制造业企业的利润空间压缩到极限。这导致样本企业对未来招工的积极性并不乐观，甚至计划裁员。依据以往经验，四季度属于电商促销密集、消费需求旺盛的时期，电商企业的订单量相较于其他季度更为充足，但是 36.1%的样本企业表示四季度“员工数量保持不变”，20.3%的样本企业计划裁员缩编，仅 43.6%的企业表示会“增加正式员工、兼职、零工、外包用工等”，这一比例较二季度下降 2.4 个百分点（见图 5）。

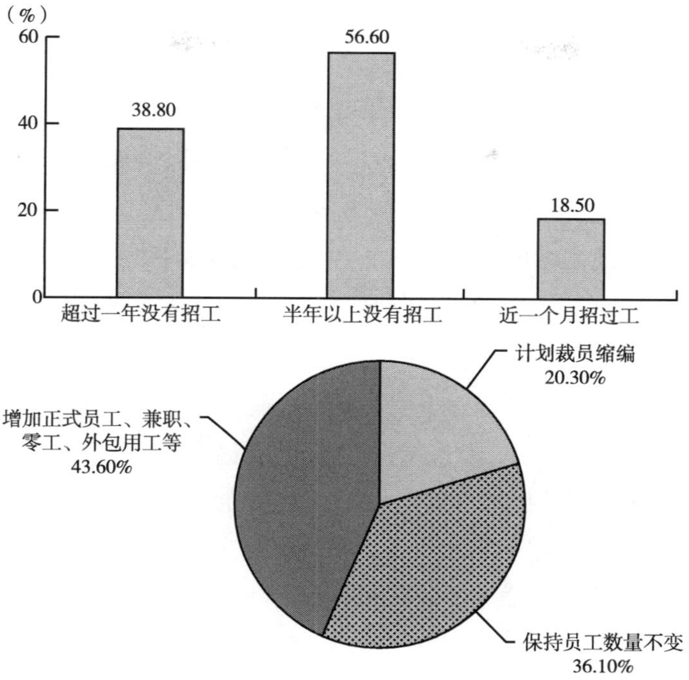

图 5　2021 年三季度样本企业招聘和四季度招聘预期情况

数据来源：2021 年三季度中小微零售电商企业调查数据。

案例 2：招工难问题拉高企业人力成本

企业 B 是一家主营茶叶生产和销售电商企业，企业相关负责人反映员工普遍为 55 以上的中老年人，行政人员年龄普遍为 40—50 岁，很少有应届生愿意回来。人工紧缺的情况尤其是在采茶的旺季时期，都很难招到人帮助采茶，多数年轻农民更愿意到城市打工，更愿意到城市送外卖和送快递等工资高、更为灵活的工作。

企业 C 是一家主营果蔬生产和销售的电商企业，企业的果蔬生产和销售等经营活动季节性较强。农忙时期，即使通过劳务派遣公司或自行招聘也很难招到人，也尝试去其他区域调人，但调用人员的车费、吃住等费用高，人员年龄较大，风险较高，拉高了用人成本。

2. 原材料成本高企，企业生产压力加剧

2021 年以来，受国际供需关系变化、美元货币宽松，叠加美国财政刺激计划等因素影响，大宗商品价格上涨并呈现高位振荡趋势，进而导致我国的原材料成本大幅上涨，拉高了中上游生产企业的原材料成本，企业利润空间被严重压缩。而且，由于中小微企业客户普遍对价格较为敏感，导致企业增加的经营成本无法转移，经营压力不断加剧。为应对大宗商品价格上涨，国家采取了一系列宏观调控措施，但受国际贸易主义加重、海外疫情发展不均衡、国际运输成本上升的持续影响，原材料价格波动走势并不明确。调研发现，中小微企业普遍面临上游原材料价格上涨的问题，同时还因市场化竞争的“价格战”“内卷”等原因无法将原材料成本上涨压力转嫁出去，结果是部分中小微企业利润压缩至极限，甚至影响到企业的生存。问卷数据显示，2021 年三季度，内贸企业中 94.2% 直接从事生产、制造和加工业务的电商企业反映“大宗商品价格上涨显著增加了原材料采购成本”，87.6% 的企业表示“无法提价”，其中，仅 17.1% 的企业表示“可以控制其他成本费用，基本维持利润不变”，70.5% 企业反映“无法提价，其他成本费用控制已达极限，利润压缩”。外贸电商企业中，85% 以上的企业感受到了原材料成本的显著上涨，其中，31.8% 的企业表示“原材料上涨成本难以忍受”（见图 6）。

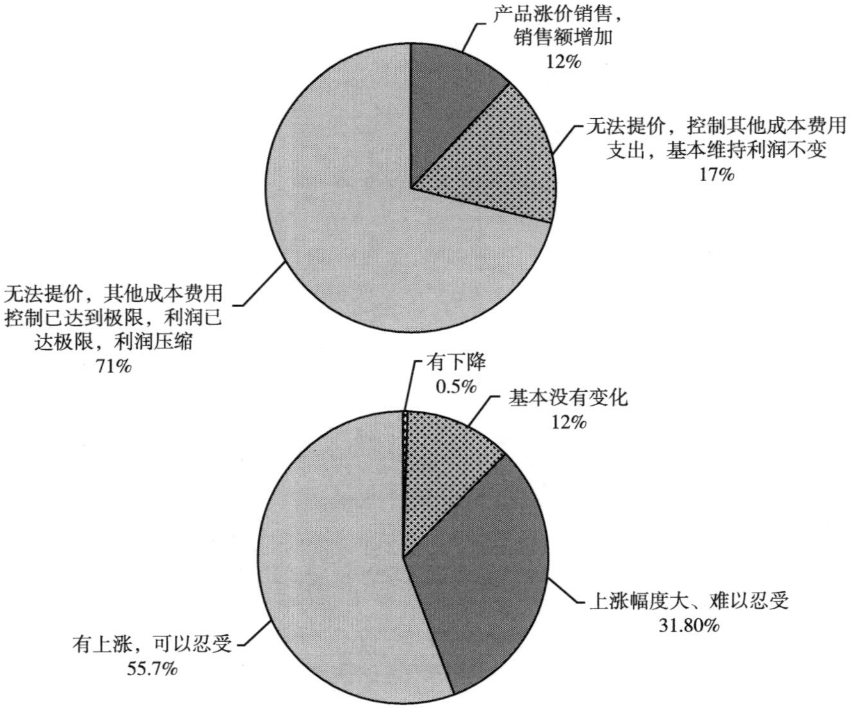

图 6　大宗商品价格上涨对内贸和外贸企业原材料成本负担影响

数据来源：2021 年三季度中小微零售电商企业、中小跨境电商企业调查数据。

案例 3：企业原材料价格上涨　利润空间压缩至极致

企业 D 是一家粮食制成品加工企业，原材料主要为国内的小麦、玉米等杂粮。企业主反映，今年以来，粮食的价格市场波动较往年更为明显，企业原材料价格普遍上涨。原因是疫情导致的我国进口粮总量的下降，原以进口粮为主的产业都转向国内粮食替代，国内粮食需求大幅提升；但因洪涝灾害等因素影响，部分地区粮食供给不足，结果是国内粮食价格大幅上涨。

企业 E 是一家主营消费电子的生产加工企业，原材料主要是电子芯片和铝锭等。企业主反映，受美国制裁等原因影响，公司从海外采购电子芯片的难度加大，采购成本也大幅上升；同时，受限电限产等因素影响，铝锭价格也大幅上涨，给企业带来巨大的成本压力。

（三）国际物流成本高涨、国外税负壁垒加大外贸企业成本

2021 年以来，各国财政刺激以及全球经济复苏，集装箱海运贸易持续强劲反弹，支撑了集装箱运费市场的基本面持续走高；新冠肺炎疫情的反复也继续影响了全球物流效率，3 月底苏伊士运河货轮搁浅等“事件干扰”导致部分港口拥堵加剧，船舶运力周转受影响，集装箱市场运费持续上涨。疫情恢复不均衡、各国物流不畅、集装箱紧缺等持续影响下，国际物流运输成本显著抬升，加剧中小微外贸企业出口成本上涨。调研显示，2021 年三季度约 74% 以上的外贸电商企业认为经营面临的最大压力来自“难以忍受的物流成本”，居于外贸电商企业成本压力的首位。分不同规模看，大型规模企业的物流成本压力更大，出口规模在 3000 万美元以上、约 77. 1% 的外贸电商企业表示存在较大的物流成本压力。分不同类型看，B2C 类的外贸电商企业物流成本压力相对较大，三季度 B2B、B2C 外贸电商企业的物流成本压力分别为 72. 7% 和 73. 9% 。

此外，疫情下市场环境的不稳定、出口国税收政策和法律风险等问题也是外贸企业更为关注的问题。2021 年 7 月 1 日，为保护本国电商企业，欧盟在电商领域实施了取消低值商品免征进口增值税、提高远程销售起征点、实施平台代收代缴等新政。欧盟作为我国中小外贸企业最大出口地区之一，新政的实施加重了企业税负，使原本具有价格优势的产品出口数量急速下降。样本企业反映新政后税

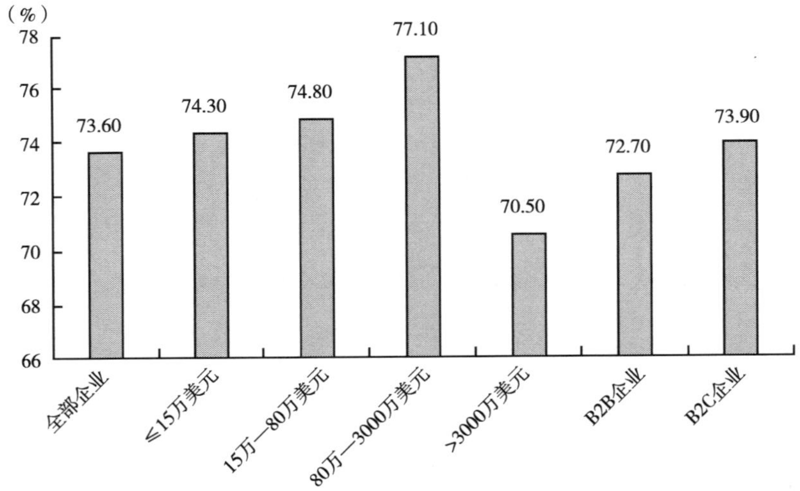

图 7　2021 年三季度中小外贸电商企业物流成本压力情况

数据来源：2021 年三季度中小跨境电商企业调查数据。

负成本压力陡增，认为“税负重”的企业占比从一季度的 15.8% 上升到了三季度的 45.4%。如表 3 所示，70% 的外贸电商企业出口地为欧洲地区，其次是北美（16.6%）、东南亚（2.8%）、拉美（2.0%）、日韩（2.0%）和中东（1.7%）地区。在增值税新政下，外贸出口商品的价格基本趋于出口国本国商品价格，国内的外贸电商企业因此丧失了价格优势。出口欧盟和英国的受访企业均反映“欧盟税改后，订单剧烈下降”，“利润减少超过 20%”。新政实施后，加强外贸综合服务、构建“海外仓”等需求也不断提升，现有外贸综合服务水平也有待综合提升。

表 3　2021 年三季度中小外贸电商企业主要销售市场对比　　单位：%

主要销售市场	全部企业	按照企业规模划分			按照企业类型划分	
		≤10 万美元	10 万—100 万美元	>100 万美元	B2B	B2C
欧洲（含俄罗斯）	71.0	69.6	72.9	70.0	45.2	75.1
北美	16.6	16.8	15.4	18.6	31.3	14.3
东南亚	2.8	3.2	2.7	2.3	7.3	2.1
拉美	2.0	2.1	1.8	2.3	2.0	2.0
日韩	2.0	3.2	1.5	1.0	2.3	2.0
中东	1.7	1.8	1.6	1.7	5.5	1.1
非洲	0.7	0.6	0.6	1.0	3.2	0.3
其他	3.3	2.9	3.6	3.3	3.2	3.3

数据来源：2021 年三季度中小跨境电商企业调查数据。

案例 4：外贸企业物流成本高涨，国外增值税政策不稳定

企业 F 是一家木材外贸代加工企业，企业反映三季度集装柜紧张形势更加明显，集装柜的价格不断上涨。为了能保障出口，企业往往要承受更高的物流成本，同时也没有别的方法解决。

企业 G 是一家生产和销售节庆产品的外贸出口企业，企业出口国主要为欧盟和英国地区。欧盟增值税新政以来，企业表示订单量急剧下降，企业的利润下降近 20%。在物流成本高涨、运输困难加大的情形，已很难继续压缩利润；而新的国家市场暂时还未开拓，也会担忧其他国家的增值税调整情况。

（四）企业资金流转困难加剧，融资难问题仍然突出

2021 年三季度，中小微电商企业反映目前经营成本压力取代了二季度排名首位的市场需求不足的压力，近 70% 的样本企业存在资金周转困难、流动性不足的现象，以中小微外贸电商企业为例，三季度，超过一半（57.6%）的企业账上现金余额仅能维持 3 个月，只有 12.8% 的企业账上现金余额可维持 4—5 个月，29.7% 的企业能维持 6 个月以上（见图 8）。部分访谈企业反映流动资金占用压力较大，销售额回款时间长，部分电商平台押款现象仍明显，“资金占用严重、回款周期长达 45 天的情况”较为突出。

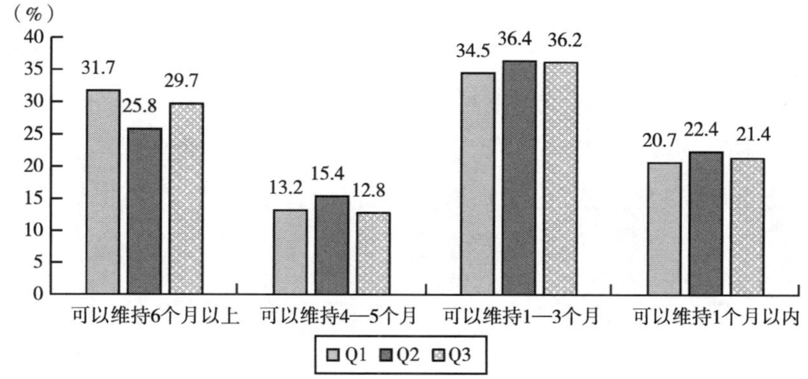

图 8　2021 年一至三季度中小外贸企业资金周转情况

数据来源：2021 年一至三季度中小跨境电商企业调查数据。

为应对流动资金压力，中小微企业的融资需求也逐渐加大。三季度，70% 左右样本企业融资目的为“缓解日常流动资金的需求”。为了帮助中小微企业缓解融资困境，国家出台了众多助力企业发展的支持政策。但调研发现，企业贷款渠道有限、可贷款额度小的问题仍存在。小微企业贷款渠道主要是个人的亲朋好友借款。企业普遍反映金融机构的贷款仍以抵押、担保贷款为主，除自有房产外，银行很难认同其他抵押、担保品；而金融机构则普遍反映小微企业不良率较高、识别风险仍较大等问题，希望给企业贷款但仍对不良风险存在担忧。

案例 5：资金占用压力较大，融资难问题仍存在

企业 H 是一家果蔬生产农业合作社，企业反映部分平台销售款资金占用情况最明显，尤其是近两年来的社交团购平台，销售款账期一般是 15—45 天，但普遍为 45 天。

企业 I 是一家经营当地特产、茶叶的农业开发公司，主要采用线上销售。企业反映今年线上的销售额较去年上涨，且四季度销售预期较好，但是企业的销售款占用的问题却很凸显，资金占用比重较高。

（五）局部疫情散发等不确定性因素加大企业负担

三季度，随着疫情局部散发，中小微企业反映生产经营受到了诸多影响。而且疫情期间防疫成本不断上升，尤其是电商配套服务的物流企业面临的病毒消杀等防疫成本不断增加；制造业企业的防疫成本虽有增加，但认为线下企业所受影响有限，且可以通过线下转线上的渠道进行销售，具有较好的预期性回应。个别企业反映拉闸限电对企业生产经营产生了一定影响。有的企业采取了一些措施来防止订单受影响，如晚上开工、加快生产压存货等方式。

三、中小微企业成本高企的原因分析

中小微电商企业成本高企且难以有效转嫁，既有外部因素的影响，也有内部管理的原因。

（一）外部原因

1. 企业实际融资渠道有限且对部分纾困政策的主观感知有待提高

调研发现，多数企业普遍寻求融资以缓解资金压力，但实际融资渠道仍然有限。目前惠及企业的金融政策主要是抵押担保类贷款政策，企业财务状况与抵押情况普遍不乐观。而以个人信用为主的企业信贷规模有限，且贷款申请周期较长，企业难以“解渴”。此外，金融机构在权衡贷款收益和风险成本过程中，对中小微企业尤其是成长性较弱企业的信贷支持“内生动力”不足。而且，由于准入门槛高，多数中小微企业很难通过资本市场进行融资。新冠肺炎疫情暴发以来，国家出台多项增值税减免政策加强对小微企业的支持，调研企业表示对增值税减免等政策的获得感较强。而由于微型经营者通常不需缴税或缴税额度占经营规模的比重较低，造成经营者主观上对部分惠企政策的主观感知偏弱。此外，部分受访企业表示，基本不会主动了解相关支持政策，也不会主动与政府部门沟通申请相关优惠政策。现在已享受到的政策支持也多是政府工作人员主动宣讲后获得，对于政策的主动关注和感知有待提高。

2. 国际负面因素凸显，加大了企业的涉外成本

全球经济复苏不及预期导致各国贸易保护主义加重，疫情的进一步蔓延又造成国际物流成本和大宗商品价格持续上涨，严重挤压了我国中小微企业，特别是外贸型中小微企业的利润空间。

一是贸易保护主义蔓延导致我国中小微外贸企业复苏动力被严重削弱。对外贸易是我国国民经济复苏的重要推动力量，也是我国中小微外贸企业赖以生存的基础。但今年以来，全球疫情几度反复，多国在“封锁”和“解封”中摇摆，导致本国供应链出现中断的风险大幅增加，刺激贸易保护主义快速抬头。世界经济史表明，当世界经济陷入不景气时，国际贸易保护主义就要盛行。近年来，随着网络购物的普及，以及我国产品具有价格低、品种多样的优势，跨境电商产品受到了欧盟等国家消费者的青睐。同时，我国疫情防控成效显著，社会和经济有序放开并逐步恢复，企业各项生产和经营虽然受局部疫情暴发、洪涝灾害、拉闸限电等其他多因素影响，但总体较欧美国家而言，企业生产经营相对稳定。所以 2021 年我国对欧美国家的外贸出口数量总体稳定且有小幅上升。但为保护本国供应链发展、敦促供应链回流，美国、欧盟、澳大利亚等国家和地区政府一直以来试图采用专项补贴、针对性立法、提高关税等方式对经济施加干涉，导致我国

中小微外贸企业经营负担加重。以欧盟为例，作为我国中小微外贸企业最大的出口地区之一，欧盟于 2021 年 7 月 1 日在电商领域实施了取消低值商品免征进口增值税、提高远程销售起征点、电商平台实行代收代缴征管等新政。而我国中小微外贸企业成为此次新政实施后的主要征管对象。这不仅加重了我国中小外贸企业的税负成本，也导致具有价格优势的产品出口数量急速下滑，企业复苏动力被严重削弱。此次新政的实施，实质上是为应对疫情给本国经济带来的负面影响，选择通过调整税收政策提高跨境电商准入门槛，进而保护本国企业。但这迫使我国多数电商企业抬高出口商品价格，丧失了出口优势。这种国际贸易保护主义做法既阻碍了国际跨境电商的发展，也与贸易自由化方式与原则严重不符。

二是疫情恢复不均衡加重全球大宗原材料供应紧张。2021 年以来，全球大宗商品价格持续上涨造成我国众多企业的原材料成本上涨，关键原因在于各国抗击疫情的方式与状态产生的巨大差异，造成经济恢复的不均衡。各国经济复苏差异直接影响到国际贸易的修复。因此，疫情的长尾效应直接冲击生产及运输，一方面使得全区交通航运持续受到干扰；另一方面对全球大宗商品产生供给冲击，使得大宗商品价格对需求变动更为敏感。不仅如此，全球经贸的再平衡格局也进一步加剧了大宗商品价格波动的复杂性。2020 年疫情冲击及全球性贸易摩擦引发各国对产业链安全性的重视，部分国家甚至在转移产业链。短期来看，各国不断出台各类政策加速产业回流，限制原材料出口，进一步扰动全球生产恢复。

三是集装箱紧缺导致外贸企业遭遇运输瓶颈。2021 年以来，各国纷纷出台财政政策和货币政策刺激国内经济复苏，推高对全球远洋船舶运力的需求；但各国的疫情防控措施导致大量货轮和集装箱滞留在港口地区，造成全球远洋运力严重不足，结果是国际物流运输成本显著抬升。调研发现，2021 年以来，样本外贸企业物流成本高涨的主要原因是各地疫情恢复不均衡导致的国际远洋运输供需的持续紧张。受访外贸企业普遍反映集装箱运力有限、运费价格高、订舱难等问题导致企业经营成本大幅上涨。尤其是三季度以来，国际集装箱运输瓶颈对外贸企业出口产生较大影响，受影响企业比例从二季度 12.1% 上升到 16.9% （见图 9）。不同规模的出口企业对国际海运集装箱瓶颈的感受虽有差别，但普遍反映集装箱运输对企业有一定的影响，尤其是出口规模 80 万美元以上的企业，超过 72% 的受访企业反映受国际集装箱运输瓶颈的显著影响，其中，出口规模在 3000 万美元以上的企业受影响程度高达 91.4% （见图 10）。此外，部分样本企业也反映“2021 年以来企业出口柜箱数量尤为紧张，企业为能让产品出口，只能被动接受集装箱柜的涨价”。

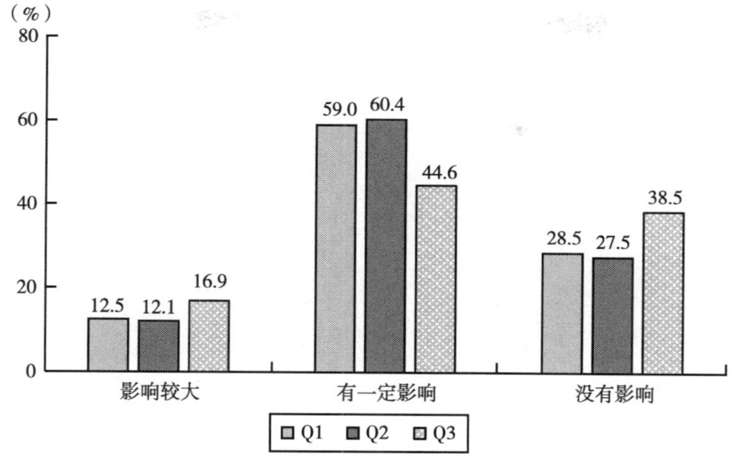

图 9　2021 年一至三季度中小外贸企业受集装箱紧缺影响情况

数据来源：2021 年三季度中小跨境电商企业的调查数据。

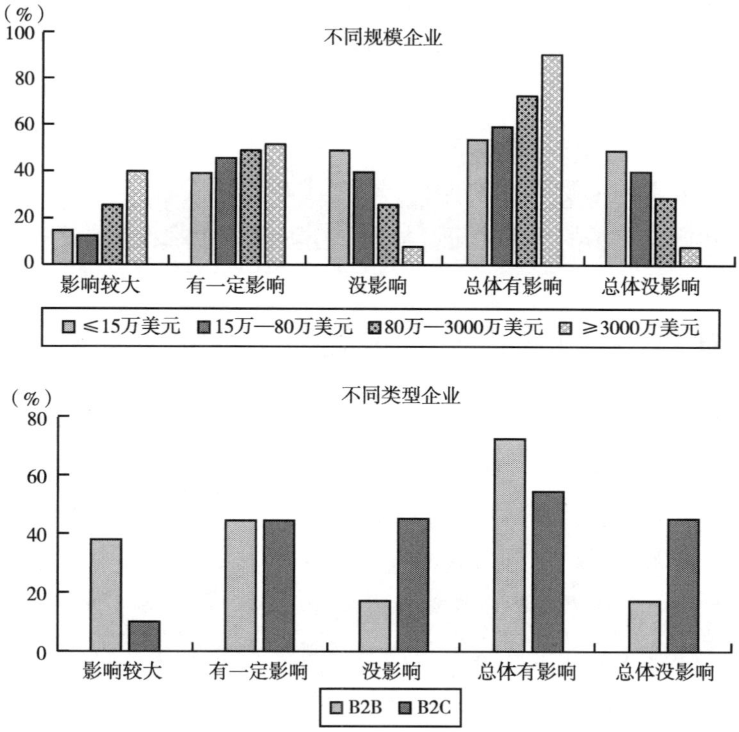

图 10　2021 年三季度分规模和类型中小外贸企业受集装箱紧缺影响情况

数据来源：2021 年三季度中小跨境电商企业的调查数据。

案例 6：集装箱运输紧张拉高企业物流成本

企业 J 是一家节庆产品生产和销售的外贸公司。企业反映 2021 年以来，发往国外商业快递的费用明显上涨，而且波动比较明显，比如发往美国的快递 1 斤的价格已从 130 元上涨到了 150 元。主要原因是集装箱的紧缺和国外疫情未恢复导致的集装箱堆积，以及海外共享仓的爆满。

（二）内部原因

1. 企业体量偏小，成本消化能力较弱

中小微企业的市场份额有限，议价能力和成本转嫁能力不强。在上游原材料价格上涨以及下游消费需求增长乏力的形势下，中小微企业生产成本的高涨难以自我消化。一方面，中小微企业的原材料采购规模较小，不具有规模效应，导致企业溢价能力较弱，因此，上游原材料价格上涨将导致中小微企业生产成本大幅上升。另一方面，中小微企业产品市场高度竞争，产品的需求价格弹性较高，价格稍稍上涨便会导致企业市场份额大幅流失。调研了解到，“大宗商品价格上涨提高中小企业成本的主要原因在于中小企业成本传导机制的不畅”。中小微企业面临原材料和产品市场的两头挤压，加剧了企业经营困难程度。

案例 7：原材料和产品市场两头挤压，企业成本转嫁困难

以节庆产品生产和销售的外贸公司 K 为例，成本大幅上升背景下，企业产品价格只要稍微上调，产品在电商平台的转化率就大幅下降。这些流失的订单主要流向了国内同行业的其他商家，这导致大家都不敢大幅调整价格，成本无法向消费端传导。

企业 L 是一家从事农产品经销的电商企业，为缓解原材料价格上涨的影响，企业通过加大采购量降低采购成本，但会增加库存规模提高库存成本。同时，水果类产品价格战激烈，企业几乎是以成本价进行销售，而人工、原材料等成本的上涨导致企业处于亏损运营状态。

2. 经营风险偏高，资金融通能力不强

中小微企业普遍处于产业链、供应链下游，平均寿命较短。据统计，我国中小企业的平均寿命仅为 3 年左右，注册 3 年以后小微企业正常经营的概率约为 1/3。同时，中小微企业的融资能力不强，融资渠道有限。由于中小微企业处于相对弱势的地位，应收账款周期较长，流动性资金有限，不良贷款率相对较高。信贷风险总体偏高，导致中小微企业难以获得必要的金融支持，多数企业更依赖于“熟人社会”下的亲朋好友贷款。2021 年三季度，35% 以上样本企业的资金来源于自有资金或留存收益、经营者个人消费贷或信用卡、亲朋好友拆借等，仅 27.8% 的中型企业更倾向于传统银行的经营性贷款。有些企业反映，“我们企业从银行获得贷款主要依赖于个人房产、生产用房的抵押，通过企业信用获得贷款金额少、时间长”。调研中了解到“企业经营者对市场动态的把握能力相对较弱，多数企业不知道自己缺什么，知道缺什么也不知道怎么办。比如企业融资方面，多数企业对融资支持政策的不了解、不会用。经营者的金融素养不足制约了企业发展”。

案例 8：小微企业缺乏信贷资质，贷款成本高

一家主营农产品的企业 M 反映，“作为小微企业，如果没有国家的鼓励金融机构向小微企业贷款政策，如正常走银行普通贷款风控流程，企业的财务状况、经营的长远预期等情况就很难获得信用贷款的政策支持，企业也十分理解银行的贷款难”。

3. 管理制度不规范，经营效率较低

中小微企业往往由单一自然人实际控制公司，在管理层就会缺乏制衡和相关监督机制。在财务方面很容易出现个人资金与公司资金混用现象，造成企业财务报表编制的不规范与困难。同时，由于企业缺少懂财务、懂业务的专业化人才，企业往往对自我经营发展的评估能力不够，导致了企业在银行贷款流程中难审核通过的问题。此外，企业缺乏自我审核能力和长远意识，不良贷款率的增高进一步加剧了中小企业从银行获得贷款的难度。

案例 9：企业自身规划预判能力不足造成企业经营负债

企业 N 是一家茶叶农业生产和销售企业，因为属于带动扶贫的农业企业，所以很快获得了三年期的 300 万元扶贫信用贷款的支持，贷款主要用于了厂房租赁、固定资产采购等扩大企业规模的行为。但由于赶上了疫情，造成企业经营状况不好、获得利润的周期较长等问题，300 万元的本金很难在规定时间偿还。企业主现在饱受还款困扰，感慨地说由于缺乏长远的规划意识，盲目地扩大生产规模，还不如没有这项贷款。

4. 数字化应用成本高，企业转型动力不足

调研中，大多数企业能意识到数字化手段的重要性，多数企业都希望能够采用数字化 OA 系统或者数字财务系统等数字化转型体系帮助企业解决人员不足和经营效率偏低的问题。但由于企业不愿意增加额外成本、数字化接受能力较差及转化为企业发展的切实举措不够等问题，目前已实现数字化转型、采用数字化管理的小微企业少之又少。调研中，多数小微经营者反映“没有时间和精力去学习新的管理理念和技术手段”。背后反映出企业高质量运营的微观基础薄弱，成为制约中小微外贸企业复苏和持续发展的掣肘。受访企业普遍反映，“数字化有利于企业经营效率的提高”，“希望数字化转型，但是数字化转型成本高，企业转化资金不足”。中国中小企业协会针对 500 多家中型企业的调研结果显示，已经实现数字化转型的企业约占 50%，且主要以云上办公形式进行数字化转型，以数字赋能企业生产的企业比例很低。同时，小微企业经营规模偏低，上云成本过高导致其数字化转型意愿更低。

5. 技术水平、品牌影响力较低，核心竞争力不足

提高核心技术能力、树立企业品牌意识是维持企业生存发展、提高自身竞争力的重要方式。调研发现，中小微电商企业在参与市场化竞争方面，存在“浮躁”心态。一家茶叶企业反映为应对同类产品的“价格战”和多产生电商流量，企业参与了低质商品、低价销售的活动，导致企业的“增产不增收”，在包装、物流成本额外增加的情形下，企业利润空间被压缩到极致。此外，中小微企业创建自我品牌的意识和能力不足，“仿制化”“同质化”的产品现象尤为明显。企业缺乏提高自身核心竞争力的能力与动力，加剧了企业生产经营“难存活”的风险。调研中，一家生产高端水果的企业反映，企业跟风种植与生产的现象非常

普遍，种植模仿能力较强，往往造成高端水果供给过多而需求不足，造成价格的大幅下降，而产品本身的成本又无法降低，导致了企业的经营亏损与发展不长远的问题。

6. 激励措施不完善，“招工难、留人难”问题加剧

小微企业低工资成本、用工灵活的人力需求，予以薪资要求高、寻求稳定工作的高校毕业生为主的劳动力供给市场不匹配，潜在拉高了企业的用人成本。调研显示，2021 年三季度，小微企业愿意招聘高校毕业生的意愿，较灵活就业人员、社会人士的招聘意愿分别低了 8.1 个和 7.3 个百分点。与企业访谈中，企业反映“企业可供应届生的留用岗位少”“应届生因为工作岗位不合适、工资低所以基本留不住”是招聘意愿低、用工需求不足的主要原因。调研企业用人往往存在“惩罚分明”但激励不够的问题。一家受访木质家具电商企业反映，由于发达省份的生活环境、工作环境都较本地更优质，无论是应届毕业生还是社会人员都更倾向于到发达地区就业。而中小微企业自身规模较小、给予的福利待遇有限，所以很难招到工人和办公室人员。一家批发类电商企业反映，“技术类人才十分紧缺，但企业规章制度和福利待遇很难与发达省份的‘大厂’类科技公司一样，成本太高，现有的招工福利也主要是以政府的用岗补贴、引才政策为主”“为降低生产成本，企业其他的自我福利也很难提供”。

四、精准施策、统筹推进中小微企业降本增效

中小微企业成本问题的解决应统筹好短期救急与长期促发展的关系，综合精准施策，以内外合力联动促进中小微企业在转型发展中实现降本增效。

（一）总体思路：精准分类施策，内外联动降本增效

降低中小微企业成本是一个非常复杂的问题，需要从宏观经济运行、中观行业特征和微观企业发展全方位考虑。一方面，要通过分析宏观经济形势变化和行业发展特征，对中小微企业发展的外部环境和态势进行综合考虑，有针对性地制定相应政策化解外部制约因素对企业发展造成的共性问题和特性问题，实现精准施策，降低外部因素对中小微企业的冲击；另一方面，要围绕如何增强企业内生发展动力进行政策制定，通过加强企业综合能力，强化中小微企业的内生发展动

力，提高企业的抗风险能力。通过改善中小微企业的外部发展环境和增强企业内生发展动力，推动政策在支持中小微企业发展过程中的内外联动，助力中小微企业实现降本增效。

（二）优化政策支持体系，促进政策落实落地

1. 坚持普惠性和功能性政策并举，助企纾困和激发活力并重

在宏观经济下行压力加大和通胀持续上行的背景下，坚持普惠性政策的支持力度不减并适当延长普惠性政策的期限，同时对部分困难行业推出更具针对性的功能性政策，全面提振中小微企业的抗风险能力和经营信心。以“稳预期”为目标，继续加大组合式减税降费力度。根据不同类型、不同行业及细分领域企业对各类政策的需求度和感知度，对现行及拟采取的各类减税降费政策进一步优化组合，提升助企纾困的精准度、实效性和可追踪可分析性。针对受疫情、大宗商品价格高位运行、生产成本大幅上升影响较大的中小微企业，应进一步加大助企纾困力度，制定针对性的税费减免、缓交政策，帮助企业平稳消化外部压力和成本冲击，强化短期“救急政策”的精准定向实施。

2. 采取特色化、个性化支持政策，解决企业痛点难点问题

地方政府作为地区经济发展的推动者，应当结合区域资源禀赋和产业特色制定促进中小微企业发展的特色化、个性化支持政策，更具针对性地解决制约属地中小微企业发展的痛点难点。具体而言，对于中小微外贸企业，地方政府可以针对性地建设服务于中小微外贸企业的跨境贸易电子商务公共服务平台，实现通关、检验检疫、结汇和退税等环节全流程信息资源共享，切实解决中小微企业报关难、退税难等问题。同时鼓励支持国有资本和民间资本加快跨境电商国际物流专线建设和共享海外仓建设，降低中小微企业仓储物流成本。针对中小微内贸企业，可以联合第三方数字化平台和本地特色企业，积极联合开展地方特色产品网上促销活动，通过短视频、直播等多种渠道促进企业销售。同时，积极搭建电商产业园并通过给予房租、水电费减免等措施吸引中小微企业入园，通过园区服务平台建设降低中小微企业运营成本并发挥集聚作用。

3. 提高政府治理现代化水平，优化企业营商环境

一是加快数字政府建设，提高政府治理现代化水平。依托政府服务的数字化集成推动政府服务流程优化，扩大政府服务的线上业务办理比例，实现企业业务办理的“一网通办”，降低企业的制度性交易成本。一方面，依托数字政府建设

打破部门间数字壁垒，实现部门间信息的全面共享共用，简化跨部门审批及涉及多部门业务的办理流程。另一方面，加快完善政务信息平台建设，结合各部门业务办理的数字化，打造一个集企业开办、备案登记、证照管理、税费缴纳、员工社保以及企业注销等企业全生命周期的政务信息服务平台，依托服务平台为企业提供业务快速办理的解决方案，实现政企的高效对接。

二是推动完善公平竞争制度，改善中小微企业营商环境。在市场准入上，应全面实施市场准入负面清单制度，破除一些制约中小微企业发展的不合理门槛和限制，实现大中小企业发展的权利平等、规则平等和机会平等。在市场竞争环境上，应加强和改进反垄断和反不正当竞争监管力度。健全涉企收费目录清单制度，逐步构建区域间规范、统一、公平、透明的涉企收费环境。加快梳理、汇总全国范围的行政审批中介服务事项目录清单、政策法规中要求企业接受第三方、行业机构、能源费用企业等其他市场主体提供服务的事项费用清单，全面梳理与政府行为相关的涉企收费事项，重点调整企业反映最强烈、对企业成本影响最明显的地方性涉企收费事项，进一步加强服务事项的公开、透明。依法查处互联网平台的垄断行为，打击平台凭借自身强势地位进行的乱收费、变相收费、故意拖欠账款等行为；防止资本的无序扩张，依法打击资本推动的恶性竞争，推动市场公平竞争；全面落实公平竞争审查制度，推动各类市场主体平等使用资源要素，建立各类经营主体公开公平公正参与竞争的制度环境和市场环境。

4. 加大金融支持力度，依托供应链金融缓解企业资金压力

一是发挥货币政策工具的积极作用，加大货币政策工具对银行业金融机构新发放普惠小微信用贷款的支持。二是发挥财政资金的引导作用。通过中小企业发展基金投资、加大贷款贴息力度和提高中小微企业贷款风险补偿比例等方式，引导社会资本和金融机构进一步加大对中小微企业的资金支持力度。三是鼓励金融机构创新供应链金融服务，尤其是供应链信用共享服务模式，缓解中小微企业因账款占用导致的资金压力。四是发挥产业链中核心企业的示范带动作用，鼓励核心企业为中小微企业在应收账款额度内实现信用共享和传递。五是打造基于数据链畅通的产业链、供应链、资金链、信用链多链融通机制，探索基于信用共享生态所涵养的资源共享、收益共享的共生发展机制。

5. 加强政策统筹管理，落实落细减税降费红利

提高政策管理水平，落实落细减税降费红利。一是做好政策的统筹管理，梳

理中央、地方各部门政策信息，整合相关政策并做好政策的合并实施执行，避免政策碎片化分散化问题导致政策落地难，有效降低政策的执行成本。二是加强对政策落实情况的跟踪调研，通过直接与企业沟通找出减税降费工作中存在的问题，并及时清理政策中的不合理条款，提高政策的针对性和有效性。对部分因准入门槛过高导致数量少、收费高的领域，可适当放宽市场准入条件。重点解决行业内存在的“弹簧门”“玻璃门”问题，加快区域间、部门间联合推进统一、公平市场环境的构建，有序降低企业收费标准。三是加强政策的宣传并简化企业获取政策支持的程序，在国家层面打造一个集网络在线平台和手机 APP 端的“全国中小微企业法律政策信息及宣传推送云平台”，把分散在不同政府层级、不同部门的针对中小微企业的法律法规制度及纾困惠企政策进行梳理，通过嵌入工信部关于中小微企业分类的标准，确保企业在平台上输入自身基础信息就可以清楚地了解到可以享受的不同层面的纾困惠企政策。通过该平台，集合各个层面的相关法律法规及政策，并加大在线免费宣讲和培训，让更多中小微企业更全面、更及时、更精准地了解并获取政策支持。

6. 建立企业运行监测系统，提高决策精准度、有效性

建立健全“全国中小微企业经济运行监测平台”，并实现为政府决策服务和为中小微企业服务的双重功能。整合现有平台资源，实现中小微企业运行数据、国内外宏观经济运行数据、行业运行数据、法律政策信息等在该平台的全面集成。企业登录该平台的电脑端和移动端都可以非常及时、方便地将自身的市场情况、经营及财务、风险、成本情况与同行业、同区域及供应链上的相关主体进行比对分析，进而更加客观地认识自己，明确定位。增加对中小微企业在国内外宏观经济形势、行业发展动态、重大影响事件等方面的信息供给，进行投资机会及投资风险动态提示，可以在系统中设立综合服务超市和风险研判分析模块。也可以充分调动第三方交易平台的服务支撑作用，形成政府主导，社会参与的中小微企业综合服务体系。

（三）加强企业能力建设，激发内生发展动力

中小微企业发展问题是一个世界性难题。“授之以鱼，不如授之以渔”，解决中小微企业发展难题的根本在于提高企业自身发展能力。必须要围绕企业能力建设，积极制定有效措施引导企业注重自身能力培养，激发企业内生发展动力，助力中小微企业实现长期稳定健康发展。

1. 支持企业创新发展，增强市场竞争能力

中小微企业市场竞争力较差，重要原因是企业创新能力不足、创新成本高。提高中小微企业创新水平，必须进一步完善创新支持制度体系。一是要完善创业支持制度，对中小微创业企业提供财税金融支持，通过税收减免、创业补贴、创业贷款优惠等政策鼓励支持创新创业。二是搭建中小微企业创新创业的实体环境，鼓励支持国有企业或大型创业服务机构建设产业园、孵化器等创新平台，依托产业园、孵化器降低企业创业成本，同时鼓励产业园、孵化器为中小微企业研发提供研发中心等特定场所，降低中小微企业的研发创新成本。三是鼓励中小微企业加强与高校、科研院所和科研服务企业开展合作，推动各类研发机构和平台以合作和有偿服务等形式向中小企业开放，提高中小微企业创新能力。

2. 健全劳动力市场体系，强化企业人才支撑

中小微企业的招人用人问题很难依托企业自身力量解决，必须加强劳动力市场体系建设，构建中小微企业的人才支撑体系。一是要建立适应中小微企业用工特点的灵活就业劳动力市场，缓解中小微企业普遍面临的旺季用工缺口与淡季用工闲置推升用工成本的问题。二是搭建国有独资或控股的区域性人力资源集团，开展区域内全口径人力资源摸底调查、多层次人力资源投资发展基金运营、人力资源定价及交易，搭建多层次人力资源“供需对接超市”、区域性人力资源大数据平台运营，并提供人力资源管理全生命周期解决方案等相关业务。条件成熟时搭建跨区域或全国性人力资源集团，定位于全国人力资源的流动、布局优化及统一市场体系建设。三是支持中小微企业与大专院校合作，通过开展实习合作、就业培训等推动企业直接对接所需人才，鼓励大专院校毕业生到中小微企业就业，并为其提供人才补贴等政策支持。

3. 强化企业能力培养，提升经营管理水平

中小微企业管理水平普遍偏低，提高企业管理水平不能依靠企业经营者自身，需要积极发挥政策的引导和支持作用。一是开展企业管理培训，建议针对中小微企业经营者开展培训，编制中小微企业优秀案例并定期举行培训，围绕宏观经济形势、经济政策解读、企业管理能力和企业组织协调等方面内容，提高企业经营者素质，为中小微企业发展提供全方位的指导。二是加强中小企业综合服务机构的能力，制定政策支持中小企业综合服务机构发展，依托机构更大范围地为中小微企业发展提供政策解读、管理培训等方面的支持，提高中小微企业经营管理水平。三是加强企业管理人才培养，提高大专院校对管理人才的培养，鼓励大

专院校针对新业态开设相关专业，为中小微企业发展培养相应人才。

4. 推动企业集聚发展，提高风险抵御能力

面对经济环境波动，中小微企业普遍缺乏抵御风险的能力。为此，必须推动中小微企业集聚发展，发挥规模效益实现单个中小微企业的降本增效。具体而言，一方面要鼓励地方政府搭建中小微企业供销信息平台，通过聚合本地同行业或有相似需求的中小微企业统一进行原材料采购，提高企业的议价能力，同时，有条件有意愿的企业还可以一起组织开拓市场，降低企业的销售成本和市场风险；另一方面要支持中小微企业积极融入产业链发展，鼓励国有企业依托主责主业支持产业链上下游的中小微企业发展，通过开展供应链金融、长期购销合同等方式与产业链、供应链的中小企业合作，推动产业集团化发展。

5. 促进企业数字化转型，助力企业提质增效

实现中小微企业的提质增效，必须要依靠数字化转型。一是在政策上为中小微企业数字化转型提供支持，可以通过财政补贴的方式减轻部分中小微企业数字化转型的成本，增加企业数字化转型的动力。二是发挥平台企业的积极作用，鼓励平台企业积极开发和提供具有普惠性的数字化转型产品和服务，为中小微企业提供普惠化、低成本、多样性的“上云用数赋智”产品和服务。三是提高中小微企业利用数字技术的能力，支持数据分析服务商为中小微企业提供大数据分析服务，提高中小微企业的数字化运用能力。四是鼓励公共数据资源和行业数据资源开放共享，打破数字壁垒对中小微企业发展造成的信息不对称问题，提高中小微企业的市场敏锐性和应变能力。

6. 加强品牌建设和管理，提升企业形象

中小微企业品牌建设和管理水平有限，造成企业品牌影响力较低，结果是企业竞争力的不足。必须要加强企业品牌建设和管理，树立良好的企业形象推动企业竞争力提升。一是引导企业建立品牌意识，制定政策支持中小微企业创建自有品牌，支持第三方咨询机构为中小微企业提供品牌建设指导服务，提高企业品牌定位的准确性。二是推动企业积极扩大品牌影响力，支持第三方认证机构对中小微企业开展特色认证、质量认证等品牌认证，对获得相关品牌认证的企业予以一定奖励，加大对品牌企业的扶持力度。三是加强知识产权保护力度，对知识产权侵权和品牌侵权行为加强监管审查，加大对侵权行为和假冒伪劣产品的处罚和打击力度，加强知识产权和品牌的运营指导和法律咨询服务。

2021 年企业成本专题调研报告八：

2021 年企业人工成本变动趋势调研

——基于共同富裕、产业升级和社保合规压力

“企业人工成本变动趋势”专题调研组
指　导：傅志华　邢　丽
组　长：朱小玉
组　员：张　琦　施文凯
执　笔：朱小玉　张　琦　施文凯

一、引言

2021 年，新冠肺炎疫情仍在全球范围内持续蔓延，国内尚处于多点散发状态，中国经济在迈入新发展阶段后正面临国际形势深刻变化和更多不确定不稳定因素，也给微观市场主体带来了更大的成本压力和风险挑战。人工成本是企业成本的重要组成部分，对企业生产经营活动具有重要影响。同时，人工成本也是政府、企业、劳动者三方利益格局调整的焦点，涉及市场活力、收入分配、劳动关系、工资薪酬、社会保险等重大经济社会问题。近年来，数字经济的快速发展催生大量新业态，居民就业形态和企业用工形式随之发生了明显改变。在当前统筹经济社会发展和促进共同富裕的背景下，深入分析企业人工成本变动趋势，对于充分激发市场主体活力和保护劳动者权益，促进劳动力自由流动、产业结构优化升级以及经济社会健康发展具有重要意义。

二、2021 年企业人工成本变动趋势

中国财政科学研究院线上企业成本调研数据显示，受新冠肺炎疫情冲击，多数行业 2020 年的平均工资增速放缓，而 2021 年上半年的企业工资成本较 2020 年实现了反弹性增长，增幅达 12.63%（见表 1）。从所占比重看，人工成本在企业总成本中的占比近三年基本稳定，略有提升。2018—2020 年，人工成本占比分别为 24.15%、24.67% 和 24.86%。从行业水平看，行业平均工资差距明显，金融业、信息技术业、科学研究和技术服务业月均薪酬较高，制造业与消费性服务业月均薪酬较低。2020 年上半年，金融业平均工资最高（8330.34 元/月），住宿和餐饮业受疫情冲击明显，工资最低（3777.81 元/月）。

表 1　　中国财政科学研究院企业成本调研历年平均工资增长情况

年份	月平均工资（元）	较上年增长率（%）	样本量
2018	4182.27	—	14074
2019	4573.57	9.36	15029
2020	4765.04	4.19	15863
2021 上半年	5366.85	12.63	16234

数据来源：中国财政科学研究院历年企业成本调研数据。

按照所有制单位划分，2021 年上半年民营企业平均工资最低（4948.77 元/月），外资企业平均工资最高（6676.78 元/月）。2018—2021 年，平均工资增长率最大的是民营企业（7.47%），增长率最小的是集体企业（4.39%）。民营企业人工成本占比最小（20.98%），国有企业人工成本占比最高（35.06%）。从社会保险缴费成本看，2020 年社保减免政策显著降低了企业的社会保险缴费成本。2021 年上半年，民营企业仍然是社会保险缴费合规性最低的企业类型（13.59%），国有企业社会保险合规缴费情况最高，实际缴费率达到 27.31%。不同行业中，制造业的实际社会保险缴费率最低，只有 13.46%。

三、企业人工成本变动中值得关注的四个问题

（一）高薪行业薪酬保持高速增长，行业差距持续扩大

第一，行业间薪酬差距持续扩大。工资性收入是我国城镇居民收入的主要来源，2020 年占到人均可支配收入六成以上。《中国统计年鉴》显示，近年来我国不同行业从业人员薪酬差距呈持续扩大趋势，2020 年最高行业（信息产业）与最低行业（农林牧渔）之间差距扩大至 129004 元/年。2020—2021 年，受疫情冲击严重的部分行业和获益于流动性宽松的某些行业之间形成了“冰火两重天”的收入格局，一边是行业的高增速、高盈利和高价值直接导致从业人员高薪酬，特别是部分行业“护城河”长期存在，导致从业人员的基本固定薪酬“只涨不跌”“旱涝保收”；另一边是冻结或减少劳动用工，以各种方式规避工资外用工成本。

第二，行业内部各板块、各职系、各职级之间的薪酬分化也在加速。一是部分岗位薪酬水平与价值贡献不完全匹配。部分行业企业在薪酬分配上对终端利润形成板块的从业人员给予明显倾斜，而忽略利润创造全链条上非核心业务板块的贡献，导致终端岗位侵蚀和占有其他板块创造的价值。二是某些同级同类通用岗位的薪酬在行业间差距过大。部分通用岗位（如行政、文秘、司机等）附带行业红利，基本薪酬是行业外同级同岗位薪酬的数倍，偏离岗位基本属性。三是行业内同序列相邻职级间存在薪酬的大幅跳涨。某些行业企业内部相邻职级间的薪酬差距是资源禀赋、复杂程度、劳动强度和业绩表现等难以支撑的。高职级往往

被赋予更强的资源配置和薪酬分配权力，在监管缺位的情况下，薪酬红利人为地向“头部”加速聚集，造成权、责、利之间的进一步不匹配。

（二）低端制造业在普工竞争中处于劣势，用工遭遇多重困局

第一，“涨薪之困”：不涨没人干，涨了没法干。从调研数据看，制造业内部 2020—2021 年底线工资水平拉升幅度较大，平均工资水平越低的企业工资涨幅越高，2021 年补偿性增长越明显。2020 年农民工监测报告显示，全国农民工总量和外出农民工数量分别减少 517 万和 466 万人，跨省长距离流动的农民工下降幅度最大（减少 456 万人），制造业农民工占比下降了 0.1 个百分点。数字经济蓬勃发展催生出的二、三产业“普工竞争”与疫情下劳动力流动半径缩短相叠加，导致制造业涨薪“抢人”成为普遍现象。低端制造业工资水平处于底线附近，对人工成本上涨最为敏感，受最低工资标准的影响最直接，2021 年出现了近年来最大涨幅。据长三角某家纺企业负责人介绍，车间临时工的工资由 2020 年的 20 元/小时涨至 2021 年的 30 元/小时，技术工人的平均工资在去年基础上增长 10%—15%，预计 2022 年人均工资水平将比 2021 年高出至少 10%，工资总额的支出增长规模或将占到当年企业利润的 1/3 以上，利润空间被进一步压缩。

第二，“潮汐之困”：有活时没人干，有人时没活干。低端制造业企业主要集中在出口导向型及农产品加工、服装等需求波动明显的产业，受国际市场、季节性因素影响较大。这类企业经常面临劳动力不足和利用率不高两种现象交替的“潮汐用工”局面。新冠肺炎疫情之下，“潮汐”的波峰浪谷之间的落差进一步扩大，推高招工成本并加剧人员冗余。深圳某家具生产企业负责人表示，为确保用工旺季有充足劳动力，企业在淡季也不敢轻易减员，只能为部分闲置人工“埋单”。江苏某加工企业负责人表示，在订单高峰期需要借助职业中介和“黄牛”来快速配置一线生产工人，催生高额“返费”现象，最高达到员工 3 个月工资总额；且工人每更换一次工作，职业中介和“黄牛”便多一次“返费”分利的机会，甚至不惜采取坑蒙拐骗方式怂恿产业工人高频跳槽以牟利，成为劳动力市场中的“食利阶层”。

第三，“合规之困”：不缴费没保障，缴齐了没利润。由于阶段性社保减免缓优惠政策在 2020 年底基本退出，绝大多数被调研企业在 2021 年都经历了社会保险成本的“刚性回调”，部分地区还伴随着“跳档上涨”和“洼地拉齐”的压力。调研显示，2021 年上半年，民营企业仍然是社会保险缴费合规性最低的企

业类型，仅有 13.59% 民营企业严格按规缴费。不同行业中，制造业的实际社会保险缴费率最低。由于低端制造业企业的用工来源主要是农民工，多数抱有“多得不如现得”的观念，甚至主动要求企业将社保权益转换成当期收入，形成劳资合谋规避社保缴费情况。削减社保成本意味着劳动者就业保障不足，特别在发生劳动争议或职业伤害时，劳动者很难得到应有的保障，企业也可能陷入加倍补缴和高额赔偿的局面。但如果严格按规定为全部职工缴齐所有社保项目，企业必须承担职工实际工资总额 24% 左右的支出，对于低端制造业企业而言负担较重。

（三）企业各类成本规避行为频出，对监管形成挑战

第一，雇佣短期化趋势突出。近年来劳动雇佣关系在各行业都出现短期化趋势。企业为规避稳定劳动关系带来的劳动保障成本、福利成本、培训发展成本等，最小化固定劳动用工规模，最大化临时用工，“长工短用，短工零用”，少雇劳动合同制员工，多雇临时工、退休工成为企业控制人工成本的常见办法。据长三角某家纺企业负责人介绍，2019—2021 年，劳动合同制员工工资占总工资比重只有 36.53%、33.08%、32.71%，连续两年分别下降 3.45% 和 0.37%。雇佣短期化伴随着无契约、无培训和无保障，既不利于劳动技能的长期培养，也不利于劳资信任关系的建立，更不利于劳动者权益保护。

第二，劳动关系弱化甚至异化。数字经济平台就业催生出“三元结构”关系，传统意义上的劳资关系受到冲击，开始弱化或异化为其他关系。平台把劳动者外包给第三方配送商，第三方配送商把劳动者再次外包给科技平台公司，劳动者在最后一次外包中变身为一个独立经营主体——个体工商户“新个体”。一方面，平台经济享受“收租利润”，由于垄断了市场数据信息资源（客户、供应商、交易结算等），互联网平台企业完全掌握分工体系决定权，以及因此形成的定价权，不仅能单方面决定劳动价格、劳动时间，还单方面决定了购买劳动和服务的形式，对外可以逐级转移成本。劳动者在层层转移中丧失所有的劳动附加权益，却又不得不承担所有交易风险，成为自负全责的个体户。另一方面，平台经济享受金融增值，企业在转移成本之后，大量利润没有进入实体经济，也没有进入科研和技术应用等领域，而是转入了资本市场，不断地推高公司估值，获得超额收益。

第三，社保缴费合规任重道远，地区间税费差造成异地缴费现象。典型行为

包括劳动者主动完全放弃、以社保权益换现金收入或其他保障等。通过劳资合谋来规避社会保险合规缴费的方式具有较强的隐蔽性，在短期常表现出“各取所需，劳资和睦”的景象，但其事实的不合规性未能改变。同时，部分全国性企业利用地区间差异化的政策，在“个税洼地”和“社保洼地”集中进行个税或社会保险缴费，从政策高成本地区向低成本地区转移，通过“飞地缴费”转移劳动和社会保险关系，以此规避部分人工成本。

（四）社保缴费政策“洼地拉平”，合规要求带来成本上涨

第一，地区间社保费率与费基差异突出。地区间社保缴费比例存在差异，部分地区费率低于国家标准。目前，职工基本养老保险的单位费率为 16%，但江苏部分地区为 13%，浙江为 14%，福建部分地区为 14%，广东部分地区为 14%—15%，仅养老保险费率一项，最低和正常之间相差 3 个百分点，“洼地拉平”面临较大阻力。同时，企业缴费费基不合规现象普遍存在，根据《中国企业社保白皮书2021》数据显示，2021 年仅有 29.9% 的企业实现了基数完全合规，相当于回落到 2019 年的水平。基数不合规主要包括统一按最低下限缴费、按固定工资部分（不算奖金）缴费、按企业内部分档缴费等情况。其中，统一按照最低下限为员工缴纳社保仍是当前缴纳基数不合规的主要方式。受访的长三角 3 家纺织业企业均按当地最低缴费基数为员工缴纳社保。

第二，社会保险费征缴体制改革仍需推进。2020 年社会保险征缴权全部划转至税务部门。至此，社会保险征缴体制改革遗留地区的企业职工各项社会保险费征缴统一交由税务部门征收。社会舆论对税务部门征收社保费反映极为强烈，企业担心税务部门征收会大幅提高社保缴费成本。正值我国经济进入新常态，“六稳”“六保”任务迫在眉睫，因此，国家明确企业职工基本养老保险和其他险种费用，原则上暂按现行征收体制继续征收，稳定缴费方式，“成熟一省、移交一省”。社会保险费征收职能于 2020 年 11 月移交至税务部门，摁下“暂停键”的“社保入税”工作继续启动。当前，税务机构仍未实现“稽核征收”，而是“照单征收”，征缴体制改革的效果有待观察。由于当前中小企业仍面临生产经营压力，“稽核征收”仍需要逐步谨慎实施，部分地区延续“照单征收”做法，征缴体制改革的效果有待观察。社会保险缴费从“交易型”征收向规范化、法制化的征收仍需经历一个长期过程。

四、共同富裕、产业升级和合规监管背景下的政策建议

如何兼顾就业与保障、统筹成本与利润、平衡公平与效率、协调生存与发展，既是企业经营难题，也是宏观经济政策的重点。随着我国产业结构调整以及市场经济法制化程度提高，企业在用工过程中可能面临更大的制度遵循成本和劳动力保障成本。特别在促进全体人民共同富裕的背景下，解决企业人工成本问题需要进一步统筹经济和社会发展，从促进人的全面自由发展角度来看待企业人工成本问题。保就业、保市场主体意味着既要保劳动收入和消费能力，又要保生产能力和微观主体活力，这需要兼顾劳动收入和就业质量，兼顾企业生存和产业升级，兼顾薪酬市场决定和基本收入保障，平衡多个目标，把长短期政策意图和政策工具排布好，以短期审慎包容的态度创造长期逐步合规的空间，借助市场自发的流动平衡机制合理引导和规范企业用工行为、薪酬分配和劳动者就业偏好，寻求在“放”与“管”、“堵”与“疏”、保利润与保权益之间有效权衡。

（一）适度调节过大薪酬差距，规范不合理薪酬定价

第一，促进行业薪酬水平与宏观经济和市场走势相协调。规范发展资本市场，警惕和防止资本集中涌入部分行业进行短期炒作所造成的行业薪酬“虚高”现象。高度关注实体经济和部分行业的核心科研人员流失问题，适当引导优秀人才回归实体经济。

第二，推动行业有序扩容，不断理顺市场机制。适度放宽牌照发放门槛，提升行业的包容性，统一行业准入标准，使行业适度扩容，不断丰富竞争主体，实现行业高质量发展。建立健全相关法规体系，优化存量业务的配置结构，加速行业内部的良性循环。

第三，发挥税收调节功能，缩小群体薪酬差距。在完善初次分配基础上对高收入行业进行严格的税收监管，避免偷税漏税等违法行为。加强对高收入和高净值人群的税费服务和监管，利用大数据手段打击个人收入转公司收入、转变个人所得税应税项目和将收入以福利形式发放等转变收入性质的逃税行为。

第四，建立长期业绩导向，优化薪酬体系设计。稳步推进薪酬制度改革，适

当控制高管薪酬的过快增长，完善以长期目标为导向的绩效考核体系，对关键岗位人员建立薪酬负面清单和进行薪酬递延安排，强化薪酬制度长期激励约束功能，阻断内部剥削链的形成。

第五，完善人才培养机制，引导参与三次分配。增加高精尖行业的人才培养和供给力度，以就业为导向完善高等教育和继续教育培养体系。对慈善捐赠予以支持，通过超额所得参与三次分配的税优政策，在全社会引导形成良好氛围。

（二）维护制造业劳动力市场秩序，扶持制造业转型升级

第一，增强企业对用工政策预期的稳定性，降低用工隐性成本。阶段性地控制或暂时减免部分显性成本，帮助处在盈亏线边缘的企业渡过难关。同时，明确征缴政策以及专项补助等优惠政策以稳定用工预期，鼓励企业增加长期就业岗位。

第二，出台促进低龄老年人再就业的规范指引和权益保障政策。出台相关引导性政策，鼓励企业加大对低龄老年人的返聘力度，鼓励企业挖掘“银发”劳动力红利；出台配套的劳动者权益保障制度，切实保障老年就业群体的基本权益。

第三，进一步规范劳动力市场，创新推广共享用工。搭建劳动力供需信息发布和智能撮合平台，杜绝“返费”行为。出台企业间用工调剂的规范指引和奖励措施，引导人力资源服务企业开展企业用工调剂服务，通过行业内用工调剂等方式解决季节性、周期性缺工问题，提升劳动力资源使用效率。

第四，推动实施大国工匠培育工程，增加制造业人才供给。加大对职业院校和职业大学的扶持力度，采取学费补助、定向培养、就业推荐等方式吸引低学历群体就读，扩大一线技能人才的供应力度。鼓励培养高技能、本科学历的高层次的技能人才，着力打造制造业新一代高学历从业者。

第五，支持企业开展数字化转型和智能化改造。可由财政出资引导社会资本共同组建市场化运作的智能制造投资基金，采取贷款贴息、政策性贷款、风险补偿等方式支持企业开展转型升级；鼓励金融机构创新信贷产品和金融衍生工具，支持低端制造业企业实施“机器换人”计划，以减轻劳动力供需失衡带来的用工成本压力。

（三）完善灵活就业劳动权益保护，促进平台规范用工

第一，尊重劳动者自主选择，加快建立灵活用工的法律体系。尊重灵活就业

人员对于劳动时间和方式的选择，加快推进灵活就业的相关立法工作，对不同类型用工方式进行区别规制。加强对职业中介群体的监管，严格查处引导、诱骗劳动者劳动短期化和高频跳槽、扰乱就业市场秩序行为。

第二，坚持包容审慎原则，探索多元主体治理模式。在保障新就业形态健康发展的基础上采取适当方式维护新业态从业人员的合法权益。引导平台企业、关联企业与劳动者协商确定劳动报酬、休息休假、职业安全保障等事项。引导产业工会与行业协会或行业企业代表协商制定行业劳动定额标准、工时标准和奖惩办法等行业规范。

第三，渐进式推进合规性监管，引导企业逐步调整到位。针对企业用工中的不合规和政策“擦边”行为，增强社保政策统一性，避免企业“飞地转移”劳动关系和社保缴费地的行为，填补明显的地域“洼地”，创建公平合理的竞争环境。同时，提前明确调整时间和幅度，给企业明确的预期和充分的财务准备，避免对企业造成较大的成本冲击。

第四，引导树立公正的人工成本观，不断凝聚改革共识。在充分考虑各类劳动密集型行业的财务状况以及企业对缴费基数成本变化敏感程度的基础上，提高遵缴率，同步推行稳征缴和降费率，科学引导舆论，凝聚社会共识，营造更大的改革信任空间。

（四）统一全国社保缴费政策，关注企业合规成本上涨

第一，以“税务主导、小步慢走”的方式促进全国政策统一。建议采取渐进式推进策略，尽早实现基数和比例合规、统一。从不据实缴费到规范合规缴费会给基金带来征缴红利，但也会给过去不合规企业带来一定程度的成本上涨。因此，需要控制好征缴节奏，引导好企业预期，平衡好成本压力。

第二，密切关注社保合规对企业生产经营的影响。在经济增速放缓、市场疫后修复背景下，提升遵缴率应“稳中求进”而非“揠苗助长”。建议采取“企业按时足额缴费、社保返还一定比例”的方法，鼓励企业逐步提高基数合规程度，为企业提供一定程度的税优政策。

第三，精准分析困难企业生产经营活动，加大政策灵活度。针对部分困难企业，建议采取“锁住权益”的方式实行缓交和补交政策。精准计算企业应缴纳额度，可先采取比例方式缴纳部分费用，其他费用锁住权益，待企业生产经营好转至某一标准时再补交社保费。此外，也可适当安排社会保险救助基金，帮助企

业缴纳部分社保费用。

第四，加强劳动监察力度，切实保护劳动者合法权益。针对部分企业具有依法合规缴费能力却故意少缴社保费的行为，劳动部门要加大劳动监察力度，借助劳动监察、税务核查、员工举报等方式进行排查，促使企业规范用工，切实保护劳动者合法权益。